Jürgen Peters/Horst Schmitthenner (Hrsg.)
»Gute Arbeit«

Max Angermaier ist Gewerkschaftssekretär beim Vorstand der IG Metall, Funktionsbereich (FB) Sozialpolitik.

Siegfried Balduin ist Gewerkschaftssekretär beim Vorstand der IG Metall, Ressort Angestellte.

Andreas Blume ist Leiter des BIT e.V., Bochum.

Oleg Cernavin ist Leiter der BC GmbH Forschungs- und Beratungsgesellschaft, Wiesbaden.

Christa Dahme ist Gewerkschaftssekretärin beim DGB-Bundesvorstand.

Klaus Dörre ist Direktor des Forschungsinstituts Arbeit, Bildung, Partizipation (FIAB) an der Ruhr-Universität Bochum in Recklinghausen.

Christoph Ehlscheid ist Gewerkschaftssekretär im IG Metall Bildungszentrum Sprockhövel.

Andrea Fergen ist Gewerkschaftssekretärin im IG Metall Bildungszentrum Sprockhövel.

Werner Fricke ist Leiter des Instituts für regionale Kooperation, Wieren.

Tatjana Fuchs ist wissenschaftliche Mitarbeiterin des Internationalen Instituts für empirische Sozialökonomie in Stadthagen.

Frank Iwer ist Leiter des IMU-Instituts in Stuttgart.

Jürgen Klute ist Industriepfarrer in Herne.

Wolfgang Kötter ist Geschäftsführer der GITTA mbH in Berlin.

Brigitte Kurzer ist Gewerkschaftssekretärin im IG Metall Bildungszentrum Sprockhövel.

Martina Morschhäuser ist Mitarbeiterin des ISO Saarbrücken.

Jürgen Peters ist zweiter Vorsitzender der IG Metall.

Klaus Pickshaus ist Gewerkschaftssekretär beim Vorstand der IG Metall, Funktionsbereich Sozialpolitik.

Jürgen Reusch ist Redakteur der Arbeit & Ökologie-Briefe.

Wolfgang Rhode ist geschäftsführendes Vorstandsmitglied der IG Metall.

Bert Römer ist Gewerkschaftssekretär beim Vorstand der IG Metall, FB Sozialpolitik.

Rainer Salm ist Gewerkschaftssekretär in der Bezirksleitung Baden-Württemberg der IG Metall, Projekt Betriebsräte-Netzwerk.

Armin Schild ist Leiter des FB Tarifpolitik beim Vorstand der IG Metall.

Manfred Scherbaum ist Gewerkschaftssekretär im Bildungszentrum Sprockhövel der IG Metall.

Robert Schleicher ist Mitarbeiter des BIT e.V., Bochum.

Horst Schmitthenner ist geschäftsführendes Vorstandsmitglied der IG Metall.

Christoph Sommer ist Arzt für Arbeitsmedizin in Hannover.

Andreas Tiedemann ist Gewerkschaftssekretär im IG Metall Bildungszentrum Sprockhövel.

Hans-Jürgen Urban ist Leiter des FB Sozialpolitik beim Vorstand der IG Metall.

Hilde Wagner ist Gewerkschaftssekretärin beim Vorstand der IG Metall, Funktionsbereich Tarifpolitik.

Jürgen Peters/
Horst Schmitthenner (Hrsg.)

»Gute Arbeit«

Menschengerechte Arbeitsgestaltung als gewerkschaftliche Zukunftsaufgabe

VSA-Verlag Hamburg

www.vsa-verlag.de

Druck- und Buchbindearbeiten: Druckerei Runge, Cloppenburg
ISBN 3-89965-025-5

Inhalt

Vorwort

Die Gestaltung der Arbeit im betrieblichen Handlungsfeld und ihre sozialpolitische Absicherung erfährt eine zunehmende Brisanz. Der gesellschaftliche Strukturwandel mündet keineswegs in schönen neuen Dienstleistungs- und New-Economy-Welten, in denen die Zumutungen gesundheitsgefährdender und entfremdeter Arbeit an Bedeutung verlieren und die konkrete Utopie kreativer und selbständiger Tätigkeit real wird. Die tiefgreifenden Umbrüche der Arbeitsgesellschaft schaffen neue Herausforderungen. Die Entgrenzung von Arbeitszeit und Leistung, der demographische Wandel und die Ausweitung von Zonen prekärer Arbeitsverhältnisse sind nur einige Stichworte, die die Gestaltung der Zukunft der Arbeit auf die gewerkschaftliche und politische Tagesordnung setzen.

Die Arbeitspolitik der IG Metall steht unter dem Leitbild einer »guten Arbeit«. Dazu gehören nach unserem Verständnis nicht nur Entgeltbedingungen und Zugang zu Bildung und Qualifikation, sondern auch Arbeitszeitgestaltung, Schutz vor Leistungsüberforderung und ein nachhaltiger Umgang mit der menschlichen Leistungsfähigkeit. Dies schließt eine umfassende Präventionspolitik ein, wie sie der moderne Arbeits- und Gesundheitsschutz konkretisiert. »Menschengerechte Arbeitsgestaltung«, die das Arbeitsschutzrecht seit den 1990er Jahren nunmehr als zentrale Aufgabe verbindlich verlangt, wird damit zu einer zentralen Herausforderung für die Betriebs-, Tarif- und Sozialpolitik der Gewerkschaften. Dieser Herausforderung will sich die IG Metall stellen.

Mit einer bundesweiten Konferenz zum Thema »Gute Arbeit – Menschengerechte Arbeitsgestaltung als gewerkschaftliche Zukunftsaufgabe«, die in Kooperation der Funktionsbereiche Tarifpolitik und Sozialpolitik (Ressort Arbeits- und Gesundheitsschutz) im November 2002 durchgeführt wurde, konnte eine erste thematische Sondierung vorgenommen werden. Mit diesem Buch wollen wir weitere Anstöße geben, um zu differenzierten Einschätzungen und ersten Antworten auf die Umbrüche in der Arbeit im flexiblen Kapitalismus zu gelangen. Ziel ist es, damit die künftigen gewerkschaftlichen Anforderungen und Handlungsfelder genauer zu bestimmen.

Wir halten dies nicht nur für eine entscheidende arbeitspolitische, sondern auch für eine zentrale gesellschaftspolitische Aufklärungsleistung. Beim Ringen um die Zukunft der Arbeitsgesellschaft handelt es sich, wie Oskar Negt hervorhebt, um Machtkämpfe, »bei denen Herrschaftspositionen und materielle Privilegien auf dem Spiel stehen«. Beispiele für die Verschleierung dieser Interessenlagen sind »Modernisierungsstrategien, deren Vokabular auf Wortverbindungen wie ›neu‹, ›Mitte‹ und ›jenseits‹ reduziert scheint... Bestürzende Konstanz bewahrt dabei das Koordinatensystem ihres Handelns, das unverrückbar durch die Logik von Markt und Kapital definiert ist« (Oskar Negt, Arbeit und menschliche Würde, Göttingen 2001, S. 11).

Die Analysen und Vorschläge in diesem Band zeigen, dass die IG Metall mit ihren Einschätzungen und Antworten auf die Veränderungen in der Arbeitswelt nicht am Punkt Null anfängt. Die vorgelegten Beiträge belegen vielmehr, dass im Gegensatz zu dem oftmals veröffentlichten Bild, in dem den Gewerkschaften von interessierter Seite ein »Nein-Sager«-Image angehängt oder »rückwärtsgewandte Blockade-Positionen« vorgehalten werden, sehr wohl zukunftsorientierte Antworten und Handlungsimpulse erarbeitet und diskutiert werden. Zu einer solchen zukunftsorientierten Debatte mit dem Ziel, die arbeitspolitische Handlungsfähigkeit der IG Metall erneut zu stärken, will dieser Band Impulse geben.

Frankfurt, im Juli 2003

Jürgen Peters
Horst Schmitthenner

Jürgen Peters

Gute Arbeit – Menschengerechte Arbeitsgestaltung als gewerkschaftliche Zukunftsaufgabe

Die IG Metall hat sich in den letzten Jahren dem Thema Zukunft der Arbeit in mehrfacher Weise neu gestellt: Wir haben im Rahmen unserer Zukunftsdebatte das gewerkschaftliche Leitbild »gute Arbeit« konkretisiert. Wir haben mit der im Oktober 2002 in Mannheim gestarteten »Arbeitszeitpolitischen Initiative« unsere Vorstellungen und Ziele auf einem ganz zentralen tarif- und betriebspolitischen Gestaltungsfeld von zukünftiger Arbeit diskutiert. Und wir haben – beginnend mit der Konferenz »Gute Arbeit« im November 2002 – das Thema »Qualität der Arbeit und menschengerechte Arbeitsgestaltung« mit neuem Schwung angepackt.[1]

Arbeitspolitische Bilanz

Warum hat das Thema der Arbeitsbedingungen eine solche Aktualität, ja sogar eine politische Brisanz? Dafür gibt es mehrere Gründe: Der technische Wandel und die Entwicklung von immer mehr Dienstleistungsarbeiten hat nicht automatisch zur Humanisierung der Arbeit geführt. Im Gegenteil: Viele Kollegen z.B. aus Automobilwerken berichten, dass wieder eine Rückkehr zu kurzzyklischen, monotonen Tätigkeiten festzustellen ist. Überkopfarbeit ist vielerorts erneut anzutreffen. Wir haben es in manchen Bereichen offenkundig mit einer arbeitspolitischen Rollback-Politik zu tun. Dieser Trend wird auch durch die »Europäische Stiftung zur Verbesserung der Lebens- und Arbeitsbedingungen« bestätigt. Sie führt die Verschlechterung auf den wachsenden Wettbewerbsdruck zurück.

Eine Verschlechterung der Arbeitsbedingungen ergibt sich aber auch aus der starken Zunahme von prekären Arbeitsverhältnissen in den letzten zehn Jahren. Dies betrifft einmal die Leih- und Zeitarbeitnehmer selbst, deren Gesundheitsrisiko nachweislich höher ist. Ihr verstärkter Einsatz

---

[1] Grundlage dieses Beitrages ist das Referat auf der Konferenz »Gute Arbeit – Menschengerechte Arbeitsgestaltung als gewerkschaftliche Zukunftsaufgabe« am 8. November 2002 in Dortmund.

hat zwangsläufig auch negative Rückwirkungen auf die Arbeitsstandards der Stammbelegschaften. Mehr noch: Der Arbeits- und Leistungsdruck hat zugenommen. »Arbeiten ohne Ende« stellt in immer mehr Betrieben und Büros ein akutes Problem dar. All dies belegt einen erheblichen Handlungsbedarf.

Wir meinen deshalb: Es gibt überhaupt keinen Anlass, sich beruhigt zurückzulehnen. Sicher: Arbeitsunfälle und Berufskrankheiten sind nicht angestiegen oder sind sogar zurückgegangen. Aber: Wir haben es mit einem großen Potenzial an neuen Risiken und Zumutungen in der Arbeitswelt zu tun. Manche sprechen hier sogar von einer tickenden Zeitbombe.

Shareholder-Ökonomie

Was sind die Ursachen für eine solche besorgniserregende Entwicklung? Wichtige Triebkraft dieser Trends ist das Shareholder value-Prinzip, dem sich viele Unternehmen in zunehmenden Maße unterordnen. Das bedeutet: Kurzfristige Aktionärsinteressen bestimmen die Unternehmenspolitik – unmittelbar und gnadenlos. Der Marktdruck wird direkt an die Arbeitsgruppen und Beschäftigten weitergeleitet. Eine solche Ökonomie der kurzen Fristen trägt eine neue Maßlosigkeit in die Unternehmen mit all den negativen Folgen für die Arbeitsbedingungen. Man kann das knapp zusammenfassen: Es zählt in erster Linie der »gesunde Aktionär«, nicht der »gesunde Mitarbeiter«. Dies bedeutet: Neue Investitionen in das Humankapital, also in arbeitsplatzorientierte Innovationen und Humanisierungsprojekte, die notwendigerweise am »langen Zeithorizont« ausgerichtet sein müssen, werden zugunsten einer kurzsichtigen Aktienkurspflege zurückgestellt oder ganz aufgegeben. Soziale Nachhaltigkeit in der Personal- und Unternehmenspolitik bleibt dabei häufig auf der Strecke. Die Menschen werden nur noch als Kostenfaktoren kalkuliert. Wen wundert es dann, wenn eine neue Studie der Unternehmensberatung Gallup feststellt, dass 84% der Arbeitnehmer in Deutschland lediglich Dienst nach Vorschrift machen, 15% davon seien sogar »aktiv unengagiert«. Gallup führt dies vor allem auf schlechtes Management zurück.

»Der Mensch muss im Mittelpunkt stehen« – diese alte Erkenntnis und Forderung der IG Metall aus den Humanisierungsdebatten der 1980er Jahre hat offenkundig nach wie vor höchste Aktualität. Nicht der Markt, der Kunde oder Termin, sondern der Mensch muss im Mittelpunkt stehen. Nur dann können wir der Arbeit wieder ein gesundes Maß geben.

Wir sagen deshalb: Wir brauchen eine Offensive für eine menschengerechte Gestaltung der Arbeit in den Betrieben. Dies zeigt die Bilanz der Arbeitsbedingungen. Wir brauchen eine neue Humanisierungsoffensive! Eine Offensive, die einen starken politischen Rückenwind benötigt und die vor allem in den Betrieben spürbar wird.

»Neue Qualität der Arbeit« als Chance

Welche Chancen sind dafür gegeben? Das europäische Projekt der »Qualität der Arbeit« kann aus unserer Sicht wichtige Ansatzpunkte bieten. Die EU-Kommission hat erst in diesem Jahr eine neue Strategie für Gesundheit und Sicherheit am Arbeitsplatz für den Zeitraum 2002 bis 2006 beschlossen. Deren Kern setzt auf die Förderung von »Qualität der Arbeit«. Ausgangspunkt ist ein weites Konzept des Wohlbefindens bei der Arbeit. Die neuen Belastungen in der Arbeitswelt und vor allem psychosoziale Risiken werden ernst genommen. Durch ihre Bekämpfung soll eine Verbesserung »der Qualität der Arbeit« erreicht werden. Hieran kann angeknüpft werden.

Wir halten dabei zwei Voraussetzungen für erforderlich:

Erstens: »Qualität der Arbeit« darf eben nicht nur betriebswirtschaftlich gesehen und wettbewerbspolitisch missbraucht werden. Solche Investitionen können nicht an kurzfristigen Kosten-Nutzen-Kalkülen gemessen werden. Erforderlich ist vielmehr Nachhaltigkeit, um die tatsächlichen Vorteile von Arbeitsqualität auch ausschöpfen zu können.

Zweitens: Die Bewältigung dieser Herausforderung verlangt nach einem umfassenden Präventionsansatz. Das Anliegen des Arbeits- und Gesundheitsschutzes muss mit Fragen der Qualifikation, der Beschäftigungsfähigkeit, der Forschung und Innovation verknüpft werden. Nur durch eine solch umfassende Strategie, die mehrere Politik- und Handlungsfelder integriert, kann ein neuer Schub für die Qualität der Arbeit und für die Gesundheit bei der Arbeit auf Dauer gelingen.

Die vom ehemaligen Bundesarbeitsminister Walter Riester im Mai 2001 vorgeschlagene »Initiative für eine neue Qualität der Arbeit« greift diesen europäischen Impuls zu einem breiten Präventionsansatz auf. Die IG Metall hat diese Initiative von Beginn an begrüßt und aktiv an ihrer Ausgestaltung mitgewirkt. Wir halten sie auch deshalb für dringend erforderlich, ja überfällig, weil wir nach wie vor ernste Defizite bei der Umsetzung der großen Arbeitsschutzreform der 1990er Jahre sehen. Ganzheitliche Ansätze in der Erfassung des heutigen Belastungsspektrums sowie Gestaltungsinitiativen für humane Arbeitsbedingungen sind längst noch nicht allgemeine Praxis. Das Arbeitsschutzgesetz von 1996 sieht sie aber verbindlich vor! Wir werden den Fortgang dieser Initiative auch daran messen, inwieweit in den Betrieben selbst diese praktische Umsetzung befördert wird.

Die »Initiative für eine neue Qualität der Arbeit« hat unseres Erachtens erste positive Schritte eingeleitet: Mit der Gemeinschaftsinitiative »Gemeinsam gegen Stress« konnte öffentlich sichtbar gemacht werden, dass arbeitsbedingte Stressbelastungen vorrangig bekämpft werden müssen. Dies gibt unseren eigenen Aktionen »Tatort Betrieb. Terror für die Seele – psychische Belastungen« zusätzliche Unterstützung. Ferner: Bei der Prävention arbeitsbedingter Erkrankungen, aktuell vor allem des Muskel-Skelett-Apparates, sollen gemeinsame Ziele und Strategien vereinbart werden. Und nicht zuletzt konnten mit kurzfristig bereitgestellten Fördermitteln erste Umsetzungsprojekte zu Prävention und Gesundheitsschutz eingeleitet werden.

Großprojekt: Humanisierungsoffensive

Das alles ist gemessen am Anspruch der Initiative sicherlich noch nicht sehr viel. Und sicher hätte die Bundesregierung in der Vergangenheit noch viel mehr tun können. Dennoch: Die »Initiative für eine neue Qualität der Arbeit« gibt die Möglichkeit, hieraus ein politisches Großprojekt einer neuen Humanisierungsoffensive zu entwickeln. Aus unserer Sicht wäre dies politisch dringend geboten. Ich hoffe, dass die Bundesregierung hier mehr Engagement entwickelt, als dies bislang der Fall war. Ich hoffe, es ist kein falsches Signal, dass in der Koalitionsvereinbarung die Aussagen beispielsweise zum Thema »Tierschutz« aussagekräftiger sind als diejenigen zum Gesundheitsschutz oder zur menschengerechten Arbeitsgestaltung.

Wir fordern Wolfgang Clement und Ulla Schmidt auf, die guten Ansätze von Walter Riester weiter zu verfolgen und sich klar für eine Erweiterung der »Initiative für eine neue Qualität der Arbeit« auszusprechen. Wir brauchen die vollständige Umsetzung der EU-Vorgaben zum Arbeits- und Gesundheitsschutz in der Gesetzgebung und Praxis. Wir brauchen umfangreichere und ehrgeizigere Förderprogramme von Umsetzungsprojekten in den nächsten Jahren.

Wir brauchen die staatliche Überwachung und Unterstützung bei der Umsetzung der Gesetze und Verordnungen. Der Staat muss eine aktive Rolle bei der Koordinierung aller Akteure im Arbeitsschutz einnehmen. Wir brauchen eine bessere Koordinierung aller Präventionsaktivitäten zwischen den zuständigen Ministerien Wirtschaft und Arbeit sowie Gesundheit und Soziales.

Und wir brauchen Geld! Eine solche Präventions- und Humanisierungsoffensive ist eine Investition in die Zukunft. Sie ist gleichzeitig ein Beitrag zur Gesundheitsreform. Ein besserer jedenfalls als fortwährende Leistungskürzungen. Ich fordere die Bundesregierung auf, die Initiative für eine neue Qualität der Arbeit mit 40 Millionen Euro pro Jahr auszustatten. 160 Millionen für die gesamte Legislaturperiode.

Das ist gerade einmal ein Prozent der Kosten, die die Sozialversicherungssysteme für arbeitsbedingte Erkrankungen aufwenden. Die Bundesanstalt für Arbeitsschutz und Arbeitsmedizin schätzt, dass allein für die Behandlung aufgrund von arbeitsbedingten Erkrankungen jährlich mindestens 15 Milliarden Euro ausgegeben werden. Ein Prozent davon zu investieren, um arbeitsbedingte Erkrankungen zu verhindern, halte ich für eine richtige, für eine finanzierbare und für eine strategisch bedeutende Zukunftsinvestition. Übrigens: Die Humanisierungsprogramme der 1970er und 1980er Jahre waren mit jährlich rund 100 Millionen DM ausgestattet. Wir reden hier also mehr als 20 Jahre später nicht über unrealistische Größen, wenn wir 40 Millionen Euro pro Jahr verlangen.

Wenn die rot-grüne Koalition ihr Reformprofil schärfen will, dann hat sie in diesem Feld alle Möglichkeiten. Ich sage hier ganz deutlich: Die »Qualität der Arbeit« in Deutschland muss ein zentrales Feld sozialdemokratischer Politik sein. Es ist eine Frage der sozialen Gerechtigkeit, wie z.B. der Arbeitsalltag der ArbeitnehmerInnen bestimmt wird. Es wäre unerträglich, wenn diese Bundesregierung eine Erweiterung der »Initiative für eine neue Qualität der Arbeit« unter den Vorbehalt weiterer Deregulierung und falscher Standortpflege setzen wollte. Ich kann nur davor warnen.

Der eigene Beitrag der IG Metall

Was tun wir? Tarifpolitisch sollten wir als IG Metall wieder anknüpfen an unsere guten Traditionen. »Werktage müssen besser werden«, war beispielsweise ein Motto qualitativer Tarifpolitik in den 1970er und 1980er Jahren, bei der es um eine Humanisierung der Arbeit ging. Heute versuchen wir unter dem Leitbild »gute Arbeit« solche Gestaltungsfelder menschengerechter Arbeit aufzuzeigen.

Unsere Handlungsbedingungen sind nicht einfacher geworden. Eine Unternehmenspolitik der »kurzen Fristen« und Standortkonkurrenz erschweren eine offensive arbeitspolitische Gestaltung des betrieblichen Alltags. Auf manchen Feldern sind wir eher dabei, Schutzstandards zu verteidigen, als schon einen kontinuierlichen Verbesserungsprozess humaner Arbeitsgestaltung einzuleiten.

Dennoch: Wir besitzen mit dem neuen deutschen Arbeitsschutzrecht, das ja auf der europäischen Rechtssetzung beruht, eine grundlegend verbesserte Basis und wirkungsvolle Instrumente für menschengerechte Arbeitsgestaltung und eine Stärkung der Prävention. Eines dieser Instrumente besteht in der ganzheitlichen Gefährdungsbeurteilung. Die Mehrheit der Betriebe hat auch sieben Jahre nach Verabschiedung des Gesetzes diese ganzheitliche Erfassung und Bewertung aller Belastungen und Gesundheitsrisiken immer noch nicht durchgeführt, von einer systematischen Maßnahmenentwicklung ganz zu schweigen.

Wir haben hier Handlungsmöglichkeiten. Das volle Mitbestimmungsrecht der Betriebsräte in diesem Aufgabenfeld ist gegeben, mittlerweile auch durch die Rechtsprechung gestützt – also eine gute Basis für betriebspolitische Initiativen und eine Chance, die wir nutzen müssen. Wir müssen aber auch selbstkritisch überprüfen, ob wir diese Kernaufgabe menschengerechter Arbeitsgestaltung bisher ausreichend in unserer Praxis gewichtet haben, z.B. in der Bildungsarbeit. Meines Erachtens gehören Fragen der menschengerechten Arbeitsgestaltung in die Grundqualifizierung aller Betriebsräte, Vertrauensleute und Hauptamtlichen unserer Organisation. Wir müssen sie hier mehr denn je als Querschnittsthema verankern.

Jedem muss klar werden: Der Auftrag und das Verständnis des modernen Arbeits- und Gesundheitsschutzes geht weit über die bekannte traditionelle Arbeitssicherheitspolitik hinaus. Diese war durchaus erfolgreich auf Unfallverhütung und Mängelbeseitigung insbesondere bei klassischen Gefährdungen konzentriert. Nun haben wir es aber mit einem kontinuierlichen Verbesserungsprozess humaner Arbeitsgestaltung zu tun. Mit anderen Worten: Der moderne Arbeits- und Gesundheitsschutz ist eine Querschnittsaufgabe der betrieblichen und gewerkschaftlichen Interessenvertretungspolitik. Wir müssen uns dem Thema von vielen Seiten nähern, wenn wir ihm gerecht werden wollen.

Zum Beispiel in der Tarifpolitik. Unsere Anstrengungen um gemeinsame Entgeltrahmentarifverträge und die auf der Arbeitszeitkonferenz in Mannheim im Oktober 2002 gestarteten tarifpolitischen Initiativen zur Arbeitszeit sind auch zu verstehen als unmittelbare Beiträge zur Schaffung von Rahmenbedingungen für gute Arbeit.

Mit einer Neubewertung der Arbeit und mit der Gestaltung der Arbeitszeiten greifen wir unmittelbar in die Qualität der Arbeit ein. Wenn wir zum Beispiel im Rahmen von ERA Leistungskriterien vereinbaren, die das breiter gewordene Spektrum heutiger Anforderungen angemessen widerspiegeln. Wenn die erbrachte Leistung der Beschäftigten an real beeinflussbaren Größen gemessen werden kann. Wenn Entgeltformen durch besseren Einfluss unsererseits Leistung und Entgelte in ein besseres Verhältnis setzt. Wenn wir mit erweiterten Reklamationsrechten einen verbesserten Schutz vor Überforderung einbauen. Oder wenn wir die Abwälzung von Unternehmerrisiken auf die Schultern der Beschäftigten erschweren. Kurzum: Mit ERA verbindet sich für uns unmittelbar ein verbesserter Schutz vor Leistungsüberforderung und ein nachhaltiger Umgang mit menschlicher Leistungsfähigkeit.

Das gilt auch für die Arbeitszeiten: Sie werden gegenwärtig ungehemmt flexibilisiert. Arbeitszeitkonten laufen über; die 13- bzw. 18-Prozent-Quote wird überfahren; Ausgleichszeiträume werden missachtet; unentgeltlich geleistete Mehrarbeit wächst. Am Ende steht eine schleichende Verlängerung der Arbeitszeit in Richtung 40-Stunden-Woche. Das wäre nicht nur beschäftigungspolitischer Unsinn. Gesundheitspolitisch wäre das ein Sprengsatz.

Ohne Übertreibung: Der Lebensrhythmus des Einzelnen, der Rhythmus der Familien wird dem Rhythmus der Betriebe untergeordnet. Das kann nicht ohne Folgen bleiben. Die Menschen werden physisch und psychisch einem Druck ausgesetzt, der hohe Gesundheitsrisiken birgt. Deshalb haben wir uns auf eine arbeitszeitpolitische Initiative geeinigt: Wir müssen der Flexibilisierung Grenzen setzen. Wir müssen sie zivilisieren. Eine schrankenlos flexibilisierte Gesellschaft läuft perspektivisch Gefahr, eine kranke Gesellschaft zu werden!

Natürlich wissen wir auch, dass die Beschäftigten oftmals unterschiedliche Arbeitszeitbedürfnisse haben: je nach Lebensalter, beruflicher Situation, familiärem Status, Arbeitszeiten des Partners/der Partnerin usw. Deshalb gilt es, den Interessen unserer KollegInnen zum Durchbruch zu verhelfen. Aber jedem ist klar: Allein auf sich gestellt ziehen viele Beschäftigte den Kürzeren, wenn sie gegenüber ihrem Arbeitgeber individuelle Interessen zur Geltung bringen wollen. Sie brauchen dafür Rückhalt bei den KollegInnen, beim Betriebsrat, bei der Gewerkschaft. Sie brauchen vor allem verbindliche gesetzliche und tarifliche Ansprüche, auf die sie sich berufen können. Für mich gibt es hierzu eine einfache Formel: Je größer der Spielraum sein soll, desto verbindlicher muss der Rahmen sein.

Wir müssen die tatsächlichen Arbeitszeiten den tariflichen Arbeitszeiten wieder annähern und dem »Arbeiten ohne Ende« Grenzen setzen. Dies ist eine Aufgabe, die wir in den Betrieben, aber auch mit unserer Tarifpolitik angehen können und müssen. Das heißt: Arbeitszeit muss erfasst, Arbeitszeit muss vergütet werden, sie muss planbar sein und vom Einzelnen beeinflussbar. Und nicht zuletzt: Sie muss gesundheitsverträglich sein. Das nenne ich Zeitsouveränität.

Der Mensch im Mittelpunkt

Tarifverträge haben das Ziel, einklagbare Mindestbedingungen zu sichern und zu entwickeln. Unsere Ansprüche an wirklich gute Arbeit werden in aller Regel ein Stück oberhalb des durch Tarifverträge zu sichernden Niveaus liegen. Die Qualität »guter Arbeit« wird sich somit zwar nur mit Tarifverträgen, aber nicht allein durch Tarifverträge erreichen lassen.

Notwendig hierfür ist die zusätzliche Entfaltung betrieblicher Gestaltungsmacht von Betriebsräten und Belegschaften, die sich auch auf die neuen Rechte und Instrumente im Gesundheitsschutz stützen können. Notwendig ist der Eingriff und das Engagement der Politik. Wir brauchen eine neue gesellschaftliche Debatte über die Qualität der Arbeit. Arbeit, in deren Mittelpunkt wieder der Mensch und seine Bedürfnisse und nicht allein nur die Ökonomie und ihre Zwänge stehen.

Klaus Dörre

Modernisierung als Regression? Arbeitspolitik vor neuen Herausforderungen

Am Beginn des 21. Jahrhunderts scheint sich für die Entwicklung der Arbeitsgesellschaft keine einheitliche Richtung ausmachen zu lassen. In Kernbereichen industrieller Produktion wie in manchen Dienstleistungssegmenten zeichnet sich nicht nur eine erstaunliche Beharrungskraft rigider Arbeitsteilung ab (Lehndorff 2003: 153ff.; Kurz 1999); tayloristische Prinzipien werden geradezu revitalisiert (Springer 1999). Zu konstatieren ist folglich eine Entwicklung, die, am Anspruch von »neuen Produktionskonzepten« und »innovativer Arbeitspolitik« gemessen (Kern/Schumann 1998), als arbeitspolitischer Rückschritt bezeichnet werden muss.

Zeitgleich macht sich jedoch ein gegenläufiger Trend bemerkbar. Was in der Debatte um die »neuen Produktionskonzepte« noch als vage Möglichkeit aufschien, hat sich zumindest in den Managementdiskursen um die entstehende Informations- und Wissensgesellschaft auf breiter Front durchgesetzt. Nicht mehr nur die Produktionsintelligenz, die Subjektivität der Beschäftigten als solche wird inzwischen zur Produktivitätsressource erklärt. Formeln wie »Subjektivierung« (Moldaschl/Voß 2002) oder »Intellektualisierung von Arbeit« (Boyer/Durand 1997, Dörre 2002) bringen diese Entwicklung auf den Punkt.

Was nach einem späten Triumph industriesoziologischer Taylorismuskritik klingt, entpuppt sich bei näherem Hinsehen als janusköpfig. Die permanenten Appelle an die Subjektivität der Arbeitenden, die inflationären Versprechen von Autonomiegewinn, Selbstorganisation und Selbstverantwortung, wie sie nachfordistischen Managementkonzepten eigen sind, können die Schattenseiten flexibler Arbeit nicht verdecken. Wie die widersprüchlichen Entwicklungstrends zu interpretieren sind, wird kontrovers diskutiert. Während die einen von Stagnation, Rekonventionalisierung oder zumindest von einer »neuen Unübersichtlichkeit« der Arbeitslandschaft sprechen (Schumann 2003), sehen andere einen radikalen Umbruch, der dazu zwingt, nicht nur die theoretischen Grundlagen der Industriesoziologie, sondern auch das Koordinatensystem arbeitspolitischer Interventionen gründlich zu überprüfen (Deutschmann 2001: 58ff.).

Nach meiner Auffassung ist es sinnvoll, von der Herausbildung eines nachfordistischen Produktionsmodells (verstanden als einigermaßen kohärente Kombination von Managementprinzipien, Firmenorganisation, Ausbildungssystem und Arbeitsbeziehungen) auszugehen. Allerdings dürfen wir nicht übersehen, dass Modernisierung und Restrukturierung der Arbeitsgesellschaft seit den 1990er Jahren auf breiter Front mit interessenpolitischem Rückschritt einhergehen. Die Durchsetzung eines flexiblen Marktregimes in Unternehmen und Betrieben (Dörre/Röttger 2003) erzeugt eine eigentümliche Dialektik von Freisetzungsprozessen aus herrschaftlich-ständischer Bevormundung auf der einen und Prekarisierungstendenzen auf der anderen Seite. Dieses In- und Nebeneinander scheinbar gegenläufiger Trends besitzt einen systemischen Ursprung. Aufgabe einer zeitgemäßen Arbeitspolitik wäre es, Bedingungen dafür zu schaffen, dass Freisetzung von den Arbeitenden tatsächlich als Befreiung empfunden werden kann.

1. Marktzentrierte Kontrolle und interessenpolitischer Rückschritt

Zur Begründung dieser Sichtweise will ich zunächst einige Anmerkungen zur politischen Ökonomie der flexiblen Arbeits- und Produktionsweise machen. Trotz aller Zufälligkeiten und Kontingenzen bei der Strategiewahl von Unternehmen kann man heute nicht mehr ignorieren, dass Entscheidungsfindungen des strategiefähigen Managements zunehmend von Dynamiken und Kräfteverhältnissen der internationalen Ökonomie und des in ihr enthaltenen Staatensystems beeinflusst werden. Zwar gibt es keinen »Sachzwang Weltmarkt« (Altvater 1987), der sich bruchlos auf die Beschäftigten durchstellen ließe. Doch Managementkonzepte wie »Lean Production« (Womack u.a. 1990) oder »Business Reengineering« (Hammer/Champy 1995) werden inzwischen auf einem internationalen Markt für Managementwissen gehandelt, dessen Konjunkturen auch von den weltwirtschaftlichen Zyklen abhängen. Abhängigkeit bedeutet nicht Determination, sondern Normierung von Handlungen an den zahlreichen Schaltstellen des ökonomischen Feldes (Dörre 2003: 13ff.).

Ein wichtiger Impuls für die Normierung des transnationalen Marktregimes resultierte aus dem überraschenden wirtschaftlichen Comeback der USA in den 1990er Jahren. Der Aufstieg des neo-amerikanischen Kapitalismus resultierte keineswegs allein aus innovationsfördernden Systemmerkmalen (Hollingsworth 1997: 133ff.). Mindestens ebenso bedeutsam war das Vermögen von US-Wirtschafts- und Politikeliten, die Institutionen der Weltwirtschaft für den Export des favorisierten Kapitalismus-Modells zu instrumentalisieren (Grefe u.a. 2002). Liberalisierung des Warenmarktes für Auslandsimporte, Privatisierung von Staatsunternehmen und Deregulierung der Märkte für Kapital und Arbeit lautet das immergleiche Credo, das weltwirtschaftliche Entscheidungsprozesse seit Mitte der 1980er Jahre bestimmt. Trotz dramatischer Krisen und Fehlentwicklungen hat die auf diese Politik gegründete flexible Akkumulation ihren Siegeszug auch in den europäischen Metropolenstaaten angetreten. Das Ende des US-Booms, die Krise der »New Economy« und die imperialen Ansprüche der Bush-Administration mögen die Begeisterung für das neo-amerikanische Modell inzwischen abgeschwächt haben. An der Marktgläubigkeit der hiesigen Wirtschaftseliten hat sich indessen wenig geändert.

In Deutschland wie auch in anderen EU-Staaten nutzen immer mehr international operierende Konzerne wertbasierte Steuerungsformen. Um sich in unsicheren, vermachteten Märkten zu platzieren, selbst akquisitionsfähig zu werden und feindliche Übernahmen abwehren zu können, macht es aus Sicht dieser Unternehmen Sinn, die Renditen der Marktführer als Orientierungsgröße zu wählen. Für das kontrollierende Management wird die Gewinnmarge zur alles überragenden Steuerungsgröße. Innerhalb der Unternehmen hat sich ein System straffer Profitsteuerung durchgesetzt, dessen Zielsetzungen von den Zentralen aus auf Betriebe, Profit- und Costcenter heruntergebrochen werden. Die straffe Profitsteuerung motiviert die Unternehmen zu verschiedenen Formen externer (Beschränkung auf das Kerngeschäft, Verringerung der Fertigungstiefe, Verkäufe von Geschäftszweigen, Werksspaltungen, Ausgründungen) wie interner Flexibilisierung (Centerbildung, flexible Arbeits- und Organisationsformen).

Die Herausbildung des marktzentrierten Kontrollmodus ist das Resultat aktiver Anpassungsleistungen der mikroökonomischen Akteure. Der neue Rationalisierungstyp setzt an der Nahtstelle von Lohnarbeit und deren institutioneller Regulierung an. Marktzentrierte Kontrolle bedeutet in der Konsequenz häufig, dass von der Arbeiterbewegung erkämpfte Institutionen und soziale Rechte zur Disposition gestellt werden. Wertbasierte Steuerungsformen, die ja nur ein strukturierendes Element marktzentrierter Kontrolle darstellen, wirken nicht automatisch als Killer neuer Produktionskonzepte (Schumann 2003: 51ff.) oder partizipativer Arbeitsformen. Fakt ist jedoch, dass Marktmechanismen zur Legitimation von Reorganisationsstrategien dienen, die auf Kostensenkungen, vor allem aber auf eine Beteiligung der abhängig Beschäftigten am Marktrisiko hinauslaufen.

2. Marktzentrierte Kontrolle, Freisetzung und arbeitspolitische Vielfalt

Die »Internalisierung des Marktes« (Moldaschl/Sauer 2000) geht mit der Schaffung von Zonen kontrollierter oder überwachter Autonomie einher. In Produktions- und Dienstleistungsunternehmen wirken marktzentrierte Kontrollstrategien, indem das Controlling tendenziell von der Ausführung auf das Produkt und dessen Beitrag zur Wertschöpfung verlagert wird.

Ein Beispiel: Bei einem Anlagenbauer gibt das Management nur noch den Preis des Produkts vor. Der Betrieb bekommt den Auftrag, wenn er die Preisvorgabe unterbietet. Auf welche Weise die Preisvorgabe eingehalten wird, ist Sache der Beschäftigten. Das betriebliche Management kommt völlig ohne Zeitvorgaben aus. Arbeiter und Interessenvertretung sind dazu übergegangen, ganze Abteilungen »in Eigenregie« zu optimieren. Inzwischen kann der Betrieb selbst die Preise osteuropäischer Unternehmen unterbieten. Und dennoch ist der Optimierungsprozess unendlich. »Wir haben es geschafft, dass die Kollegen ihr Geld noch verdienen wie vorher. Aber die Arbeitsbedingungen sind wesentlich härter geworden... Wie der Einzelne vor Ort seine Arbeit macht, interessiert das Management überhaupt nicht mehr. Die sagen: ›Du musst deinen Arbeitsplatz selber einrichten, damit du schneller werden kannst. Und wenn du es nicht schaffst, dann hast du Pech gehabt, dann können wir die Abteilung, den Arbeitsplatz nicht mehr halten‹, schildert ein befragter Betriebsrat die Auswirkungen der Marktsteuerung (Dörre 2002: 357ff.).

Die Steuerung mit Preis- und Gewinnvorgaben setzt qualifizierte Arbeiter zu einem gewissen Grad aus den Zwängen bürokratischer Kontrolle frei, aber er wirkt nicht befreiend. Denn die Aktivitäten der Arbeiter unterliegen einem rigiden betriebswirtschaftlichen Controlling. Die »Rationalisierung in Eigenregie« der Beschäftigten ist Realität. Doch nicht die Humanisierung und Demokratisierung industrieller Arbeit, sondern das Marktrisiko ist zum entscheidenden Treiber dieser Form managementdominierter Partizipation am Arbeitsplatz geworden.

Das betriebswirtschaftliche Geheimnis der flexiblen Arbeitsweise wurzelt in einem break even point, der so justiert ist, dass Konjunkturschwankungen aufgefangen werden können, ohne die Gewinnzone verlassen zu müssen. Im Grunde setzt das System auf Minimalbelegschaften. Lebendige Arbeit wird dennoch wichtiger, weil sie das Flexibilitätspotenzial bereitstellt, welches eine Organisation mit knappen Zeit-, Material- und Personalpuffern überhaupt funktionsfähig hält. Die flexible Arbeitsweise beinhaltet in der Regel eine Umgestaltung des Leistungs- und Zeitregimes der Betriebe. In den Angestelltenbereichen vieler Unternehmen gibt es eine faktische Arbeitszeitverlängerung. Ein wachsender Teil des individuellen Lohns bzw. Gehalts wird aus der tariflichen Regelung herausgenommen und an betriebliche Leistungsparameter angebunden. Produktionsspitzen werden mit befristet eingestellten Arbeitskräften abgefedert; selbst in Aufschwungphasen bleibt die Zahl der Neueinstellungen begrenzt. Auf diese Weise forciert die flexible Arbeitsweise die Aushöhlung geschützter Normarbeitsverhältnisse und trägt zur Polarisierung der Arbeitsbedingungen und zur Fragmentierung der Arbeitenden bei. Mit anderen Worten: Die relative arbeitspolitische Vielfalt der nachfordistischen Arbeitsgesellschaft ist in vielerlei Hinsicht das systemische Produkt von Kontrollstrategien, die das »Wie« der Produktion mikroökonomischen Akteuren überlassen. Akteuren, die freilich im Kontext eines transnationalen Marktregimes, unter den Bedingungen intensivierter Konkurrenz und beschleunigter Innovationszyklen handeln und entscheiden müssen.

3. Doppelte Spaltung und Prekarisierung der Arbeitsgesellschaft

Unter diesen Bedingungen macht es für Entscheidungsträger in Betrieben und Unternehmen Sinn, die Auswahl von Konzepten und Handlungsstrategien stärker am Regime der »kurzfristigen Zeit« auszurichten. Folgerichtig gerät das Institutionensystem des rheinischen Kapitalismus, das wirtschaftliche Entscheidungen auf die Realisierung längerfristiger Wettbewerbsvorteile ausrichtet, unter Dauerstress.

Noch innerhalb eines weitgehend intakten institutionellen Rahmens haben sich die Inhalte betriebspolitischer Kompromissbildungen während der zurückliegenden Dekade gravierend verändert. Soziale Kohäsionspolitik im fordistischen Kapitalismus bedeutete, in der Beteiligung der Arbeitnehmer am Produktivitätsfortschritt und dem so garantierten sozialen Frieden den entscheidenden Hebel zur Steigerung ökonomischer Leistungsfähigkeit zu sehen. In der Gegenwart rechtfertigen sich Sozialintegration und Arbeitnehmerbeteiligung nur noch in dem Maße, wie sie der Steigerung einzelwirtschaftlicher Wettbewerbsfähigkeit dienen (Streeck 1998). Diese Umkehrung der Prioritäten prägt nun die Tauschbeziehungen zwischen den industriellen Akteuren. In der Periode des expandierenden Fordismus ging es im Grunde um eine partielle Abkoppelung der Lohnarbeit vom Marktrisiko. In der postfordistischen Ära hingegen wird über die Rückkoppelung abhängiger Arbeit an Marktrisiken verhandelt. Es geht – wie gerade befristete Beschäftigungsgarantien belegen – um den Grad an Unsicherheit, der den Arbeitskraftbesitzern zugemutet werden kann und soll. Jene schützende Hülle industrieller Rechte und sozialer Sicherungen, die im sozialstaatlich regulierten Kapitalismus eine partielle Abschottung gegenüber Marktrisiken erlaubte, wird durchlöchert und teilweise abgetragen.

Das Schwächerwerden der kollektiven Regulierungen aus der fordistischen Ära führt dazu, dass das sozialstaatlich eingebettete Normarbeitsverhältnis einem fortlaufenden Erosionsprozess ausgesetzt ist. Diesen Prozess vor Augen, spricht der französische Soziologe Robert Castel von einer doppelten Spaltung der nachfordistischen Arbeitsgesellschaft: Einer schrumpfenden *Zone der Integration* mit noch immer geschützten Arbeitsverhältnissen stehe eine sich ständig vergrößernde *Zone der Entkoppelung* gegenüber, in der sich die Ausgegrenzten und Dauerarbeitslosen, die »Entbehrlichen« der Arbeitsgesellschaft befänden. Dazwischen wachse eine *Zone der Prekarität* mit Beschäftigungsverhältnissen (Leih- und Zeitarbeit, abhängige Selbständigkeit, erzwungene Teilzeitarbeit, informelle Arbeit), die in vielerlei Hinsicht verwundbar seien (Castel 2000).

In einer engeren Verwendung meint Prekarität eine soziale Lage (»Zone«), die sich dadurch auszeichnet, dass Beschäftigte aufgrund ihrer Erwerbsarbeit deutlich unter das Einkommens-, Schutz- und soziale Integrationsniveau sinken, das in der Gegenwartsgesellschaft als »normaler Standard« definiert wird. Laut Castel wirkt die doppelte Spaltung der Arbeitsgesellschaft allerdings auf die Zone der Integration zurück. Diesen Effekt hatte der französische Soziologe Pierre Bourdieu (1998: 96) vor Augen, als er argumentierte, Prekarität sei »überall«. In Bourdieus weiter Fassung bezeichnet Prekarisierung eine gesellschaftliche Tendenz zur Verallgemeinerung sozialer Unsicherheit, einen gesellschaftlichen Trend, der sich im generellen Verlust der sozialen Bindekraft von Erwerbsarbeit niederschlägt. Sozialstaatlich regulierte, geschützte Erwerbsarbeit ist für diejenigen, die vom Verkauf ihrer Arbeitskraft leben müssen, zu einem knappen Gut geworden. Unsicherheitserfahrungen prägen das Arbeitsbewusstsein in allen Zonen der nachfordistischen Arbeitsgesellschaft, und eben dies konstituiert die widersprüchliche Dialektik von Freisetzung und Prekarisierung.

4. Neue Problemlagen und Belastungen

Fakt ist, dass diese Dialektik in vielfältigen Variationen auftritt. Gerade für die Tätigkeiten Hochqualifizierter gilt häufig, dass die Erfahrung der Freisetzung aus herrschaftlich-bürokratischen Zwängen das Empfinden sozialer Unsicherheit überlagert. Für prekär Beschäftigte gilt, nicht zwangsläufig, aber doch überwiegend, das Gegenteil. Insgesamt entsteht eine Pluralität ausdifferenzierter arbeitspolitischer Problemlagen.

4.1 Die Verinnerlichung des Marktes

In den Bereichen mit hochqualifizierten Tätigkeiten überwiegt in der Wahrnehmung der Arbeitenden häufig der Freiheitsgewinn. Das zeigt sich deutlich bei problemlösenden oder kundenbezogenen Arbeitstätigkeiten, denen ein hohes Maß an Entscheidungsfreiheit eingeschrieben ist. Soweit Marktanforderungen als unabänderbar gelten, stellt sich Freiheit im subjektiven Empfinden mittels Anpassung ein. Diese Erkenntnis lässt sich in gewisser Weise verallgemeinern. Je weniger realistisch es erscheint, den eigenen Lebensentwurf auf marktbegrenzende (kollektive) Regelungen und Sicherheiten zu gründen, desto wahrscheinlicher wird eine Verinnerlichung und Habitualisierung des Marktzwangs. Die Bereitschaft zum Freiheitsgewinn durch Selbstunterwerfung tritt bei Führungskräften der unteren und mittleren Ebene, aber auch bei Spezialisten und qualifizierten Angestellten häufig in Reinkultur hervor. Nehmen wir das Beispiel eines Managers, der nach mehr als zehnjähriger Tätigkeit bei einem Telekommunikations-Konzern entlassen wurde:[1]

»Ich hatte Kollegen, die haben nichts anderes gemacht als zu arbeiten. Da muss ich sagen, da hatte ich Grenzen erreicht. Da wollte ich gar nicht mehr mitkämpfen. Da werde ich nicht glücklich. Jetzt mit Kind und Familiengründung. Das wird sich auch nur schwer vereinbaren lassen mit meiner Grundeinstellung, Beruf und Privatleben zu trennen. Aber die (erfolgreicheren Kollegen, KD) haben das gebracht. Vielleicht sind die auch die bessere Besetzung... Die Anspannung ist ja nicht weniger geworden. Vielleicht haben die erfolgreichen Kollegen diese einfach besser bewältigen können und sind deshalb auch (in Leitungspositionen, KD) genommen worden. Auch da, muss ich sagen, kann ich die Entscheidung nachvollziehen. Die, die Abteilungen bekommen haben, sind gut und die können das. Alles andere wäre jetzt Neid oder Selbstentschuldigung. Das ist so. Das ist der Wettbewerb. Das ist der Wettbewerb im Management ums Überleben...«

Nicht das umfassende Verwertungsinteresse bzw. das eigene Bedürfnis nach Grenzen des Arbeitstages gilt dem befragten Manager als Problem. Hier wirkt ein Modus der Selbstzuschreibung, der die Probleme nicht in der Schrankenlosigkeit des Wettbewerbs, sondern in der eigenen Person verortet. Man selbst ist nicht in der Lage, den Anforderungen der Überlebenskonkurrenz zu genügen; deshalb ist es nachvollziehbar und richtig, wenn man in der Konkurrenz um gute Positionen und Arbeitsplätze unterliegt. Neu ist, dass sich dieser Modus der Selbstzu-

[1] Das Material stammt aus dem Projekt »Prekäre Beschäftigung – Ursachen von sozialer Desintegration und Rechtsextremismus?«, das ich gemeinsam mit Klaus Kraemer und Frederic Speidel durchführe.

schreibung nicht nur bei Managern und qualifizierten Angestellten, sondern zunehmend auch bei Produktionsarbeitern findet. So sehen Fertigungsgruppen, die in einem System aus realen oder inszenierten Marktzwängen und ausgehandelten Zielvereinbarungen agieren, mitunter die Schuld bei sich, wenn sie die vereinbarten Ziele nicht erreichen.

4.2 Zeitnot, Arbeitswut, deformierte Subjektivität

Damit ist eine zweite Problemlage berührt. Vor allem bei Managern, aber auch bei Spezialisten, qualifizierten Angestellten und Arbeitern macht sich das flexible Marktregime intrinsische, inhaltlich-subjektbezogene Motive der Arbeitenden zunutze. Es ist nicht primär die Konkurrenz, das äußere Zwangsmoment, das die Bereitschaft zu permanenten Höchstleistungen erzeugt. In den Segmenten mit anspruchsvollen Tätigkeiten appelliert marktzentrierte Kontrolle zugleich an die Professionalität der Arbeitssubjekte. Befriedigung entspringt aus dem Bestreben, seine Arbeit so gut wie möglich, eben professionell zu machen. Pessimistische Deutungen à la Sennett (1998) übersehen häufig, dass auch scheinbar abstrakte Tätigkeiten genügend Identifikations- und Selbstentfaltungsmöglichkeiten beinhalten, die eine intrinsische Arbeitsmotivation konstituieren. Im Falle qualifizierter Wissensarbeit verwischen sich mitunter die Grenzen zwischen Arbeit und Spiel. Kaum ein Problem wiederholt sich; ständig sind neue Lösungen gefragt, um die Kunden zufrieden zu stellen. Der permanente Reiz, dazuzulernen, die Potenziale der vorhandenen Technologie auszutesten, Hindernisse und Barrieren zu überwinden, kann das Spiel zur Sucht werden lassen. Was zunächst als Selbstverwirklichung in der Arbeit erscheint, kann pathologische Formen annehmen.

All das sind zunächst relativ normale Probleme der modernen Arbeitswelt. Die permanente »Zeitnot« (Kadritzke 2003) der »high potentials« kann jedoch von einer zur Tugend gewendeten Not in »Arbeitssucht« (Heide u.a. 2002; Peter 2003: 172ff.) ausarten und erhebliche psychische Schäden hervorrufen. Andauernder Arbeitsstress mündet dann in Entspannungsunfähigkeit. Das Privatleben leidet; früher oder später wirken zerrüttete Sozialbeziehungen auf das Arbeitsvermögen zurück. Der innere Antrieb für hohe Arbeitsleistungen entfällt, Kreativität geht verloren und das Arbeitsvermögen wird – mitunter dauerhaft – geschädigt. Zu den psychischen können sich physische Belastungen gesellen. Herz-Kreislauf-Erkrankungen, Sitzbeschwerden, Bandscheiben-Schäden, Magen- und Darmprobleme sind einige der bekanntesten Stress-Folgen.

»Neue Unmittelbarkeit des Marktes« und »Maßlosigkeit« der Arbeit schlagen sich nicht ausschließlich in überlangen Arbeitszeiten nieder. In großbetrieblichen Strukturen mit starken Interessenvertretungen gelingt es auch in den Angestelltenbereichen wenigstens teilweise, Begrenzungen des Arbeitstages und der Arbeitswoche durchzusetzen. Für die Intensivierung der Arbeit ist damit noch kein Gegenmittel gefunden. Wie beim Problemkomplex »Zeitnot und Arbeitsintensivierung« betreffen die Folgen der Intensivierung nicht nur die unmittelbare Verausgabung von Arbeitskraft, sondern die gesamte Balance von Erwerbsarbeit und arbeitsfreier Zeit. Dass der Kopf auch nach Feierabend noch »im Geschäft« ist, gilt nicht mehr nur für qualifizierte Spezialisten und Ingenieure. Man findet Ähnliches bei den Mitgliedern von Fertigungsinseln im Maschinenbau oder in den Montagebereichen kleiner Betriebe. Was in der fordistischen Ära durch ausdifferenzierte Hierarchien, strukturierte Laufbahnen und klar definierte Kompetenzbereiche von Außen auferlegt wurde und dem Alltagsleben einen Rhythmus gab, wird nun zumindest teilweise der Entscheidung von Individuen oder Kleingruppen überantwortet. Darin steckt unzweifelhaft etwas Befreiendes. Wo sie bürokratische Bevormundung zurückdrängt, kommunikativen Austausch und ganzheitliche Arbeitsaufgaben fördert, wo sie die Entscheidungsspielräume der Beschäftigten erweitert und Autonomiezonen öffnet, ist die flexible Arbeitsweise – auch *durch* ihre leistungssteigernde Wirkung – Quelle *potenziellen* Freiheitsgewinns. Sofern sie ein ausbeuterisches Verhältnis gegenüber dem eigenen Arbeitsvermögen stimuliert, verwandelt sich Freisetzung aus bürokratischer Kontrolle hingegen in eine Ursache für tiefgreifende Deformationen der Arbeitssubjektivität.

4.3 Kumulation von »alten« und »neuen« Belastungen

Wo routinehafte, taylorisierte Arbeit dennoch weiter existiert, stoßen wir häufig auf eine Kumulation »alter« und »neuer« Belastungen. Die flexible Arbeitsorganisation konfrontiert die Arbeiter im Grunde mit gegensätzlichen Anforderungen. Einerseits bleibt der Arbeitsprozess in wichtigen Grundzügen unverändert, es handelt sich nach wie vor um einfache, repetitive Produktionsarbeit. Andererseits werden die Teammitglieder nun zu Prozessverantwortlichen, die nicht nur einen möglichst störungsfreien Ablauf, sondern auch optimale Produktqualität garantieren sollen. Insofern befinden sich die Arbeiter in einer zwiespältigen Situation. Einerseits können sie dem im Teamgedanken verborgenen Appell an ihre Produktionsintelligenz etwas abgewinnen. Andererseits müssen sie mit dem Fortleben der tayloristisch geprägten Arbeitssituation rechnen, was ihre Bereitschaft zur Preisgabe von Leistungsreserven oder gar zu aktiven Prozessoptimierungen untergräbt.

Die von Standortkonkurrenzen und Produktionsverlagerungen ausgehende Unsicherheit untergräbt die Motivation zur »Rationalisierung in

Eigenregie« zusätzlich. Als Konsequenz verfolgen Arbeiter häufig Unterlaufstrategien, die darauf zielen, die alte Arbeitsteilung auch in der flexiblen Arbeitsorganisation möglichst zu bewahren. Den Teams geht es um den Erhalt von Freiräumen, die sie dem alten Produktionssystem abgetrotzt haben. Würden sie sich im vom Management gewünschten Maße auf die flexible Arbeitsorganisation einlassen, wäre das für die Arbeiter mit einem Verlust an Prozesskontrolle verbunden. Auch hinhaltender Widerstand der Gruppen vermag indessen nichts daran zu ändern, dass monotone Produktionsarbeit mit einer zusätzlichen Belastungsdimension verkoppelt wird. In vielen Betrieben sind die Dämme längst gebrochen. Es ist kein Zufall, dass Arbeits- und Tarifpolitiker der IG Metall inzwischen mit Firmen zusammenarbeiten, deren Zeiterfassungsmethoden (z.B. MTM) noch vor wenigen Jahren als Todesurteil für innovative Arbeitspolitik gegolten hätten. Gerade in den »Modellbetrieben« eines partizipativen Taylorismus, wie z.B. bei Opel in Eisenach, geht es darum, der Arbeit überhaupt wieder ein »Maß« zu geben (Ehlscheid u.a. 2001; Pickshaus u.a. 2001). In einstigen Vorzeigebetrieben wie im Rastatter DaimlerChrysler-Montagewerk gibt es inzwischen wieder ergonomischen Rückschritt (Überkopfarbeit mit dem Rücken zum Fahrzeug; Dörre 2002: 350ff.). Zu den Belastungen monotoner, körperlich anstrengender Arbeit gesellen sich hier die Beanspruchungen durch Leistungsintensivierungen, die die flexible Arbeitsweise mit sich bringt.

4.4 Prekäre Arbeit und soziale Desintegration

Alle bislang genannten Problemlagen betreffen – noch – relativ geschützte Beschäftigtengruppen. In der Zone der Verwundbarkeit wirkt sich die Rekommodifizierung der Erwerbsarbeit hingegen unmittelbar als Unsicherheitserfahrung aus. Wie groß die Zahl prekärer Arbeitsverhältnisse ist, lässt sich nur schätzen. Ein Indikator ist die sprunghafte Zunahme atypischer Beschäftigung. Die bayerisch-sächsische Zukunftskommission geht davon aus, dass der Anteil der Normarbeitsverhältnisse an der Gesamtbeschäftigung innerhalb von 25 Jahren (1970-1995) von 83% aller Lohnabhängigen auf 63% gesunken ist. Hinter diesem Trend verbergen sich freilich höchst unterschiedliche Entwicklungen (Teilzeitarbeit, geringfügige Beschäftigung, Leiharbeit, befristete Arbeitsverhältnisse etc.; Kommission 1996: 62ff.). Nun ist atypische sicher nicht identisch mit prekärer Beschäftigung. Für alle Formen flexibler, atypischer Beschäftigung gilt jedoch, dass sie ein *prekäres Potenzial* (Mayer-Ahuya 2003) besitzen. Ändern sich die Lebensumstände, kann erwünschte Teilzeitarbeit leicht zu einer Falle werden, weil sie weder existenzsichernd ist, noch Zugang zum »Normalmaß« sozialer Rechte (Rente) garantiert. Wird prekäre Beschäftigung zu einem Dauerzustand, produziert sie bei denen, die den Sprung in die »Normalarbeitsgesellschaft« nicht schaffen, eine Vielzahl spezifischer Belastungen. Die gravierendste Folge ist wohl, dass sich auf ein prekäres Beschäftigungsverhältnis kein stabiler Lebensentwurf gründen lässt.

Wir haben diese Symptom bei ostdeutschen Leiharbeitern gefunden, die – in einem Containerdorf angesiedelt – für ein Jahr bei einem westdeutschen Automobilhersteller arbeiteten. Obwohl vergleichsweise gut bezahlt und mit einem Tarifvertrag ausgestattet, sind die Desintegrationseffekte der Leiharbeit unverkennbar. Zur materiellen Deprivilegierung gesellen sich Anerkennungsdefizite. Die Leiharbeiter gehören nirgendwo richtig dazu. Materielle und moralische Deprivilegierung wirken noch stärker, wenn eine prekäre Beschäftigung mit räumlicher Trennung von der Familie und einem fortschreitenden Ausschluss aus sozialen Netzwerken verbunden ist. Die ostdeutschen Leiharbeiter arbeiten, um sich ein Leben zu ermöglichen, das sie wegen der Trennung von Familie und Freundeskreis doch nicht leben können. Prekäre Beschäftigung führt so allmählich zur Destruktion des gesamten Lebenszusammenhangs. Die Auswirkungen dieser Form sozialer Desintegration sind bis in die Stammbelegschaft hinein spürbar, wie die Einschätzung eines befragten Gruppensprechers eindringlich illustriert:

»Welcher Arbeitsplatz ist heute schon sicher. Die Jungen, die jetzt angefangen haben, die glauben das. Aber wer die Krise in den 1990ern erlebt hat, der weiß, das kann ganz schnell anders werden. Und da haben wir jetzt die Leiharbeiter aus dem Osten. In jeder Gruppe gibt es ein, zwei. Oder es hat sie gegeben. Und man weiß: Die machen die gleiche Arbeit am Band wie du. Die machen sie nach einer Weile genau so gut wie du. Aber die kriegen vier, fünf Euro weniger. Die wohnen im Containerdorf, um diese Arbeit machen zu können, getrennt von ihren Familien. Können nur alle vier, sechs Wochen nach Hause. Und da fragst du dich schon, was kommt da noch alles auf uns zu ...« (Gruppensprecher in einem großen Automobilwerk. Dort standen 30.000 Stammbeschäftigten zeitweilig bis zu 500 Zeitarbeiter aus dem Osten gegenüber).

Hier schließt sich der Kreis. Die Prekarisierung der Arbeit ist eine unmittelbare Folge der »neuen Unmittelbarkeit des Marktes«. Indem dieser Kontrollmodus ein Heer an »Verwundbaren« und »Entbehrlichen« (Dauerarbeitslosen) produziert, erzeugt er zugleich einen disziplinierenden Effekt, der auch diejenigen erfasst, die ihr noch halbwegs geschütztes Arbeitsverhältnis nunmehr als Privileg empfinden.

5. Einige Schlussfolgerungen

Die geschilderten Problemlagen zeigen zunächst, dass die Restrukturierung der nachfordistischen Arbeitsgesellschaft weit vorangeschritten ist. Während jedoch die Verfechter marktradikaler Positionen das zentrale ökonomische Entwicklungsproblem in fehlender Marktanpassung sehen, zeugen die Paradoxien der flexiblen Produktionsweise eher von defizitären Regulationen.

Die skizzierten Beispiele belegen allerdings auch, dass sich soziale Verwerfungen und Belastungen, die marktzentrierte Kontrolle zweifelsohne verursacht, mit Regulationsformen aus der Ära des expandierenden Fordismus nicht zureichend bearbeiten lassen. Diese Feststellung ist arbeitspolitisch brisant. Denn Gewerkschaften und politische Kräfte, die ihre Politik an einen Krisendiskurs koppeln, um sich sodann die bloße Bewahrung kollektiver Regelungen und Sicherungssysteme auf die Fahnen zu schreiben, laufen Gefahr, von der Dynamik des flexiblen Kapitalismus überrollt zu werden.

Tatsächlich haben die deutschen Gewerkschaften den Umbruch der Arbeitsgesellschaft eher erlitten als aktiv gestaltet. Arbeitspolitisch orientierten sie sich Mitte der 1980er Jahre zumindest implizit an der Möglichkeit eines neuen Rationalisierungspakts, der den Unternehmen im Tausch für die Produktionsintelligenz, Flexibilitätsvorteile und größere Effizienz, humanere Arbeitsbedingungen und demokratische Beschäftigtenpartizipation abverlangen sollte. Diese programmatische Orientierung lässt sich so nicht mehr aufrechterhalten. Wie das Schicksal der »neuen Produktionskonzepte« offenbart, wäre eine zeitgemäße Arbeitspolitik schlecht beraten, wollte sie sich in erster Linie auf das vernünftige Potenzial der Produktivkraft Management verlassen. Sie muss zunächst autonom begründet werden und aus der Perspektive einer »politischen Ökonomie der Arbeit« Handlungschancen eröffnen, ansonsten wird sie wirkungslos bleiben.

Eine solche Arbeitspolitik lässt sich nicht mehr auf klassischer Taylorismuskritik gründen, wenngleich monotone, sich ständig wiederholende Teilarbeiten noch lange nicht verschwunden sind. Arbeitsorientierte Wissenschaftler und Gewerkschaften sehen sich damit konfrontiert, dass die Managementseite einen Gutteil der antitayloristischen, bzw. der »künstlerischen« Kritik am Kapitalismus erfolgreich adaptiert hat (Boltanski/Chiapello 2001). Das »Verbiegen« durch den Markt, die Zerstörung von Routinen und der Zwang zu permanenter Reorganisation müssen zum Ausgangspunkt einer neuartigen Kritik flexibler Arbeit werden. In diesem Kontext lassen sich – ohne Anspruch auf Vollständigkeit – drei Minimalanforderungen an eine zeitgemäße Arbeitspolitik formulieren.

Erstens geht es um eine inklusive Politik, die sich nicht auf die Zone der Integration beschränkt, sondern die die wachsende Zahl der Ausgegrenzten und prekär Beschäftigten organisch einbezieht. Progressive Arbeitspolitik muss bei den Schwächsten beginnen; das ist nur möglich, wenn flexible Arbeit als Faktum akzeptiert wird und spezifische Regularien für diese Arbeitsverhältnisse entwickelt werden. Für qualifizierte Angestellte gilt unter völlig anderen Vorzeichen Ähnliches. Benötigt wird eine differenzielle Arbeitspolitik, die der Vielfalt arbeitspolitischer Problemlagen Rechnung trägt.

Zweitens darf sich eine zeitgemäße Arbeitspolitik nicht auf einzelne Arbeitsformen konzentrieren. Teilautonome Gruppenarbeit mag für manche Segmente industrieller Produktion noch immer ein erstrebenswertes arbeitspolitisches Ideal sein. Inzwischen wissen wir aber, dass auch solche Arbeitsformen unter den Bedingungen marktzentrierter Kontrolle mit Arbeitsintensivierung und Überausbeutung einhergehen können. Insofern geht es um mehr als um eine bestimmte Arbeitsform. Benötigt werden ganzheitliche Arrangements von Arbeitsformen und regulierenden Institutionen, die nicht nur eine nachhaltige Nutzung des individuellen Arbeitsvermögens erlauben, sondern die »gute Arbeit« mit Möglichkeiten zu einem »guten Leben« verbinden.

Ein solches Konzept verlangt *drittens* nach einer prozeduralen Politik. Regelsetzungen, die primär über äußere Sanktionsmechanismen wirken, verfehlen die Spezifik postfordistischer Subjektivitäten. Die flexible Produktionsweise verlangt nach Teilhabechancen, die den Arbeitssubjekten die Chance zu wirklicher Selbsttätigkeit eröffnen. Nicht die bloße Abwehr von Marktflexibilität, sondern *positive Flexibilisierung* muss das – libertäre – Programm einer solchen Strategie sein.

Insofern verlangen moderne Arbeitskonflikte nach mehr als nach der bloßen Neuauflage eines Programms zur Humanisierung der Arbeit. Faktisch geht es um das Projekt einer neuen Arbeitsverfassung. Einer Arbeitsverfassung, die großen Bevölkerungsgruppen die Chance bietet, Perioden der Erwerbstätigkeit mit Lern-, Qualifizierungs- und Familienphasen zu verknüpfen. Es geht um soziale Sicherungssysteme, die »Bastel-Biografien« einen stabilen Rahmen bieten; um eine Demokratisierung der Geschlechterhierarchien, die Nachfrage nach hochwertigen Dienstleistungen und damit auch Arbeitsplätze schafft; um eine zeitgenössische Definition »guter« Arbeit und um eine neue Generation industrieller Rechte, die – auch individuelle – Vertragssicherheit stiftet und Partizipationschancen abhängig Arbeitender verbessert (Dörre 2002: 406ff.).

Das Thema Arbeit, Leistung und Gesundheit könnte sich als ein Feld erweisen, auf dem die Debatte über eine neue Arbeitsverfassung eröffnet wird. Aktuell tendiert die flexibel-marktgetriebene Produktionsweise zu selektiver, kurzfristiger Vernutzung menschlichen Arbeitsvermögens. Was die einen als Zeitnot und Hyperstress erleben, macht sich bei den anderen als soziale Unsicherheit oder gar als Brachlegung der individuellen Arbeitskraft bemerkbar. Schon jetzt fragen sich in den Betrieben und Verwaltungen viele, wie lange sie Hektik und Leistungsdruck durchhalten können. In einer alternden Gesellschaft wirkt permanenter Leistungsdruck mit Zeitverzögerung, dann aber umso heftiger. Der Körper lässt sich nicht hintergehen. Daher dürfte der anhaltende »Jugendwahn« in den Betrieben schon bald einen backlash auslösen. Progressive Arbeitspolitik sollte darauf vorbereitet sein. Will sie interventionsfähig sein, wird sie bei Zeiten praktikable, aber auch gesellschaftlich mobilisierungsfähige Konzepte liefern müssen.

Literatur

Altvater, E. (1987): Sachzwang Weltmarkt: Verschuldungskrise, blockierte Industrialisierung und ökologische Gefährdung – der Fall Brasilien, Hamburg.

Boltanski, L.; Chiapello, E. (2001): Die Rolle der Kritik in der Dynamik des Kapitalismus und der normative Wandel, in: Berliner Journal für Soziologie, Heft 4 2001, S. 459-477.

Bourdieu, P. (1998): Gegenfeuer. Wortmeldungen im Dienste des Widerstands gegen die neoliberale Invasion, Konstanz.

Boyer, R.; Durand, J. P. (1997): After Fordism, Basingstoke.

Castel, R. (2000): Die Metamorphosen der sozialen Frage. Eine Chronik der Lohnarbeit, Konstanz.

Deutschmann, Ch. (2001): Die Gesellschaftskritik der Industriesoziologie – ein Anachronismus?, in: Leviathan 29 (1), S. 58-69.

Dörre, K. (2003): Das flexibel-marktzentrierte Produktionsmodell – Gravitationszentrum eines neuen Kapitalismus?, in: Dörre/Röttger (Hrsg.): Das neue Marktregime, Hamburg, S. 7-34.

Dörre, K. (2002): Kampf um Beteiligung. Arbeit, Partizipation und industrielle Beziehungen im flexiblen Kapitalismus, Opladen.

Dörre, K./Röttger, B. (Hrsg.) (2003): Das neue Marktregime. Konturen eines nachfordistischen Produktionsmodells, Hamburg.

Ehlscheid, Ch., Mathes, H., Scherbaum, M. (Hrsg.): »Das regelt schon der Markt!«. Marktsteuerung und Alternativkonzepte in der Leistungs- und Arbeitszeitpolitik, Hamburg.

Grefe, Ch., Greffrath, M.; Schumann, H. (2002): Attac. Was wollen die Globalisierungskritiker? Berlin: Rowohlt Berlin.

Hammer, M., Champy, J. (1993): Business Reengeneering. Die Radikalkur für das Unternehmen, Frankfurt a.M.

Heide, H. (Hrsg.) (2002): Massenphänomen Arbeitssucht. Historische Hintergründe und aktuelle Entwicklung einer neuen Volkskrankheit, Bremen.

Hollingsworth, J. R. (1997): The institutional embeddedness of American capita-

lism, in: Crouch/ Streeck (ed.): Political economy of modern capitalism: Mapping convergence and diversity, London, S. 133-147.
Kadritzke, U. (2003): Arbeiten oder leben? Eine falsche Alternative, MS.
Kern, H.; Schumann, M. (1998): Kontinuität oder Pfadwechsel? Das deutsche Produktionsmodell am Scheideweg, in: SOFI-Mitteilungen 26, S. 7-14.
Kommission für Zukunftsfragen der Freistaaten Bayern und Sachsen (1996): Erwerbstätigkeit und Arbeitslosigkeit in Deutschland, Teil I, Bonn.
Kurz, C. (1999): Repetitivarbeit – unbewältigt. Betriebliche und gesellschaftliche Entwicklungsperspektiven eines beharrlichen Arbeitertyps, Berlin.
Lehndorff, S. (2003): Marktsteuerung von Dienstleistungsarbeit, in: Dörre/Röttger (Hrsg.): Das neue Marktregime, Hamburg, S. 153-171.
Mayer-Ahuja, N. (2003): Wieder dienen lernen? Vom westdeutschen »Normalarbeitsverhältnis« zu prekärer Beschäftigung seit 1973, Berlin.
Moldaschl, M.; Sauer, D. (2000): Internalisierung des Marktes – Zur neuen Dialektik von Kooperation und Herrschaft, in: Heiner Minssen (Hrsg.): Begrenzte Entgrenzungen. Wandlungen von Organisation und Arbeit, Berlin, S. 205-224.
Moldaschl, M. F.; Voß, G.G. (Hrsg.) (2002): Subjektivierung von Arbeit, Mering.
Pickshaus, K.; Schmitthenner, H.; Urban, H.-J. (2001): Arbeiten ohne Ende. Neue Arbeitsverhältnisse und gewerkschaftliche Arbeitspolitik, Hamburg.
Peter, L. (2003): Postfordismus, Deformation von Arbeitssubjektivität und Arbeitssucht, in: Dörre/Röttger (Hrsg.): Das neue Marktregime, Hamburg, S. 172-188.
Schumann, M. (2003): Metamorphosen von Industriearbeit und Arbeiterbewusstsein. Kritische Industriesoziologie zwischen Taylorismusanalyse und Mitgestaltung innovativer Arbeitspolitik, Hamburg.
Sennett, R. (1998): Der flexible Mensch. Die Kultur des neuen Kapitalismus, Hamburg.
Springer, R. (1999): Rückkehr zum Taylorismus? Arbeitspolitik in der Automobilindustrie am Scheideweg, Frankfurt a.M.
Streeck, W. (Hrsg.) (1998): Internationale Wirtschaft, nationale Demokratie. Herausforderungen für die Demokratietheorie, Frankfurt a.M.
Womack, J.P.; Jones, D.T.; Roos, D. (1990): Die zweite Revolution in der Autoindustrie, Frankfurt a.M.

Jürgen Reusch

Gesundheitsrisiken am Arbeitsplatz

Belastungswandel im flexiblen Kapitalismus

Die Arbeitsbedingungen: Verschlechterungen, neue Probleme

Nachdem zahlreiche körperliche Belastungen in der Arbeitswelt in den vergangenen 20 Jahren zurückgegangen sind, verharren sie seit einiger Zeit auf einem konstanten Niveau, das immer noch sehr hoch ist; gleichzeitig haben die psychischen Belastungen drastisch zugenommen. Insgesamt ist damit für einen großen Teil der Arbeitswelt ein »ambivalentes und prekäres Verhältnis von wachsender Autonomie einerseits und tendenzieller Überforderung sowie chronischem Stress andererseits« zu verzeichnen (Pröll/Gude 2003:13). Es existiert ein Querschnittstrend zu intensiven Arbeitssystemen mit wachsenden Selbstregulationsanforderungen und zunehmenden Unsicherheitserfahrungen der Arbeitenden. In allen Bereichen flexibler und prekärer Arbeit sind in unterschiedlichem Maße »gesundheitskritische Konstellationen« verbreitet. Die Betroffenen verfügen oft aber nicht über die erforderlichen Ressourcen, um diese Probleme zu bewältigen (ebd.:6).

Psychische Belastungen und Stress nehmen in allen Bereichen der Arbeitswelt zu. Physische und psychische Belastungen bilden außerdem einen dichten Problemkomplex und verstärken sich gegenseitig. Auch Beschäftigte, die vorwiegend unter körperlichen Belastungen arbeiten, tun dies heute immer häufiger unter Bedingungen wachsender psychischer Belastungen. Auch das reformorientierte Arbeitsschutzrecht der EU (beginnend mit der Rahmenrichtlinie Arbeitsschutz von 1989) und das seit 1996 in Deutschland geltende Arbeitsschutzgesetz konnten diese Besorgnis erregende Entwicklung nicht aufhalten. Von menschengerecht gestalteter, guter Arbeit sind wir heute weit entfernt. Die Arbeitsbedingungen haben sich in der Bundesrepublik wie in der gesamten EU in den vergangenen Jahren erkennbar verschlechtert (Europäische Stiftung 2000; Arbeit & Ökologie-Briefe 3-4/2001:14-17). Nach einer in der Arbeitswissenschaft weit verbreiteten Definition (Richter 2002; BIT 2002) sind Belastungen zunächst etwas Neutrales: Sie wirken auf alle Beschäftigten an den jeweiligen Arbeitsplätzen ein, im positiven wie negativen Sinne. Daraus ergeben sich für die Betroffenen unterschiedliche Beanspruchungen oder Beanspruchungsfolgen, deren Art und Ausmaß von vielen Faktoren abhängen.

Körperliche Belastungen anhaltend hoch

Der in den vergangenen Jahrzehnten erreichte Rückgang körperlicher Belastungen hängt zwar auch mit Fortschritten in Arbeitssicherheit, Arbeitsschutz und Unfallschutz zusammen, ist aber in erster Linie das Ergebnis wirtschaftlicher Strukturveränderungen (Bedeutungsverlust der »Altindustrien«, Ausweitung des Dienstleistungssektors), neuer Produktionstechniken und Arbeitsverfahren und in diesem Zusammenhang auch der Freisetzung lebendiger Arbeit in bestimmten Wirtschaftsbreichen (Landwirtschaft, Bergbau, Stahlindustrie usw.), die durch besonders schwere und gefährliche Arbeit geprägt waren und sind (Oppolzer 2001). Umso bemerkenswerter ist es, dass im gesamten Bereich der EU in den vergangenen zehn Jahren bei »klassischen« Gefährdungen am Arbeitsplatz wie Lärm, Vibrationen, Belastungen durch chemische Arbeitsstoffe, Hitze/Kälte, Heben und Tragen schwerer Lasten oder Arbeiten in beschwerlichen Körperhaltungen keine wirklichen Verbesserungen mehr zu verzeichnen sind (Europäische Stiftung 2000; Reusch 2001).

Das trifft mit einigen Modifikationen auch auf die Bundesrepublik zu. Die seit 1979 vierte und bisher neueste Untersuchung des Bundesinstituts für Berufsbildung (BIBB) und des Instituts für Arbeitsmarkt- und Berufsforschung (IAB) der Bundesanstalt für Arbeit aus dem Jahr 1998/99 ergab u.a.: 19% der Beschäftigten waren immer oder häufig von körperlichen Zwangshaltungen betroffen (zehn Jahre zuvor: 15%). Keine Verbesserung gab es auch bei Vibrationen, Rauch, Staub, Gasen und Dämpfen. Lediglich bei Lärm war der Anteil der Betroffenen von 30% auf 20% zurückgegangen – das sind immerhin aber noch 7 Mio. Menschen (Jansen 2000).

An der Spitze: Schwere Arbeit, Zwangshaltungen, Lärm

Eine 2001 veröffentlichte repräsentative Studie des nordrhein-westfälischen Arbeitsministeriums für das Jahr 2000 (Arbeitswelt NRW 2000, vgl. Arbeit & Ökologie-Briefe 8/2001: 8-10), die das EMNID-Institut vornahm, zeigt, wie parallel zur Abnahme der Beschäftigten im produzierenden Gewerbe und in der Landwirtschaft und zur Zunahme des Erwerbstätigenanteils im Dienstleistungssektor die schweren körperlichen Belastungen teilweise zurücktreten, aber in den übrigen Branchen

Abb. 1: Nordrhein-Westfalen: Selbsteinschätzung von Arbeitsbelastungen durch abhängig Beschäftigte in 1999

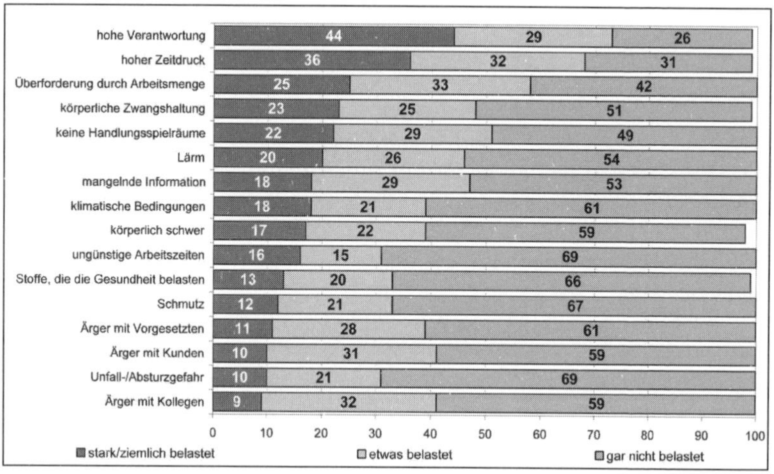

weiterhin einen hohen Stellenwert einnehmen. Neben die traditionellen körperlichen Belastungen treten andere, die für Büro- und manche Dienstleistungsberufe typisch sind (Zwangshaltungen, Bewegungsmangel, langes Stehen oder auch Sitzen, repetitive Tätigkeiten usw.).

Unter insgesamt 16 von EMNID abgefragten Belastungsfaktoren (Arbeitswelt NRW 2000, siehe Abb. 1) befanden sich sieben physische. Von diesen rangierten vier unter den ersten zwölf Nennungen, nämlich körperliche Zwangshaltungen (48% stark oder etwas belastet), Lärm (46%), körperlich schwere Arbeit (39%) und ungünstige klimatische Bedingungen (39%).

Gegenüber einer vergleichbaren Untersuchung aus dem Jahre 1994 war der Anteil derjenigen, die durch körperliche Zwangshaltungen hoch belastet waren, von 18% auf 23% gestiegen, bei Lärm stieg dieser Anteil von 19% auf 20%. Die Untersuchung belegt weiter: Körperliche Belastungen sind bei Schichtarbeit deutlich höher als bei normaler Arbeitszeit, bei Akkordarbeit noch einmal höher. Die Erosion des Normalarbeitsverhältnisses und die Flexibilisierung und tendenzielle Verlängerung der Arbeitszeiten verstärken diese Belastungen ebenfalls.

Eine bundesweite Mitarbeiterbefragung der AOK in insgesamt 97 kleinen und mittleren Betrieben vorwiegend des verarbeitenden Gewerbes (AOK 2001) zeigt: Sobald der High-Tech-Sektor verlassen wird, dominieren noch immer weitgehend die gleichen Belastungen wie in der Vergangenheit. Fast ein Drittel der Beschäftigten (29,9%) fühlt sich durch schwere körperliche Arbeit (Heben, Tragen, Schieben, Ziehen von Lasten) stark belastet, rund 41% sind davon »ein wenig« belastet (zusammen rund 71%). Weit verbreitet sind außerdem einseitige körperliche Belastungen und monotone, repetitive Tätigkeiten. 39,1% der insgesamt 20.000 Befragten klagen über ständiges Stehen, fast 34% über die ununterbrochen gleichen Bewegungen vor allem durch Fließbandarbeit. Auf der anderen Seite haben es rund 26% mit ständigem Sitzen und 25% mit Bewegungsmangel bei der Arbeit zu tun. Deutlich über ein Drittel der Beschäftigten (35,4%) fühlt sich durch Zwangshaltungen stark beeinträchtigt.

Spitzenreiter bei den Umgebungsbelastungen ist Lärm (40,7% stark belastet). Staub und Schmutz (37,4%), Dämpfe und Gerüche (30,4%), Umgang mit chemischen Stoffen (23,1%) bzw. Gefahrstoffen (16,4%) sind ebenfalls ein erhebliches Belastungspotenzial. Ungünstige klimatische Verhältnisse verschiedener Art (Zugluft/Kälte, Wärme/Hitze) beeinträchtigen jeweils mehr als ein Drittel stark.

Psychische Belastungen und Stress nehmen zu

Ausnahmslos alle Daten und Untersuchungen belegen eine teilweise drastische Zunahme der psychischen Belastungen im Arbeitsleben. Diese Tendenz betrifft durchgängig alle Beschäftigten und alle Wirtschaftsbereiche. Unter psychischen Belastungen wird hier in Anlehnung an die Norm EN ISO 10075 die Gesamtheit aller erfassbaren Einflüsse verstanden, die von außen auf die Menschen psychisch einwirken. Psychische Belastungen bedeuten vor allem (Oppolzer 2001) Beanspruchungen der Sinnesorgane und der Wahrnehmung bei der Arbeit, der Anforderungen an das Gedächtnis und das Denken und der Beanspruchung der Gefühle und Antriebe. Stress ist eine von mehreren Formen negativer psychischer Beanspruchungsfolgen. Darunter wird ein Zustand angstbedingter Angespanntheit durch Arbeitsbeanspruchungen verstanden. Stress wird mit hoher Arbeitsintensität, Zeit- und Leistungsdruck und sozialer Unsicherheit in Verbindung gebracht.

Stress, Arbeitsverdichtung und wachsendes Arbeitstempo prägen die gesamte durchrationalisierte und flexibilisierte Arbeitswelt. In Studien für den Bereich der EU werden Personalabbau, Durchsetzung von mehr Markt- und Kundenorientierung, neue Formen der Arbeitsorganisation und Rationalisierung als Hauptursachen für die registrierten Verschlechterungen genannt (Reusch 2001). Ein wichtiger Indikator für das Ausmaß der psychischen Belastungen sind die Handlungsspielräume der Beschäftigten im Verhältnis zu den ihnen gestellten Arbeitsaufgaben.

Abb. 2: Belastungsfaktoren gewerblicher Arbeitnehmer aus Sicht von Betriebsräten und Unternehmensleitungen

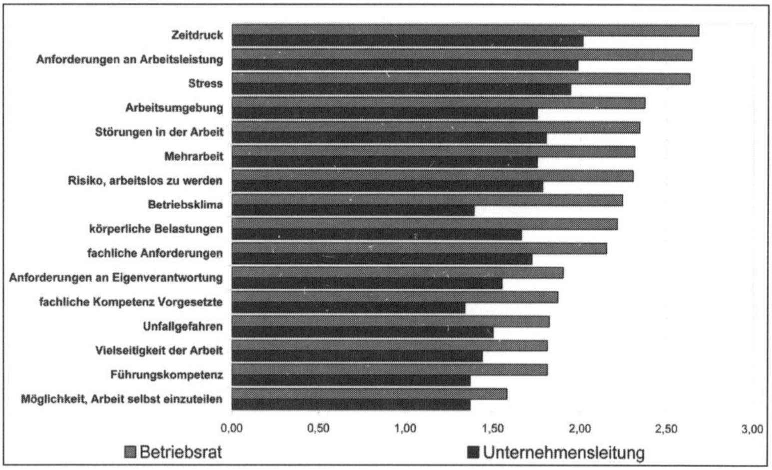

Die genannte BIBB/IAB-Studie zeigt für die Bundesrepublik: Sowohl Produktionsarbeiter als auch Angestellte arbeiten in hohem und wachsendem Maße unter Leistungs- und Termindruck, müssen vielfach mehrere Arbeiten gleichzeitig bewältigen, haben häufige Unterbrechungen bei der Arbeit zu verkraften, fürchten wegen hoher finanzieller Risiken bereits kleine Fehler, müssen sich ständig in neue Aufgaben hineindenken und arbeiten generell permanent bis an die Grenze ihrer Leistungsfähigkeit (siehe Abb. 2).

Eine von der Hans-Böckler-Stiftung geförderte Befragung des DGB-Bildungswerks unter fast 1000 Betriebsräten zu Leistungsdruck und Stress (Giesert/Tempel 2001; Arbeit & Ökologie-Briefe 16/2001: 15) lieferte ebenfalls ein eindrucksvolles Bild vom Anwachsen psychischer Belastungen bei der Arbeit und der gleichzeitigen Vernachlässigung dieses Problems in den gesetzlich vorgeschriebenen Gefährdungsbeurteilungen am Arbeitsplatz. Geantwortet hatten hauptsächlich nicht freigestellte Betriebsräte aus dem Bereich der Dienstleistungen und der Telekommunikation. Die Antworten von 223 Betriebsräten der Deutschen Telekom wurden gesondert ausgewertet (Arbeit & Ökologie-Briefe 11/2001: 13). 99% dieser IT-Betriebsräte sahen sich selbst unter Stress, 60% bezeichneten diesen als hoch. Ebenso viele gaben an, psychische Belastungen schlecht zu bewältigen. Rund die Hälfte der Betriebsräte war mit dem Betriebsklima unzufrieden bis sehr unzufrieden. 42% der Befragten litten nach eigenen Angaben unter psychischen Problemen wie Anspannung, Schlaflosigkeit, Angstzuständen. Auch eine Befragung des Wirtschafts- und Sozialwissenschaftlichen Instituts (WSI) in der Hans-Böckler-Stiftung aus dem Jahr 2001 unter 201 Betriebsräten aus dem Bereich Software- und IT-Dienstleistungen ergab, dass diese sich in hohem Maße mit Leistungsdruck der Beschäftigten, überlangen Arbeitszeiten, betrieblichen Umstrukturierungen und fehlenden Weiterbildungsmöglichkeiten konfrontiert sehen (Ahlers/Trautwein-Kalms 2002; Ahlers 2002).

Wechselwirkung physischer und psychischer Belastungen

Diese verschiedenen psychischen Belastungen treten nicht isoliert auf, sondern kumulieren zu einem ganzen Belastungskomplex, zu dem auch noch körperliche Belastungen gehören. 36% der Befragten erklärten, ständig mit drei bis fünf solcher unterschiedlichen Belastungen konfrontiert zu sein. Die Studie Arbeitswelt NRW 2000 stellte außerdem fest, dass dort, wo Stress und Arbeitsdruck zunehmen, auch eine Zunahme der körperlichen Belastungen verzeichnet wird.

Die genannte Untersuchung der AOK (AOK 2001) zeigt vorwiegend für Klein- und Mittelbetriebe des gewerblichen Sektors: Die Skala der psychischen Belastungen wird angeführt von großer Arbeitsmenge (36,6% stark belastet), hohem Arbeitstempo (36,1%), Anforderungen an große Genauigkeit (33,7%) und ständiger Aufmerksamkeit und Konzentration (33,3%). Weitere Belastungsfaktoren sind: Leistungsdruck und Erfolgszwang (22,4%), Unterbrechungen angefangener Arbeiten (27,7%) und hohe Fehlermöglichkeiten (23,5%). Ein Fünftel der Befragten fühlt sich durch eintönige Arbeit beansprucht, 12,6% durch lange Anfahrtszeiten zur Arbeit.

Eine repräsentative Befragung, die im Rahmen der IG Metall-Zukunftsdiskussion vorgenommen wurde, ergab u.a., dass 55% der Beschäftigten für die Zukunft mit Sicherheit mehr Stress im Arbeitsleben erwarten, 59% mehr Arbeitsintensität (IG Metall 2001; Arbeit & Ökologie-Briefe 22/2001: 2-4).

Mehrarbeit und mehr Arbeitsintensität

Eine von der Hans-Böckler-Stiftung geförderte Befragung von Betriebsräten in NRW durch das Berufsforschungs- und Beratungsinstitut für interdisziplinäre Technikgestaltung BIT e.V. (BIT 2002; Arbeit & Ökologie-Briefe 1/2002: 28-30) zeigt anschaulich, wie sich die Belastungen

Abb. 3: Betriebsräte zur Entwicklung der Arbeitsbedingungen gewerblicher Arbeitnehmer zwischen 1999 und 2001

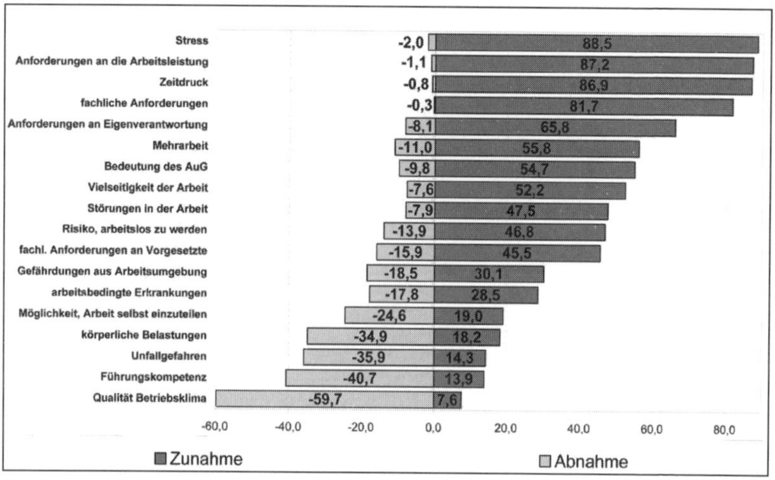

entwickelt haben (siehe Abb. 3). Die Untersuchung kam in Zusammenarbeit mit der IG Metall NRW zu Stande und bezieht sich stark auf die Metall-, Elektro-, Holz- und Kunststoff- und Textilindustrie sowie auf den Dienstleistungsbereich und die Informations- und Kommunikationstechnologien. Befragt wurden sowohl Betriebsräte als auch Unternehmensleitungen.

88% der befragten Betriebsräte erklärten, der Stress habe zugenommen. Ähnlich hohe Zahlen ergaben sich bei Zeit- und Leistungsdruck. Zusammengenommen könnte man das als Steigerung der Arbeitsintensität bezeichnen. Fast 56% verzeichneten eine Zunahme von Mehrarbeit, bei 47% hatte die Angst vor dem Verlust des Arbeitsplatzes zugenommen. Gleichzeitig verzeichneten zahlreiche Betriebsräte eine Abnahme der Autonomie bei der Arbeit (fast 25%), der Führungskompetenz der Vorgesetzten (knapp 41%) und eine Verschlechterung des Betriebsklimas (rund 60%). Zu ähnlichen Ergebnissen kommt auch die genannte Studie »Arbeitswelt NRW 2000« im Vergleich zwischen 1994 und 1999/2000 (Abb. 4): Von sechs der sieben häufigsten Belastungen sind heute deutlich mehr Beschäftigte betroffen als fünf Jahre zuvor. Das betrifft psychische Belastungen, vor allem hohe Verantwortung und Zeitdruck, aber auch körperliche Belastungen wie Zwangshaltungen und Lärm. Ergänzend zeigt die Untersuchung des BIT e.V., dass Betriebsräte diese Entwicklungen durchweg deutlicher und kritischer sehen als die Unternehmensleitungen (BIT 2002).

Abb. 4: NRW: Belastungen, Vergleich 1994 bis 1999, Anteile stark/ziemlich belastet, in Prozent

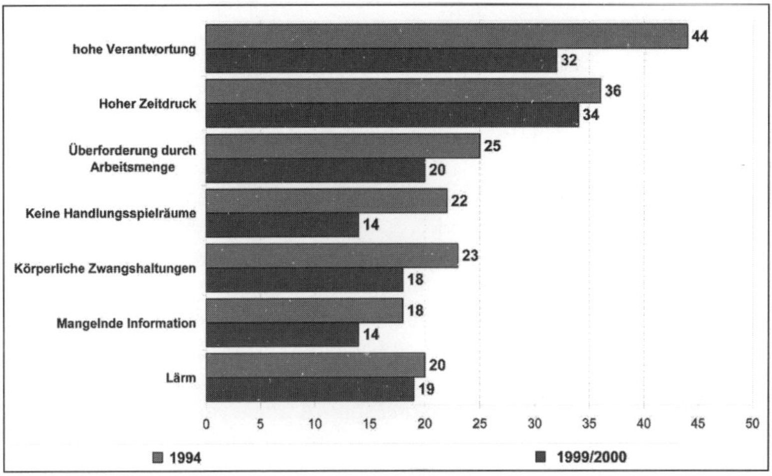

Psychosoziale Stressoren

Nicht nur zunehmende Arbeitsintensität, Zeitdruck und große Arbeitsmengen erzeugen psychische Fehlbelastungen und Stress. In stärkerem Maß wirken auch psychosoziale Stressfaktoren auf die Beschäftigten ein: Angst um den Arbeitsplatz, Unsicherheiten in der Lebensplanung, mangelhafte Unterstützung durch KollegInnen, Entsolidarisierung, Angst vor Versagen, Zunahme sozialer Konflikte am Arbeitsplatz (siehe Ahlers 2002).

Die genannte AOK-Untersuchung (AOK 2001) ergab, dass über die Hälfte der Befragten (51,1%) das Betriebsklima für verbesserungswürdig und weitere 12,4% für schlecht hielten. Nur 36,5% fanden es gut. Jede/r zehnte Beschäftigte fühlte sich am Arbeitsplatz isoliert. Eine Befragung der IG Metall Baden-Württemberg bei Betriebsräten in insgesamt 155 Betrieben sowohl im gewerblichen wie im Angestelltenbereich (IG Metall Baden-Württemberg 2001; Arbeit & Ökologie-Briefe 7/2001: 9f) belegte nicht nur die Zunahmen von Stress, Arbeitsdruck und Überstunden sowie körperlichen Belastungen und Unfallgefahren gegenüber einer früheren, zwei Jahre zurückliegenden Befragung, sondern ergab auch schlechte Bewertungen des Vorgesetztenverhaltens. Etwa die Hälfte der Befragten berichtete, die Kontrolle durch Vorgesetzte habe zugenommen (Gewerbliche 52,9%, Angestellte 44,9%). 54,8% der Gewerblichen und 48,7% der Angestellten konstatierten eine Abnahme der fachlichen

Kompetenz der Führungskräfte. Noch düsterer wurde deren soziale Kompetenz bewertet: 72,9% der Gewerblichen und 68,4% der Angestellten sahen hier eine Verschlechterung.

Zunehmende Probleme werden auch beim Zusammenhalt unter den KollegInnen und der Solidarität unter den Beschäftigten verzeichnet (BIT 2002:38f). Zwar sehen viele befragte Betriebsräte und Beschäftigte (Jansen 2000; Arbeitswelt NRW 2000) den Problemdruck hier noch nicht so ausgeprägt wie auf anderen Gebieten, aber die Tendenz ist klar negativ. Die IG Metall-Zukunftsdiskussion ergab, dass auf diesem Gebiet nur 18% eine Verbesserung erwarteten (IG Metall 2001; Arbeit & Ökologie-Briefe 22/2001: 2-4). Zwei Drittel der befragten Betriebsräte in Baden-Württemberg erklärten, der Zusammenhalt unter den KollegInnen habe sich verschlechtert (IG Metall Baden-Württemberg 2001). Belastende Verhältnisse nehmen also zu. 35% der Befragten erklärten z.B., die Arbeit ließe ihnen zu wenig Zeit für das Privatleben (IG Metall 2001).

Zusammen mit der Zunahme von Eigenverantwortung wächst bei vielen Beschäftigten nicht nur die Angst um den Arbeitsplatz, sondern auch die Angst vor dem Versagen. Diese Angst wird von Unternehmensseite bewusst als Motivationsfaktor eingesetzt; für die Beschäftigten selbst hat sie auf die Dauer negative gesundheitliche Folgen. In der genannten WSI-Befragung gaben 25% der Betriebsräte an, die Angst sei ein wesentlicher Grund für die überlangen Arbeitszeiten (Ahlers 2002:36). Die deutsche Gesellschaft für Psychiatrie, Psychotherapie und Nervenheilkunde (DGPPN) wies in einer Studie darauf hin, zunehmend hektische Arbeitsabläufe, wachsender Leistungsdruck, Angst vor Versagen und Angst um den Arbeitsplatz, verbunden mit der Notwendigkeit, immer neue Techniken zu beherrschen, lösten bei vielen Menschen Angstzustände, Depressionen und psychosomatische Erkrankungen aus. Die DGPPN hatte die Wirkungen betrieblicher Umstrukturierungen an Post- und Bahnbediensteten untersucht. An der Spitze der festgestellten psychischen Erkrankungen rangierten mit 42% Angststörungen; ihnen folgten Depressionen, Panikstörungen und psychosomatische Störungen (DGPPN 2001; Arbeit & Ökologie-Briefe 23/2001: 7).

Auch ständige betriebliche Umstrukturierungen, häufiger Wechsel von Managementstrategien und sozial verantwortungsloses Handeln von Vorgesetzten im Zeichen kurzfristiger Shareholder-value-Ziele bilden einen psychischen Belastungskomplex und vermitteln den Beschäftigten häufig das Gefühl, Spielball elitärer Manager zu sein (Kiefer/Müller 2001; ifb 2001; Arbeit & Ökologie-Briefe 16/2001: 7-10 und 17/2001: 6-7).

Ein Ergebnis psychosozialer Stressoren und arbeitsorganisatorischer Defizite ist sicherlich das Mobbing als extremer Ausdruck zunehmender sozialer Konflikte in der Arbeitswelt. Insgesamt sind über 11% der Beschäftigten in Deutschland in ihrem Berufsleben mindestens einmal von Mobbing betroffen. Das sind rund 4,4 Mio. Menschen. Frauen sind im Unterschied zu Männern einem um 75% höheren Mobbing-Risiko ausgesetzt. In 38% der Fälle mobben die Vorgesetzten allein, in weiteren 12% der Fälle zusammen mit Kolleginnen und Kollegen. Mängel in der Arbeitsorganisation, betriebliche Umstrukturierungen, Defizite im Führungsverhalten und der Qualität der sozialen Beziehungen im Betrieb usw. sind ausschlaggebend dafür, ob ein Nährboden für Mobbing existiert oder nicht (Mobbing-Report 2002; Arbeit & Ökologie-Briefe 7/2002: 22-25).

Flexibilisierung von Arbeitszeiten und Leistungsanforderungen

Dauer, Lage und Verteilung der Arbeitszeit haben starken Einfluss auf die Arbeitsbelastung. Je länger die Arbeitszeiten sind, je mehr sie im biologischen und sozial-kulturellen Sinn atypisch sind, desto größer ist der Verschleiß des Arbeitsvermögens und desto schwieriger ist es für die Betroffenen, die arbeitsfreie Zeit zur Erholung zu nutzen. Typisch sind heute unter dem Druck von Markt und Wettbewerb Arbeitszeitregelungen, die auf eine optimale Ausbeutung des Arbeitsvermögens setzen und die Bedürfnisse der Beschäftigten nach Erholung, Freizeit und Arbeitszeitverkürzung missachten. Das ist in der gesamten EU der Fall (siehe dazu Reusch 2001).

Für die Bundesrepublik besonders auffallend ist zum einen das Auseinanderdriften von tariflich vereinbarter und tatsächlicher Arbeitszeit. Während die tariflich vereinbarten durchschnittlichen Arbeitszeiten im Westen bei 37,4 Stunden und im Osten bei 39,4 Stunden liegen, belegte der Mikrozensus des Jahres 2000 durchschnittliche wöchentliche Arbeitszeiten von 40 Stunden. Nach einer 1999 vom Kölner ISO-Institut vorgenommenen bundesweit repräsentativen Studie über Arbeitszeiten in NRW (ISO 1999; Arbeit & Ökologie-Briefe 24/1999: 7-8) betraf die Flexibilisierung der Arbeitszeiten 1999 bereits 85% aller Beschäftigten (Abb. 5). Da das Institut zehn Jahre zuvor schon eine ähnliche Untersuchung angefertigt hatte, wurden aufschlussreiche Vergleiche möglich. 1989 verzeichneten z.B. erst 24% der Beschäftigten flexibilisierte Arbeitszeiten. 1999 gab nur noch jede/r siebte eine »normale« Arbeitszeit an, d.h. eine Vollzeitbeschäftigung mit wöchentlich 35 bis 40 Stunden, montags bis freitags und in der Lage nicht variiert.

Es wird also in erheblichem Maße am Wochenende gearbeitet. Ein gutes Drittel der Beschäftigten arbeitet regelmäßig samstags. Stark zu-

Abb. 5: Arbeitszeitformen im Vergleich (NRW 1999, Angaben in Prozent)

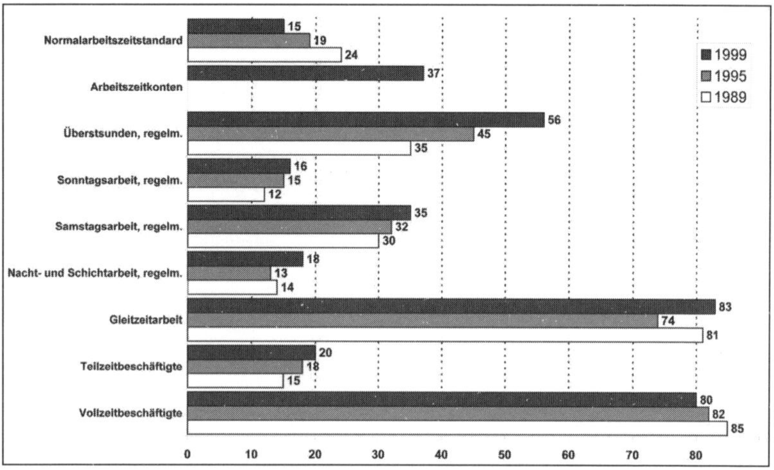

genommen hat auch die Sonntagsarbeit. Vor zehn Jahren arbeiteten demnach noch 10% der Beschäftigten regelmäßig sonntags, 1999 waren es 15%. Zugenommen hat gleichzeitig aber auch die Ablehnung von Sonntagsarbeit durch die Beschäftigten. Der Widerwille gegen Wochenendarbeit ist beträchtlich, sie wird als Belastung empfunden. Nacht -und Schichtarbeit haben in den vergangenen zehn Jahren einen regelrechten Sprung gemacht. Mehr als jede/r sechste Beschäftigte war 1999 schon davon betroffen.

Der Mikrozensus des Statistischen Bundesamtes für das Jahr 2001 (Mikrozensus 2001; Arbeit & Ökologie-Briefe 6/2002: 17) ergab, dass tägliche Arbeitszeiten mit festem Beginn und festem Ende nur noch für 49% der Beschäftigten zum Alltag gehören. 51% haben flexible Arbeitszeiten unterschiedlichster Art (Abb. 6). Den Rückzug des Normalarbeitstages belegt auch eine neuere Untersuchung des Kölner ISO-Instituts aus dem Jahr 2002 (ISO 2002; Arbeit & Ökologie-Briefe 3/2002: 9-10).

Abb. 6: Arten der Arbeitszeiten (in Prozent)

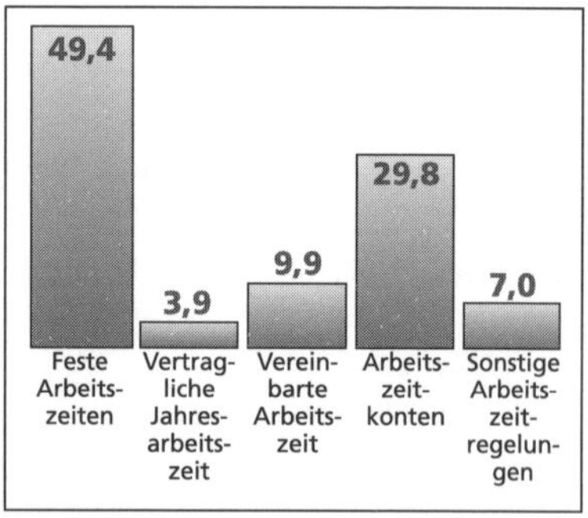

Der Mikrozensus 2002 bestätigte wiederum den weiteren Vormarsch flexibler Arbeitszeiten, also vor allem von Wochenend-, Nacht- und

Schichtarbeit, d.h. die Entkoppelung der Betriebs- und Öffnungszeiten von den individuellen Arbeitszeiten (Mikrozensus 2002). Demnach arbeiten 17,1 Mio. Erwerbstätige in Deutschland ständig, regelmäßig oder gelegentlich am Wochenende, in der Nacht und/oder in Wechselschichten. Gegenüber 1991 ist das ein Anstieg um 5% auf 47% der insgesamt 36,5 Mio. Erwerbstätigen. Dabei spielte die Wochenendarbeit die größte Rolle: Beinahe jede/r vierte Erwerbstätige (23%) arbeitet ständig oder regelmäßig samstags. Gut jede/r zehnte (12%) arbeitet üblicherweise an Sonn- und Feiertagen. Jede/r fünfte Erwerbstätige gab gelegentliche Samstagsarbeit an. Bei Sonn- und Feiertagsarbeit waren das 12% der Erwerbstätigen.

Arbeiten ohne Ende

Die Untersuchungen des Kölner ISO-Instituts liefern auch eindrucksvolle Belege für die Ausbreitung des »Arbeitens ohne Ende«, hier speziell für den gewerblichen Sektor (ISO 2002). Demnach werden die Betriebszeiten im produzierenden Gewerbe immer länger. Mittlerweile geben 70% aller Betriebe an, ihre wöchentliche Arbeitszeit sei in der Regel länger als die vertragliche oder tarifliche Wochenarbeitzeit. 1990 waren das erst 57% gewesen. Das Arsenal zur Umsetzung dieser Tendenz reicht von Schichtarbeit (22% der Betriebe) und Arbeitszeitkonten (24%) über Samstags- und Sonntagsarbeit (45% bzw. 18%) bis hin zu Überstunden (34%).

Mit der Verlängerung der Betriebszeiten nimmt auch der Anteil flexibler Arbeitszeiten zu. Dafür spricht u.a. die Verbreitung von Arbeitszeitkonten. Mittlerweile werden sie in 65% der Großbetriebe eingesetzt. Insgesamt arbeiten 29% aller Betriebe und 40% aller Beschäftigten mit Arbeitszeitkonten. Zum Vergleich: 1998 wurden in 19% der Betriebe und für 33% der Beschäftigten Arbeitszeitkonten geführt.

Auch Samstagsarbeit ist mittlerweile wieder weit verbreitet. In Betrieben mit weniger als 20 Beschäftigten beträgt ihr Anteil 45%, in Betrieben mit mehr als 500 Beschäftigten bereits 59%. Im Durchschnitt gesehen wird in 45% aller Betriebe wieder samstags gearbeitet. Der Anstieg gegenüber 42% im Jahr 1996 ist deutlich erkennbar. In 39% der Großbetriebe und 17% der Kleinbetriebe wird auch sonntags gearbeitet.

Auf heute 56% angestiegen – gegenüber 35% im Jahr 1989 – ist der Anteil derjenigen Erwerbstätigen, die regelmäßig Überstunden leisten (ISO 2002). Die Zunahme der Überstunden bis etwa zum Jahr 2001 ist in den einzelnen Wirtschaftsbereichen unterschiedlich, erfasst aber alle Beschäftigtengruppen. Seit 1995 bewegt sich die Zahl der jährlich geleisteten bezahlten und offiziell registrierten Überstunden zwischen 1,7 und 2 Mrd. – bis zum rezessionsbedingten leichten Rückgang etwa seit 2002. Nach Schätzungen des DGB werden außerdem jährlich noch einmal rund 1,8 Mrd. unbezahlte und offiziell nicht registrierte Überstunden geleistet (Arbeit & Ökologie-Briefe 2/2001: 5; 16/2001: 5). 2002 wurden in Deutschland insgesamt 1,614 Mrd. bezahlte Überstunden geleistet, ein leichter Rückgang gegenüber 2001 (IAB 2003: 1,688 Mrd.). Pro Beschäftigten waren das 2002 46,7 Stunden. Dazu kommt eine wahrscheinlich wachsende Zahl von Überstunden, die auf Arbeitszeitkonten »verschwinden« und verfallen. Nach Schätzungen des DGB Hamburg haben in der genannten Zeit die unbezahlten Überstunden daher eher weiter zugenommen (Arbeit & Ökologie-Briefe 3/2003: 4f). Derzeit führen 29% aller Firmen in Deutschland, insbesondere 82% aller Großbetriebe Arbeitszeitkonten. Für 2003 rechnete das IAB mit 1,61 Mrd. bezahlten Überstunden. Neu ist dabei, dass in der letzten Zeit mehr (bezahlte) Überstunden, nämlich 60%, im Dienstleistungsbereich erbracht werden, 40% im produzierenden Gewerbe (ISO 2002).

Besonders deutlich wird das Normalarbeitsverhältnis dort untergraben, wo Arbeitsverträge keine Vereinbarung mehr enthalten über die Dauer der Arbeitszeit, sondern wo festgelegt wird, dass ein bestimmtes Arbeitsergebnis zu erbringen ist und vergütet wird. Meist ist das mit der Aufhebung jeder Arbeitszeitkontrolle und mit der so genannten »Vertrauensarbeitzeit« verbunden. Diese Art Arbeitsverhältnis ist in den letzten Jahren immer häufiger anzutreffen (Pickshaus 2001; Fergen/Pickshaus 2001).

Mehr Gesundheitsrisiken durch Erosion des Normalarbeitsverhältnisses

Zu den prekären Arbeits- und Beschäftigungsverhältnissen werden hier Leih- und Zeitarbeit, befristete Beschäftigung, Projektarbeit, Saisonarbeit, On-Call-Jobs, teilweise auch Teilzeit- und Heimarbeit gezählt, außerdem viele Formen neuer Selbständigkeit, aber auch (oft outgesourcte) Scheinselbstständige, häufig im Low-tech- und Niedriglohnsektor. Das ist die Zone der Prekarität, in der es nur noch einen geringen arbeits- und sozialrechtlichen Schutz gibt, in dem das soziale Integrationsniveau und häufig auch das Einkommensniveau sinken und in dem Arbeits- und Gesundheitsschutzregelungen kaum greifen (Reusch 2003; Schröder 2003; Fuchs 2003; vgl. auch die Beiträge von Klaus Dörre und Tatjana Fuchs in diesem Band). Es wäre eine Unterschätzung des Problems, diese Entwicklungen alle unter den Begriff »Flexibilisierung« zu fassen oder sie lediglich als eine Erscheinung zu betrachten, die sich »am Rande der Arbeitsmärkte« abspielt (so Pröll/Gude 2003). Es handelt sich immerhin um rund 7 Millionen Menschen; die Zahl der abhängig Vollzeitbeschäftigten fiel zwischen 1991 und 2002 um 14% auf 25,5 Millionen (Mikrozensus 2002).

Arbeitsbedingte Erkrankungen und ihre Kosten

Dem Komplex physischer und psychischer Belastungen in einer von Flexibilität und Prekarität geprägten Arbeitswelt entsprechen arbeitsbedingte Gesundheitsstörungen und Erkrankungen, die hier nur stichwortartig benannt werden können (ausführlich: Reusch 2001: 77-81). Sie verursachen nicht nur menschliches Leid, sondern auch erhebliche gesellschaftliche Kosten. Der seit Jahren permanent niedrige Krankenstand etwa um 4% kann nicht über das Ausmaß dieser Gesundheitsrisiken hinwegtäuschen. Er drückt eher aus, dass Beschäftigte ohne Rücksicht auf Krankheiten weiter arbeiten. Chronisch-degenerative Gesundheitsstörungen und Erkrankungen sind die langfristige Folge. Im Vordergrund stehen Herz-Kreislauferkrankungen und Erkrankungen des Muskel-Skelett-Systems. Sie sind in hohem Maße arbeitsbedingt. Seit mehreren Jahren steigt der Anteil psychischer Erkrankungen am Arbeitsunfähigkeitsgeschehen und steht bei manchen Krankenkassen bereits an vierter Stelle (Arbeit & Ökologie-Briefe 6/2003: 14f.). Er wird mit der Zunahme von psychischen Belastungen und Stress in Verbindung gebracht. In Deutschland werden schon 7% aller Frühinvaliditätsfälle auf stressbedingte Erkrankungen zurückgeführt (Arbeit & Ökologie-Briefe 24/2000: 7). Auch Unfallrisiken am Arbeitsplatz sind, trotz aller Fortschritte, nach wie vor groß. Besorgnis erregend ist die relativ hohe Zahl tödlicher Arbeitsunfälle in Risikobereichen wir der Bauwirtschaft, der Landwirtschaft. Psychische Belastungen und Stress vergrößern die Unfallrisiken noch.

Bei den Beschäftigten in flexibilisierten Normalarbeitsverhältnissen zeigen sich z.B. deutlich erhöhte Risiken für Herz-Kreislauf-Probleme, Magenbeschwerden, psychische Erschöpfung, Nervosität, Kopf- und Rückenschmerzen (siehe im Folgenden: Pröll/Gude 2003: 132ff.). Befristete und Zeitarbeit als hauptsächliche Formen prekärer Beschäftigung sind besonders häufig mit restriktiven Arbeitsbedingungen verbunden (vor allem mit körperlich schwerer Arbeit, erhöhten Unfallgefahren, stärkeren Belastungen mit Gefahrstoffen u.ä., monotoner und repetitiver Arbeit und mehr hierarchischer Kontrolle). Das alles geht einher mit geringeren Handlungsspielräumen, weniger Weiterbildungsmöglichkeiten und Beteiligung und reduzierten Teilhabemöglichkeiten an präventiven Aktivitäten. Dies scheint mit einem spezifischen Gesundheitsprofil verknüpft zu sein, in dem »physiologische« Indikatoren wie Unfälle, Muskel- und Rückenbeschwerden, Erschöpfung und Ermüdung dominieren. Auf jeden Fall ist hier »gesundheitliche Prekarität« weit verbreitet. Sie hängt vor allem zusammen mit »ökonomischem Stress« in Form von latenter Unterbeschäftigung und Unterbietungskonkurrenz, beruflichen Statusgefährdungen, subjektiven Unsicherheitserfahrungen, langen Arbeitszeiten, wahrgenommenen hohen Arbeitsbelastungen, der Unvorhersehbarkeit und Irregularität der Arbeitszeiten (Schicht- und Wochenendarbeit u.ä.), sozialer Ausgrenzung usw.

Von diesen Formen prekärer Arbeit gibt es fließende Übergänge zu Formen neuer Selbständigkeit, die sich besonders im Bereich der Wissens-, Kultur-, und IT-Dienstleistungsmärkte ausbreitet (»Freelancing«). Zumindest ein Teil dieser Beschäftigtengruppe weist einen problematischen Gesundheitszustand auf, der sich auf eine Kausalkette von ökonomischem Stress, Arbeitszeitextensivierung, reduzierter Arbeitszeitsouveränität und gestörtem Verhältnis von Arbeits- und sonstiger Lebenszeit (work-life-balance) zurückführen lässt. Die gesellschaftlichen Kosten, die dieser Komplex arbeitsbedingter Gesundheitsrisiken und Erkrankungen erzeugt, sind enorm hoch. Ein Forschungsprojekt des Bundesverbands der Betriebskrankenkassen, das im Auftrag der Bundesanstalt für Arbeitsschutz und Arbeitsmedizin entstand, hat deren Ausmaß zu erfassen versucht (BKK 2002; Arbeit & Ökologie-Briefe 4/2002,: 28-30 und 1/2003:33f.). Demnach können 29% aller Arbeitsunfähigkeitsfälle den arbeitsbedingten körperlichen Belastungen und 31% den psychischen Belastungen zugeordnet werden. Arbeitsbedingte Erkrankungen kosten die Gesellschaft jährlich rund 28 Mrd. Euro. Etwa 15 Mrd. Euro sind direkte Kosten für Krankheitsbehandlungen, weitere 13,5 Mrd. Euro entfallen auf indirekte Kosten durch Produktionsausfall. Anders ausgedrückt: Psychische Belastungen führen zu 11,1 Mrd. Euro direkten und 13,4 Mrd. Euro indirekten Kosten. Physische Belastungen erzeugen direkte Kosten von 14,9 Mrd. Euro und indirekte Kosten von 13,5 Mrd. (die Kosten physischer und psychischer Belastungen dürfen nicht aufaddiert werden, da sie nicht unabhängig voneinander sind).

Betrachtet man die arbeitsbedingten Anteile am Arbeitsunfähigkeitsgeschehen für die einzelnen Belastungsfaktoren, so liegen an der Spitze »Arbeitsschwere/Lasten heben« (23%), »geringer Handlungsspielraum« (14%) und »geringe psychische Anforderungen« (9%). Dann folgen Gefahrstoffe und Vibrationen (je 7%), Gehör schädigender Lärm (3%) und Zwangshaltungen (2%).

Die Zusammenhänge sind für die einzelnen Erkrankungen unterschiedlich ausgeprägt. Für Muskel- und Skelett-Erkrankungen beispielsweise errechnet sich ein Verursachungsanteil von 38% für den Belastungsfaktor »Arbeitsschwere/Lasten heben«. Bereits durch die Verringerung der hohen Belastungen wären hier 11% der Arbeitsunfähigkeit aufgrund dieser Erkrankungen potenziell zu verhindern. Die errechneten Zahlen sind Untergrenzen. Die Kosten arbeitsbedingter Frühberentungen und Sterblichkeit müssten noch hinzugerechnet werden. Das alles verweist auf schreiende Missstände bei der gesundheitsgerechten Gestaltung der Arbeit und unterstreicht, wie dringlich bessere Prävention ist.

Literatur

Ahlers, E. (2002): Arbeitsbedingungen, Leistungsdruck, Gesundheit am Arbeitsplatz, WSI-Diskussionspapier 112, Düsseldorf.

Ahlers, E./Trautwein-Kalms, G. (2002): Entwicklung von Arbeit und Leistung in IT-Unternehmen, Düsseldorf.

AOK (2001): Was die Beschäftigten am Arbeitsplatz am meisten belastet: Ergebnisse einer Befragung der AOK, in: Arbeit & Ökologie-Briefe 25-26, S. 8-10.

Arbeitswelt NRW (2000): Belastungsfaktoren, Bewältigungsformen, Arbeitszufriedenheit, herausgegeben vom Ministerium für Arbeit und Soziales, Qualifikation und Technologie, Düsseldorf.

BIT (2002): Gute Arbeit unter Druck? Psychische Belastungen in der Arbeitswelt – Stand, Entwicklungen, Handlungsmöglichkeiten, Reihe »Gesünder @rbeiten«, Arbeitshilfe 12 der IG Metall, Frankfurt a.M.

BKK (2002): Arbeitsbedingte Erkrankungen kosten jährlich mindestens 28 Milliarden Euro. Zusammenfassung einer Studie des BKK-Teams Gesundheit, in: Arbeit & Ökologie-Briefe 4, S. 28-30.

DGPPN (2001): Angststörungen am Arbeitsplatz nehmen zu. Presseinfo der Deutschen Gesellschaft für Psychiatrie, Psychotherapie und Nervenheilkunde, Oktober 2001, www.dgppn.de.

Europäische Agentur (2001): Arbeitswelt im Wandel – neue Gesundheitsrisiken und Unfallgefahren, Zusammenfassung zweier Studien der Europäischen Agentur für Sicherheit und Gesundheitsschutz am Arbeitsplatz, in: Arbeit & Ökologie-Briefe 1/2003, S. 15f.

Fergen, A./Pickshaus, K. (2001): Arbeitszeit und Gesundheit, in: Klaus Pickshaus/Horst Schmitthenner/Hans-Jürgen Urban (Hrsg.): Arbeiten ohne Ende, Hamburg, S. 137-154.

Fuchs, T. (2002): Arbeit und menschliche Würde. Arbeitsbedingungen und Arbeitsbelastungen in Deutschland, isw-Report 51, München.

Fuchs, T. (2003): Arbeit und menschliche Würde: Auswirkungen prekärer Arbeitsverhältnisse auf die Gesundheit, in: Arbeit & Ökologie-Briefe 1, S. 24-29.

Giesert, M./Tempel, J. (2001): Gesunde Unternehmen – arbeitsfähige Mitarbeiterinnen und Mitarbeiter. Über die Notwendigkeit einer psychischen Gefährdungsbeurteilung, Düsseldorf.

IAB (2003): Der Arbeitsmarkt 2003 und 2004, IAB-Kurzbericht 1/2003, www.iab.de

ifb (2001): Betriebsklima und Unternehmenskultur in saarländischen Betrieben und Behörden, Saarbrücken, www.gesanet.de

IG Metall (2001): Mehr Stress und Arbeitsdruck erwartet. Ergebnisse der IG Metall-Zukunftsdiskussion, in: Arbeit & Ökologie-Briefe 22, S. 2-4.

IG Metall Baden-Württemberg (2001): Ergebnisse einer Befragung der IG Metall

Baden-Württemberg bei Betriebräten von 155 Betrieben, in: Arbeit & Ökologie-Briefe 7, S. 9-10.
ISO (1999): Arbeitszeit '99, Köln 1999, Studie für das nordrhein-westfälische Arbeitsministerium.
ISO (2002): Normalarbeitstag auf dem Rückzug: Betriebszeiten länger, Arbeitszeiten flexibler. Ergebnisse einer repräsentativen Betriebsbefragung für alle Wirtschaftszweige und Betriebsgrößen in Deutschland, Bericht über eine Untersuchung des ISO-Instituts für NRW, Köln.
Jansen, R. (2000): Arbeitsbelastungen und Arbeitsbedingungen. Zusammenfassung der Ergebnisses der Untersuchung von BIBB/IAB, in: Badura, B. (Hrsg.): Fehlzeitenreport 1999 – Psychische Belastungen am Arbeitsplatz, Berlin/Heidelberg/New York.
Kiefer, T./Müller, W./Eicken, S. (2001): Befindlichkeit in der chemischen Industrie, WWZ-Studie, Basel.
Merllié, D./Paoli, P. (2000): Ten Years of Working Conditions in the European Union, Dublin 2000, Untersuchung der Europäischen Stiftung zur Verbesserung der Lebens- und Arbeitsbedingungen, http://eurofound.ie/publications/.
Mikrozensus (2000): Leben und arbeiten in Deutschland, herausgegeben vom Statistischen Bundesamt, Wiesbaden 2001, www.statistik-bund.de.
Mikrozensus (2001): Leben und arbeiten in Deutschland, herausgegeben vom Statistischen Bundesamt, Wiesbaden 2002, www.statistik-bund.de.
Mikrozensus (2002): Leben und arbeiten in Deutschland, herausgegeben vom Statistischen Bundesamt, Wiesbaden 2003, www.statistik-bund.de.
Mobbing-Report (Meschkutat, B./Stackelbeck, M./Langenhoff, G.) (2002): Der Mobbing-Report – Eine Repräsentativstudie für die Bundesrepublik Deutschland, Forschungsbericht Fb 951 der Bundesanstalt für Arbeitsschutz und Arbeitsmedizin, Dortmund/Berlin.
Oppolzer, A. (2001): Was sind psychische Belastungen?, in: Pickshaus/Schmitthenner/Urban: Arbeiten ohne Ende, S. 84-100.
Pickshaus, K. (2001): Das Phänomen des »Arbeitens ohne Ende«, in: ders./Schmitthenner/Urban: Arbeiten ohne Ende, S. 9-27.
Pröll, U./Gude, D. (2003): Gesundheitliche Auswirkungen flexibler Arbeitsformen. Risikoabschätzung und Gestaltungsanforderungen, Forschungsbericht der Bundesanstalt für Arbeitsschutz und Arbeitsmedizin, Dortmund/Berlin.
Psychostress ist das Problem Nr. 1, Bericht über eine Studie des BIT e.V. für NRW, 2000, in: Arbeit & Ökologie-Briefe 1/2001, S. 28-30.
Reusch, J. (2001): Mehr Arbeitsintensität, mehr Zeit- und Leistungsdruck. Forschungsergebnisse zum Belastungswandel, in: Pickshaus/Schmitthenner/Urban: Arbeiten ohne Ende, S. 69-83.
Reusch, J. (2003): Mehr Arbeitsintensität, mehr Zeit- und Leistungsdruck – Belastungswandel und die Erosion des Normalarbeitsverhältnisses, in: Arbeit & Ökologie-Briefe 1, S. 19-24.
Richter, P. (2002): Psychische Belastungen in der modernen Arbeitswelt – neue Herausforderungen, Bewältigungs- und Gestaltungsansätze, in: Arbeit & Ökologie-Briefe 5, S. 26-29.
Schröder, M. (2003): Prekäre Beschäftigungsverhältnisse bringen Nachteile für den Gesundheitsschutz, in: Arbeit & Ökologie-Briefe 1, S. 16-18.

Werner Fricke

Dreißig Jahre staatlich geförderte Arbeitsgestaltung
Eine Bilanz[1]

Wer aus der Vergangenheit nichts lernt,
kann die Zukunft nicht gewinnen.

1. Der gesellschaftliche und historische Kontext der Programme

In den späten 1960er und frühen 1970er Jahren löste die studentische Protestbewegung einen soziokulturellen Modernisierungsschub und eine politische Umorientierung aus, die 1969 zur Bildung der sozialliberalen Koalition führte. In der Gesellschaft, aber auch in der Politik war eine Aufbruchstimmung, ein vermehrtes Selbstbewusstsein der Bürger und ein demokratischer Gestaltungswille spürbar (Willy Brandt: »Mehr Demokratie wagen«). Gleichzeitig wurden die Grenzen der fordistischen Massenproduktion mit ihrer tayloristisch geprägten Arbeitsorganisation deutlich. In den Unternehmen wuchs der Bedarf an qualifizierten Arbeitskräften, die sich jedoch nur in dem Maße gewinnen ließen, in dem die Betriebe qualifizierte Arbeitsplätze zur Verfügung stellten.

Zunächst war die Erwartung weit verbreitet, dass sich die Qualität des Arbeitslebens mit der technischen Entwicklung quasi im Selbstlauf verbessern würde. Erst später setzte sich die Einsicht durch, dass eine qualitative Modernisierungspolitik aktiver Arbeitsgestaltung bedarf. Gleichzeitig verstärkten die Gewerkschaften in dieser Zeit ihre Forderungen nach vermehrter Mitbestimmung und Mitwirkung an betrieblicher Arbeitsgestaltung. Die Politik schuf mit dem Betriebsverfassungsgesetz 1972, einer Reihe von Arbeitsschutzgesetzen sowie der Gründung der Bundesanstalt für Arbeitschutz und Unfallforschung einen institutionellen und rechtlichen Rahmen für die Reform des Arbeitslebens und legte 1974 das Aktions- und Forschungsprogramm »Humanisierung des Arbeitslebens« auf.

Vor diesem Hintergrund entstand ein reformorientiertes Bündnis (Oehlke 2001) aus Arbeitgeberverbänden, Gewerkschaften und Bundesregierung, welches das Humanisierungsprogramm der ersten Phase (1974-

[1] Dieser Text ist eine gekürzte und leicht überarbeitete Fassung eines auf Englisch publizierten Textes »Thirty years of Work Life Programmes in Germany« (Fricke 2003a).

1980) trug. Die Basis waren Interessen der Akteure, die – obwohl unterschiedlich – in der Anfangsphase des Programms einen genügend breiten Korridor paralleler Ziele zuließen.

Während anfangs noch die tayloristischen Prinzipien der Arbeitsorganisation dominierten, erkannte zunächst das Management der Großbetriebe in der Metall- und Elektroindustrie, dass die Modernisierung der Produktion neue Organisations- und Managementkonzepte erforderte, insbesondere die Einebnung hierarchischer Strukturen, die Übertragung inhaltlich anspruchsvoller Arbeitsaufgaben an die Beschäftigten und die Gewährung zumindest begrenzter Selbständigkeit und Selbststeuerung im Arbeitsprozess.

Genau hier lag die Schnittstelle mit gewerkschaftlichen Interessen, die sich auf eine Ausweitung der betrieblichen Mitbestimmung richteten. Mit dem novellierten Betriebsverfassungsgesetz erhielten sie dazu einen rechtlichen Rahmen. Zugleich ergriff der damalige Forschungsminister, Hans Matthöfer, die Initiative, das Konzept der Mitbestimmung am Arbeitsplatz für das Programm neu zu beleben, mit dem er sich in den 1960er Jahren in der IG Metall nicht hatte durchsetzen können.

Die Arbeitgeber lehnten die Ausweitung von Mitbestimmung und erst recht Versuche zur Demokratisierung der Wirtschaft zwar grundsätzlich ab, waren aber anfangs bereit, einen Preis für die staatliche Förderung flexibler Arbeitsstrukturen und die Bereitstellung qualifizierter Arbeitskräfte zu zahlen. Um die Höhe dieses Preises entwickelte sich im Humanisierungsprogramm sehr bald ein Konflikt zwischen Gewerkschaften und Arbeitgebern, der 1980 eskalierte und zur ersten Krise des Reformbündnisses führte.

2. Programmentwicklung

Man kann die Geschichte der staatlichen Programme zur Reform des Arbeitslebens unter verschiedenen Blickwinkeln darstellen: als Abfolge von Konflikten, als Erfolgsbilanz, als eine Serie enttäuschter Erwartungen. Ich beginne mit einer Geschichte der Konflikte, die sich vor allem auf den Feldern Arbeitsstrukturierung und Umsetzung der Forschungsergebnisse abspielten.

2.1 Konflikte 1974-1980

Die Aufbruchsjahre des Aktions- und Forschungsprogramms Humanisierung der Arbeit (1974-79) brachten eine Reihe weitreichender Modellversuche zur Entwicklung und Einführung teilautonomer Gruppenarbeit (Ulich bei der Volkswagen AG Salzgitter), zur Ausweitung betrieblicher Mitbestimmung durch Beteiligungsprozesse (Opel Hoppmann, Peiner Schraubenwerke, später Friedrich Weltz und KollegInnen im Kraftfahrtbundesamt), zur Auflösung taktgebundener Fließbandarbeit in Montagewerken der Automobil- und Elektroindustrie.

Das beherrschende Thema der Arbeitsstrukturierung war in dieser ersten Periode der vielfach unternommene Versuch, weiterführende Formen der Mitbestimmung bei der Gestaltung von Arbeitsprozessen und Arbeitsbedingungen einzuführen. Stichworte sind Arbeitnehmerbeteiligung, teilautonome Gruppenarbeit, Abschaffung des Einzelakkords.

Betriebsräte standen Beteiligungsansätzen anfangs oft skeptisch gegenüber, unterstützten sie aber, wenn sie erkannten, dass aktive Belegschaften keine Konkurrenten waren, sondern ihren Handlungsrahmen in den Betrieben erweiterten. Anders die Gewerkschaftszentralen, die der Entwicklung und Verbreitung demokratischer Arbeitnehmerbeteiligung mit Misstrauen begegneten. Die mangelnde Bereitschaft der Gewerkschaften jener Zeit, die Erprobung demokratischer Beteiligungsformen und teilautonomer Gruppenarbeit sowie die Entwicklung einer veränderten Leistungspolitik (Stichwort: Abkehr vom Akkord) mit zu tragen und ihre Weigerung, ihre Organisation der Mitwirkung ihrer Mitglieder zu öffnen, erwies sich als folgenschwerer Fehler. Er trug zur Schwächung der Gewerkschaften in den vergangenen zwanzig Jahren nicht unwesentlich bei. Sie gaben in den 1970er und 80er Jahren das Terrain betrieblicher Beteiligung auf und überließen es Management und Unternehmensleitungen. Diese knüpften – wenn auch mit einer Verzögerung von knapp zwanzig Jahren – an die Erfahrungen mit Beteiligungsverfahren an, entkleideten sie ihres demokratischen Impetus und instrumentalisierten sie als Strategie zur Motivation der Arbeitenden im Rahmen flexibilisierter, marktvermittelter Arbeitsorganisation.

In modernen Formen der Organisation von Produktion und Arbeit tritt die hierarchische Steuerung zugunsten marktvermittelter Steuerungsformen in den Hintergrund. Das führt im Verein mit der Übertragung von Unternehmerfunktionen an die Beschäftigten (Voß, Pongratz 1998) dazu, dass Selbstbestimmung und Selbstausbeutung Hand in Hand gehen. Fremdgesteuerte Autonomie (Peters 2001) tritt so an die Stelle der früheren Perspektive demokratischer Beteiligung, und viele leistungsmotivierte Beschäftigte haben heute kein Bewusstsein davon, dass in den frühen 1980er Jahren eine Chance vertan wurde, die ihnen ein gewisses Maß an demokratischer Beteiligung und daraus entstehender Selbstbestimmung hätte einbringen können.

Die Arbeitgeberverbände stoppten 1980 die Demokratisierungsansätze der ersten Programmphase, indem sie einen Tabukatalog durchsetzten. Danach hatten staatlich geförderte Projekte die Grenzen der

Tarifautonomie zu respektieren; sie durften keine Konflikte in die Betriebe tragen; eine Ausweitung der Mitbestimmung wurde ausgeschlossen. Die Ministerialbürokratie hielt sich fortan an diese Grenzen, der Leiter des Projektträgers, Prof. Pöhler, leistete Widerstand, versuchte vergeblich, die Gewerkschaften zur Verteidigung des ursprünglichen Programmzuschnitts zu mobilisieren und wurde seines Postens enthoben. Der Programmschwerpunkt »Arbeitsstrukturierung«, in dem die Modellversuche zur teilautonomen Gruppenarbeit und zur demokratischen Beteiligung angesiedelt waren, wurde 1983 eingestellt. Die Einführung von Gruppenarbeit in der Industrie ging nur schleppend voran; sie ist noch heute im internationalen Vergleich zurückgeblieben (Brödner/Knuth 2002: 12) und gegenwärtig schon wieder rückläufig.

2.2 Die Entpolitisierung des Humanisierungsprogramms 1980-1983

1983 wurde der Schwerpunkt Arbeitsstrukturierung durch die neu konzipierten Programmpunkte »Produktion« und »Büro und Verwaltung« ersetzt. Dies war die Zeit der Entwicklung werkstattbezogener Steuerungskonzepte für CIM-Bausteine und benutzerfreundlicher Software in so genannten »zukunftsfähigen Gestaltungslösungen«. Herstellerfirmen beteiligten sich an diesen Entwicklungen weitaus aktiver als es zuvor die Unternehmen an Vorhaben der Arbeitsstrukturierung getan hatten; zugleich war eine Aktivierung der großen ingenieurwissenschaftlichen Institute und vieler Informatiker zu beobachten. Als neues Leitbild staatlich geförderter Arbeitsgestaltung propagierten Bundesarbeits- und Forschungsministerium 1984 ein »erweitertes arbeitsorientiertes Innovationsverständnis« (BMFT, BMA, BMBW 1987: 28-34). »Menschengerechter Produktivitätsfortschritt« (BMFT, BMA, BMBW 1989) war die Devise. Mit dieser und anderen Formeln wurden die Konflikte um eine demokratische Betriebs- und Arbeitsgestaltung beigelegt, besser: verdrängt. Im aktuellen Programm »Innovative Arbeitsgestaltung« ist ähnlich formelhaft die Rede von einer Balance zwischen betrieblichen und gesellschaftlichen Anforderungen, auf die das Programm hinzuwirken habe (BMBF 2001: 6).

Im Gegensatz zur Anfangsphase des Humanisierungsprogramms weisen die Programmaktivitäten ab 1980 eine deutliche »expertokratische Schwäche« (Oehlke 2001) auf: Die Modellentwicklung wurde vor allem von Experten (Ingenieuren und Informatikern) geprägt, die Beteiligung und Aktivierung der Beschäftigten dagegen nur schwach entwickelt. Wahrscheinlich hängt es mit dieser Schieflage zusammen, dass sich die forcierte Technisierung und Automatisierung von Fertigungsabläufen (Stichworte: CIM, menschenleere Fabrik, papierloses Büro) nicht sofort als Irrweg herausstellte. Sie eröffnete falsche Perspektiven und führte zu Starrheiten im Produktionsprozess, die die notwendige Flexibilisierung und Marktorientierung der Produktion verhinderten (Brödner 1985).

2.3 Das Programm Arbeit und Technik 1989-1998

1989 wurde das Humanisierungsprogramm in Programm »Arbeit und Technik« umbenannt und neu konzipiert. Herausragendes Merkmal war die Aufgabe eines eigenen, von Modernisierungskonzepten der Industrie unabhängigen Gestaltungsanspruchs. Fortan zielte das Programm vor allem auf die wettbewerbspolitisch begründete Förderung wirtschaftlicher Modernisierung (Schumann 2001: 5).

Während dieser zweiten Programmphase erfolgte eine dreimalige Umorientierung mit »mittelfristige Handlungsfelder« genannten neuen Schwerpunkten, darunter »Dienstleistungen für das 21. Jahrhundert« (BMBF 1998), und der Versuch einer beschäftigungspolitischen Akzentuierung des Programms mit dem anspruchsvollen Titel »Beschäftigung durch Innovation« (Neubauer, Oehlke 1997). Im Zeichen fortschreitender sozialstaatlicher Erosion konnten beide Schwerpunkte nicht im geplanten Maße realisiert werden und verliefen mehr oder weniger im Sande. Der Grund war das endgültige Auseinanderbrechen des reformpolitischen Bündnisses, das das Programm anfangs getragen hatte.

2.4 Innovative Arbeitsgestaltung unter veränderten Arbeitsbedingungen ab 2001

Die 1998 gewählte neue Bundesregierung legte erst im Jahr 2001 mit dem Programm »Innovative Arbeitsgestaltung – Zukunft der Arbeit« ein Nachfolgeprogramm auf.

In den über 25 Jahren seit 1974 hatte sich die Arbeitswelt zwar nicht grundlegend, aber doch in wichtigen Bereichen tiefgreifend verändert. Die zeitliche, räumliche und sachliche Entgrenzung der Arbeit, die Internalisierung von Märkten als Steuerungsform betrieblicher Leistungsprozesse und daraus folgend die direkte Konfrontation vieler Arbeitnehmer mit Marktrisiken haben neue Anforderungen und Belastungen zur Folge. Anstelle lernförderlicher Arbeitsgestaltung und einem pfleglichen Umgang der Betriebe mit ihren Beschäftigten werden vorhandene Qualifikationen weder entwickelt noch richtig eingesetzt. Einer neuen Erhebung zufolge fühlen sich knapp 50% der Beschäftigten durch die ihnen zugewiesenen Arbeitsaufgaben überfordert, unterfordert oder beides zugleich (Volkholz, Köchling 2002: 456). Arbeitnehmer ab 45 Jahren gelten als »ältere Arbeitnehmer«, die systematische Übertragung ihres Erfahrungswissens an jüngere Beschäftigte wird nicht organisiert, und die Erneuerung des benötigten aktuellen Fachwissens durch Einstellung junger Arbeitnehmer erweist sich häufig als Irrtum. Der demografische Wandel erschwert die Situation zusätzlich: Die Betriebe sind zunehmend gezwungen, die neuen Anforderungen mit alternden und schrumpfenden Belegschaften zu bewältigen.

Das Ungleichgewicht auf dem Arbeitsmarkt ist zumindest teilweise eine Folge verschwenderischen Umgangs mit den Qualifikationen der Beschäftigten in den Betrieben. Statt Qualifikationen zu verbrauchen, wäre es nicht nur menschlicher, sondern im Sinne einer nachhaltigen Unternehmensentwicklung auch wirtschaftlicher, Arbeitsabläufe so zu gestalten, dass die Beschäftigten ihre Qualifikationen entfalten und entwickeln können. Das Fehlen eines öffentlichen Weiterbildungssystems, das auch gering Qualifizierten offen steht, verschärft das Problem mangelnder Pflege des Erwerbspotenzials ebenso wie die unzureichenden Weiterbildungsanstrengungen der Unternehmen, zu denen in der Regel nur höher Qualifizierte Zugang haben.

Die Situation ist der Lage Anfang der 1970er Jahre nicht unähnlich. Auch damals hatten viele Betriebe Schwierigkeiten, den Umbruch des Produktionssystems zu bewältigen, weil sie die Diskrepanz zwischen dem Bedarf an qualifizierten Arbeitskräften und unzureichender Arbeitsgestaltung nicht angemessen zu lösen wussten. Trotz aller Veränderungsrhetorik geschah die Anpassung damals und geschieht sie heute nur sehr zögerlich. Unnötiger Verschleiß von Humanressourcen ist die Folge (Brödner, Knuth 2002: 11).

Da noch keine Projektergebnisse vorliegen, lässt sich gegenwärtig nicht beurteilen, ob und welche innovativen Impulse das Programm »Innovative Arbeitsgestaltung« zur Bewältigung der gegenwärtigen Umbruchsituation in den Betrieben beisteuert. Die Protagonisten aus Beirat und Projektträger, die ich zur Vorbereitung meiner Bilanz befragte, äußerten sich zu diesem Punkt eher vage. Ich schließe daraus, dass dem Programm eine Vision fehlt. Von industrieller Demokratie, demokratischer Beteiligung oder Ausweitung der Mitbestimmung ist ohnehin keine Rede mehr; Nachhaltigkeit der Unternehmensentwicklung könnte eine Vision enthalten, wenn das Problem eines pfleglichen Umgangs mit menschlichen Ressourcen ins Zentrum gerückt und beherzt angegangen würde. Dazu gehörte aber die qualifikationsgerechte, auch altersgerechte Gestaltung von Arbeitsplätzen und Arbeitsabläufen, die Entwicklung lernförderlicher Arbeitsprozesse, die Bereitstellung von Zeitressourcen für lebensbegleitendes Lernen, die Öffnung der Betriebe für interkulturelles Lernen, um Barrieren gegen die gleichberechtigte Beschäftigung von Migranten abzubauen und nach wie vor die Beteiligung der Arbeitenden an der Gestaltung ihrer Arbeitsbedingungen anstelle der Instrumentalisierung des Beteiligungsinteresses für Managementstrategien.

3. Bilanz

Ohne Frage haben die diversen Programme staatlich geförderter Arbeitsgestaltung Erfolge aufzuweisen. Dazu gehören der Abbau von Belastungen, insbesondere in Bereichen extremer körperlicher Belastungen durch Umgebungseinflüsse (Lärm, Hitze, giftige Arbeitsstoffe, Lackierereien der Automobilhersteller) und Arbeitsabläufe (Monotonie, Über-Kopf-Arbeit, kurzzyklische Arbeitstakte). Es sind gesicherte arbeitswissenschaftliche Erkenntnisse erarbeitet und als Mindestnormen für die Arbeitssicherheit verbindlich gemacht worden. Hier waren vor allem Branchenprojekte wie etwa im Tischlerhandwerk, in der Bekleidungsindustrie und im Bergbau erfolgreich. Es hat Modellprojekte zur altersgerechten Gestaltung von Arbeitsplätzen gegeben, unter Schwierigkeiten sind Möglichkeiten demokratischer Beteiligung erprobt worden, es wurden Formen flexibler, dezentraler Arbeitsorganisation entwickelt, viele Vorhaben haben inhaltlich erweiterte Arbeitsaufgaben und qualifikationsförderliche Tätigkeitsstrukturen konzipiert, oft mit Beteiligung der Beschäftigten. Wissenschaftler hatten Gelegenheit, Lernerfahrungen in Auseinandersetzung mit betrieblichen Gestaltungsbedingungen und Akteuren zu machen.

Entscheidende arbeitspolitische Innovationen ließen sich außerhalb der Modellprojekte jedoch nicht oder allenfalls mit erheblicher Zeitverzögerung und inhaltlichen Abstrichen anwenden. Die Formen von Gruppenarbeit beispielsweise, die sich Anfang der 1990er Jahre mit dem Managementkonzept der lean production durchsetzten, orientierten sich – von wenigen Ausnahmen abgesehen – eher an japanischen Vorbildern als an den Modellen teilautonomer Gruppenarbeit, wie sie etwa Ulich im Humanisierungsprogramm entwickelt hatte. Auf Unternehmensebene bestimmten zwar häufig Dezentralisierung und die Einrichtung von Profitcentern die organisatorischen Veränderungen, aber auch hier wurden mögliche Autonomiegewinne nicht an die Beschäftigten weitergegeben. Das gleiche trifft für den Wandel der betrieblichen Leistungspolitik zu. Die Einführung von Zielvereinbarungen anstelle zentraler Leistungsvorgaben verringert die Abhängigkeit der Beschäftigten von betrieblich gesetzten Leistungsbedingungen solange nicht, wie nicht auch das Verhältnis von Ressourcen und Arbeitsaufgaben ausgehandelt werden kann.

In der zweiten Hälfte der 1990er Jahre erfolgt dann schon in offenem Gegensatz zu den in staatlichen Programmen entwickelten Gestaltungskonzepten eine erneute Hinwendung zu konventioneller Arbeitsgestaltung (Wiedereinführung von Fließbandarbeit mit kurzen Taktzeiten, erneute Trennung von Planungs- und ausführenden Tätigkeiten auch bei

Gruppenarbeit). Gleichzeitig erzwingt eine neue Strategie die Mobilisierung von Leistungsreserven durch direkte Konfrontation der Beschäftigten mit Marktrisiken. Es kommt zu sehr ambivalenten Arbeitssituationen, gekennzeichnet durch die Kombination von Selbstbestimmung (Instrumentalisierung ehemals demokratisch gedachter Beteiligung) und Selbstausbeutung. Vor allem jüngere, hochqualifizierte Arbeitskräfte in der IT Branche lassen sich mit dem Versprechen von Arbeitsautonomie, die in Wirklichkeit eine entfremdete Form abhängiger Autonomie ist (Peters 2001), zu Höchstleistungen motivieren (Arbeiten ohne Ende, Glißmann 1997).

Die Schubkraft der HdA-Projekte reichte nicht aus, um die von ihnen entwickelten Elemente innovativer Arbeitspolitik durchzusetzen und den erneuten Modellwechsel zu einer rigideren Leistungspolitik und konventionellen Formen der Gestaltung von Arbeit und Technik zu verhindern. Es stellt sich damit die Frage, weshalb staatlich geförderte Arbeitsgestaltung auf die Rationalisierungs- und Modernisierungsstrategien der Unternehmen so wenig Einfluss hat, selbst nach über 2.500 Projekten und einem finanziellen Aufwand von über 2 Mrd. DM (Stand 1998).

4. Die Umsetzungsschwäche der Humanisierungsprogramme

Michael Schumann hält die Erwartung, staatlich geförderte Arbeitspolitik könne arbeitspolitische Gegenakzente zu den Modernisierungsstrategien der Wirtschaft setzen, für illusorisch und führt sie auf die »Staatsillusion« der 1970er Jahre zurück. Erst wenn innovative Arbeitspolitik von der Wirtschaft selbst auf den Weg gebracht wird, so die jüngste Position des Soziologischen Forschungsinstituts Göttingen, sei die Zeit für eine neue Rolle der Wissenschaft gekommen, können sich Arbeits- und Sozialwissenschaften an betrieblicher Rationalisierung unter der Voraussetzung beteiligen, dass sie auf die Balance zwischen betrieblichen und gesellschaftlichen Interessen achten (Schumann 2001: 6-8).

Der Verweis auf die Staatsillusion als Geburtshelfer des Humanisierungsprogramms entspricht zwar dem politischen Mainstream, aber er macht sich die Sache zu leicht. Ich möchte vier Faktoren nennen, die für den geringen Einfluss staatlich geförderter Arbeitsgestaltung auf unternehmerische Rationalisierungsstrategien verantwortlich sind:

(a) *Das Gestaltungsmonopol der Kapitaleigner* ist sicher der dominante Faktor, der die Wirkung staatlich geförderter Arbeitsgestaltung einschränkt, soweit sie sich den Rationalisierungsinteressen des Kapitals nicht beugt. Dies zu erkennen, ist eine Sache, es anzuerkennen, eine andere. Die Konstitution der Wirtschaft als Bereich privater Entscheidungen hat ihren historischen Ursprung im Prozess der Emanzipation des Bürgertums von feudalen Gesellschaftsstrukturen (Palshaugen 2002: 144). Dass Wirtschaft in der Wirtschaft stattfindet, wie es heute so schön heißt, dass sie sich in der Marktwirtschaft heutigen Zuschnitts öffentlichem Gestaltungsanspruch weitgehend entziehen kann, ist also eine geschichtliche, nicht aber eine unumstößliche Tatsache. Wir erleben zwar heute, dass sich die private Gestaltungsmacht des Kapitals mit fortschreitender Erosion des Sozialstaats und zunehmender Dominanz der Marktlogik weiter festigt und ihren Gestaltungsanspruch gegen erweiterte Mitbestimmung und Öffentlichkeit in den Betrieben durchsetzen kann. Aber andererseits hat die private Verfügungsmacht der Kapitaleigner über wirtschaftliche Entwicklungen inzwischen zu einer extremen, öffentlich nicht kontrollierten Machtposition geführt, deren externe Kosten für die Gesellschaft zunehmend schwer erträglich werden. Hieraus leitet sich nicht nur die Legitimation staatlicher Arbeitspolitik her, sondern auch die Verpflichtung der Sozialwissenschaften, nach ihren Kräften auf die Demokratisierung der Wirtschaft hinzuwirken. Leider waren in der Geschichte der Humanisierungsprogramme auch Widerstände vor allem der Gewerkschaftszentralen gegen Beteiligung und gegen einen Wandel der betrieblichen Leistungspolitik (Abbau des Akkords) wenig hilfreich.

(b) *Defizitäre Umsetzungskonzepte* sind ein weiterer Grund für die Umsetzungsschwäche aller HdA-Programme. Dieses Defizit besteht trotz aller negativen Erfahrungen der letzten 25 Jahre nach wie vor. Als Umsetzungskanäle waren anfangs nur vorgesehen:

■ *wissenschaftliche Kommunikation;* die beteiligten Wissenschaftler hatten im Rahmen der so genannten Begleitforschung die Aufgabe, die in Projekten gesammelten Erkenntnisse und Erfahrungen zu dokumentieren und zu verallgemeinern. Das Ergebnis waren über 100 meist umfangreiche Bücher, die »grünen Bände« des BMFT. Sie waren in einer wissenschaftlichen Sprache geschrieben, die ihrer Verbreitung im Wege stand.

■ *Handlungsanleitungen;* diese hatten in der Regel den Fehler, vom Entstehungskontext der mitgeteilten Erfahrungen zu abstrahieren. Die Annahme, dass die Formulierung allgemeiner Regeln in einer großen Zahl von Anwendungskontexten hilfreich sein könnte, erwies sich als falsch.

■ *Weiterbildung.* Sie war in aller Regel trägerautonom, d.h. es war den Weiterbildungseinrichtungen der Arbeitgeberverbände und Gewerkschaften überlassen, welche Humanisierungskonzepte sie welchen Zielgruppen wie weitergeben wollten. Zieloffene Diskussionen und Reflexionen waren die Ausnahme. Die Alternative wäre die Gründung einer oder mehrerer Weiterbildungsakademien unter der Regie des Humanisierungsprogramms gewesen, in der (denen) nicht die Interessen der Verbände die Sicht auf die Perspektiven innovativer Arbeitsgestaltung eingeengt hätten.

(c) Allerdings liegen die Gründe für die Umsetzungsschwäche der Arbeitsgestaltungsprogramme weitaus tiefer als die genannten technischen Mängel ihres Umsetzungskonzepts. Neben verschiedenen Konstruktionsfehlern ist dabei vor allem die fehlende Koordination staatlicher Programme und Teilpolitiken auf dem Feld der Arbeitsgestaltung zu nennen. Anderthalb Jahre nach dem Start des BMBF-Programms »Innovative Arbeitsgestaltung« stellte der Bundesminister für Arbeit seine »Initiative Qualität neue Arbeit« am 17.6.2002 in Berlin vor. Nicht einmal im engeren Bereich staatlich geförderter Arbeitsgestaltung ist es damit gelungen, ein ressortübergreifendes Programm auf den Weg zu bringen; das war zwischen 1974 und 1998 mit den Programmen »Humanisierung der Arbeit« und »Arbeit und Technik« immerhin noch möglich gewesen!

Folgende Konstruktionsfehler der Arbeitsgestaltungsprogramme möchte ich kurz aufzählen:

- *die anfängliche Beschränkung der Entwicklungsmaßnahmen auf einen Betrieb.* Diese Verengung der Gestaltungsperspektive konnte mit der Einführung von Branchen- und Verbundprojekten relativ schnell überwunden werden. Projektverbünde erweiterten den Rahmen der beteiligten Akteure auf Branchenebene. Es gelang damit, einen Erfahrungsaustausch zwischen Unternehmen einer Branche, aber auch zwischen Wissenschaftlern verschiedener Disziplinen in den Prozess der Arbeitsgestaltung zu integrieren. Die Ausweitung des Entstehungskontexts erlaubte es, Elemente der Umsetzung bereits in die Entwicklung von Gestaltungskonzepten aufzunehmen und so einen ersten Schritt zur Aufhebung der zeitlichen und konzeptionellen Trennung von Entwicklung und Anwendung zu machen.[2] Ein Vergleich mit skandinavischen Erfahrungen zeigt allerdings, dass auch Branchen- und Verbundprojekte nur eine halbherzige Lösung des Umsetzungsproblems sind.
- *Unzureichende Verknüpfung von Teilpolitiken.* Politik und Ministerialbürokratie haben sich seit Bestehen der Arbeitsgestaltungsprogramme geweigert, Humanisierung der Arbeit als Querschnittsaufgabe zu ver-

---

[2] Diese Trennung, die dem Kaskadenmodell der technischen Entwicklung entspricht, ist einer der Kardinalfehler in der Konstruktion aller bisherigen Programme zur Arbeitsgestaltung; das gleiche gilt übrigens auch für die Abgrenzung von Theorie und Praxis, in den Sozialwissenschaften geläufig als Trennung von Grundlagenforschung und angewandter Forschung (siehe dazu Fricke 2003).

stehen und zu organisieren.[3] Trotz vieler Vorstöße des Projektträgers sowie einzelner Wissenschaftler und Gewerkschafter gelang es nie, Modernisierungspolitik als gemeinsame Aufgabe von Forschungs-, Bildungs-, Arbeits-, Wirtschafts-, Wissenschafts- und Industriepolitik zu organisieren. Die fehlende Integration der Politikbereiche reduzierte nicht nur die Einflussmöglichkeiten staatlicher Förderpolitik, sondern führte auch zu so eklatanten Fehlentwicklungen wie die lange Zeit technikzentrierte Modernisierungspolitik (CIM, menschenleere Fabrik) – von anderen Bereichen jenseits von Arbeitspolitik (Kerntechnik, industrialisierte Landwirtschaft) ganz zu schweigen.

■ *Vernachlässigung regionaler Kontexte.* Schon in der Anfangsphase des Humanisierungsprogramms hat eine programmbegleitende Gruppe von Wissenschaftlern beim Projektträger, der neben Volkholz und Naschold auch der Verfasser angehörte, die Einbindung von Entwicklungsvorhaben in regionale Kontexte vorgeschlagen. Dazu gehörte unter anderem die Einrichtung regionaler Umsetzungszentren, in denen vor allem kleinen und mittleren Unternehmen (KMU) ein kombiniertes Angebot von Weiterbildung, technisch-organisatorischer Beratung und Demonstration fortgeschrittener Technologien gemacht werden sollte. Das Forschungsministerium hat in den 1970er und 80er Jahren alle Vorschläge zur Regionalisierung des Programms mit dem formalen Argument abgelehnt, der Bund könne sich nicht in Angelegenheiten der Länder einmischen. Einen Ansatz zur Verknüpfung von traditioneller Arbeitsmarkt- und Industriepolitik mit Vorhaben zur Arbeitsgestaltung hat es in den späten 1980er Jahren lediglich im Bremer Landesprogramm »Arbeit und Technik« gegeben. Fast ein Jahrzehnt später erst hat der Bundesforschungsminister seine Bedenken aufgegeben und verschiedene Regionalprogramme zur Förderung arbeitspolitischer, technischer und wirtschaftlicher Innovationen in den neuen Bundesländern aufgelegt (InnoRegio und andere).

■ *Lernschwäche der Programme.* Die Programmverantwortlichen in Politik und Ministerien fordern regelmäßig Innovations- und Entwicklungsprozesse ein, sind aber in den wenigsten Fällen bereit, selbst an den damit verbundenen Lernprozessen teilzunehmen. Das gilt auch für andere institutionelle Akteure. Programmverläufe werden kontrolliert, Ergebnisse erwartet und dann beurteilt, aber Politiker, Programmver-

---

[3] Wie in allen bisherigen Programmen fordert auch die neue Programmbroschüre ein »sich gegenseitig befruchtendes Zusammenspiel zwischen Forschungs-, Bildungs-, Technologie-, Wirtschafts-, Umwelt- und nicht zuletzt von Arbeits- und Sozialpolitik« (BMBF 2001: 7). Wie jeder Programmbeteiligte weiß, sieht die von den ministeriellen Programmbürokratien gestaltete Wirklichkeit jedoch völlig anders aus.

walter und institutionelle Akteure entziehen sich meist den Lernprozessen, die in Programmen stattfinden, behindern sie damit und berauben sie ihrer Wirkung. Ergebnis ist eine seltsame Lernschwäche und Traditionsblindheit gegenüber früheren Erfahrungen, die gleichen Fehler werden häufig von Programm zu Programm wiederholt, das Rad wird ständig neu erfunden.

Schließlich zur *Rolle der Sozialwissenschaften.*[4] Leider haben nur wenige Sozialwissenschaftler die Chancen genutzt, die ihnen das Humanisierungs- und auch noch das »Arbeit und Technik-Programm« boten. Sie hätten die Möglichkeit gehabt, in Auseinandersetzung mit betrieblichen Handlungsbedingungen und Konfliktfeldern, in Kooperation und Dialogen mit Akteuren aus der betrieblichen Praxis Lernerfahrungen zu machen, die ihnen in ihrer akademischen Ausbildung und an Universitäten verschlossen blieben. Eine Weiterentwicklung akademischer Lehre und Forschung, heute dringender denn je, hätte damit eingeleitet werden können. Vertan wurde auch die Chance, ähnlich wie die skandinavischen Sozialwissenschaften oder die Ingenieurwissenschaften in Deutschland, eine Infrastruktur dauerhafter Kooperation mit der Arbeitswelt aufzubauen.

Stattdessen sind die Sozialwissenschaften mehrheitlich bei distanzierter Beobachtung und Analyse geblieben und haben sich allenfalls auf Begleitforschung und Beratung eingelassen. Dies hat nicht nur zur Umsetzungsschwäche der Programme beigetragen, sondern auch zur Marginalisierung der Sozialwissenschaften, deren Zeuge wir heute sind.

5. Ein kurzer Blick nach Skandinavien

Skandinavien, insbesondere Norwegen, blickt auf fast vier Jahrzehnte staatlich geförderter Programme zur Arbeitsgestaltung zurück. Ähnlich wie in Deutschland 1974-1980 konzentrierte sich die erste Etappe norwegischer Arbeitsgestaltungsprogramme (1964-1988) auf Einzelbetriebe. Der inhaltliche Fokus zielte zwar eindeutiger auf industrielle Demokratie (Emery, Thorsrud 1976), aber am Ende dieser ersten Phase einzelbetrieblicher Demokratisierungsprojekte standen auch die norwegischen Programmverantwortlichen vor einem Umsetzungsdefizit. Warum, so wurde gefragt, war das Land nicht fähig oder nicht willens, die positiven Erfahrungen mit der Restrukturierung von Arbeit zu nutzen?

---

[4] Die ausführliche Argumentation hierzu findet sich in Fricke 2003; sie konnte aus Platzgründen hier nicht wiedergegeben werden.

Der Sozialforscher Thoralf U. Quale nennt vor allem drei Gründe (Quale 2002: 37-39):

1. Die bürokratische Organisation der Betriebe erwies sich als zählebiger als erhofft und überdauerte auch die Krise tayloristischer Arbeitsformen. Vor allem das mittlere Management leistete Widerstand gegen die Entwicklung betrieblicher Demokratie.

2. Das Beharrungsvermögen akademischer Traditionen. Wissenschaftler weigerten sich anfangs ebenso wie in Deutschland, sich auf eine dauerhafte Kooperation mit betrieblichen Akteuren einzulassen.

3. Die Programme zur Arbeitsgestaltung hatten in Norwegen und Schweden zwar die industriellen Beziehungen zwischen Arbeitgebern und Gewerkschaften verbessert, aber die Verknüpfung staatlich geförderter Arbeitspolitik mit Industrie-, Bildungs- und Wirtschaftspolitik wurde – wie bis heute in Deutschland – lange Zeit vernachlässigt.

Vor allem in Norwegen haben drei arbeitspolitische Programme aus dieser Bilanz produktive Schlussfolgerungen gezogen. 1988 wurde ein Fünf-Jahres-Programm aufgelegt, das sich auf Industrie und öffentlichen Sektor bezog und die Bildung regionaler Verbünde (Netzwerke) zwischen Unternehmen und öffentlichen Einrichtungen aus Bildung, Forschung und Infrastruktur förderte. Programmziel war ein von Unternehmen und öffentlichen Bildungs- und Forschungseinrichtungen gemeinsam getragener Reformprozess.

1995 folgte das Programm »Enterprise Development 2000 (ED 2000)«, das auf die Bildung dauerhafter Arbeitsbeziehungen zwischen Forschung und Arbeitswelt und auf die systematische Organisation von Lernprozessen zwischen Unternehmen zielt. Ähnliche Initiativen gibt es auch in Schweden. 1997 übertrug dort ein Gesetz den Universitäten als dritte Aufgabe neben Forschung und Lehre die Kooperation mit regionalen Akteuren und die aktive Unterstützung regionaler Entwicklungsprozesse (Brulin 1998).

In einer Bilanz norwegischer Arbeitsgestaltungsprogramme ist Erstaunliches zu lesen: »Die Demokratisierung des Arbeitslebens, Beteiligung und die Entwicklung regionaler Unternehmensnetzwerke gelten fortan als zentrale Faktoren einer neuen Industriepolitik«, heißt es dort, und: »Sozialforschung wird in diesem Prozess als strategisch bedeutender Akteur gesehen« (Quale 2002: 48). Diese Äußerungen stammen von den Gewerkschaften und dem norwegischen Arbeitgeberverband. Es käme einer Sensation gleich, wenn dieses Fazit mit Recht auch in Deutschland gezogen werden könnte.

Das dritte norwegische Programm zur Gestaltung des Arbeitslebens (Value Creation 2010) begann 2001. Fünfzig Unternehmensnetzwerke sollen zu regionalen Entwicklungskoalitionen erweitert werden, in denen neben Unternehmen und Forschungs-/Bildungseinrichtungen auch kommunale und regionale Verwaltungen, öffentliche Entwicklungsagenturen sowie intermediäre Organisationen eine aktive Rolle spielen (Gustavsen 2001).

6. Schlussfolgerung

Im Vergleich zu den deutschen haben die skandinavischen Arbeitsgestaltungsprogramme das Problem der Umsetzung inzwischen weit besser gelöst. Sie entwickeln Kooperations- und Lernprozesse zwischen allen beteiligten Akteuren (Sozialforscher, Sozialpartner, Unternehmen, kommunale und regionale Verwaltungen, Bildungsträger) sehr viel systematischer und geben ihnen – das ist entscheidend – durch Institutionalisierung entsprechender Strukturen in Unternehmen wie in Regionen eine dauerhafte Basis. Auf diese Weise bekommen die Arbeitsgestaltungsprogramme eine industrie-, forschungs-, bildungs- und regionalpolitische Dimension.

Politisch ist die Situation in Skandinavien von der deutschen allerdings nicht sehr verschieden. Das Interesse der Politik am Konzept industrieller Demokratie ist seit 1990 erloschen, während die Beschäftigten stärker denn je an demokratischer Beteiligung interessiert sind. »Industrielle Demokratie und demokratische Partizipation sind bei der Gestaltung der Arbeitswelt keine eigenständigen Ziele mehr«, resümiert Thoralf Quale, aber sie behalten ihre Bedeutung als Orientierungen der Sozialforscher, und sie überleben in dem nach wie vor hohen Interesse der Beschäftigten an demokratischer Beteiligung (Quale 2002: 48, 52).

Ich bin überzeugt, dass sich die Gestaltung der Arbeitswelt auf Dauer nicht auf die Förderung von Innovation, Produktivität, Wettbewerbsfähigkeit wird beschränken lassen. Nach wie vor kommt es darauf an, wirtschaftliche Entscheidungen zu einer Sache der Öffentlichkeit zu machen oder (wie Oskar Negt es formuliert) die Wirtschaft in den Bereich der Kultur zurückzuführen. Beides sind Visionen für ein öffentlich gefördertes Arbeitsgestaltungsprogramm, die bei fast allen gesellschaftlichen Akteuren ein beträchtliches innovatorisches Potenzial freisetzen könnten.

Soweit staatliche Arbeitspolitik sich dieses innovatorischen Potenzials überhaupt annimmt, kann sie es nur dann wirksam fördern, seine Schätze nur dann heben, wenn die wettbewerbspolitische Vereinnahmung und Instrumentalisierung von Programmen zur Arbeitsgestaltung, die schon in den Humanisierungsprogrammen der 1980er und 90er Jahre viele Innovationen zum Scheitern verurteilte, konsequent vermieden wird.

Pickshaus und Urban haben diese Gefahr für den Bereich des Arbeits- und Gesundheitsschutzes am Beispiel des Programms »Initiative Neue Qualität der Arbeit« des BMWA kürzlich aufgezeigt: »Indem der Verzicht auf einen modernen Arbeitsschutz als kostenträchtige ›Nichtpolitik‹ kritisiert und eine ehrgeizige Sozialpolitik als wichtiger Wettbewerbsfaktor qualifiziert wird, findet eine wettbewerbspolitische Vereinnahmung statt, die den Arbeitsschutz einem kurzfristigen betriebswirtschaftlichen Kosten-Nutzen-Kalkül unterwirft. Diese Instrumentalisierung liegt ganz in der Linie der ›Lissabonner Strategie‹, nach der sich die EU das neue strategische Ziel gesetzt hat, die Union zum wettbewerbsfähigsten und dynamischsten wissensbasierten Wirtschaftsraum der Welt zu machen« (Pickshaus, Urban 2002: 635). Das heißt nichts anderes, als dass eine menschengerechte Gestaltung der Arbeitswelt daran gemessen wird und darin ihre Grenze findet, ob sie wettbewerbspolitisch von Vorteil ist. Damit wird auch die Humanisierung des Arbeitslebens von der Ökonomie usurpiert, ganz im Gegensatz zu Oskar Negts Vision.

Literatur

Brödner, P. (1985): Fabrik 2000. Alternative Entwicklungspfade in die Zukunft der Fabrik, Berlin.

Brödner, P.; Knuth, M. (Hrsg.) (2002): Nachhaltige Arbeitsgestaltung. Trendreports zur Entwicklung und Nutzung von Humanressourcen, München und Mering.

Brulin, G. (1998): The New Task of Swedish Universities: Knowledge Formation in Interactive Cooperation with Practitioners, in: Concepts and Transformation. International Journal of Action Research and Organizational Renewal, Vol. 3, No. 1-2, Amsterdam, S. 113ff.

Bundesministerium für Forschung und Technologie, Bundesministerium für Arbeit und Soziales, Bundesministerium für Bildung und Wissenschaft (1990): Forschungs- und Entwicklungsprogramm Arbeit und Technik, Bonn.

Bundesministerium für Bildung, Wissenschaft, Forschung und Technologie (1998): Dienstleistungen für das 21. Jahrhundert. Handlungs- und Förderkonzept, Bonn.

Bundesministerium für Bildung und Forschung (2001): Innovative Arbeitsgestaltung – Zukunft der Arbeit, Rahmenkonzept, Bonn.

Emery, F.; Thorsrud, E. (1976): Democracy at Work, Leiden.

Fricke, W. (1983): Participatory Research and the enhancement of workers' innovative qualifications, in: Journal of Occupational Behaviour, Vol. 4, S. 73-87.

Fricke, W. (2003): Sozialwissenschaftliche Forschung in gesellschaftlichen Kontexten, in: H.-W. Franz, J. Howaldt, H. Jacobsen, R. Kopp (Hrsg.): Forschen, Lernen, Beraten, Berlin.

Fricke, W. (2003a): Thirty years of work life programmes in Germany, in: Concepts and Transformation. International Journal of Action Research and Organizational Renewal, Vol. 8, No. 1, Amsterdam.

Glißmann, W. (1997): Angst & Arbeit ohne Ende. Eine e-mail-Diskussion unter

IBM-Betriebsräten, in: Gstöttner-Hofer u.a. (Hrsg.): Was ist morgen noch normal? Gewerkschaften und atypische Arbeitsverhältnisse, Wien.
Gustavsen, B. (2001): Towards social partnership: Trends in Norwegian workplace development programs, in: Concepts and Transformation. International Journal of Action Research and Organizational Renewal, Vol. 6, No. 2, Amsterdam.
Negt, O. (2001): Arbeit und menschliche Würde, Göttingen.
Neubauer, G.; Oehlke, P. (1997): Gründe und Vorschläge für eine BMBF-Initiative »Beschäftigung durch Innovation« – Anmerkungen zum gegenwärtigen Diskussionsstand, in Arbeit, Heft 6, Dortmund.
Oehlke, P. (2001): The development of labor process policies in the Federal Republic of Germany, in: Concepts and Transformation. International Journal of Action Research and Organizational Renewal, Vol. 6, No. 2, Amsterdam.
Palshaugen, O. (2002): Discourse-Democracy at Work. On Public Spheres in Private Enterprises, in: Concepts and Transformation. International Journal of Action Research and Organizational Renewal, Vol. 7, No. 2, Amsterdam.
Peters, K. (2001): Individuelle Autonomie und die Reorganisation von Unternehmen, in: W. Fricke (Hrsg.): Jahrbuch Arbeit und Technik 2001/2002, Bonn, S. 371ff.
Pickshaus, K.; Urban, H.-J. (2002): Perspektiven gewerkschaftlicher Arbeitspolitik. Plädoyer für eine neue Humanisierungsoffensive, in: Gewerkschaftliche Monatshefte Heft 10/11, S. 631ff.
Quale, T. (2002): A Case of Slow Learning? Recent trends in social partnership in Norway with particular emphasis on workplace democracy, in: Concepts and Transformation. International Journal of Action Research and Organizational Renewal, Vol. 7, No. 1, Amsterdam: Benjamins, S. 31ff.
Schumann, M. (2001): Innovative Arbeitspolitik – Wissenschaften in einer neuen Rolle, Vortrag auf der Tagung des BMBF: Erfolgreiche Veränderungen in der Arbeitsgestaltung – Strategien und Lösungen, 19.-20.11.2001, Bad Honnef.
Volkholz, V.; Köchling, A. (2002): Arbeiten und Lernen, in: Brödner/Knuth (Hrsg.): Nachhaltige Arbeitsgestaltung, München und Mering, S. 431ff.
Voß, G.G.; Pongratz, H.J. (1998): Der Arbeitskraftunternehmer. Eine neue gesellschaftliche Grundform der Ware Arbeitskraft?, in: Kölner Zeitschrift für Soziologie und Sozialpsychologie, Band 50, S. 131ff.

Oleg Cernavin

Anforderungen an eine innovative Arbeitsschutzforschung

Eine nachhaltig gute Arbeit und eine hohe Qualität der Arbeit, die zum ökonomischen Erfolg beiträgt, sind ohne einen Arbeitsschutz, der die Arbeit präventiv und human gestalten hilft, nicht möglich. Im Wandel der Arbeit muss aber auch der Arbeitsschutz neu bestimmt werden (vgl. u.a. Becker 2001; Bieneck 2001; Pickshaus u.a. 2002). Die Akteure des Arbeitsschutzes im institutionellen Umfeld wie Arbeitsschutzämter, Berufsgenossenschaften und private Dienstleister oder die Akteure in den Unternehmen wie Fachkräfte für Arbeitssicherheit, Betriebsärzte sowie Mitarbeiter, Führungskräfte oder Interessenvertretungen sind im Alltagshandeln überfordert, den Arbeitsschutz den neuen Anforderungen entsprechend weiterzuentwickeln. Hier ist eine innovative Arbeitsschutzforschung gefragt.

Eine innovative Arbeitsschutzforschung hat die Transferbedingungen und die Instrumente für eine präventive Arbeitsgestaltung unter den neuen Handlungsbedingungen mit entwickeln zu helfen, um in den Betrieben eine nachhaltig gute Arbeit und eine hohe Qualität der Arbeit zu ermöglichen. Im Folgenden sollen die Fragen diskutiert werden, wie die Rahmenbedingungen für eine innovative Arbeitsschutzforschung sind, welche Potenziale und Aufgaben sie hat, welche Transferbedingungen vorhanden sind und wie sie im forschungspolitischen Raum angesiedelt werden könnte.

Neue Ambivalenzen und Potenziale einer präventiven Arbeitsgestaltung

Wenn wir die Tendenzen der Arbeits- und Technologieentwicklung betrachten, werden die Potenziale einer präventiven Arbeitsgestaltung sichtbar. Der Blick auf das Typische dieser Entwicklung wurde in den letzten Jahren allerdings durch den Hype der »Neuen Ökonomie« überlagert. Hier entstanden Illusionen über neue Gestaltungsmöglichkeiten in posttayloristischen und -fordistischen Arbeitszusammenhängen. Es stellte sich aber schnell heraus: Auch die Neue Ökonomie funktioniert nach den Gesetzen des alten Marktes.

Aber auch die Diskussionen über ein angebliches Rollback und eine Re-Taylorisierung scheinen mir am Problem vorbeizugehen. Sie verstellen ebenfalls die Perspektive auf das Typische der Arbeits- und Technologieentwicklung. Mit dem Niedergang der Neuen Ökonomie sind nicht die Arbeitsbedingungen der »Alten Ökonomie« einfach wiederhergestellt (sie hatten immer existiert). Erst jetzt wird deutlicher sichtbar, dass die »Alte Ökonomie« insgesamt auf dem Weg zu einer neuen Struktur ist. Dieser Weg ist jedoch außerordentlich ambivalent.

Die Arbeits- und Technologieentwicklung ist durch zwei gegenläufige Prozesse gekennzeichnet: Zum einen gewinnen der Mensch und die sozialen Beziehungen im Arbeitsprozess für die (Mehr-)Wertschöpfung zunehmend an Bedeutung (*Bedeutungsgewinn der humanen und sozialen Ressourcen*). Zum anderen führen die Intensivierung und Entgrenzung der Arbeit zu neuen Belastungsformen sowie einer Vermarktlichung aller Lebensbereiche (*Arbeitsintensivierung und Vermarktlichung des Lebens*). Diese beiden Tendenzen sollen im Folgenden kurz skizziert werden.

Hintergrund der zunehmenden Bedeutung der humanen und sozialen Ressourcen für die Wertschöpfung ist das Eindringen computergesteuerter Arbeitsmittel in den Arbeitsprozess. In der BIBB/IAB-Erhebung wird festgestellt: 1985 verwendeten noch 21% der Erwerbstätigen computergesteuerte Arbeitsmittel hauptsächlich für ihre Arbeit. 1991 waren es bereits 37% und 1999 62% (Troll 2000: 132). »Die Verbreitung neuer Techniken hat sich also rasant beschleunigt. Diese Schnelligkeit dürfte in der Geschichte der Technisierung einmalig sein« (ebd.). Die Folge ist: Nur noch 30% der Beschäftigten im verarbeitenden Gewerbe sind in der Herstellung tätig, rund 70% verrichten dienstleistende und wissensintensive Aufgaben (Maschinen einstellen, Warten, Reparieren, Handel treiben, Büroarbeit, Planen, Forschen, Leiten, Ausbilden, Informieren). Verschiedene empirische Arbeiten beschreiben den Wandel der inhaltlichen Anforderungen an die Beschäftigten vor dem Hintergrund der neuen Informationstechnologien, die in die industrielle Fertigung und in die Büros eindringen (vgl. u.a. Ostermann 1999; Shaiken 1993; Strangel-Meseke 1994; Volkholz et al. 2002). Zu diesen neuen Anforderungen gehören unter anderem:

- der Einsatz von gut ausgebildeten Arbeitskräften, die auf Basis einer qualifizierten Fachausbildung eigenverantwortlich entscheiden können,
- ständige Wandlungs- und Lernbereitschaft,
- die wachsende Bedeutung von sozialen, kommunikativen und methodischen Kompetenzen.

Wandlungsfähigkeit, lernende Strukturen und selbstgesteuertes Entscheiden in dynamischen und kürzer werdenden Innovationszyklen mit einer immer geringeren »Halbwertzeit« des Wissens sind zentrale Bestandteile der Wertschöpfung über Wissensarbeit (vgl. u.a. Castells 2001;

Klotz 1999; Willke, H. 1998). Das Produktionsmittel dieser Art der Wertschöpfung ist der Kopf des Menschen im Produktions- und Leistungsprozess.

Gleichzeitig ist die informatisierte Wertschöpfung in den Arbeits- und Organisationsformen am wirkungsvollsten, welche die Eigenverantwortung, Beteiligung und Selbststeuerung des Menschen fördern und durch motivierende soziale Beziehungen Arbeitsfähigkeit aktivieren. Der Mensch und die sozialen Beziehungen werden also für die ökonomische Wertschöpfung immer wichtiger.

Durch die zunehmende Bedeutung von humanen und sozialen Ressourcen im Prozess der neuen Arbeitsbedingungen gewinnt auch eine menschengerechte und präventive Arbeitsgestaltung an Bedeutung (und damit – wenn auch ein gewandelter – Arbeitsschutz). Vermeidung von unnötigen physischen und psychischen Belastungen, Gesundheit und Sicherheit bei der Arbeit, eine ergonomische angenehme Arbeitsumgebung oder das eigenständige Gestalten von Arbeitsbedingungen sind wesentliche Voraussetzungen für wissensbasierte Wertschöpfung. Damit gewinnt präventive Arbeitsgestaltung – viel stärker als bisher – eine produktive Funktion im ökonomischen Wertschöpfungsprozess. Sie ist nicht nur aus humanen, sondern auch aus ökonomischen Gründen erforderlich.

Parallel zur Tendenz der zunehmenden Bedeutung von humanen und sozialen Ressourcen für die ökonomische Wertschöpfung ist eine Intensivierung, Verdichtung und Entgrenzung der Arbeit sowie eine Vermarktlichung aller Lebensbereiche zu erkennen. Globalisierte Finanzmärkte, Kapitalstrategien und Unternehmenspolitiken erzeugen eine enorme Verstärkung des Kostensenkungsdrucks. Dies hat wiederum die Auflösung traditioneller Arbeitsverhältnisse zur Folge sowie eine Zunahme von Markt- und Zeitdruck, der in allen Verästelungen sämtlicher Arbeitsprozesse wirkt.

Der Wandel traditioneller Arbeitsverhältnisse zeigt sich beispielsweise an der zunehmenden Auflösung des Normalarbeitsverhältnisses.[1] So stieg beispielsweise der Anteil der atypisch Beschäftigten (hier Selbständige ohne Beschäftigte, Teilzeit-Arbeitsverhältnisse, befristete Arbeitsverhältnisse) von 19,7% im Jahr 1988 auf 27% im Jahr 1998 (beide Zahlen beziehen sich auf West-Deutschland) (vgl. Hoffmann et al. 2000).

---

[1] Normalarbeitsverhältnis = dauerhafter Arbeitsvertrag, an Vollzeitbeschäftigung orientiertes Arbeitszeitmuster, obligatorische soziale Sicherung sowie persönliche Abhängigkeit und Weisungsgebundenheit des Arbeitnehmers vom Arbeitgeber (vgl. Hoffmann et al. 2000; Schreyer 2001).

Nimmt man Telearbeit, Selbständige und andere atypische, meist prekäre Beschäftigungsverhältnisse hinzu, so sind nur noch rund die Hälfte aller Arbeitsverhältnisse Normalarbeitsverhältnisse. Dies führt zu einer Vermarktlichung von Arbeitsorganisation und Arbeitsbeziehungen (Baethge 1999: 31). Im Zentrum einer solchen Strategie steht das Interesse an einer Erhöhung des Flexibilitätspotenzials durch eine ständige Just-in-time-Verfügbarkeit von quantitativen und qualitativen Arbeitskraftressourcen.

Diese Umstrukturierungen, verbunden mit dem erzeugten Kostensenkungsdruck, führen auch zu einer Intensivierung und Verdichtung von Arbeit, die durch die neue Wissensarbeit noch zusätzlich gefördert wird. Ein Charakteristikum von Wissensarbeit besteht nämlich darin, dass sie sich schlecht beenden lässt (so wie man eine Maschine abschaltet, indem man den Schalter umlegt), und dass das Produktionsmittel vor allem der Kopf ist (und eventuell der Computer). Arbeitsintensivierung und Wissensarbeit haben eine mentale Entgrenzung zur Folge. Arbeit und Freizeit lassen sich bei immer mehr Menschen – die Arbeit haben – kaum noch trennen. In einer Befragung in den USA wurde schon Mitte der 1990er Jahre festgestellt, dass 40% der Erwerbstätigen den Computer zu Hause für berufliche Zwecke nutzen (nach Reichwald et al. 1998: 180). Diese mentale Entgrenzung der Wissensarbeit führt zu einer *Ökonomisierung von Privatleben und Freizeit.*

Die skizzierte Arbeitsintensivierung und Vermarktlichung des Lebens hat auch zu einer Zunahme psychischer und psychosozialer Belastungen beigetragen wie arbeitsbedingtem negativen Stress, Mobbing, sozialer Isolierung oder Burn-outs sowie Arbeitszeitproblemen (vgl. u.a. Bond et al. 1997; Cernavin et al. 2001b; European Foundation 2001; Glißmann 2001, Kastner et al. 2001; Lehndorff 2002; Pickshaus 2001) – wie sie in vielen anderen Beiträgen dieses Bandes beschrieben werden. Bewältigungsstrategien zu diesen neuen Belastungsformen müssen unter anderem wiederum im Bereich einer präventiven Arbeitsgestaltung angesiedelt sein.

Durch die sich widersprechenden Tendenzen des Bedeutungsgewinns der humanen und sozialen Ressourcen sowie der Arbeitsintensivierung und Vermarktlichung des Lebens wächst die Ambivalenz der Handlungsbedingungen in der Arbeitswelt. Diese Ambivalenz durchdringt alle Alltagshandlungen in der Arbeits- und Lebenswelt. Ambivalenzen erhöhen immer auch die Unübersichtlichkeiten von Bedingungen und eröffnen gleichzeitig Handlungsräume.

Viele (vor allem große) Unternehmen versuchen mit kurzfristigen Kapitalstrategien und Unternehmenspolitiken (Shareholder Value) diese Ambivalenzen für sich offensiv zu nutzen. Wenige andere (vor allem mittelständische und kleine) Unternehmen versuchen dagegen, mit innovativen Arbeitspolitiken (Stakeholder Value) die humanen und sozialen Ressourcen nachhaltig zu fördern. Gewerkschaften konzentrieren sich häufig nur auf die Wucht der Shareholder-Strategien. Dabei gehen positive Visionen und Gestaltungskonzepte leicht verloren bzw. sie werden zu wenig in die Auseinandersetzungen eingebracht. Dadurch drohen Gewerkschaften an Einfluss in wesentlichen Feldern der Arbeitspolitik zu verlieren (Arbeitsschutz, Arbeitsgestaltung, Arbeitsorganisation). Dabei bietet die Ambivalenz der Entwicklung auch neue Handlungspotenziale für Gewerkschaften. Die IG Metall beispielsweise versucht mit ihrer Humanisierungsoffensive (IG Metall 2003) genau diese Potenziale offensiv zu erschließen.

Die zunehmenden Ambivalenzen durch die Technologie- und Arbeitsentwicklung ermöglichen es auch, gute Arbeit heute human *und* ökonomisch zu begründen. Gute Arbeit benötigt zunehmend – auch aus Perspektive der ökonomischen Wertschöpfung – humane, gesunde und motivierende Arbeitsbedingungen (auch wenn diese Anforderung in vielen Unternehmen durch eine Kurzfristökonomie überdeckt wird). Dieser Begründungszusammenhang weist darauf hin, dass es bei einer Humanisierungsoffensive nicht um ein Zurück zum Programm »Humanisierung des Arbeitslebens« (HdA) gehen kann, sondern dass erweiterte Begründungs- und Handlungsperspektiven notwendig sind und sichtbar gemacht werden. Dies wurde aus der Wissenschaft in jüngster Zeit mehrfach eingefordert wie beispielsweise in der Bilanzierung von zwanzig Jahren Arbeitsschutzforschung von Holger Luczak und anderen (vgl. Cernavin et al. 2001a: 33ff.) oder von Michael Schumann, der aus den HdA-Projekten die Lehre zog: »Ohne erfolgversprechende ökonomische Perspektive liegt auch in menschengerechter Arbeitsgestaltung keine tragfähige Lösung!« (Schumann 2001: 7).

Die neuen Felder einer innovativen Arbeitsschutzforschung

Der Wandel von Technologie und Arbeit erfordert neue präventive Konzepte und Instrumente für eine humane, gesunde und motivierende Arbeitsgestaltung. Eine innovative Arbeitsschutzforschung hat neue Produkte und Erkenntnisse, neue Verfahrensweisen und Konzepte zu entwickeln, zu erproben und ständig zu verbessern, mit dem Ziel, dass die Menschen in produktiven, effizienten und gesunden Arbeitsprozessen zufrieden tätig sein können.

Damit Arbeitsschutz zu innovativem Arbeitsschutz wird, ist eine Schwerpunktverlagerung in der Arbeitsschutzforschung vorzunehmen (vgl. die Abbildung), die sich erst teilweise umzusetzen beginnt. Arbeitsschutzforschung hat sich, um innovativ zu sein, heute im Spannungsfeld zwischen Humanisierung (Humanfaktor), Ökonomie (Nutzenfaktor) und Wandlungsfähigkeit (Prozessfaktor) zu bewegen (vgl. Cernavin et al. 2001a: 34). Zusätzlich hat die Forschung die Bedingungen zu berücksichtigen, in denen eine nachhaltige und qualitativ hochwertige Arbeitsentwicklung möglich ist.

In der Bilanzierung der Arbeitsschutzforschung wurden die folgenden Handlungsfelder und Themen für eine innovative Arbeitsschutzforschung dargestellt (vgl. Cernavin et al. 2001a: 41ff.):

1. Das Potenzial von Gesundheit ausschöpfen

Dem tatsächlichen Bedeutungswandel von Gesundheit in der modernen Arbeitswelt (vgl. u.a. Marstedt et al. 1995) ist die Arbeitsschutzforschung bisher noch zu wenig gerecht geworden. Gesundheits-Faktoren werden auf unterschiedlichen Ebenen zu Produktivitätsfaktoren mit unterschiedlichen Ausprägungen: Wohlbefinden, kreative Arbeitsatmosphäre und intakte soziale Arbeitsbeziehungen auf der einen Seite, Stress, Überforderung und Burnout-Syndrome auf der anderen Seite. Ganzheitlich verstandene Gesundheit bildet eine der wichtigsten Befähigungen für Produktivität und Innovationskraft von Führungskräften und Beschäftigten und ist eine Voraussetzung für die hohe Qualität ihrer Arbeit (Badura 2000). (Siehe Abbildung.)

Mit dem Wandel der Rolle von Gesundheit im Arbeitsleben rückt eines der zentralen Schutzgüter des Arbeitsschutzes in den Mittelpunkt von Arbeitsforschung. Die Arbeitsschutzforschung benötigt allerdings einen neuen Gesundheits- und Krankheitsbegriff, um den neuen Möglichkeiten ihres genuinen Themas gerecht zu werden (Luczak et al. 2000). Neue Definitionen – wie beispielsweise von Badura, die sich an dem WHO-Gesundheitsbegriff orientieren – liegen vor (Badura 1999). Krankheit wird danach nicht nur als körperliche Fehlfunktion oder Schädigung verstanden, sondern auch als Beschädigung der Identität oder länger anhaltender negativer Gefühle der Angst oder Hilflosigkeit mit ungünstigen Rückwirkungen auf Denken und Handeln.

Gesundheit ist danach die Fähigkeit zur Problemlösung und Gefühlsregulierung durch ein positives seelisches und körperliches Befinden – insbesondere ein positives Selbstwertgefühl – und ein unterstützendes Netzwerk sozialer Beziehungen. Eine so verstandene Gesundheit kann nur als integraler Bestandteil des Alltagshandelns der Beschäftigten selbst ständig erhalten und entwickelt werden (Pröll 2001). Hier besteht erheblicher Forschungsbedarf

- über die Zusammenhänge zwischen Beruf, Arbeit, Freizeit und Gesundheit,

Abbildung: Schwerpunktverlagerung der innovativen Arbeitsschutzforschung

Strategie und Methodologie

von		zu
Linear-kausale Ansätze	→	Systemische Ansätze
Technikorientierung	→	Psychosoziale und soziale Orientierung
Orientiert auf das Einzelproblem	→	Orientiert auf die Wertschöpfungskette
Materielle Belastungsfaktoren	→	Arbeitsinhalt
Einzelne Belastungsfaktoren	→	total work load
Unmittelbarer Arbeitsbezug	→	Gesamtes Lebensumfeld
Biologisierung von Arbeitsbeanspruchung	→	Emotionalisierung von Arbeitsbeanspruchung

Populationen und Strukturen

von		zu
Hierarchisch strukturiert	→	Netzwerkorientiert
Statische Strukturen	→	Lernende Strukturen
Tayloristisch-fordistische Strukturen	→	Selbstorganisierte und selbstgesteuerte Strukturen
Arbeitender Mensch	→	Lernender Mensch
Bürotechnik	→	Büroraum (SBS)
Produktion	→	Sozial-kommunikative Tätigkeit
Erwerbsarbeit	→	Mischform von Erwerbs- und Nichterwerbsarbeit

Zielstellung

von		zu
Vorschriftenorientierung	→	Dienstleistungsorientierung
Intervention, Regulation	→	Kundenorientierung
Bewertungskriterium technische Sicherheit	→	Bewertungskriterium Gesundheit und Störungsfreiheit
Versicherungsrechtliche Zielstellung (z.B. BK, AU)	→	Arbeitsfähigkeit, Leistungsfähigkeit und -bereitschaft, Wohlbefinden
Unfallverhütung	→	Prävention
Konzepte für Arbeitsgestaltung	→	Konzepte für Verhaltens- und Wertbeeinflussung der Arbeitnehmer und Arbeitgeber
Konzepte für Gestaltung des Arbeitstages	→	Konzepte für Gestaltung flexibler Jahres- (Lebens-)Arbeitszeit

Nach: Cernavin, O; Luczak, H.; Scheuch K.; Sonntag, K.: Arbeitsschutzforschung als Innovation, in: Luczak, H.; Rötting M. (Hrsg.): forum arbeitsschutz, Bremerhaven 2001, S. 36f.

- über die Zusammenhänge zwischen Führung, Organisation und Gesundheit,
- über die Zusammenhänge zwischen Arbeitskultur, Produktivität und Gesundheit oder
- über die Zusammenhänge zwischen neuen Arbeitszeitformen, Überarbeit und Identifikation.

2. Kreativitätsfördernde Arbeitsgestaltung

Arbeitsgestaltung bedeutet in der modernen Arbeitswelt die Gestaltung des kontinuierlichen Wandels (Cernavin et al. 2000). Kreativität und Wissensintegration werden zu konstituierenden Faktoren für die Wertschöpfung (Volkholz 2000). Arbeit ist so zu gestalten, dass die Fähigkeiten und Kompetenzen aller Beteiligten gefördert und entwickelt werden, um so den Wandlungsprozess zu gestalten (Luczak et al. 2000). Gleichzeitig sind die mit diesem Prozess verbundenen neuen Belastungen und Befindlichkeitsstörungen auszugleichen, da Arbeit auch in der modernen Arbeitswelt seinen Warencharakter behält.

Arbeitsschutz kann unter den heutigen Bedingungen zum systematischen Teil der Arbeitsprozessgestaltung werden (Zwingmann 2000). Wandlungsfähigkeit und Entwicklung von Selbstbefähigung der Beteiligten am Arbeitsprozess verlangen neben gesunden sozialen Prozessen

- Förderung der Selbstbefähigung und -steuerung von Arbeitenden und Teams,
- eine kreativitätsfördernde Atmosphäre bei der Arbeit,
- motivierte Beschäftigte,
- hochwertige Arbeitsplatz- und Arbeitsprozessgestaltung.

Alle diese Bereiche sind konstituierende Teile eines erweiterten Arbeitsschutzes. Eine so verstandene präventive Arbeitsgestaltung führt zur Verwirklichung arbeitswissenschaftlicher Grundsätze in Arbeitsprozessen (Luczak 1998). Für eine innovative Arbeitsschutzforschung besteht hier Forschungsbedarf wie beispielsweise zur wissenschaftlichen Evidenz

- über die Zusammenhänge zwischen Leistungsfähigkeit und -bereitschaft, Arbeitsbelastung und Arbeitsgestaltung,
- über die Zusammenhänge zwischen Arbeitskultur, Organisation und Selbstbefähigung,
- über die Zusammenhänge zwischen Unternehmenspolitiken, Beanspruchungen und Leistungsbereitschaft.

3. Förderung humaner und sozialer Ressourcen

Die Aktivierung von humanen und sozialen Ressourcen wird zur Voraussetzung von Wandlungsfähigkeit. Gute Arbeit ist nur mit guten und motivierten Mitarbeitern in qualitativ hochwertigen sozialen Beziehungen möglich. Dazu kann ein innovativer Arbeitsschutz in folgenden Bereichen mit beitragen:

- Psychische und soziale Störungen und Beeinträchtigungen werden in der modernen Arbeitswelt zu Faktoren in Arbeitsprozessen, welche die Wandlungs- und Lernfähigkeit beeinflussen können (Bullinger 1999). Sie bestimmen die Bereitschaft des Einzelnen, seine Kompetenzen in betrieblichen Lernprozessen zu aktivieren, und sie beeinflussen die Arbeitskultur als Voraussetzung für die Motivation durch soziale Beziehungen.
- Die Qualität der Arbeitsbedingungen beeinflusst das Niveau der Lernbereitschaft der Beschäftigten (Luczak 1996). Arbeitszufriedenheit, intrinsische Arbeitsmotivation und Zufriedenheit mit den Entfaltungsmöglichkeiten sind wichtige Faktoren für die Qualität der Lernprozesse sowie für die Förderung der humanen und sozialen Ressourcen.

Die Arbeitsschutzforschung hat Konzepte und Praxisinstrumente zu entwickeln, wie das physische, psychische und soziale Wohlbefinden bei der Arbeit sowie die Entwicklung von Kompetenz, Zuständigkeit und Verantwortungsgefühl gefördert werden können. Eine solche Sichtweise entspricht der Philosophie der Luxemburger Deklaration des Europäischen Netzwerkes für betriebliche Gesundheitsförderung (Luxemburger Deklaration 1997). Innovativer Arbeitsschutz wäre damit integraler Bestandteil ständiger Kompetenzentwicklung von lernenden Prozessen. Das bedeutet aber auch, dass präventive Arbeitsgestaltung Themen wie Personalqualifikation, Personalentwicklung oder Unternehmenspolitiken integrieren muss.

Ein weiterer dringend zu klärender Bereich einer innovativen Arbeitsschutzforschung ist die Untersuchung der Unternehmenspolitiken, unter denen eine nachhaltige menschengerechte und ökonomisch tragfähige Arbeitsgestaltung möglich ist. Um zu verhindern, dass Konzepte einer innovativen Arbeitsschutzforschung nach Beendigung von Projekten in der Schublade landen, müssen die Auswirkungen von unterschiedlichen Unternehmenspolitiken (*Kurzfristökonomie vs. Nachhaltigkeitsökonomie*) auf die Qualität der Arbeit bekannt sein. Erst wenn die Transferbedingungen von Konzepten präventiver Arbeitsgestaltung wissenschaftlich valide bekannt sind, kann qualitativ hochwertige Arbeitsgestaltung wirkungsvoll gefördert und umgesetzt werden. Dazu gehört auch, dass qualitative Mindeststandards für eine präventive Arbeitsgestaltung auf unterschiedlichen Ebenen vereinbart und durchgesetzt werden (rechtlich-normativ, tarifvertraglich, betriebsbezogen). Das Arbeitsschutzgesetz bietet hierfür einen weit gesteckten Rahmen.

Eine innovative Arbeitsschutzforschung, wie sie hier kurz skizziert ist, kann wesentlich dazu beitragen, die humanen und sozialen Potenziale für eine wissensbasierte Wertschöpfung zu fördern und gleichzeitig die Arbeit human und nachhaltig zu gestalten.

Offensive zur innovativen Arbeitsschutzforschung: humane und soziale Potenziale fördern

Um in der zunehmend ambivalenten Technologie- und Arbeitsentwicklung nachhaltig erfolgreich zu sein, ist in Deutschland eine einheitliche Humanisierungs- und Qualitäts-Offensive erforderlich, die von Arbeitsqualität und präventiver Arbeitsgestaltung als notwendiger Basis für langfristige Innovationsfähigkeit ausgeht. Bestandteil dieses Vorstoßes muss eine Offensive zur innovativen Arbeitsschutzforschung sein, welche die Konzeptionen, Instrumente und Transferbedingungen beschreibt und entwickelt, wie betriebliche Akteure selbständig und selbstgesteuert langfristig eine hohe Arbeitsqualität realisieren können.

Eine solche Offensive zur innovativen Arbeitsschutzforschung kann an vielen Programmen und Initiativen ansetzen und mit ihnen gekoppelt werden, wie zum Beispiel:

- Die Initiative Neue Qualität der Arbeit (INQA) des Bundesministeriums für Wirtschaft und Arbeit mit den vielfältigen Projekten, die von der Bundesanstalt für Arbeitsschutz und Arbeitsmedizin (BAuA) koordiniert werden.
- Die Brancheninitiative Neue Qualität der Büroarbeit, die mit eigenen finanziellen Mitteln der Plattformpartner agiert und von der Bundesarbeitsgemeinschaft für Sicherheit und Gesundheit bei der Arbeit (Basi) koordiniert wird (Beispiel dafür, wie Partner aus Eigeninteresse versuchen, innovative Konzepte gemeinsam voranzutreiben – vgl. den Beitrag von Wolfgang Rhode und Bert Römer in diesem Band, S. 242ff.).
- Die Initiative »Gute Arbeit« der IG Metall, mit der eine Gewerkschaft das Thema der Qualität der Arbeit und der Prävention offensiv aufgegriffen hat (vgl. Klaus Pickhaus/Hans-Jürgen Urban in diesem Band, S. 264ff.). Zu wünschen wäre, dass auch die Arbeitgeberverbände ähnliche Initiativen starten, da eine wirkungsvolle Humanisierungs- und Qualitätsoffensive das Engagement und die Unterstützung beider Sozialpartner benötigt. Bei aller Kritik am Transfer der Ergebnisse des Forschungsprogramms »Humanisierung des Arbeitslebens« war doch eine

der vielen Stärken dieses Programms, dass die Sozialpartner sich gemeinsam in diesem Programm engagierten und damit über Jahre hinweg auch eine hohe finanzielle Absicherung ermöglichten.

■ Das Forschungsprogramm »Innovative Arbeitsgestaltung« des Bundesministeriums für Forschung und Bildung, das Folgeprogramm von »Humanisierung des Arbeitslebens« und »Arbeit und Technik«. Dieses Programm erforscht zukunftsfähige Arbeits- und Lernformen und entwickelt neue Konzepte für eine menschengerechte und innovative Gestaltung der Arbeitswelt (vgl. den Beitrag Christa Dahme in diesem Band).

■ Die praxisbezogenen Forschungen der Berufsgenossenschaften, die – parallel zu den Forschungsprojekten der BAuA – für eine kontinuierliche Weiterentwicklung der Standardwerkzeuge des Arbeitsschutzes in den klassischen Themenfeldern (Technik, Ergonomie, Gefahrstoffe) und in den letzten Jahren auch zunehmend in weitergehenden Gestaltungsfragen wie Qualifizierung, psychische Belastungen oder Organisationsfragen sorgen.

Trotz dieser einzelnen Ansätze und der speziellen Plattformmöglichkeiten von INQA ist eine notwendige gemeinsame Humanisierungs- und Qualitäts-Offensive mit ausreichender Breitenwirkung noch nicht zu erkennen, in der eine innovative Arbeitsschutzforschung eine wesentliche Rolle spielen würde. Dazu fehlen unter anderem zwei Voraussetzungen:

■ Die vorhandenen Ansätze und Programme müssen zwischen allen Partnern *besser inhaltlich koordiniert* werden. Noch immer werden zu viele der insgesamt begrenzten Ressourcen verschenkt, weil es – von formalen Abstimmungen abgesehen – keine gemeinsame inhaltliche Konzeption und Aufgabenteilung gibt.

■ Zum Zweiten müssen alle Beteiligten – inklusive der Sozialpartner – im politischen Raum deutlich machen, dass sie eine gemeinsame Humanisierungs- und Qualitäts-Offensive als notwendig ansehen. Nur wenn es gelingt, *gemeinsam eine offensive Dynamik* zu entwickeln, mit der die Zukunftsfähigkeit und die Potenziale einer hochwertigen humanen *und* ökonomischen Arbeitsentwicklung sichtbar werden, kann eine gemeinsame Humanisierungs- und Qualitäts-Offensive entstehen, in der dann auch eine innovative Arbeitsschutzforschung ihren Platz hat.

Literatur

Badura, B.: (2000): Aufgaben der Forschung für die Realisierung eines wirksamen betrieblichen Gesundheitsmanagements, in: Scheuch, K.; Haufe, E.; Weihrauch, M. (Hrsg.): Arbeitsschutzforschung – Diskussionen am Ende des 20. Jahrhunderts. Workshop zum Forschungsauftrag »Bilanzierung der Arbeitsschutzforschung«. Dresden, 25.-26. November 1999, Selbstverlag der Technischen Universität, S. 256-259.

Badura, B.; Ritter, W.; Scherf, M.(1999): Betriebliches Gesundheitsmanagement, Berlin.

Baethge, M. (1999): Subjektivität als Ideologie – Von der Entfremdung in der Arbeit zur Entfremdung auf dem (Arbeits-)Markt, in: Schmidt, G. (Hrsg.): Kein Ende der Arbeitsgesellschaft – Arbeit, Gesellschaft und Subjekt im Globalisierungsprozess, Berlin, S. 29-44.

Becker, U. (2001): Neue Strategie-Ansätze in Deutschland 2001, http://www.inqa.de/news/reden.cfm.

Bieneck, H.-J. (2001): Brauchen wir einen neuen Arbeitsschutz?, in: DLR-Projektträger des BMBF«Arbeitsgestaltung und Dienstleistungen« (Hrsg.): Arbeitsschutz im Wandel, Bonn, S. 14-21.

Bond, J.T.; Galinsky, E.; Swanberg, J. E. (1997): The 1997 national Study of the Changing Workforce, New York.

Bullinger, H.-J. (1999): Innovation und Prävention, in: Eichendorf, et al. (Hrsg.): Arbeit und Gesundheit – Jahrbuch 2000, Wiesbaden, S. 19-40.

Castells, M. (2001): Der Aufstieg der Netzwerkgesellschaft, Opladen.

Cernavin, O. (2001a): Prävention fördert nachhaltige Wertschöpfung in: DLR-Projektträger des BMBF »Arbeitsgestaltung und Dienstleistungen« (Hrsg.): Arbeitsschutz im Wandel, Bonn, S. 22-33.

Cernavin, O.; Luczak, H.; Scheuch, K.; Sonntag, K. (2001b): Arbeitsschutzforschung als Innovation – Eine Bilanzierung von 20 Jahren Arbeitsschutzforschung, in: Luczak, H.; Rötting, H. (Hrsg.), Scheuch, K.; Sonntag, K.; Cernavin, O.: Forum Arbeitsschutz, Bremerhaven, S. 9–74.

Cernavin, O.; Weihrauch, M. (2000): Inhalte der Arbeitsschutzforschung für Innovationsbeschleunigung und Anwendungserfolg, in: Scheuch, K.; Haufe, E.; Weihrauch, M. (Hrsg.): Arbeitsschutzforschung – Diskussionen am Ende des 20. Jahrhunderts. Workshop zum Forschungsauftrag »Bilanzierung der Arbeitsschutzforschung«. Dresden, 25.-26. November 1999, Selbstverlag der Technischen Universität, S. 183-194.

European Foundation of the Improvement of Living and Working Conditions (2001): Ten years of working conditions in the European Union (www.eurofound.ie/publications/files/3712EN.pdf).

Glißmann, W. (2001): Ökonomik der Maßlosigkeit und die Frage der Gesundheit, in: Pickshaus, K.; Schmitthenner, H.; Urban, H.-J. (Hrsg.): Arbeiten ohne Ende, Hamburg, S. 38-50.

Hoffmann, E.; Walwei, U. (2000): Strukturwandel in der Erwerbsarbeit: Was ist eigentlich noch »normal«?, IAB Kurzbericht Nr. 14/2000.

IG Metall (2003): Thesen zur Konferenz »Gute Arbeit« – Menschengerechte Arbeitsgestaltung als gewerkschaftliche Zukunftsaufgabe, in: IG Metall (Hrsg.): »Gute Arbeit« – Menschengerechte Arbeitsgestaltung als gewerkschaftliche

Zukunftsaufgabe – Reihe »Gesünder arbeiten«, Frankfurt am Main, S. 51-56.
Kastner, M.; Kipfmüller, W.; Quaas, W.; Sonntag, K.; Wieland, R. (Hrsg.) (2001): Gesundheit und Sicherheit in Arbeits- und Organisationsformen der Zukunft, Bremerhaven.
Klotz, U. (1999): Informationsarbeit und die neuen Regeln der Ökonomie, in: Eichendorf, W. et al. (Hrsg.): Arbeit und Gesundheit – Jahrbuch 2000, Wiesbaden, S. 41-58.
Lehndorff, S. (2002): »Tertiarisierte« Arbeit und nachhaltige Entwicklung von Arbeitsvermögen, in: Bosch, G.; Hennicke, P.; Hilbert, J.; Kristof, K.; Scherhorn, G.; (Hrsg.): Die Zukunft von Dienstleistungen – Ihre Auswirkung auf Arbeit, Umwelt und Lebensqualität, Frankfurt, New York, S. 260-281.
Luczak, H. (1998): Von der Verhütung zur Prävention – das Gestaltungspotential des Arbeitsschutzes, in: Landesanstalt für Arbeitsschutz NRW: Arbeitsschutz in NRW gestern und morgen – Hemmnis oder Motor für Innovationen in der Arbeitswelt, Düsseldorf, S. 68-99.
Luczak, H.; Krings, K.; John, B. (1996): Analyse von Fällen zur Implementierung von Gruppenarbeit als ein Entwicklungsschritt zum Leitbild »Lernende Organisation«, in: Bullinger, H.-J. (Hrsg.): Lernende Organisation, Stuttgart, S. 305-337.
Luczak, H.; Lohse, K.; Mast, B. (2000): Entwicklung des Arbeitsschutzes in Großbetrieben und internationalen Konzernen, in: Scheuch, K.; Haufe, E.; Weihrauch, M. (Hrsg.): Arbeitsschutzforschung – Diskussionen am Ende des 20. Jahrhunderts. Workshop zum Forschungsauftrag »Bilanzierung der Arbeitsschutzforschung«. Dresden, 25.-26. November 1999, Selbstverlag der Technischen Universität, S. 102-119.
Luxemburger Deklaration zur betrieblichen Gesundheitsförderung in der Europäischen Union (1997). Europäisches Netzwerk für betriebliche Gesundheitsförderung, BKK Bundesverband Essen.
Marstedt, G.; Mergner, U. (1995): Gesundheit als produktives Potenzial, Berlin.
Ostermann, P. (1999): Security Prosperity; The American Labor Market: How is it changed and what to do about it, Princton.
Pickshaus, K. (2001): Das Phänomen des »Arbeitens ohne Ende«, in: Pickshaus, K.; Schmitthenner, H.; Urban, H.-J. (Hrsg.): Arbeiten ohne Ende, Hamburg, S. 9-27.
Pickshaus, K.; Urban, H.-J. (2002): Perspektiven gewerkschaftlicher Arbeitspolitik, in: Gewerkschaftliche Monatshefte, Heft 10-11, 2002.
Pröll, U. (2001): Prävention im Kleinbetrieb, in: DLR-Projektträger des BMBF »Arbeitsgestaltung und Dienstleistungen« (Hrsg.): Arbeitsschutz im Wandel, Bonn, S. 42-53.
Reichwald, R.; Möslein, K.; Sachenbacher, H.; Engelberger, H.; Oldenburg, S. (1998): Telekooperation – Verteilte Arbeits- und Organisationsformen, Berlin, Heidelberg.
Schreyer, F. (2001): »Unsichere Beschäftigung und berufliche Qualifikation – Ein Blick auf die Erwerbsarbeit jenseits des Normalarbeitsverhältnisses, in: Dostal, W.; Parmentier, K.; Plicht, H.; Rauch, A.; Schreyer, F.: Wandel der Erwerbsarbeit: Qualifikationsverwertung in sich verändernden Arbeitsstrukturen, BIBB/IAB-Erhebung, Beiträge zur Arbeitsmarkt und Berufsforschung, BeitrAB 246, Nürnberg, S. 147-172.

Schumann, M. (2001): Innovative Arbeitspolitik – Wissenschaften in einer neuen Rolle, – Vortrag auf der BMBF-Tagung »Erfolgreiche Veränderungen in der Arbeitsgestaltung und Unternehmensorganisation«, 19.-20.11.2001, http://www.sofi-goettingen.de.

Shaiken, H. (1993): Beyond lean production, Stanford law and policy review 5(1), S. 41-52.

Stangel-Meseke, M. (1994): Schlüsselqualifikationen in der betrieblichen Praxis, Wiesbaden.

Troll, L. (2000): Die Arbeitsmittellandschaft in Deutschland im Jahr 1999, in: Dostal, W.; Jansen, R.; Parmentier, K. (Hrsg.): Wandel der Erwerbsarbeit: Arbeitssituation, Informatisierung, berufliche Mobilität und Weiterbildung, Beiträge zur Arbeitsmarkt und Berufsforschung, BeitrAB 231, Nürnberg, S. 125-150.

Volkholz, V.: (2000): Zukunftsrelevant – praxistauglich – selbstbewusstseinsfördernd, in: Scheuch, K.; Haufe, E.; Weihrauch, M. (Hrsg.): Arbeitsschutzforschung – Diskussionen am Ende des 20. Jahrhunderts. Workshop zum Forschungsauftrag »Bilanzierung der Arbeitsschutzforschung«. Dresden, 25.-26. November 1999, Selbstverlag der Technischen Universität, S. 210-217.

Volkholz, V.; Köchling, A. (2002): Arbeiten und Lernen, in: Brödner, P.; Knuth, M. (Hrsg.): Nachhaltige Arbeitsgestaltung, München und Mering, S. 431-488.

Willke, H. (1998): Systemisches Wissensmanagement, Stuttgart.

Zwingmann, B. (2000): Forschung und Forschungsförderung: Struktur, Kontinuität und Lernfähigkeit, in: Scheuch, K.; Haufe, E.; Weihrauch, M. (Hrsg.): Arbeitsschutzforschung – Diskussionen am Ende des 20. Jahrhunderts. Workshop zum Forschungsauftrag »Bilanzierung der Arbeitsschutzforschung«. Dresden, 25.-26. November 1999, Selbstverlag der Technischen Universität, S. 218-226.

Vorstand der IG Metall/ Ressort Arbeits- und Gesundheitsschutz
Thesen zu »Guter Arbeit« und Gesundheitsschutz

1. Gewerkschaftliches Leitbild »gute Arbeit«

Erwerbsarbeit ist nicht nur eine Quelle von Einkommen, sondern auch ein wichtiges Feld, um berufliche Interessen, arbeitsinhaltliche Ansprüche und soziale Bedürfnisse zu verwirklichen. Deshalb zählt die Gestaltung der Arbeit zu den gewerkschaftlichen Kernaufgaben. In der IG Metall wird über ein Leitbild von »guter Arbeit« diskutiert. Zu »guter Arbeit« gehören nicht nur Entgeltbedingungen und Zugang zu Bildung und Qualifikation, sondern auch Arbeitszeitgestaltung, Schutz vor Leistungsüberforderung und ein nachhaltiger Umgang mit der menschlichen Leistungsfähigkeit. Nachhaltig sind Bedingungen dann, wenn sie es erlauben, Leistungsfähigkeit und Gesundheit der Einzelnen sowie Teilnahme am sozialen Leben über das gesamte Arbeitsleben zu erhalten. »Gute Arbeit« schließt deshalb auch einen ganzheitlichen, präventiv und beteiligungsorientierten Arbeits- und Gesundheitsschutz ein.

Die Bedingungen für die Realisierung von »guter Arbeit« sind in den letzten Jahren stark unter Druck geraten: Leistungsintensivierung, Arbeiten ohne Ende und in einigen Bereichen auch ein arbeitspolitischer Rollback zurück zu monotonen, gesundheitsschädigenden Arbeitsbedingungen. Arbeitsbedingte Gesundheitsrisiken, nicht zuletzt durch zunehmende psychische Belastungen, erfordern neue gewerkschaftliche Antworten. »Gute Arbeit« und menschengerechte Arbeitsgestaltung müssen von der IG Metall als »konkrete Utopie« wiedergewonnen und in umsetzbare Handlungskonzepte für die betriebliche Alltagsgestaltung übersetzt und konkretisiert werden.

---

* Diese Thesen waren vom Ressort Arbeits- und Gesundheitsschutz beim Vorstand der IG Metall als inhaltliche Diskussionsgrundlage für die Konferenz der IG Metall am 8. und 9. November 2002 in Dortmund vorgelegt worden.

2. Betriebliche Handlungsbedingungen unter Wettbewerbsdruck

Die arbeitspolitische Gestaltungsaufgabe »gute Arbeit« bzw. menschengerechte Arbeit trifft auf betriebliche Handlungsbedingungen, die durch eine Unternehmenspolitik der »kurzen Fristen«, durch Standortkonkurrenz und Einbindung in »Wettbewerbsbündnisse« geprägt sind. Markt und Wettbewerbsfähigkeit werden zum alleinigen Maßstab für die Entgelt-, Leistungs- und Arbeitsbedingungen erhoben. Maßstab von »guter Arbeit« können aber nicht die Bedürfnisse des Marktes, sondern müssen auch die Leistungsfähigkeit und die Zeitbedürfnisse sowie das Wohlbefinden der Menschen über ein gesamtes Arbeitsleben sein.

Es geht um den Vorrang sozialer Nachhaltigkeit gegenüber kurzsichtiger Betriebswirtschaft. Dies erfordert Gestaltungskompetenz und Kooperationsbereitschaft wo möglich, aber auch konfliktbereite Durchsetzungsstrategien gegen Marktdiktat und Kurzfristökonomie wo nötig.

3. Nicht ausgeschöpfte neue Handlungsinstrumente

Das auf der europäischen Rechtsetzung beruhende neue deutsche Arbeitsschutzrecht bietet für menschengerechte Arbeitsgestaltung und Stärkung der Prävention eine grundlegend verbesserte Basis und wirkungsvolle Instrumente. Dies, obwohl die Vorgaben der EU nicht vollständig in deutsches Recht umgesetzt und diese Instrumente in der betrieblichen Praxis noch nicht ausgeschöpft wurden. Diese mangelnde Nutzung hängt sicherlich mit dem überbordenden Problemdruck und erschwerten Handlungsbedingungen in den Betrieben zusammen. Arbeitsplatzabbau, Reaktion auf permanente Reorganisationsprozesse und ähnliche Herausforderungen führen mitunter zu einer Überforderung der Interessenvertretungen.

Es fehlt allerdings auch seit der Verabschiedung des Arbeitsschutzgesetzes 1996 eine wirkungsvolle staatliche Kontrolle und Unterstützung der Umsetzung des neuen Arbeitsschutzrechts. Stattdessen wurde vielfach auf eine weitere Deregulierung von Schutzrechten und Einschränkung von Ressourcen gesetzt. Die vom Bundesarbeitsministerium gestartete »Initiative für eine neue Qualität der Arbeit« eröffnet die Chance, die Prävention arbeitsbedingter Gesundheitsrisiken (insbesondere auch durch psychische Belastungen) als zentrale Aufgabe anzupacken und zu einer besseren Koordinierung von Umsetzungsstrategien beizutragen. Ein Kriterium für den Erfolg wird sein, ob hierdurch die Chancen für eine notwendige neue Humanisierungsoffensive in den Betrieben verbessert werden können.

4. Von der Arbeitssicherheitspolitik zur ganzheitlichen Arbeitsgestaltung

Eine traditionelle Arbeitssicherheitspolitik (»Reparaturmodell«), die ausschließlich (wenngleich sehr wirksam) auf eine Unfallverhütung orientiert, ist überholt. Der Auftrag des modernen Arbeits- und Gesundheitsschutzes richtet sich auf einen kontinuierlichen Verbesserungsprozess hin zu einer menschengerechten Arbeitsgestaltung. Er ist deshalb auch nur als Querschnittsaufgabe wahrnehmbar – ein bislang nicht erreichtes Ziel. Arbeits- und Gesundheitsschutz muss deshalb in die zentralen betriebspolitischen Handlungsfelder integriert werden, um die Problemlösungskompetenz unter Beweis zu stellen. So könnte bei jeder im Betrieb zu lösenden Aufgabenstellung geprüft werden, ob die neuen Instrumente des Arbeitsschutzes (z.B. Gefährdungsanalyse und systematische Maßnahmenentwicklung) die Lösung erleichtern und ein höheres Niveau der Qualität der Arbeitsbedingungen und der Qualität der Arbeit sichern helfen.

Die Nutzung der Mitbestimmung im Arbeits- und Gesundheitsschutz (auf der Basis des § 87.1.7 BetrVG) gibt dem Betriebsrat ein Initiativrecht und damit auch erweiterte Handlungsmöglichkeiten. Dies verlangt von ihm aber auch, neue Kooperationschancen im Betrieb auszuloten, die über die bisherigen Akteure im Arbeitsschutz wie Fachkräfte für Arbeitssicherheit, Betriebsärzte usw. hinaus auch die Zusammenarbeit mit den Zuständigen für die Weiterbildung und Qualifizierung, der Qualitätssicherung, der Personalentwicklung usw. einschließen.

Arbeits- und Gesundheitsschutz muss in die Organisations- und Entwicklungsprozesse von Unternehmen integriert werden. Dies setzt erst einmal die Überprüfung der Wirksamkeit der Organisation des betrieblichen Arbeitsschutzes voraus, wie es auch das Arbeitsschutzgesetz verlangt. Dies setzt aber auch eine autonome Positionsbestimmung der Interessenvertretung voraus. Die Aufgabe des Betriebsrats besteht darin, sich der gesundheitlichen, sozialen und arbeitsinhaltlichen Interessen der Beschäftigten zu vergewissern und auf dieser Basis ein Arbeitsprogramm für eine solche Gestaltung menschengerechter Arbeit zu entwickeln. Darüber hinaus kann dann eine Verankerung von Gesundheit und Sicherheit als Unternehmensziel und als Führungsaufgabe bei einer solchen Integration in die Unternehmensstrukturen helfen (Arbeitsschutzmanagementsysteme, Sozialstandards usw.).

5. Leistungsbedingungen und Präventionsauftrag

In den Betrieben ist ein wachsender Leistungs- und Arbeitsdruck allgegenwärtig. Dies gilt in den traditionellen Produktionsbereichen wie bei den zunehmenden Dienstleistungstätigkeiten. Psychische Belastungen als Ursache arbeitsbedingter Erkrankungen haben ein neues Gewicht gewonnen. Erstmals bietet das Instrumentarium des neuen Arbeitsschutzrechts die umfassende Möglichkeit, solche psychischen Belastungen zu ermitteln und entsprechende Präventionsmaßnahmen einzuleiten. Neu ist ferner: Auf diesem Wege kann die Gestaltung der Arbeitsorganisation wie auch die Personalbemessung beeinflusst werden.

Arbeitsgestaltung sollte nicht nur Schutz vor physischer und psychischer Überforderung, sondern auch ergonomische Mindeststandards und persönlichkeitsfördernde Arbeitsinhalte einschließen. Dies könnte über Arbeitsanreicherung, Aufgabenintegration und mehr Autonomie in der Arbeit, die beispielsweise durch innovative und partizipative Gruppenarbeitskonzepte befördert werden, erreicht werden. Dabei müssen gesundheitsgerechte Eckpunkte gesichert sein.

Gleichzeitig muss »gute Arbeit« aber auch als tarifpolitische Aufgabe so konkretisiert werden, dass der Entgrenzung von Leistung und Arbeitszeit Einhalt geboten werden kann und die Rechte der einzelnen Beschäftigten sowie die kollektiven Mitbestimmungsrechte gestärkt werden. Dies gilt gerade mit Blick auf die abgeforderte Leistung. Der Tarifvertrag soll einen Rahmen bieten, der vor Leistungsüberforderung schützt. Er soll allen Beschäftigten einen Anspruch auf faire Leistungsvereinbarungen und den Betriebsräten die Mitbestimmung sichern.

Prävention statt Kompensation von physischen und psychischen Belastungen ist ein wichtiger Grundsatz bei der Weiterentwicklung der Tarifverträge. In einem Teil der Entgeltbestimmungen in Tarifverträgen wird bis heute die Kompensation von gesundheitlichen Risiken und Gefährdungen (z.B. Belastungszulagen, Abgeltung von Umgebungseinflüssen in analytischen Systemen) geregelt. Solche Tarifbestimmungen zur Abgeltung von erhöhten Belastungen stehen heute in einem Normenkonflikt mit den Anforderungen des Arbeitsschutzgesetzes, das den Abbau der Gefährdungen verlangt. Gefährdungsbeurteilungen können die Grundlage in den Betrieben schaffen, diesen Präventionsvorrang durchzusetzen. Es gibt heute schon Tarifbestimmungen, die diesem Gedanken der Prävention folgen. Für die Tarifverträge der Zukunft wird es eine Anforderung an die IG Metall sein, solche Elemente zu stärken.

6. Gesundheitsgerechte Arbeitszeitgestaltung

Gleichzeitig zum flächendeckend gewachsenen Arbeitsdruck haben in vielen Bereichen zusätzlich überlange Arbeitszeiten und besonders belastende Arbeitszeitlagen wie Schicht- und Wochenendarbeit zugenommen. Da in solchen Bereichen vor allem psychische Belastungen feststellbar sind, ist Arbeitszeitpolitik auch aus einer gesundheitspolitischen Sicht gefordert. Die Arbeitszeit muss erfasst und dokumentiert werden, und sie muss planbar und beeinflussbar sein. Dem Arbeiten ohne Ende müssen Grenzen gesetzt und die tatsächlichen Arbeitszeiten müssen wieder stärker mit den tariflichen in Übereinstimmung gebracht werden, um eine neue Perspektive für Arbeitszeitverkürzungen zu eröffnen. Dies ist vor allem auch eine betriebspolitische Herausforderung. In der Arbeitszeitdebatte sollte auch eine Reduzierung von Arbeitszeiten für besonders belastete Beschäftigtengruppen (beispielsweise in Schichtarbeit) geprüft werden.

Bei der Gestaltung von Arbeitszeitmodellen ist der arbeitswissenschaftliche Grundsatz eines möglichst »belastungsnahen Ausgleichs« – im Gegensatz zum Ansparen von Zeitguthaben über lange Zeiträume – vorrangig zu berücksichtigen. Dieser Grundsatz muss auch bei Kontenregelungen und bei der Schichtplangestaltung beachtet werden.

Arbeitszeitgestaltung an der Schnittstelle von Arbeits- und Lebenszeit gewinnt eine ganz neue Bedeutung für die Qualität der Arbeit wie für die Lebensqualität und ist deshalb ein Kernbereich der Gestaltung von »guter Arbeit«.

7. Prekäre Arbeitsverhältnisse – ein Gesundheitsrisiko

Neuer Problemdruck und Handlungsbedarf entstehen auch durch die Zunahme von prekären Arbeitsverhältnissen. Die Zahl der Beschäftigten, die nur mit Zeitverträgen oder in Leiharbeit tätig sind, droht – auch gefördert durch die staatliche Arbeitsmarktpolitik – weiter anzuwachsen. In diesem Bereich ballen sich alle gesundheitlichen Belastungen, sodass das prekäre Beschäftigungsverhältnis selbst schon zu einem Gesundheitsrisiko wird. Da außerdem die arbeitsmedizinischen Vorsorgesysteme und andere Arbeitsschutzmaßnahmen ebenso wie die Präventionskonzepte der Berufsgenossenschaften sich an stabilen, langfristig angelegten Arbeitsverhältnissen orientieren, fallen prekär Beschäftigte bisher weitgehend aus diesem Schutz heraus.

Dies hat auch negative Auswirkungen auf die Arbeitsstandards der »Stammbelegschaften«, die massiv unter Druck gesetzt werden. Tarif-

und betriebspolitische Konzepte einer »guten Arbeit« werden auf diese »Spaltung« Antworten finden und den Schutz für prekär Beschäftigte als aktuelle Aufgabe einschließen müssen. Auch in der Sozialpolitik steht der Kampf um eine verbesserte soziale Sicherung für prekär Beschäftigte auf der Tagesordnung.

8. Neue Arbeitsweise der betrieblichen Interessenvertretung

Die jetzt aktualisierte Herausforderung einer menschengerechten Arbeitsgestaltung verlangt eine neue Art des Arbeitens für die Interessenvertretung. In der traditionellen Arbeitssicherheitspolitik wurde die Zuständigkeit vielfach an »Beauftragte« und »Fachkräfte« ausgelagert. Qualität der Arbeit und ganzheitlicher Arbeits- und Gesundheitsschutz ist aber eine Querschnittsaufgabe, die eine neue Arbeitsweise des Betriebsrats verlangt. Dies gilt gleichermaßen für die Konzern- und Euro-Betriebsräte und die Schwerpunkte der Branchenkoordination.

Die Zielsetzung, einen kontinuierlichen Verbesserungsprozess menschengerechter Arbeitsgestaltung einzuleiten, ist sehr anspruchsvoll. Es kommt deshalb darauf an, an konkreten betrieblichen Problemen einen praktischen Einstieg zu finden und dann realisierbare Ziele zu bestimmen. Dabei müssen Schwerpunkte gesetzt werden (»weniger ist hier mehr«). Die Schwierigkeiten und die Komplexität der Aufgaben rufen bei vielen den Wunsch hervor, die Lösung dieser Probleme an externe Experten und Beratungseinrichtungen zu delegieren. Dabei ist klar: Ohne Qualifizierung und hohe fachliche Kompetenz werden die Aufgaben nicht zu lösen sein. Voraussetzung für ein betriebspolitisches Konzept der menschengerechten Arbeitsgestaltung ist deshalb eine eindeutige Klärung der Rollenverteilung zwischen Betriebsrat, Gewerkschaft, Beratern und den Beschäftigten.

Die politische Steuerung, das heißt die Initiativ- und Koordinierungsfunktion, ist und bleibt eine Aufgabe der Gewerkschaft bzw. ihrer Verantwortlichen vor Ort. Die (externen) Experten werden das notwendige Fachwissen bereitstellen. Ihnen fällt also eine sehr wichtige Beratungsrolle zu, mehr aber auch nicht. Der Betriebsrat kann dieses aufnehmen und umsetzen. Der Betriebsrat hat gestützt durch die Wahrnehmung seiner Mitbestimmungsrechte eine zentrale Rolle im Gestaltungsprozess. Wichtig ist dabei, dass die Beschäftigten als Experten in eigener Sache – sowohl was die Erfahrungen der Belastungen als auch was das Wissen über Lösungsmöglichkeiten angeht – einbezogen werden. Bei dieser Sensibilisierung und Einbeziehung der Beschäftigten können Vertrauensleute eine wichtige Rolle einnehmen.

9. Präventionsauftrag für Unfall- und Krankenversicherung

Neue Handlungsmöglichkeiten ergeben sich auch durch den erweiterten Präventionsauftrag für die Berufsgenossenschaften und die Möglichkeiten arbeitsbezogener Gesundheitsförderung für die Krankenversicherungen. Die Selbstverwaltungen der Berufsgenossenschaften wie der Krankenversicherungen sind deshalb in der Pflicht, hierfür konkrete Strategien und Programme einzufordern.

In der Selbstverwaltung von Berufsgenossenschaften und Krankenversicherung sind viele Kolleginnen und Kollegen aus der betrieblichen Interessenvertretung engagiert. Dies eröffnet die Chance, die Tätigkeit der Berufsgenossenschaften und Krankenversicherungen auf die aus der betrieblichen Erfahrung resultierenden Gefährdungsschwerpunkte und Aufgaben zu orientieren. Der sozialpolitische Effekt einer wirksamen Prävention in der Arbeitswelt ist bedeutsam: Gute Arbeit zu realisieren, kann zu einer mittel- und langfristigen finanziellen Entlastung der Sozialsysteme beitragen, da arbeitsbedingten Erkrankungen an ihrem Entstehungsort vorgebeugt wird.

10. Folgerungen für die IG Metall

Aus alldem folgt: Die IG Metall muss sich für diese neue Aufgabenstellung fit machen!

■ »Gute Arbeit« und menschengerechte Arbeitsgestaltung können nicht als eingeschränkte Ressortaufgabe, sondern müssen als eine der strategischen Zukunftsaufgaben durch die gesamte IG Metall wahrgenommen werden. Dies erfordert eine neue Prioritätensetzung, umfassende Information und Qualifizierung sowie entsprechende Ressourcen zur Erfüllung dieser Aufgabe. Dazu zählt vor allem die Qualifizierung von gewerkschaftlichen Verantwortlichen vor Ort, um betriebspolitische Prozesse menschengerechter Arbeitsgestaltung politisch koordinieren zu können. Dies erfordert aber auch eine konzeptionell-inhaltliche Weiterentwicklung eines ganzheitlichen Arbeits- und Gesundheitsschutzes als Bestandteil von »guter Arbeit«.

■ Damit kommt auf die gewerkschaftliche Bildungsarbeit eine unverzichtbare Aufgabe zu: Das Thema »gute Arbeit« und menschengerechte Arbeitsgestaltung muss als Querschnittsthema in die Grundqualifizierung aller Betriebsräte, Vertrauensleute und der hauptamtlichen Gewerkschaftssekretärinnen und -sekretäre verankert werden.

■ In die anstehende arbeitszeitpolitische Initiative sowie bei der weiteren Aushandlung und Umsetzung des ERA sind die Gesundheitsschutzinhalte einzubringen. Dazu bedarf es Strukturen, die eine solche Integration in der tarif- und betriebspolitischen Praxis ermöglichen, sodass beispielsweise bei der Ausgestaltung von Zielvereinbarungen oder bei Belastungsbewertungen auch psychische Belastungen berücksichtigt und Grenzen gegenüber einem Arbeiten ohne Ende gesetzt werden können.

In der IG Metall steht die Debatte auf der Tagesordnung, wie Arbeitspolitik mit dem Schwerpunkt »gute Arbeit« und menschengerechte Arbeitsgestaltung (wieder) als Politik- und Handlungsfeld aufgewertet werden kann. Für die IG Metall bedeutet dies eine Chance, weil wichtige Probleme der betrieblichen Alltagsgestaltung ernst genommen und für die Interessenvertretung aufgegriffen werden – eine Chance sowohl für eine stärkere Mitgliederbindung als auch für neue Mitgliedergewinnung.

Christoph Ehlscheid

Der Arbeit wieder ein Maß geben – aber wie?

Leistungspolitische Strategien und ihre Umsetzung

Entgrenzung der Leistungsverausgabung liegt im Trend

Die Diagnose ist eindeutig: In der modernen Industrie- und Dienstleistungswelt verstärkt sich der Trend zur Entgrenzung von Arbeitszeit und Leistung (Moldaschl/Sauer 1999, Lehnhardt 2001). Stress und Arbeitshetze sind zu einem auch in der Öffentlichkeit beachteten Alltagsproblem geworden. So hat eine Befragung durch das Tübinger Forschungsinstitut FATK ergeben, dass sowohl Betriebs- und Personalräte als auch das Management von einer deutlichen Erhöhung der Leistungsanforderung ausgehen – und zwar in allen Unternehmen und Branchen. Eine repräsentative Erhebung des BIBB/IAB bestätigt dieses Bild. Hiernach arbeitet jeder zweite Beschäftigte unter Termin- und Leistungsdruck, davon 18% praktisch immer. Bis an die Grenzen der Leistungsfähigkeit arbeiten 20% sogar häufig oder immer (Jansen 2000). »Arbeiten ohne Ende wird so für eine wachsende Zahl von Beschäftigten, und zwar weit über qualifizierte Angestelltenbereiche hinaus, zu einer bestimmenden Realität ihres Arbeitslebens« (Pickshaus 2001: 11).

Im Rahmen der Ursachenforschung werden trotz der Unterschiedlichkeit und Vorläufigkeit diesbezüglicher Befunde – die gleichen Trends herausgestellt:

- Im Verlauf der letzten beiden Dekaden ist eine neue *»marktzentrierte Produktionsweise«* (Sauer) entstanden, die die innerbetrieblichen Organisations- und Steuerungsprinzipien grundlegend verändert. Hierbei werden die Abläufe so gestaltet, dass der »Markt« zur zentralen Koordinierungsinstanz wird. Zur Durchsetzung der *»Internalisierung des Marktes«* werden neue Unternehmenseinheiten geschaffen, die wie »Unternehmen im Unternehmen« agieren und sich an internen und externen Märkten bewähren müssen. Je nach betrieblichen Bedingungen wird dieses Muster mit unterschiedlichen Maßnahmen umgesetzt. So werden für einzelne Einheiten – »Units«, »Segmente«, »Profit- oder Cost-Center« – detaillierte Kosten- und/oder Gewinnrechnungen ausgewiesen. Unterstützt wird das Konzept durch die so genannte »Benchmarking-Methode«, die einen systematischen Vergleich von Produkten, Dienstleistungen, Arbeitsverfahren und Kostenstrukturen ermöglichen soll.

■ Damit einhergehend werden auch die *unmittelbaren Beziehungen der Beschäftigten untereinander marktförmig*. Der Kollege bzw. die Kollegin wird zum Konkurrenten und zum Kunden. So achtet etwa im betrieblichen Ablauf jeder »Lieferant« (z.B. die Vormontage) darauf, dass er dem »Kunden« (z.B. die Endmontage) Waren und Dienstleistungen in einer Null-Fehler-Qualität termingerecht übergibt. Gleichzeitig werden die Beschäftigten permanent mit den Ergebnissen und den Kosten ihres eigenen und des Handelns anderer über unterschiedliche Formen der *Kennzahlenbildung* und der *Visualisierung* (Stellwände, Grafiken, Computerprogramme usw.) konfrontiert.

■ In diesem Sinne wird das Arbeitshandeln zunehmend einer *»indirekten Steuerung«* unterworfen, die das System direkter detaillierter Kontrolle und Anweisung ablöst und durch die Übertragung von Managementverantwortung und Elementen von »Selbstorganisation« schrittweise ersetzt. So soll letztlich erreicht werden, dass die Beschäftigten selbst alles aus der Kosten-Nutzen-Perspektive betrachten.[1] Dieses »Produktivitätsdenken neuen Stils sucht bei jedem Menschen eine (innere) Zustimmung zu aktivieren, die dafür sorgt, dass man von der Arbeit nicht mehr abschalten kann« (Cohen 2001: 57).

In ihrer Gesamtheit führen die skizzierten Basistrends zu jener allmählichen Entgrenzung der Leistungsverausgabung, die treffend mit dem Begriff der *»neuen Maßlosigkeit«* beschrieben werden kann. Gleichwohl sind damit nicht alle Ursachen für den im Arbeitsalltag wachsenden Zeit- und Leistungsdruck, die steigende Arbeitshetze und zunehmenden Stress benannt. Zwei weitere Dimensionen müssen berücksichtigt werden: So hat der Wandel der Leistungsbedingungen mit der Ausbreitung der neuen Informations- und Kommunikationstechnologien auch eine *technisch-materielle Seite*. »Arbeit wird immer häufiger per Handy oder Notebook auf Reisen und nach Hause mitgenommen. Abends noch schnell die neuesten Emails anschauen und bearbeiten, die Mailbox abhören und bei den Anrufern Nachrichten hinterlassen, all das wird immer selbstverständlicher« (Wagner 2002: 72). Und wer kennt nicht die steigenden Qualitätsanforderungen, die durch die nahezu unendlichen Möglichkei-

[1] Inwiefern die Übertragung von Verantwortung als Schritt zu Dezentralisierung und mehr Autonomie betrachtet werden darf, ist in der sozialwissenschaftlichen Debatte umstritten. Die Grenzen der Autonomie sind auch hier klar definiert: Die Kennzahlen und ökonomischen Vorgaben müssen unbedingt erfüllt werden. Vgl. zum Konzept der indirekten Steuerung Pinchot 1988 und Glißmann/Peters 2001.

ten immer komplexer werdender Computerprogramme geweckt werden? Zum Zweiten darf die *individuell-subjektive Dimension* nicht unterschätzt werden. Auch auf der Seite der Beschäftigten hat sich ein Wandel vollzogen; mit veränderten Bedürfnis- und Wertstrukturen haben sich qualitativ-arbeitsinhaltliche Ansprüche herausgebildet, die auch einen neuen Blick auf Leistung zur Folge haben: Leistungsanforderungen werden aus dieser Perspektive als Herausforderung mit zum Teil hoher Motivation angenommen.

Neuformierung der gewerkschaftlichen Leistungspolitik

Unter Gewerkschaftern und in gewerkschaftsnahen Wissenschaftskreisen wurde in den letzten Jahren an einem Gegengewicht zur skizzierten »Ökonomie der Maßlosigkeit« gearbeitet. So haben im Organisationsbereich der IG Metall Kampagnen unter Überschriften wie »Meine Zeit ist mein Leben« oder »Aktion Tatort Betrieb zu psychischen Belastungen« die Problematik des »Arbeitens ohne Ende« in den Focus gewerkschaftlicher Betriebspolitik gerückt. Politisch-programmatisch bündeln sich die vielfältigen Aktivitäten unter dem Slogan »Der Arbeit wieder ein Maß geben« (Pickshaus/Peters/Glißmann 2000).

Gleichwohl muss selbstkritisch eingestanden werden, dass die gewerkschaftliche Leistungspolitik in den Betrieben nur allzu selten über eine betriebsöffentliche Sensibilisierung hinauskommt und kaum in der Lage ist, im Arbeitsalltag der Beschäftigten für spürbare Verbesserungen der Arbeits- und Leistungsbedingungen zu sorgen. So ist aktive Leistungspolitik in den Betrieben traditionell weitgehend auf die *Leistungslohnbereiche (Akkord und Prämienlohn)* beschränkt, während *Zeitlohn und Gehalt* vielfach leistungspolitisch *»unkultiviertes Brachland«* darstellen; sie sind am stärksten von der Verschärfung der Leistungsanforderungen betroffen. Hierfür sind vor allem rechtliche und machtpolitische Faktoren verantwortlich: Einmal sind die Mitbestimmungs- und Beteiligungsrechte des Betriebsrates und der Beschäftigten bezogen auf Leistungsvorgaben, Arbeitspensum und/oder Personalbemessung nach fast allen Tarifverträgen und nach dem Betriebsverfassungsgesetz auf die Leistungsentlohnung beschränkt. Zum Zweiten trifft man in den Leistungslohnbereichen meist auf die traditionell gut organisierten gewerkschaftlichen Kerne der Arbeiterbewegung, die über entsprechende politisch-taktische Erfahrungen in den Konflikten um Lohn und Leistung verfügen.

Aber auch die heute noch relativ stabilen Bereiche der klassischen gewerkschaftlichen Leistungspolitik geraten über neue »marktorientierte Entgeltsysteme« und Arbeitsorganisationskonzepte in den Betrieben zunehmend unter Druck. Sicherlich geht das Bild von einer »stillen Suspendierung des tarifvertraglichen Normenbestandes zur Leistungsregulierung« (Bergmann/Bürckmann/Dabrowski 1998: 39) zu weit, denn bislang konnten Betriebsräte und IG Metall die leistungspolitischen Standards in den Kernbereichen der Produktion bei Akkord- und PrämienarbeiterInnnen sichern; es beschreibt aber eine Entwicklung, die für mehr und mehr Beschäftigte schon Realität ist oder zur Realität werden könnte.

Eine Neuformierung der gewerkschaftlichen Leistungspolitik ist angesichts dieser Lage dringend erforderlich. Dabei geht es um die Frage, wie es gelingt, die klassische Leistungsentgeltpolitik zu stabilisieren und gleichzeitig ein Vordringen in die bislang nicht erschlossenen Bereiche zu ermöglichen.

Leistungsentgeltpolitik im Wandel

Kristallisationskerne der klassischen gewerkschaftlichen Leistungspolitik waren bislang die tariflichen und die in der Betriebsverfassung verankerten Mitbestimmungs- und Beteiligungsrechte im Leistungslohn (Akkord und Prämie). Auch wenn diese formal-rechtliche Struktur des Leistungsentgelts in den vergangenen Jahrzehnten in der Metall- und Elektroindustrie weitgehend stabil geblieben ist, vollziehen sich doch unterhalb der Oberfläche unterschiedliche Veränderungsprozesse, die folgende Charakteristika aufweisen:

■ In einem Teil der Betriebe werden die *klassischen Akkord- und Prämiensysteme weiterhin »aktiv« gefahren.* Die Leistungsvorgaben werden in diesen mengen- bzw. zeitorientierten Systemen meist mit klassischen Methoden der Zeitwirtschaft (Zeitstudien, Planzeiten, MTM usw.) ermittelt und vereinbart. Lohnsysteme und Datenermittlung sind detailliert in einer Betriebsvereinbarung geregelt; zwischen Betriebsrat und Arbeitsvorbereitung werden Einzelfragen auf dem Verhandlungsweg geklärt.

■ In manchen Fällen bleiben die traditionellen Akkord- und Prämiensysteme lediglich formal bestehen. In der Praxis ist der Mechanismus der *Leistungsentlohnung »eingefroren«.* Dabei geht man nach folgenden Grundmustern vor: Die Entlohnung erfolgt im »Durchschnitt« und der bisherige Verdienstgrad wird garantiert. Die Leistung wird dagegen über monatliche Sollgrößen vorgegeben und natürlich erhöht. Der Trend zu solchen Modellen hat sich in Verbindung mit neuen Formen der Arbeitsorganisation verstärkt, ist aber nicht grundsätzlich neu. Schon in den

1980er Jahren wurden insbesondere Arbeitssysteme mit hohem Prozessanteil im »Durchschnitt« entlohnt.

■ Daneben steigt die Zahl der Betriebe, die *mit und auch ohne Verbindung zu neuen Formen der Arbeitsorganisation (Team- oder Gruppenarbeit)* eine Änderung bzw. Modifizierung ihrer Leistungsentlohnung vorgenommen haben oder vornehmen wollen. Dabei sind Modelle wie Gruppenprämien, Zielvereinbarungen, Produktivitätsprämien und Bonuslohn Gegenstand der Diskussion.

■ Zusätzlich zu den aus dem traditionellen Leistungslohn bekannten Bezugsgrößen (Zeiten, Mengen, Nutzungsgrad usw.) werden neue *marktorientierte Parameter* entwickelt, die Unternehmenskennzahlen direkt lohnrelevant werden lassen. Nicht nur Vorgabezeiten oder Anlagennutzung entscheiden hierbei über den Verdienstgrad der Beschäftigten, sondern gerade auch die wirtschaftliche Situation des Unternehmens. Gemeinkostenersparnis oder die Erhöhung der »Netto-Wertschöpfung« werden zu »Erfolgsparametern«, die ein Prämiensystem oder ein Bonus honoriert. Neben der unmittelbaren Bindung von Entgelt an Kostenkennziffern werden auch verstärkt Bezugsgrößen angeboten, die unternehmerische Kostenziele in technische Abteilungsziele übersetzen. Hierzu gehören etwa das *Senken der Durchlaufzeiten, die Erhöhung der Termintreue* und/oder der *Gutstückzahlen usw.* Die Attraktivität dieser Kennziffern besteht für das Management darin, dass die alltäglichen Risiken des Produktions- und Verwertungsprozesses auf die Beschäftigten übertragen werden, gehen doch in diesen Modellen Störungen des Arbeitsablaufes, Mängel der Anlagen, schlechte Qualität des Materials usw. zulasten des Verdienstgrades oder der Leistungsbedingungen. Gerade bei Gruppenarbeitsmodellen wird in Ergänzung dazu auch zunehmend das Verhalten der Einzelnen als individueller Prämienfaktor oder Bonus einbezogen. Im höchsten Maße interpretationsbedürftige und verhaltensbezogene Kriterien wie Sorgfalt, Teamfähigkeit, Sauberkeit am Arbeitsplatz usw. werden immer häufiger als verdienstrelevante Faktoren vorgeschlagen (so genannte »Subjektivierung von Leistung«) .

■ Mit der Anwendung oben genannter Bezugsgrößen und über die »Risikogemeinschafts-Ideologie« werden auch ehemals leistungspolitisch *neutralisierte Zeitanteile* wie sachliche und persönliche Verteilzeiten, Erholungszeiten oder Stör- und Wartezeiten leistungs- und entgeltrelevant. So werden beispielsweise bei der Ermittlung oder Vereinbarung der Termine notwendige Pausenzeiten nicht berücksichtigt. Nehmen einzelne Beschäftigte die Pause dann doch, vermindert sich die Verdienstchance des Teams bzw. der Abteilung.

■ Unter dem Deckmantel von kontinuierlichen Verbesserungsprozessen (KVP) und Kaizen werden die *Leistungsanforderungen über Verfahren dynamisiert*, die etwa eine Kürzung der Vorgabezeiten in regelmäßigen Abständen vorsehen (z.B. Neufestsetzung jedes Jahr). Oder beim Überbieten einer vorher festgelegten Leistungsgrenze – z.B. Leistungssteigerung von mehr als 10% – erfolgt eine Reduzierung der Plan- oder Sollzeiten. Natürlich wird das Interesse der Beschäftigten, die festgelegten Grenzen zu überschreiten, mit einem Geldanreiz unterstützt. Begrifflich werden solche Formen unter der Überschrift *»gain-sharing«* zusammengefasst.

Auch wenn die beschriebene Topographie der betrieblichen Leistungsentlohnung durch ein hohes Maß an Ungleichzeitigkeit und Differenzierung geprägt ist – und insofern auf eine Übergangsperiode verweist –, werden doch die Konturen eines neuen unternehmerischen Leistungsmanagements sichtbar. Letztlich geht es darum, Leistungsnormen, Personalbemessung und Entgeltsysteme direkt dem Marktgeschehen zu unterwerfen und umfassend zu ökonomisieren. Während die klassische Entgelt- und Leistungsregulation auf einem aufwandsorientierten Leistungsbegriff basiert, der menschliche Leistungsfähigkeit und die Bedingungen des Arbeitssystems zu Ausgangspunkten für die Leistungsbemessung macht, wird jetzt versucht, einen *markt- oder wertschöpfungsorientierten Leistungsmaßstab* zu etablieren. Dieser akzeptiert und honoriert nur das als Leistung, was unmittelbar zur Wertschöpfung beiträgt und vom Markt anerkannt wird (*»Finalisierung des Leistungsbegriffs«*). Unterbrechungen im Arbeitsablauf, Mängel in der Qualität, Materialmangel, höhere Kosten, geringerer Umsatz usw. gehen zulasten der Beschäftigten und müssen durch längere Arbeitszeiten, höhere Leistung oder mit Lohneinbußen »bezahlt« werden.

Zur Erneuerung der gewerkschaftlichen Leistungsentgeltpolitik

Angesichts der negativen Entwicklungstrends kann leicht der Eindruck entstehen, dass der Beitrag der Leistungsentlohnung für einen zumutbaren Leistungsmaßstab in den Betrieben eher kontraproduktiv ist und der alte Grundsatz »Akkord ist Mord« fröhliche Urständ feiert. Doch gerade dieser Eindruck trügt: Bei der Neuformierung der betrieblichen Leistungspolitik kommt dem Leistungsentgelt eine zentrale strategische Schlüsselstellung zu. Nur im Leistungsentgelt lässt sich bislang – und wohl auch zukünftig[2] – die volle Mitbestimmung über Leistungsvorga-

---

[2] Die aktuellen Verhandlungen um neue Rahmenverträge (ERA) in der Metall- und Elektroindustrie zeigen, dass das Arbeitgeberlager qualifizierte Mitbestimmungs- und Reklamationsrechte nur im Leistungsentgelt akzeptieren wird.

ben und Leistungsbedingungen sichern. Nur in diesem Entgeltgrundsatz sind Elemente einer leistungspolitischen Risikosicherung wie die Vergütung von Stör- und Wartezeiten oder Verteil- und Bedürfniszeiten in der Praxis juristisch und faktisch etabliert. Zudem muss aus gewerkschaftlicher Sicht dem Umstand Rechnung getragen werden, dass das Management nach wie vor Leistungsregulation fast nur in Verbindung mit Leistungsentgelt akzeptiert und jeden andersgearteten Begründungskontext für die Formulierung eines Maßstabes für Pensum und Personal zum Tabu erklärt hat.

Gleichwohl wäre ein schlichtes »zurück zum guten alten Leistungslohn« der falsche Weg. Dagegen sprechen vor allem veränderte Technik- und Arbeitsorganisationskonzepte, die herkömmlichen Akkord- und Anreizprämien zunehmend die Grundlage entziehen. So schwindet etwa durch den Einsatz computergestützter Anlagen und verketteter Systeme der Anteil beeinflussbarer Tätigkeiten. Die »Akkordwelt« mit ihrem Lohnanreiz für die Verbesserung einzelner Teilvorgänge stößt damit an technische Grenzen. Mit der Einführung von Team- oder Gruppenarbeit muss Leistung auch als Gruppen- und/oder Systemleistung formuliert und reguliert werden. Gerade solche Arbeitsorganisationsmodelle, die sich durch die Integration indirekter und steuernder Tätigkeiten auszeichnen, erfordern eine *Modernisierung der Leistungsbezugsgrößen*, weg von der Zeit- oder Stückzahlvorgabe für einzelne Verrichtungen oder Maschinen, hin zu *systemischen Bezugsgrößen oder Kennzahlen*. Diese orientieren sich nicht an der Mengenleistung einzelner Anlagen, sondern an der Leistungsfähigkeit des gesamten Arbeitssystems bzw. der Gruppe. Nur so ist es möglich, das komplexe Zusammenspiel unterschiedlicher direkter und indirekter Tätigkeiten gemeinsam zu erfassen, zu bewerten und auch zu honorieren. Teil dieser Form der Leistungsdefinition ist auch die Festlegung der erforderlichen Personalbemessung in Relation zur Produktivität der Systems.[3]

Moderne leistungsbezogene Entgeltsysteme[4] greifen die skizzierten Anforderungen auf und verbinden sie mit bewährten Schutzbestimmungen traditioneller Leistungsentlohnung; ihre Ausgestaltung sollte sich an folgenden *Eckpunkten* orientieren:

■ Leistungsentgeltsysteme basieren auf einer *definierten Arbeitsleistung*, die sich an *sachbezogenen* bzw. *beeinflussbaren, mess- oder zählba-*

[3] Im Rahmen von Produktivitätsprämien hat die IG Metall in den letzten Jahren Erfahrungen mit solchen neuartigen Parametern gemacht; vgl. Ehlscheid/Meine/Vogt 2001, S. 258ff.

[4] Zur arbeitsrechtlichen Sicht auf aktuelle Leistungsentgeltsysteme vgl. Ehlscheid/Unterhinnighofen 2002.

ren Bezugsgrößen orientiert. Die gewählten Begrifflichkeiten sind den Prämienlohnbestimmungen der Tarifverträge der Metall- und Elektroindustrie entnommen, sie schließen Kennzahlen wie Umsatz, Ertrag usw. ebenso wie Verhaltensbeurteilungssysteme als Parameter für den entgeltwirksamen Leistungsanreiz aus.[5] Stattdessen können für den Leistungskompromiss die klassischen Bezugsgrößen wie Soll-Zeiten, Stückzahlen oder aktuelle Kennzahlen wie Anlagennutzung, Produktivität usw. herangezogen werden.

■ Die Konzeption eines zeitgemäßen Leistungsentgelts setzt im Unterschied zum klassischen Leistungslohn nicht mehr auf den unbegrenzten Lohnanreiz des Akkords, sondern legt neben einer so genannten *Soll-Leistung* eine *zumutbare Leistungsobergrenze* fest. Bestandteil dieser Leistungsbemessung ist auch die angemessene Berücksichtung von Verteil- und Erholzeiten.

■ In der betrieblichen Praxis kann diese »Leistungsphilosophie« heute am besten mit so genannten *Standard- oder Varioprämien* durchgesetzt werden. Beide Entgeltmodelle setzen nicht auf die ständige Unterbietung von Vorgabezeiten nach dem Motto »Hauptsache Stückzahl«, sondern auf die Einhaltung einer planbaren und vorbestimmten Arbeitsleistung, die lediglich bei der Varioprämie auf eine Optimierung durch begrenzten Lohnanreiz setzt.

■ Stör- und Wartezeiten dürfen nicht zulasten der Beschäftigten gehen, sondern sind mit dem Durchschnittsverdienst zu vergüten. Dabei ist es in der betrieblichen Praxis natürlich weder sinnvoll noch praktikabel, jede Unterbrechung als Störzeit melden zu müssen. Gerade unter den Bedingungen moderner Gruppenarbeit mit ihrer Integration indirekter Tätigkeiten empfiehlt es sich, Grenzen festzulegen. Grenzen, die angeben, für welche Art der Störung oder welche Dauer der Störung die Gruppe die Verantwortung übernimmt und für welche nicht.

■ Neue Leistungsvorgaben dürfen nur bei technisch-arbeitsorganisatorischen Änderungen gemacht werden. Das schließt Optimierungen (z.B. KVP) nicht aus, sondern zwingt vielmehr im betrieblichen Arbeitsalltag dazu, Leistungspensen nur dann zu erhöhen, wenn auch wirklich ein Verbesserungsprozess erfolgt ist.

Der hinter dieser Leistungsentgeltkonzeption liegende Leistungsbegriff definiert Leistung nicht marktbezogen, wie es in den leistungs- und entgeltpolitischen Vorstellungen des Managements zur Zeit en vogue

---

[5] Die neuen tariflichen Leistungsentgeltregelungen werden wohl in einigen Tarifgebieten auch die Möglichkeit der Kombination von mess- und zählbaren und Beurteilungsgrößen im Rahmen von Zielvereinbarungen – nicht aber im Prämienlohn – eröffnen.

ist, sondern *»aufwandsorientiert«*. Nicht der Markt, der Termin oder der Kunde, sondern die menschliche Leistungsfähigkeit und die Rahmenbedingungen des Arbeitssystems sind das Maß für die Arbeit.

Leistungspolitik in indirekten Bereichen

Der verstärkte leistungspolitische Zugriff bleibt nicht auf den Bereich klassischer Produktionsarbeit beschränkt. Gerade die indirekten *Zeitlohn- und Gehaltsbereiche* sind heute wohl am stärksten von der Verschärfung der Leistungsanforderungen betroffen. Die bereits zitierte Befragung von Betriebsräten und Managern durch Bahnmüller hat ergeben, dass über 71% der Interessenvertreter von einer wesentlichen Erhöhung der Leistungsanforderung im Angestelltenbereich ausgehen (Bahnmüller 2002).

Fragt man nach den Gründen für diese Entwicklung, so lassen sich mehrere Aspekte anführen: Einerseits sind die genannten Bereiche in vielen Betrieben umfassenden Kosten- und Personalkürzungsprogrammen ausgesetzt. Gerade hier kann das Management darauf vertrauen, dass Aufgaben vom verbliebenen Personal mit übernommen werden. Demgegenüber ist dies im Bereich der unmittelbaren Produktion schon aus technischen Gründen seltener möglich, da etwa getaktete Bänder, Anlagen und Maschinen häufig eine personelle Mindestbesetzung erfordern. Zum Zweiten handelt es sich um einen *leistungspolitisch nicht regulierten* Bereich. Die Mitbestimmungs- und Beteiligungsrechte des Betriebsrates und der Beschäftigten bei Leistungsvorgaben, Arbeitspensum und/oder Personalbemessung sind bei fast allen Tarifverträgen auf den Leistungslohnbereich beschränkt. Nur hier kann mit einer wirksamen Mitbestimmung über diese Fragen gestritten werden. Und mehr noch: Das Problem der fehlenden Mitbestimmung im Zeitlohn- und Gehaltsbereich verschärft sich durch die ungeregelte Anwendung der oben genannten Methoden des »modernen Leistungsmanagements«. So muss unter den heutigen Bedingungen von einer Angleichung bzw. einer *Konvergenz der leistungspolitischen Strategien* über die Entlohnungsgrundsätze und Bereiche hinweg ausgegangen werden. Die gleichen neuen Parameter, die gleichen Formen der Dynamisierung, die gleichen Methoden des Zeitdatenmanagements werden nicht nur zunehmend in klassischen Leistungslohnbereichen durchgesetzt, sondern gerade auch als aggressive Zielvorgabe – mit oder ohne Lohnanreiz – bei Zeitlöhnern und Gehaltsempfängern.

Eckpunkte Zielvereinbarungen:

- Ziele müssen zumutbar und in der tariflichen Arbeitszeit erreichbar sein.
- Ziele müssen eindeutig definiert sein.
- Die Kriterien zur Beurteilung der Zielerreichung müssen eindeutig beschrieben sein.
- Ziele müssen beeinflussbar sein und sich aus der Arbeitsaufgabe ergeben.
- Ziele müssen reproduzierbar beschrieben sein.
- Ziele können nur verändert werden, wenn die Bedingungen, die bei der Vereinbarung gegolten haben, verändert wurden.
- Bei Zielvereinbarungen für Gruppen oder Projekte ist die Personalbemessung festzulegen.
- Teil der Zielvereinbarung kann auch ein Maßnahmenkatalog sein (Qualifizierung, Arbeitsorganisation usw.).
- Beschäftigte und der Betriebrat müssen eine Vereinbarung reklamieren können.
- Reklamationen werden in einer paritätischen Kommission behandelt.
- Für die Zielerreichung muss ein Zeitraum vereinbart werden.
- Bei gefährdeter Zielerreichung hat der Vorgesetzte darauf aufmerksam zu machen und Unterstützungsmaßnahmen zu beraten.
- Mögliche Zielgrößen sind mit dem Betriebsrat zu vereinbaren.
- Der Betriebsrat hat das Recht, die Zielvereinbarungen einzusehen und zu überprüfen.
- Zielvereinbarungen unterliegen dem Mitbestimmungsvorbehalt des Betriebsrates.
- Die Relation »Zielerreichung-Entgelt« ist mit dem Betriebsrat zu vereinbaren.

Hinweis: Die IG Metall strebt an, tarifliche Regelungen für Zielvereinbarungen zu schaffen. Diese möglichen neuen Regelungen müssen natürlich bei der konkreten Ausgestaltung beachtet werden.

Auszug aus Materialien der Tarifabteilung der IG Metall

Leistungspolitik außerhalb der Leistungsentlohnung

Während es im gewerblichen Bereich rechtlich zulässig und praktisch möglich ist, die Beschäftigten unter den Schutz einer gut geregelten Leistungsentlohnung zu bringen, ist die Lage bei den Angestellten ungleich schwieriger. Hier ist ein Wechsel rechtlich und praktisch ausgeschlossen. Trotzdem sind auch hier Einflussmöglichkeiten für eine wirksame Interessenvertretung gegeben. Hierfür muss folgender Umstand vergegenwärtigt werden: Die Leistungsbedingungen werden zwar *wesentlich*, aber nicht ausschließlich vom Arbeitspensum und der Personalbemessung bestimmt. Vielmehr wirkt eine Vielzahl von Faktoren auf die konkrete Leistungssituation ein. Qualifikationsstand, Technikeinsatz oder die Arbeitsgestaltung im Büro prägen gerade auch die Leistungsbedingungen. In dieser Vielfalt liegt nicht nur eine Herausforderung für die Interessenvertretung, sondern auch eine Chance. Denn diese *»leistungspolitischen Stellräder«* liefern z.T. Anknüpfungspunkte für eine arbeitsrechtlich wirksame Einflussnahme durch die Interessenvertretung. So kann beispielsweise eine anforderungsgemäße Qualifizierung für Be-

»Leistungspolitische Stellräder«

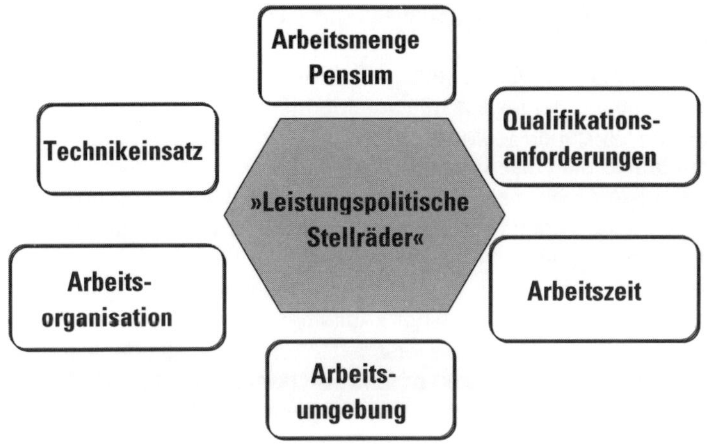

Quelle: Seminarmaterial Bildungszentrum Sprockhövel

schäftigte eine nachhaltige Verbesserung ihrer Leistungsbedingungen bedeuten, die auch mit den Mitteln des Betriebsverfassungsgesetzes in der Praxis durchgesetzt werden kann (Ehlscheid, Schild, Wagner 2001: 495ff.).

Auch wenn die beschriebene Vorgehensweise mögliche Anknüpfungspunkte für eine aktive betriebliche Leistungspolitik liefert, bleibt ein Mangel bestehen: Die zentralen Elemente einer wirksamen Leistungsregulation, nämlich Pensum und Personal, bleiben weitgehend ausgeblendet. Und das, obwohl gerade auch in Angestelltenbereichen Vorgaben existieren und immer häufiger auch über so genannte »Zielvorgaben« oder auch »Zielvereinbarungen« Teil des neuen unternehmerischen Leistungsmanagements werden.

Der bislang dargestellte Gang der Argumentation lässt noch offen, über welche Konzepte und Verfahren eine Regulation dieses weitgehend unregulierten Bereichs gelingen kann. Dazu im Folgenden mehr.

Wege der Leistungsbemessung

Begriffe wie Leistungsermittlung, Leistungsbemessung oder gar Datenermittlung wecken heute bei den meisten Betrachtern Assoziationen mit Akkord, Stoppuhr und REFA-Leistungsgradbeurteilung und gelten damit als Grundpfeiler des alten tayloristischen Leistungsarrangements. Ein System, für das gemeinhin folgende Denkmuster und Verfahren als konstitutiv angesehen werden:

- Die Leistung ist eine Mengenleistung, die sich auf einzelne Teilvorgänge bezieht.
- Der Leistungsstandard ist eine definierte Normalleistung.
- Die Ermittlung der jeweils gültigen Mengenvorgaben (Vorgabezeiten) erfolgt mittels genau festgelegter zeitwirtschaftlicher Verfahren (meist Zeitaufnahme mit Leistungsgradbeurteilung).
- Zuständige Akteure auf dem Feld der Leistungsformulierung sind die Arbeitsvorbereitungen einerseits und spezialisierte Betriebsräte auf der Seite der Interessenvertretung andererseits.
- Insgesamt hat der Konflikt um Lohn und Leistung unter diesen Bedingungen eher den Charakter einer »Auseinandersetzung um die Anwendung vereinbarter Kalkulationsvorschriften und Meßmethoden« und nicht den einer genuin politischen Verhandlung (Menz/Siegel 2002: 81).

Eingewendet werden muss, dass die genannten Elemente sicherlich Aspekte klassischer Leistungsregulation aufgreifen, aber längst nicht für alle historischen Phasen, Branchen und/oder Bereiche das durchgängige und gültige Muster darstellen. So gab es beispielsweise im Maschinenbau auch in der »Welt tayloristischer Leistungspolitik« Formen einer dezentralen Leistungsregulierung durch Handschlagakkord und politisch vereinbarte Planwerte usw. Oder die Instandhaltungsbereiche waren auf Grund ihrer spezifischen Tätigkeitsanforderungen den skizzierten Prinzipien der Leistungspolitik nie oder nur unvollständig unterworfen (Bahnmüller 2001: 176; Menz/Siegel 2001: 135).

Für die Debatte um Leistungsbemessung ist es weniger von Bedeutung, ob das tayloristische Leistungsarrangement tatsächlich so war wie unterstellt wird. Vielmehr geht es in unserem Kontext darum, dass die aktuelle Debatte um Leistungsbemessung jenes tatsächliche oder unterstellte Bild zum Bezugspunkt macht und zum Schluss kommt: »Längst in der Praxis überholt«, »nicht mehr zeitgemäß« oder »muss endgültig abgeschafft werden«. Dabei sind drei Argumentationslinien von besonderer Bedeutung:

- Die klassische Zeitwirtschaft sei mit ihren komplexen Vorschriften und umständlichen Verfahren lediglich für die Massenfertigung gemacht; in Zeiten der Einzel- und Kleinserienfertigung mit ihrer hohen Typen- und Variantenvielfalt sei eine methodische Datenermittlung aus Sicht des Managements nicht mehr praktikabel.
- Auf Grund dieser Tatsache und in Verbindung mit neuen, partizipativen Arbeitsorganisations- und Managementkonzepten habe sich längst eine dezentrale und diskursive Form der Leistungsvereinbarung (Bei-

spiel Zielvereinbarung) herausgebildet, die gänzlich oder teilweise auf zeitwirtschaftliche Methoden und Verfahrensweisen verzichten könne.
■ Dabei finde ohnehin eine Abkehr von mengenbasierten Leistungsziele statt, sodass zeitwirtschaftlichen Methoden letztlich die Grundlage entzogen würde.

Betrachtet man die aktuellen Entwicklungstrends, so kann sicherlich zu Recht behauptet werden, dass aus Sicht des Managements versucht wird, neue Formen der Leistungsbemessung zu etablieren. Mit dem Ansatz des so genannten »target-costing« oder »Best practice-Konzepten« sollen die klassischen Methoden der Zeitwirtschaft von den Füßen auf den Kopf gestellt werden. Die traditionelle Frage der Datenermittlung *»Was wird das Produkt kosten?«* wird durch die Fragestellung *»Was darf es kosten?«* abgelöst. Damit werden aus Sicht des Managements methodisch ermittelte Normen und das klassische Instrumentarium der Zeitwirtschaft nicht überflüssig. Vielmehr findet im Bereich der Optimierung von Planungsvorgängen sogar ein Ausbau der technischen Werkzeuge[6] (elektronische Datenermittlungsgeräte, Ausbreitung von MTM usw.), ja sogar ein verstärktes Vordringen in bislang zeitwirtschaftlich noch nicht erschlossene Bereiche statt. Jedoch für die Bildung von lohnrelevanten Leistungskennziffern und die Formulierung des betrieblichen Leistungskompromisses verlieren die methodisch ermittelten Daten nach dem Willen vieler Kapitalstrategen an Bedeutung. An ihre Stelle soll dann entweder die »Vereinbarung« von Leistungszielen »vor Ort« zwischen Vorgesetzten und Beschäftigten treten, oder es wird gleich gänzlich auf den formalen Vereinbarungscharakter verzichtet und die Vorgaben einseitig gesetzt. In beiden Fällen wird ganz im Sinne des marktorientierten Leistungsmanagements eine Logik etabliert, für die es keinen marktunabhängigen Referenzpunkt mehr gibt, wie ihn etwa die klassische tarifliche Bezugsleistung im Leistungslohn liefert.

Aber nicht nur aus unternehmerischer Perspektive, auch in der gewerkschaftsnahen Forschung und bei den Praktikern der Interessenvertretung sind Hoffnungen mit der Dezentralisierung der Leistungskompromissbildung verbunden; sie richten sich auf eine »Ent-Objektivierung von Leistung und Leistungsstandards« (Bahnmüller 2001: 179). Mit der Dezentralisierung und der Betonung des Aushandlungscharakters sei die Chance für eine Re-Politisierung des bislang durch die »Scheinobjektivität« der traditionellen Verfahren stillgelegten und neutralisierten Leistungskonflikts gegeben (Siegel, Schudlich 1992; Siegel 1995).

---

[6] Nach einer Untersuchung des Fraunhoferinstituts und des REFA-Verbandes liegen die Einsatzschwerpunkte der Zeitdatenermittlung in den Bereichen Vorkalkulation, Kapazitätsplanung und Nachkalkulation; vgl. dazu REFA 1998.

Die aktuellen Entwicklungen weisen allerdings eher in die gegenteilige Richtung. Dafür spricht auch die in der betrieblichen Praxis zunehmend gemachte Erfahrung, dass gerade in Bereichen mit methodischer Leistungsbemessung bessere Arbeits- und Leistungsbedingungen vorherrschen als in Bereichen mit »ausgehandelten« Vorgaben. So lässt sich etwa aktuell in der Automobilindustrie beobachten, dass beispielsweise mit MTM ausgetaktete Arbeitssysteme bessere Leistungsstandards haben als Bereiche mit »ausgehandelten« Pensen.

In diesem Einwand kommt auch eine gewisse Skepsis gegenüber einer generellen Dezentralisierung der Aushandlungsprozeduren zum Ausdruck. In vielen heute praktizierten Zielvereinbarungskonzepten werden Leistungsziele nicht vereinbart, sondern einseitig durch das Management gesetzt. Die Hoffnungen auf Re-Politisierung der Leistungsfrage durch Dezentralisierung haben sich bislang nicht erfüllt. Vielmehr ist eine verstärkte *»Privatisierung« der Leistungsbemessung* zu konstatieren, die den Einzelnen weitgehend schutzlos den scheinbaren Sachzwängen des Marktes unterwirft. Aus dieser eher pessimistischen Einschätzung der Demokratisierungs- und Politisierungspotenziale dezentraler Formen der Leistungskompromissbildung folgt nicht zwangsläufig eine generelle Ablehnung des Instruments »Zielvereinbarung«. Es sollen zunächst nur zwei Aspekte zum Ausdruck gebracht werden: Die Möglichkeit der Politisierung des Leistungskonflikts hängt nicht davon ab, ob Leistungspensen ausgehandelt oder aus arbeitswissenschaftlichen Methoden und Verfahrensvorschriften abgeleitet werden. Der Ausgangspunkt für eine Politisierung der Leistungsfrage liegt vielmehr im politischen Bewusstsein der betrieblichen Akteure und der Kenntnis um die kollektive Dimension des Konflikts. Zum Zweiten sprechen die aktuellen betrieblichen Durchsetzungs- und Handlungsbedingungen dafür, dass es weiterhin eines marktunabhängigen Referenzpunktes und regulierter kollektiver Verfahren bedarf. Nur so kann verhindert werden, dass das Gesamtsystem einer »rationalen« Leistungsdefinition ausgehebelt und dem freien Spiel der Marktkräfte ausgesetzt wird. Aus diesem Grund kann und darf aus gewerkschaftlicher Sicht die *»Haltelinie: methodische Datenermittlung«* nicht vorschnell gänzlich aufgegeben werden.

Dem steht aber nach wie vor das Argument entgegen, dass Datenermittlung unter den Bedingungen wachsender Varianten- und Typenvielfalt, ständig wechselnder Kundenanforderungen und moderner Arbeitsorganisationskonzepte gar nicht mehr praktikabel sei. Es wurde bereits darauf verwiesen, dass Zeitdatenmanagement durchaus im Trend liegt. Für die gewerkschaftliche Strategiebildung folgt daraus, dass man dem allgemein verbreiteten Mythos vom »Ende der Zeitwirtschaft« nicht erliegen darf. Daten liegen meist vor und können – natürlich unter Abwägung der jeweiligen Chancen und Risiken – zum Ausgangspunkt für eine Leistungsbemessung gemacht werden. Dabei sollte die konkrete Vorgehensweise der Interessenvertretung von der Prüfung folgender Faktoren abhängen:

- Seriengröße (Masse-, Serien oder Einzelfertigung),
- Typenvielfalt,
- Organisationsprinzipien (eher »tayloristische« Konzepte oder »ganzheitlicher Ansatz«),
- derzeitige Leistungsbedingungen (hoher Leistungsdruck oder informelle bzw. formelle Freiräume) (Meine, Pfisterer, Vogt 2001).

Am Ende einer solchen Kette von Prüffragen kann dann eine Entscheidung über die Art der Leistungsbezugsgröße (z.B. Soll-Zeiten, Nutzungsgrad, Produktivität, Zahl der zu bearbeitenden Fälle usw.) und das Verfahren zur Leistungsbemessung stehen.

Bei der Auswahl der Ermittlungsverfahren sind unter den heutigen betrieblichen Bedingungen verstärkt »schlanke« oder »weiche« Methoden wie »Selbstaufschreibung«, »Schätzen und Vergleichen« oder »Vereinbarung auf Basis von Erfahrungswerten« gefragt, die mit weniger Aufwand realisiert werden können als etwa die klassische Zeitaufnahme mit Leistungsgradbeurteilung. Unabhängig von der gewählten Methode gibt es einige Anforderungen, die aus gewerkschaftlicher Sicht immer erfüllt sein müssen:

- Ausgangspunkt für die Leistungsbemessung sind die *Bedingungen im Arbeitssystem* und die *menschliche Leistungsfähigkeit*.
- Die Bedingungen müssen *nachvollziehbar* bzw. *reproduzierbar* beschrieben sein.
- Ermittelte Leistungsvorgaben müssen *repräsentativ* sein.
- Das Zustandekommen der Vorgaben muss für die Beschäftigten *kontrollierbar* und damit *reklamierbar* sein.
- Neue Vorgaben nur bei veränderten Bedingungen.

Die hier genannten Kriterien sind nicht auf den klassischen Leistungslohn beschränkt. Sie lassen sich weitgehend auch als »schützende Hülle« um »Zielvereinbarungssysteme« herumgruppieren. Soll die zur Zeit eher negative leistungspolitische Bilanz sich nicht weiter verfestigen, so müssen auch vereinbarte Leistungsziele reproduzierbar beschrieben, zumutbare Leistungsbedingungen bei der Vereinbarung definiert werden, ein Reklamationsverfahren verankert sein, sich die Ziele aus der Arbeitsaufgabe ergeben usw. Gelänge dies, so könnten sich »Zielvereinbarungssysteme« durchaus als Instrument erweisen, das gerade für die vom klassischen Leistungslohn und der traditionellen Datenermittlung nicht erfassten Bereiche eine neue Qualität der Leistungsregulation darstellt. In Bezug auf die Verfahren der Leistungsbemessung und die Mitbestimmungs- und Beteiligungsrechte im traditionellen Leistungslohn müssen Zielvereinbarungskonzepte für die Praxis eher als Deregulierung gewertet werden. Damit haben sie für die gewerkschaftliche Leistungspolitik einen ambivalenten Charakter: Regulierte Zielvereinbarungssysteme sind einerseits Hoffnungsträger für eine aktive Leistungspolitik in den leistungspolitisch nicht kultivierten Bereichen und anderseits eine mögliche Bedrohung für klassisch hoch regulierte Bereiche.

Ausblick

Aus tarifpolitischer Sicht gilt es, in den aktuellen Verhandlungen um die neuen und für Arbeiter und Angestellten gemeinsamen Rahmenverträge (ERA) verbesserte Regelungen für einen »fairen« betrieblichen Leistungskompromiss zu fixieren. Aus gewerkschaftlicher Sicht wird es grundsätzlich darum gehen, dass weiterhin ein »menschzentrierter« und »aufwandsorientierter« Leistungsbegriff Grundlage der Entgeltgestaltung bleibt, der sich an zumutbaren Leistungsbedingungen orientiert. Neben der Aktualisierung traditioneller Entgeltformen (Akkord, Prämie) sollen auch Zielvereinbarungsmodelle tarifiert und aus der rechtlichen Grauzone herausgeführt werden. Strittig ist dabei zwischen den Tarifparteien vor allem die Reichweite der Mitbestimmungs- und Reklamationsrechte. Wie stark die »domestizierenden Schutzschichten« (Negt) des Tarifvertrages gegen das ungehinderte Agieren von Markt und Kapital auf dem Feld der Leistungspolitik aufgebaut werden können, ist offen.

Die Neubelebung gewerkschaftlicher Leistungspolitik hat aber nicht nur eine tarifpolitische, sondern auch eine betriebspolitische Dimension. Auch wenn die IG Metall ihre wesentlichen leistungspolitischen Vorstellungen in den Verträgen durchsetzen kann, wird es in der Folgezeit darauf ankommen, dass die neuen Möglichkeiten auch betrieblich umgesetzt werden. Das ERA-Projekt muss dann von einem tariflichen zu einem betriebspolitischen Projekt werden. Dazu bedarf es einer breiten Beteiligung und Mobilisierung der Beschäftigten für Fragen der Leistungsgestaltung in den Betrieben. Nur wenn die Verfahrensvorschriften zur Leistungsbemessung und die neuen Entgeltgrundsätze aktiv von den Beschäftigten genutzt werden, können sie auch ihre Schutzfunktion erfüllen.

Literatur

Aulenbacher, B./Siegel, T. (Hrsg.) (1995): Diese Welt wird völlig anders sein. Denkmuster der Rationalisierung, Pfaffenweiler.
Bahnmüller, R. (2001): Stabilität und Wandel der Entlohnungsformen, München und Mering.
Bergmann, J./Bürckmann, E./Dabrowski, H. (1998): Reform des Flächentarifvertrages?, Supplement der Zeitschrift Sozialismus Heft 1.
Cohen, D. (2001): Unsere Modernen Zeiten. Wie der Mensch die Zukunft überholt. Fehldiagnose Ende der Arbeit, Frankfurt/New York.
Ehlscheid, Ch./Meine, H./Vogt, W. (2001): »Wieviel Geld für wieviel Leistung?« Entlohnungsgrundsätze und Leistungsbedingungen, in: Lang, K./Meine, H./ Ohl, K. (Hrsg.) (2001), a.a.O.
Ehlscheid, Ch./Mathes, H./Scherbaum, M. (2001): »Das regelt schon der Markt!« Marktsteuerung und Alternativkonzepte in der Leistungs- und Arbeitszeitpolitik, Hamburg.
Ehlscheid, Ch./Schild, A./Wagner, H. (2001): »Da schiebt keiner mehr 'ne ruhige Kugel« – Arbeits- und Leistungsbedingungen im Angestelltenbereich, in: Lang, K./Meine, H./Ohl, K. (Hrsg.) (2001).
Ehlscheid, Ch./Unterhinninghofen, H. (2002): Neue Entgeltsysteme und die Rechtsprechung des Bundesarbeitsgerichts, in: Arbeitsrecht im Betrieb 5/2002.
Glißmann, W./Peters, K.(2001): Mehr Druck durch mehr Freiheit. Die neue Autonomie in der Arbeit und ihre paradoxen Folgen, Hamburg.
Lang, K./Meine, H./Ohl, K. (Hrsg.) (2001): Handbuch Arbeit – Entgelt – Leistung, 3. Auflage, Köln.
Lehnhardt, U. (2001): Neue Arbeitsformen zwischen Gesundheitsrisiken und -ressourcen, in: Pickshaus, K./Schmitthenner, H./Urban, H.-J., (Hrsg.) (2001).
Meine, H./Pfisterer, B./Vogt, W. (2001): »Die Zeiten werden härter!« Datenermittlung für die Zeitwirtschaft, in: Lang, K./Meine, H./Ohl, K. (Hrsg.) (2001).
Menz, W./Siegel, T. (2001): Markt statt Normalleistung: Denkmuster der Leistungs(lohn)politik im Wandel, in: Ehlscheid, Ch./Mathes, H./Scherbaum, M. (2001).
Minssen, H.(Hrsg.) (1999): Begrenzte Begrenzung, Berlin.
Moldaschel, M./Sauer, D. (1999): Internalisierung des Marktes. Zur neuen Dialektik von Kooperation und Herrschaft, in: Minssen, H. (Hrsg.)
Pickshaus, K./Schmitthenner, H./Urban, H.-J., Hrsg. (2001): Arbeiten ohne Ende. Neue Arbeitsverhältnisse und gewerkschaftliche Arbeitspolitik, Hamburg.
Pickshaus, K. (2001): Das Phänomen des »Arbeitens ohne Ende«, in: Pickshaus, K./Schmitthenner, H./Urban, H.-J. (Hrsg.).
Pinchot, G. (1988): Intrapreneuring – Mitarbeiter als Unternehmer, München.
REFA (1998): REFA Aus- und Weiterbildung, Sonderausgabe 98.
Sauer, D. (Hrsg.) (2002): Dienst – Leistung(s) – Arbeit. Kundenorientierung und Leistung in tertiären Organisationen, München.
Siegel, T. (1995): »Schlank und flexibel in die Zukunft«, in: Aulenbacher/Siegel (1995).
Siegel, T./Schudlich, E. (1992): Verhandeln statt kalkulieren, in: Die Mitbestimmung, Heft 10.
Wagner, H. (2002):Leistungspolitik im flexiblen Kapitalismus – Eine Zukunftsfrage für Gewerkschaften, in: Sauer, D. (Hrsg.) (2002), a.a.O.

Andrea Fergen

Gesundheitsverträgliche Arbeitszeiten – ein zentraler Aspekt »guter Arbeit«

Die Arbeitszeitgestaltung spielt seit jeher eine zentrale Rolle im Arbeitsschutz. Das kommt nicht von ungefähr, hat doch der Arbeitsschutz seine Wurzeln im Arbeits*zeit*schutz. Der Acht-Stunden-Tag wurde zur »Faustformel« menschengerechter Arbeitszeit. Die Gewerkschaften haben mit ihrer Politik der Arbeitszeitverkürzung über Jahrzehnte hinweg einen wichtigen Beitrag zur Humanisierung der Arbeit geleistet. Ihre Erfolge stehen heute zur Disposition. So werden seit der zweiten Hälfte der 1990er Jahre die tatsächlichen Arbeitszeiten wieder länger. Die betriebliche Arbeitszeitpolitik wird seitdem mehr und mehr nach ökonomischen Gestaltungsanforderungen ausgerichtet. Die Humanisierung als Leitziel ist weiter in den Hintergrund gerückt. Die Frage von Arbeitszeit und Gesundheit erhält jedoch eine neue Aktualität, weil viele Beschäftigte in gesundheitlicher und sozialer Hinsicht an den modernen Arbeitszeiten leiden. Eine Gesundheitsverträglichkeitsprüfung tariflicher und betrieblicher Arbeitszeitpolitik scheint unverzichtbar, wollen die Gewerkschaften der Arbeitszeit ihre hohe Bedeutung für gute Arbeit wieder zukommen lassen.

Die Arbeitszeit – vor allem ihre Dauer sowie ihre Lage und Verteilung – kann vielfältige psychische Belastungen verursachen. Zugleich ist die individuelle Arbeitszeit immer auch die Zeitdauer, in der Beschäftigte weiteren Belastungen wie Lärm, Gefahrstoffen usw. ausgesetzt sind. Arbeitszeit ist somit selbst ein Faktor psychischer Belastungen und gleichzeitig immer auch die Expositionszeit für weitere physische und psychische Belastungen. »Im Allgemeinen gilt die Formel: Belastungs*höhe* x Belastungs*dauer* = Belastungs*grad*« (Oppolzer 2003: 350). Mit der Dauer der Arbeitszeit steigt also der Belastungsgrad an.

Natürlich beeinflussen Dauer sowie Lage und Verteilung der Arbeitszeit auch sehr unmittelbar die physischen und psychischen Regenerationsmöglichkeiten des Menschen. Beanspruchungsfolgen wie psychische Ermüdung bis hin zur chronischen Ermüdung und daraus entstehende Gefährdungen des Herz-Kreislaufsystems oder Magen-Darm-Erkrankungen gehören zur Alltagserfahrung vieler Beschäftigter. Derlei Gefährdungen können nur vermieden werden, »so lange während der Arbeit oder in der Ruhezeit bis zur nächsten Schicht (24 Stunden-Zyklus) eine vollständige Regeneration des Leistungsvermögens möglich ist« (Oppolzer 1999: 24).

Die zentrale Bedeutung der Arbeitszeit für das Wohlbefinden oder die Gesundheit der Beschäftigten liegt auf der Hand. Menschengerechte Arbeitszeitgestaltung muss unterschiedliche Facetten bzw. Problemlagen in den Blick nehmen: Zum einen die Dauer der täglichen und wöchentlichen Arbeitszeit als der zeitliche Umfang der Verausgabung von Arbeitskraft, zum anderen ihre Lage und Verteilung sowie drittens die Realisierungsmöglichkeiten von individuellen Bedürfnissen nach Zeitsouveränität und Planbarkeit von Arbeitszeit.[1]

Dauer der Arbeitszeit

Seit einigen Jahren ist eine faktische Verlängerung der Arbeitszeit zu verzeichnen. Hierfür sind jedoch nicht nur der Anstieg des Mehrarbeitsvolumens oder das Unterlaufen der 13- bzw. 18-Prozent-Quote in der Metall- und Elektroindustrie verantwortlich.[2] Besondere Bedeutung kommt in diesem Zusammenhang auch der verbreiteten Anwendung flexibler Arbeitszeitsysteme zu. Mit der Einführung von Arbeitszeitkonten werden aktuell die Flexibilisierungsspielräume erweitert und Möglichkeiten zum Aufbau von Guthaben schlichtweg erhöht. Hinzu kommt, dass Kontenobergrenzen häufig nicht eingehalten werden. Konten laufen über, manchmal nach dem Kaskaden-Prinzip von einem Konto auf das andere. Es kommt gelegentlich zum Verfall von Guthabenzeit, teilweise werden Konten ausbezahlt. Die Konsequenz ist eine schleichende Arbeitszeitverlängerung.

Doch das »Arbeitszeitdauerproblem« nur auf neue und flexible Arbeitszeitsysteme zurückzuführen, greift zu kurz. Vielmehr muss in Verbindung mit neuen Modellen der Zeitgestaltung auch die sich schrittweise durchsetzende Neuorientierung des Managements im Umgang mit dem Faktor Zeit berücksichtigt werden. So verliert mit dem Wechsel von der Zeitorientierung hin zur Ergebnisorientierung der Planungsparameter

---

[1] Freilich kommt auch der Arbeitsintensität, also dem Grad der psychischen und physischen Verausgabung von Arbeitskraft in einer Zeiteinheit eine zentrale Rolle zu. Darauf wird in diesem Beitrag jedoch nicht eingegangen. Vergleiche hierzu den Beitrag von Christoph Ehlscheid in diesem Band. Zum arbeitswissenschaftlichen Zusammenhang von Arbeitszeitdauer und Arbeitsintensität vgl. Oppolzer 2003: 351.

[2] Nach den Tarifverträgen der Metall- und Elektroindustrie ist es für 13 bzw. 18% der Beschäftigten möglich, die Arbeitszeit auf bis zu 40 Stunden pro Woche auszudehnen. In der Praxis wird diese Quote vermehrt unterlaufen.

»Arbeitszeit« in vielen Bereichen für das Management faktisch an Bedeutung. Die Arbeitsaufgabe bestimmt die tatsächliche individuelle Arbeitszeit. Hochflexible Arbeitszeitsysteme sind dabei das strategische Mittel, um die Neuorientierung mit dem Faktor Zeit durchzusetzen. Das Arbeitsergebnis tritt in den Vordergrund, die zum Erreichen des Ergebnisses notwendige Arbeitszeit wird zur variablen Restgröße.

Diese Entwicklung macht die strategische Allianz von Arbeitszeit und Leistung deutlich. So ist das Überfahren von Arbeitszeitgrenzen nicht nur ein arbeitszeitpolitisches Problem, sondern auch eines der Regulierung von Leistungsbedingungen bzw. des Leistungsdrucks. Die Entwicklung scheint sich ganz nach folgendem Motto Bahn zu brechen: Je stärker der Leistungsdruck, desto länger die Arbeitszeit. Nach einer ISO-Studie aus dem Jahre 1999 arbeiten 42% der Beschäftigten mit einer Wochenarbeitszeit zwischen 35 und 40 Stunden unter Termin- und Leistungsdruck.

In der Gruppe derjenigen, die zwischen 41 und 45 Wochenstunden arbeiten, gaben bereits 67% an, unter Termin- und Leistungsdruck zu stehen (Bundesmann-Jansen/Groß/Munz 2000: 193). Die gegenwärtige Entwicklung zeigt also, dass Intensivierung und Extensivierung der Arbeit Hand in Hand gehen. Dass dies den gesundheitlichen Verschleiß der Beschäftigten beschleunigt, ist offensichtlich. Eine dauerhafte Beanspruchung der Leistungsreserven der Beschäftigten durch permanente überlange Arbeitszeiten hat aus gesundheitswissenschaftlicher Sicht ernsthafte Folgen: »Werden solche Leistungsreserven bei langen täglichen Arbeitszeiten andauernd unter Einsatz bewusster Willensanspannung mobilisiert, kann sich das Leistungsvermögen nicht mehr hinreichend regenerieren. Chronische Ermüdungszustände sind schließlich die Folge davon, dass das Ermüdungsgefühl, das den Organismus vor Überlastung schützen soll, bei langen Arbeitstagen unterdrückt werden muss« (Oppolzer 1993: 140).

Eine Überforderung bei der Arbeit ist oft mit einer Untererholung in der kurzen Freizeit gekoppelt. So kann eine permanente Überlastung entstehen und sich mit einem Teufelskreis chronischer Ermüdung verknüpfen. Folgen solcher überlangen Arbeitszeiten unter diesen Bedingungen sind dann ein Nachlassen der Leistungsfähigkeit, das sich in sinkender Quantität und vor allem oft Qualität der Arbeit ausdrückt, eine höhere Fehler- und Ausschussquote sowie erhöhte Unfallgefahren bei der Arbeit oder bei den Arbeitswegen. Eine Umfrage bei Selbständigen in der Medienbranche (Freelancer) belegt, dass bei überlangen Arbeitszeiten das Phänomen einer Erholungsunfähigkeit einsetzen kann, d.h., dass sich die Arbeitskraft trotz Müdigkeit nicht mehr ausreichend regeneriert (Ertel-Kauric 2000: 598ff.). Bei ständigem Leistungsdruck stellt

Tab. 1: Wochenarbeitszeit und Gesundheitsbeschwerden

	35–40 Stunden	45 und mehr Stunden
Rückenschmerzen	42%	43%
Kopfschmerzen	29%	29%
Nervosität	24%	32%
Schlafstörungen	15%	25%
Psychische Erschöpfung	16%	25%
Magenschmerzen	14%	18%
Herz-Kreislaufprobleme	10%	14%

Quelle: ISO-Studie '99

»eine wöchentliche Arbeitszeit von bis zu 45 Stunden einen Schwellenwert« dar, »bei dessen dauerhaftem Überschreiten sich das gesundheitliche Risiko signifikant erhöht« (ebd.: 600f.).

Die Folgen eines vorzeitigen Kräfteaufbrauchs durch chronische Ermüdung bei langen Arbeitszeiten sind Beeinträchtigungen und Störungen der Gesundheit, wozu psychische Erschöpfung, Nervosität, Schlafstörungen trotz Müdigkeit und Magenschmerzen gehören können. Aber auch der Herzinfarkt und andere Durchblutungsstörungen des Herzens oder auch des Gehirns (Schlaganfall, Hirnschlag) sowie Hörsturz oder Tinnitus können die Folge von Überlastung durch zu lange Arbeitszeiten sein (vgl. Oppolzer 2003: 353). (Siehe Tabelle 1)

In einer Stellungnahme der Bundesanstalt für Arbeitsschutz und Arbeitsmedizin (BAuA) aus dem Jahre 2002 wird ebenfalls auf Forschungsergebnisse zu den Auswirkungen überlanger Arbeitszeiten hingewiesen: Psychische Erschöpfung und kardio-vaskuläre Erkrankungen (Herz- und Gefäßerkrankungen) werden ebenso hervorgehoben wie die Akkumulation toxischer Arbeitsstoffe in verlängerten Schichten. Eigentlich kann es nicht verwundern, sind doch alle MAK-Werte, Grenzwerte für Lärm und andere Umgebungsfaktoren sowie das Leistungsmaß (Normalleistung) auf die Acht-Stunden-Schicht am Tage ausgerichtet. Auch ein Blick auf das Verhältnis von Unfallrisiko und Arbeitszeitdauer scheint das gesunde Tagesmaß an Arbeit zu bestätigen: So ist auch ein »exponentieller Anstieg des relativen Unfallrisikos nach der neunten Arbeitsstunde« zu verzeichnen (BAuA 2002: 6).

Bei allen Angaben zur »Nettoarbeitszeit« ist in Rechnung zu stellen, dass die arbeitsgebundene Zeit die registrierte Arbeitszeit beträchtlich überschreitet und neben der bezahlten Arbeitszeit Pausen, Wegezeit und ggf. persönliche Zeiten für Umkleiden und Waschen mit umfassen kann. Das Zeitbudget der Beschäftigten, das für die Regeneration der Arbeitskraft zur Verfügung steht, wird insbesondere bei Berufspendlern oftmals erheblich geschmälert.

Betrachtet man die verbleibende freie Zeit nicht nur in ihrer Funktion für körperliche, sondern auch hinsichtlich der psychischen Regenerationsmöglichkeiten, so wird deutlich, »dass die Diskussion zu überlangen Arbeitszeiten nicht allein vor dem Hintergrund der Arbeitsbelastung geführt werden kann, sondern dass Arbeitszeit auch mit der Zeit für Erholung (einschließlich Schlaf) und der Zeit für gesellschaftliche Teilhabe in einer Wechselwirkung steht« (ebd.: 7).

Schicht- und Wochenendarbeit

Wie ist der aktuelle Verbreitungsgrad von Schicht- und Wochenendarbeit? Nach der repräsentativen Befragung des ISO arbeiteten 1999 16% der Beschäftigten regelmäßig an Sonntagen (1989 waren es noch 10%). Regelmäßige Samstagsarbeit wurde 1999 sogar von 35% der Beschäftigten geleistet. Auch der Anteil der in Schicht- und Nachtarbeit Beschäftigten hat zugenommen. Waren 1995 noch 13% in Schicht- und Nachtarbeit tätig, so waren es 1999 bereits 18%, also knapp ein Fünftel aller Erwerbstätigen (Bundesmann-Jansen/Groß/Munz 2000: 65). Dies sieht auf den ersten Blick noch nach einem begrenzten Konfliktfeld aus. Betrachtet man allerdings die Verbreitung von Schichtarbeit in Relation zur Betriebsgröße, so ergibt sich besonders für eine Gewerkschaft wie die IG Metall aufgrund ihrer Mitgliederstruktur (vorwiegend aus Mittel- und Großbetrieben) eine neue Dramatik. (Siehe Tabelle 2)

Schichtarbeit ist vor allem ein Mittel- und Großbetriebsproblem. Eine vergleichbare Verteilung ergibt sich bei Wochenendarbeit. Auch hier gilt: größere Betriebe arbeiten vermehrt am Wochenende. (Siehe Tabelle 3)

In der Schichtarbeitsforschung ist seit langem bekannt, dass Schichtarbeit und dabei vor allem Nachtarbeit (entweder im Rahmen von Drei-Schicht-Arbeit und besonders als Dauernachtschichtarbeit) zu den zentralen Risikobereichen für die Gesundheit gehören. Insbesondere Nachtarbeit stört den körpereigenen Biorhythmus von Verausgabung und Wiederherstellung der Arbeitskraft, der sich etwa über einen Tag erstreckt (Zirkadian-Rhythmus). Die gesteigerte Organtätigkeit am Tage bewirkt die erhöhte Leistungsfähigkeit und die verlangsamte Funktion kennzeichnet das Erholungsbedürfnis in der Nacht (Oppolzer 1993: 148). Die hieraus resultierende Leistungskurve des Menschen lässt sich »grundsätzlich nicht umkehren; auch bei lange andauernder Nachtarbeit (z.B. bei Dauernachtarbeit) erfolgt keine Anpassung des Organismus« (ebd.). Bei Arbeiten entgegen dem natürlichen Rhythmus kann eine durchschnittliche Normalleistung nur durch besondere Anstrengung, d.h. durch Mobilisierung zusätzlicher körperlicher Leistungsreserven erbracht werden.

Tab. 2: Verbreitung von Schichtarbeit

Schichtarbeit setzen ein:

Betriebe mit:	
500 und mehr Beschäftigten	80%
200 bis 499 Beschäftigten	59%
20 bis 199 Beschäftigten	36%
1 bis 19 Beschäftigten	13%

ISO-Betriebsbefragung 2001, Bauer u.a. 2002: 144

Tab. 3: Verbreitung von Wochenendarbeit

Betriebe mit	Regelm. Samstagsarbeit		Regelm. Sonntagsarbeit	
	1993	2001	1993	2001
2000 und mehr Beschäftigten	51%	75%	42%	57%
500 bis 1999 Beschäftigten	49%	69%	37%	47%
200 bis 499 Beschäftigten	39%	58%	25%	31%
20 bis 199 Beschäftigten	37%	51%	16%	25%
1 bis 19 Beschäftigten	42%	43%	16%	17%

ISO-Betriebsbefragung 2001, Bauer u.a. 2002: 128

Tab. 4: Lage der Arbeitszeit und Gesundheitsbeschwerden

	Schichtarbeit		Wochenendarbeit	
	ja	nein	Ja	nein
Schlafstörungen	30%	15%	24%	15%
Psychische Erschöpfung	23%	16%	20%	15%

ISO-Studie '99

Die durch die Nachtschicht ausgelöste Übermüdung wird in der Regel durch Erholungsdefizite am Tag verstärkt, da die »innere Uhr« eine vollständige Erholung und Regeneration der Arbeitskraft erschwert.

Die Schlafdauer von SchichtarbeiterInnen ist kürzer, ihre Schlafqualität schlechter als die von Beschäftigten in Normalschicht (BGAG-Report 1-2002: 35ff.). Die ISO-Umfrage 1999 zur Arbeitszeit zeigt doppelt so häufige Schlafstörungen bei SchichtarbeiterInnen wie bei nicht in Schicht Arbeitenden. Auch eine psychische Erschöpfung ist bei Schichtarbeit weitaus häufiger feststellbar. (Siehe Tabelle 4)

Gesundheitsschädliche Auswirkungen sind insbesondere bei dauerhafter Nachtarbeit wahrscheinlich: »Die Viel- und Überbeanspruchung des Organismus in Nachtarbeit versetzt die Betroffenen in einen sich selbst verstärkenden Teufelskreis von Überanstrengung und chronischer Ermüdung, der sich in Beeinträchtigungen und Störungen von Gesundheit und Leistungsvermögen niederschlägt. Herz-Kreislauf-Erkrankungen als Folge der Überforderung und nervöse Störungen (z.B. Reizbarkeit, Abgeschlagenheit) als Resultat ständiger Müdigkeit sind daher typische Krankheiten bei Nacht- und Schichtarbeitern« (Oppolzer 1993: 149).

Bei Nachtarbeit ist aber auch die Widerstandsfähigkeit des Organismus gegenüber weiteren Arbeitsbelastungen herabgesetzt, z.B. gegenüber Lärm, Gefahrstoffen (Grenzwerte richten sich nach Arbeit am Tage), Klimaeinflüssen sowie Stress und Arbeitsintensität. Eine neue dänische Studie belegt sogar den Zusammenhang zwischen Brustkrebs und Nachtarbeit: Bereits nach sechs Monaten Nachtarbeit steigt bei Frauen das Brustkrebsrisiko um 50%. Als mögliche Ursache sehen Wissenschaftler wechselnde Schlafzeiten und zu wenig Sonnenlicht. Dadurch komme es zu einem Mangel des Hormons Melatonin, was u.a. den Biorhythmus des Menschen kontrolliert.[3]

Auch die Unfallquoten sind bei Nachtarbeit weitaus höher als bei Tagarbeit, was angesichts der herabgesetzten biologischen Leistungsfähigkeit des Organismus in der Nacht nicht verwunderlich ist. Viele industrielle Großunfälle wie Tschernobyl oder Harrisburg ereigneten sich aufgrund der herabgesetzten Wachsamkeit durch Übermüdung während der Spätphase einer Nachtschicht.

Als weiteres Risiko für SchichtarbeiterInnen kommt hinzu, dass für die Verarbeitung etwa von Stress die soziale Unterstützung eine Pufferfunktion einnimmt. Hierin liegt für SchichtarbeiterInnen das nächste Problem: »Die zur Stressbewältigung benötigte ›sozial wertvolle Zeit‹ ist bei Nacht- und Schichtarbeitern verkürzt, insbesondere dann, wenn auch an Wochenenden gearbeitet wird. Die Folgen des langfristigen Fehlens dieser individuellen Stressbewältigungsressourcen sind – insbesondere in der Addition zur weiteren bei der Nacht- und Schichtarbeit zu erwartenden Stressoren – nicht kalkulierbar« (BGAG-Report 1-2002: 59).

Wie Tabelle 4 zeigt, ist auch Wochenendarbeit mit einer Zunahme gesundheitlicher Beschwerden wie Schlafstörungen und psychischen Erschöpfungen verbunden. Dies verweist darauf, wie wichtig fest planbare und regelmäßige arbeitsfreie Ruhepausen wie ein Wochenende für die Erhaltung der Regenerationsfähigkeit der Arbeitskraft sowie zur Stressbewältigung durch die Pflege sozialer Kontakte sind.

---

[3] »Der dänische Mediziner Johnni Hansen und sein Team untersuchten mehr als 7.000 Frauen im Alter von 30 bis 54 Jahren, die unter Brustkrebs litten. Sie rekonstruierten deren Arbeitsgeschichte bis in das Jahr 1964 zurück und verglichen sie mit der von gesunden Frauen, die abgesehen von der nächtlichen Tätigkeit identische Lebensbedingungen hatten. Ziel war es, andere Risikofaktoren als Einflussgrößen auszuschließen.« http://www.wdr.de/themen/gesundheit/krankheit/brustkrebs/risiko_nachtarbeit.jhtml

Arbeitszeitflexibilisierung: Mehr Planbarkeit und Zeitsouveränität?

Obwohl die Arbeitszeitflexibilisierung in der öffentlichen Debatte gerade mit dem Argument steigender Zeitsouveränität vorangetrieben wurde, zeigt die betriebliche Praxis ein anderes Bild. Arbeitszeitgestaltung unter dem Diktat der Markt- und Kundenorientierung stellt die Planbarkeit individueller Arbeits- und Lebenszeit zunehmend in Frage. Individuelle Anforderungen an die Gestaltung der Zeit drohen unter die Räder zu geraten.

So kann es nicht verwundern, dass viele Beschäftigte in flexiblen Arbeitszeitsystemen über die Kurzfristigkeit klagen, mit der Dauer und Lage der Arbeitszeit verändert werden. Der Verlust von verbindlichen Arbeitszeitregelungen erschwert die bewusste Gestaltung von sozialen Beziehungen und Lebensformen, setzt sie doch die Planbarkeit von Arbeits- und Lebenszeit voraus. Ihr Verlust bringt die soziale Zeitarchitektur gründlich ins Wanken. Familiäre und sonstige private Zeitanforderungen der Beschäftigten werden zu nachrangigen Randbedingungen degradiert. Mangelhafte soziale Einbindung und psychische Instabilität sind die Konsequenzen.

Bleibt die Frage, ob mit dem zunehmenden Verlust verlässlicher Arbeitszeiten ein Mehr an Zeitsouveränität erkauft wird? Ist es doch ein immer wieder genanntes Argument, dass Arbeitszeitflexibilisierung mehr Einflussmöglichkeiten für die Beschäftigten gemäß ihren individuellen Zeitbedürfnissen ermöglicht. Und gerade die Zeitkontenphilosophie suggeriert die freie Verfügung über das Ansparen und Abheben von Zeit in bestimmten Grenzen. Doch ist auch dies als verallgemeinerbare Tendenz gerade nicht feststellbar. Vielmehr richtet sich die konkrete Dauer und Lage der Arbeitszeit nach betrieblichen Erfordernissen. Arbeitszeitschwankungen, also das Hoch- und Runterfahren von Arbeitszeit, liegen in erster Linie in ökonomischen und nicht in Beschäftigteninteressen begründet.

Geben nach der repräsentativen Beschäftigtenbefragung des ISO 17% der Beschäftigten – und zwar unabhängig von dem konkreten Arbeitszeitmodell – an, über Lage und Dauer überwiegend selbst bestimmen zu können, so sind es bei Zeitkontenmodellen aus schwankender Arbeitszeitverteilung nur 1% mehr, also 18% (Bundesmann-Jansen/Groß/Munz 2000: 188). Die individuellen Verfügungsmöglichkeiten über die (Arbeits-)Zeit haben sich infolge der Flexibilisierung nicht nennenswert verbessert. Insgesamt muss konstatiert werden, dass zeitliche Dispositionsmöglichkeiten der Beschäftigten bei Zeitkontenmodellen aus schwankender Arbeitszeitverteilung nur sehr eingeschränkt bestehen. Zugleich bergen sie das Risiko, »in eine größere Abhängigkeit von teilweise kaum kalkulierbaren Zeitvorgaben der Betriebe« zu geraten (Seifert 2001: 84).[4]

Um dem Anliegen, Anforderungen an gesundheitsverträgliche Arbeitszeitgestaltung zu skizzieren, auch wirklich näher zu kommen, muss jedoch zwischen Arbeitszeitkonten aus schwankender Arbeitszeitverteilung (Jahresarbeitszeitkonten) und »klassischen« Gleitzeitkonten differenziert werden. Denn aus Beschäftigtensicht ergibt sich bei der Beurteilung von Gleitzeit ein völlig anderes Bild. »Nach wie vor ist die gleitende Arbeitszeit das Arbeitszeitmodell, das den höchsten Grad an Selbstbestimmung bietet« (Bundesmann-Jansen/Groß/Munz 2000: 186ff.). Die Gesamtbeurteilung sieht folgendermaßen aus: 85% der Gleitzeitbeschäftigten sehen in der gleitenden Arbeitszeit eher Vorteile und nur 2% sehen darin Nachteile (für 14% wiegen sich Vor- und Nachteile auf). Wird für die Beschäftigten ein Gleitzeitkonto geführt, so überwiegen sogar für 87% die Vorteile.

Für die Perspektive gewerkschaftlicher und betrieblicher Arbeitszeitgestaltung ist die Frage, warum Gleitzeitarbeit so positiv bewertet wird, von großem Interesse. Ein Grund hierfür besteht sicherlich in dem Flexibilisierungsspielraum der Gleitzeit sowie in deren Grenzen: Zum einen kann in klassischen Gleitzeitsystemen unter Berücksichtigung der Kernarbeitszeit die Dauer der täglichen Arbeitszeit und zum anderen die Lage der Arbeitszeit innerhalb der betrieblichen Rahmenarbeitszeit variiert werden. Gleichzeitig ist festzuhalten, dass nur 12% der Beschäftigten mit Gleitzeitkonto die Gleitzeit so nutzen, dass es zu einer schwankenden Arbeitszeitverteilung kommt. Die Mehrheit der Gleitzeitbeschäftigten entwickelt relativ stabile Zeitstrukturen (ebd.: 152).

Die hohe Zustimmung zur Gleitzeit legt nahe, dass die Beschäftigten bei diesem Arbeitszeitmodell größere individuelle Entscheidungsspielräume bzw. eine bessere Vereinbarkeit von beruflichen und privaten Interessen realisieren können. Dies hängt sicherlich mit der Konstruktion der Gleitzeit zusammen. Eine klare Trennung von Kernzeit und Gleitzeitspanne gibt den Beschäftigten Planungssicherheit und garantierte Freiräume. Zwar besteht in der Kernzeit für die Beschäftigten eine Verpflichtung zur Anwesenheit, auf die sich der Arbeitgeber berufen kann. Jedoch stellt die Gleitzeitspanne auch einen definierten Freiraum für die Beschäftigten dar (was nicht bedeutet, dass dieser in der betrieblichen Praxis immer gegen unternehmerische Zugriffe verteidigt werden kann).

---

[4] Bei der Frage der Zeitsouveränität ist zwischen unterschiedlichen Beschäftigtengruppen zu differenzieren. So sind höher qualifizierte Beschäftigte meist zeitsouveräner als geringer Qualifizierte, allerdings häufig um den Preis verlängerter Arbeitszeiten. Vgl. Fergen/Scherbaum 2001: 69ff.

Wenn diese Trennlinie verschwimmt – wie etwa bei »normalen« Zeitkonten – oder gänzlich aufgehoben wird, ist in der betrieblichen Praxis eine Unterscheidung zwischen Pflicht- und Freiraum nicht mehr möglich. Wer angesichts der betrieblichen Herrschaftsverhältnisse in der Lage ist, diese Grauzone für sich nutzbar zu machen, braucht an dieser Stelle wohl kaum erörtert zu werden (Fergen 2000: 171ff.).

Hieraus kann sicher nicht geschlussfolgert werden, dass Gleitzeit quasi automatisch positiv und andere Zeitkontensysteme im Vergleich dazu negativ bewertet werden. Festzuhalten ist aber, dass Gleitzeitsysteme in der betrieblichen Praxis in höherem Maße Zeitsouveränität ermöglichen als etwa Jahresarbeitszeitkonten. Zusammenfassend muss daher konstatiert werden, dass Vor- und Nachteile flexibler Arbeitszeitsysteme für die Beschäftigten entscheidend von der jeweiligen Regulierungsform abhängen. Mehr Zeitsouveränität der Beschäftigten oder größere Zugriffsmöglichkeiten des Unternehmens auf das individuelle (Arbeits-)Zeitverhalten (und damit weniger Selbstbestimmung und Planbarkeit der Zeit) sind nicht per se gegeben oder nicht gegeben, sondern abhängig von der inneren Ausgestaltung der Arbeitszeitregime.

Bezogen auf Zeitkonten aus schwankender Arbeitszeitverteilung, d.h. etwa Jahresarbeitszeitkonten, deren Verbreitungsgrad in den letzten Jahren eine rasante Zunahme erfahren hat und für die in der Regel wenig oder keine individuellen Verfügungsrechte festgelegt sind, ergibt sich folgendes Bild: Sehr eingeschränkte zeitliche Dispositionsmöglichkeiten, ein hohes Maß an Planungsunsicherheit und *allzeitige* Verfügbarkeit charakterisieren die Zeitbedingungen von Beschäftigten mit normalen Jahresarbeitszeitkonten. Dies kann insofern nicht verwundern, sollen diese Arbeitszeitmodelle doch gerade bedarfs- und kundenorientiertes Arbeiten ermöglichen, längere Arbeitszeiten sowie flexibles Reagieren auf Auftragsschwankungen gewährleisten – und nicht zuletzt zuschlagsfähige Mehrarbeit vermeiden.

Klassische Arbeitszeitregulierungsformen wie etwa Höchstarbeitszeiten und Ausgleichszeiträume, ein klar definierter Arbeitsbeginn und Arbeitsende oder festgelegte Verfügungsrechte für die Beschäftigten (z.B. bei klassischen Gleitzeitmodellen) stellen in diesem Zusammenhang eine Behinderung dar, erschweren sie doch den unmittelbaren Durchgriff der Arbeitgeber auf die Arbeitszeit. Für die Beschäftigten bedeutet das: Zunehmender Verlust von Alltagskontrolle, also der Kontrolle und Verfügung über die eigenen Lebensbedingungen, der die Menschen in einem hohe Maße psychisch belastet. So kann es nicht verwundern, dass die Beschäftigten, »die unter den Bedingungen des Normalarbeitszeitstandards arbeiten, durchweg weniger über gesundheitliche Beschwerden klagen, als die Beschäftigten außerhalb dieses Standards« (Bundesmann-Jansen/Groß/Munz 2000: 195).[5] Besonders auffällig ist, dass bei Beschäftigten mit flexiblen Arbeitszeiten die Häufigkeit der gesundheitlichen Beeinträchtigungen durch Schlafstörungen und Nervosität signifikant erhöht ist im Vergleich zu Beschäftigten mit Normalarbeitszeit (ebd.: 196).

Eckpunkte zur Arbeitszeitgestaltung aus Sicht des Arbeits- und Gesundheitsschutzes

Mit der Frage der Ausrichtung zukünftiger gewerkschaftlicher Arbeitszeitpolitik sind sehr unterschiedliche Zielkonstellationen verbunden. So ist mit der Arbeitszeitfrage immer auch die Frage von Beschäftigungssicherung, individuellen Lebensentwürfen und nicht zuletzt von Gesundheitsschutz gestellt. Freilich können aufgrund dieser verschiedenen Anforderungen auch Zielkonflikte entstehen. Diese werden jedoch im Folgenden nicht thematisiert. Nachfolgende Anforderungen an Arbeitszeitgestaltung ergeben sich allein aus Sicht des Arbeits- und Gesundheitsschutzes.

Was also sagt die Arbeitswissenschaft zur Gestaltung der Arbeitszeit? Generell kann die Frage so beantwortet werden: Die Dauer sowie Lage und Verteilung der Arbeitszeit ist so vorzunehmen, dass eine psychische Ermüdung nicht auftritt bzw. im 24-Stunden-Rhythmus kompensiert werden kann. So ist die psychische Ermüdung als negative Beanspruchungsfolge von überlangen Arbeitszeiten oder unergonomisch gestalteten Schichtplänen Gegenstand der Normung (DIN EN ISO 10075). Unter psychischer Ermüdung wird eine vorübergehende Beeinträchtigung der physischen und psychischen Funktionstüchtigkeit verstanden. Sie äußert sich insbesondere im subjektiven Müdigkeitsempfinden der Betroffenen, in erhöhter Anstrengung im Verhältnis zur erbrachten Leistung sowie in der zunehmenden Häufigkeit von Fehlern. Aus arbeitswissenschaftlicher Sicht sind lediglich leichte und mittlere Grade psychischer Ermüdung zumutbar und beeinträchtigungsfrei. Kann durch entsprechende Erholung in den Arbeitspausen und der »arbeitsfreien« Zeit bis zum nächsten Arbeitstag die psychische Beanspruchung kompensiert werden, besteht keine unmittelbare Notwendigkeit zu Maßnahmen des Arbeitsschutzes. Schwere Formen psychischer Ermüdung oder gar

---

[5] »Unter Normalarbeitszeit verstehen wir eine der Vollzeitbeschäftigung entsprechende Beschäftigung von 35 bis 40 Stunden vertraglich vereinbarte Wochenarbeitszeit, die montags bis freitags tagsüber ausgeübt wird und in der Arbeitszeitlage nicht variiert« (ebd.: 192).

chronische Ermüdung und Erschöpfung liegen vor, »wenn aufgrund der Überbeanspruchung über längere Zeit die Ermüdung die Erholungsmöglichkeiten übersteigt oder wenn eine Regeneration nur durch eine unverhältnismäßig lange Erholungsphase (z.B. unter Einschluss des Urlaubs) möglich ist« (Oppolzer 1999: 29). Eine besondere Form psychischer Übermüdung ist das »Burn-out-Syndrom«. Die mit chronischer Ermüdung verbundene Beeinträchtigung des Wohlbefindens und der Gesundheit erfordert dringend Maßnahmen des Arbeitsschutzes als Beitrag zur menschengerechten Arbeits(zeit)gestaltung.

Welche konkreten Gestaltungsanforderungen stellen sich nun aus Sicht des Gesundheitsschutzes an betriebliche Arbeitszeitregime? Entsprechend der unterschiedlichen Problemdimensionen Dauer, Lage und Verteilung der Arbeitszeit sowie »neue« Flexibilisierungsauswirkungen sind auch die Gestaltungsanforderungen zu differenzieren.

Arbeitszeitdauer reduzieren

Ganz ohne Zweifel ist es gerade aus Sicht des Arbeits- und Gesundheitsschutzes von hoher Bedeutung, die Dauer der tatsächlichen Arbeitszeit zu reduzieren. Dass die regelmäßige tägliche Arbeitszeit nicht über acht Stunden betragen soll, gilt seit mehr als drei Jahrzehnten als gesicherte arbeitswissenschaftliche Erkenntnis. Interessanterweise gewinnt diese alte Erkenntnis gerade durch die Entwicklung neuer Arbeitsformen wieder an Aktualität. So ist es vor allem die extreme Zunahme psychischer Belastungen – und zwar sowohl in gewerblichen und Angestelltenbereichen –, die die Begrenzung der täglichen Arbeitszeit erneut auf die Tagesordnung setzt. Sicherlich gilt es auch, die Perspektive für eine weitere Arbeitszeitverkürzung neu zu gewinnen. Denn es dürfte »nicht überzogen sein, wenn wir heute angesichts der allein in den letzten zehn Jahren realisierten Steigerungen der Arbeitsintensität die Höchstgrenze der regelmäßigen Arbeitszeit deutlich unter acht Stunden täglich ansetzen« (Oppolzer 2003: 351). Betrachtet man nun auch noch Beschäftigtengruppen, deren Arbeitsbedingungen neben der Leistungsverdichtung einen weiteren Cocktail von psychischen und physischen Belastungen aufweisen – z.B. hohe Leistungsverausgabung in der Nacht bei Lärm und/oder Gefahrstoffen –, so wird der Stellenwert weiterer Arbeitszeitverkürzung einmal mehr unterstrichen. Aus Sicht des Gesundheitsschutzes kommt einer weiteren Arbeitszeitverkürzung für besonders belastete Beschäftigtengruppen (etwa SchichtarbeiterInnen) eine vorrangige Bedeutung zu. Ihren extrem hohen Belastungsgrad gilt es durch eine Reduzierung der Belastungsdauer dringend zu entschärfen. Die tarifliche und gesetzliche Regulierung der Höchstarbeitszeit (regelmäßige tägliche und wöchentliche Höchstarbeitszeit 8 bzw. 40 Stunden) zum Schutz vor Überforderung scheint als weiterer zentraler Eckpunkt vor allem wegen der weiten Verbreitung flexibler Arbeitszeitregime unumgänglich. Ein Überschreiten der regelmäßigen Höchstarbeitszeit erfordert zudem belastungsnahe Zeitausgleiche. Physische und psychische Überbeanspruchung bedarf in engem zeitlichen Zusammenhang der Regeneration. Diese aus arbeitswissenschaftlicher und arbeitsmedizinischer Sicht notwendigen Anforderungen an die Arbeitszeitgestaltung schränken die Logik stark ein, Arbeitszeit anzusammeln, um sie etwa zum vorzeitigen Eintritt ins »Rentenalter« zu nutzen (Lebensarbeitszeitkonto). Es ist zwar wissenschaftlich belegt, dass mit zunehmendem Alter der Bedarf an kürzerer Arbeitszeit steigt.[6] Aber die verkürzte Arbeitszeit im Alter darf nicht zulasten von überlangen Arbeitszeiten in jüngeren Jahren erkauft werden. Hieraus ergibt sich: Zeitkonten – und zwar sowohl mit kürzerer als auch langer Laufzeit – dürfen nicht durch überlange tägliche oder wöchentliche Arbeitszeiten gespeist werden. Dies wäre unter gesundheitspolitischer Sicht sehr problematisch.

Gesundheitsverträgliche Lage und Verteilung der Arbeitszeit
Die Forderung nach Begrenzung der Schicht-, Nacht- und Wochenendarbeit ist aufgrund der weitreichenden gesundheitlichen und sozialen Auswirkungen gerade aus Sicht des Arbeits- und Gesundheitsschutzes zu bekräftigen. Gleichwohl ist es nicht zuletzt aufgrund der schwierigen Durchsetzungsbedingungen von großer Bedeutung, über humanere Schichtmodelle nachzudenken. Dies ist besonders dringlich, wenn auch in Nachtschichten gearbeitet wird. Die traditionelle Schichtplangestaltung geht davon aus, dass die Beschäftigten im Wechsel eine Woche früh, eine Woche nachts und eine Woche spät arbeiten. Aufgrund der extremen Belastung für die Beschäftigten wurden Schichtmodelle entwickelt, die von kürzeren Schichtrhythmen und einem Vorwärtswechsel ausgehen. Das heißt zum Beispiel zwei Tage Frühschicht, zwei Tage Spätschicht, zwei Tage Nachtschicht und auf die Nachtschicht folgen vier Freischichten, bevor es wieder mit zwei Tagen Frühschicht usw. losgeht. Im Durchschnitt von zehn Wochen ergibt sich eine wöchentliche Arbeitszeit von 33,6 Stunden. Die Zeit zwischen 33,6 Stunden und der tariflichen Regelarbeitszeit wird in der Regel durch zusätzlich zu leistende flexibel einsetzbare Schichten ausgeglichen. Diese verringern allerdings die Regenerationsmöglichkeiten der SchichtarbeiterInnen erheb-

---

[6] »Im Alter von 50 Jahren benötigen 25% eines Kollektivs etwa 6,5 Stunden täglich, weitere 25% können 7,4 und weitere 25% bis 7,8 Stunden arbeiten, während 8 Stunden eigentlich für alle zuviel sind.« Mit zunehmendem Alter steigt der Bedarf an kürzerer Arbeitszeit (Ilmarinen/Tempel 2002: 255).

lich. Die Ausgleichsschichten könnten durch kürzere tarifliche Arbeitszeiten vermieden werden. Eine weitere Möglichkeit bestünde in der Umwandelung von »Geld-Zuschlägen« in »Zeit-Zuschläge« für Schichtarbeit. Auch bei Modellen mit nicht-vollkontinuierlicher Betriebsweise – also bei Schichtsystemen mit freiem oder teilweise freiem Wochenende – kann der Schichtfolge Früh-Spät-Nacht (vorwärts rollierend) in Kombination mit kurzen Schichtrhythmen Rechnung getragen werden (BAuA 2001; Gesamtmetall/Institut für angewandte Arbeitswissenschaft 2001: 66).

Zum Schutz gerade auch der in Nachtarbeit beschäftigten ArbeitnehmerInnen muss die Debatte über die Umwandlung von Geld- in Zeitzuschläge vorangetrieben werden. Die Tarifvertragsparteien sehen in der Regel einen Zeitausgleich für belastende Arbeitszeiten in Form von Geldzuschlägen vor. Neuere Tarifverträge enthalten aber auch Regelungen über einen Zeitausgleich bzw. Möglichkeiten, den Geldzuschlag in einen Zeitzuschlag umzuwandeln.[7]

Aus Perspektive des Gesundheitsschutzes ist auch von Bedeutung, dass nicht in Dauernachtschichten gearbeitet wird, die Nachtschichtblöcke möglichst kurz sind und ggf. Erholzeiten in der Nacht genommen werden können.[8] Für Zwei- und Drei-Schichtbetriebe kann auch die Dauer der Schichtzeiten variiert werden. So könnte etwa bei dreischichtiger Arbeitsweise in Früh- und Spätschicht acht Stunden gearbeitet werden, zugunsten einer auf fünf Stunden begrenzten Nachtschicht (wegen der »eingeschränkten« Betriebsnutzungszeit trägt dieses Modell natürlich nicht bei vollkontinuierlicher Betriebsweise). Durch die Umwandlung von Geld- in Zeitzuschläge wäre eine weitere Reduzierung der Schichtdauer möglich.

Zudem muss die gewerkschaftliche Debatte um das Rückkehrrecht von SchichtarbeiterInnen in die Normalarbeitszeit nach einer Dauer von x Jahren aktualisiert werden. Von zentraler Bedeutung ist auch, dass das Wochenende in die Schichtplangestaltung möglichst nicht mit einbezogen wird. Hierbei wird der sozialkulturellen Bedeutung des freien

---

[7] In Arbeitsbereichen mit ständiger Schichtarbeit oder Kontischichtarbeit machen die Geldzuschläge einen hohen Anteil des Arbeitseinkommens aus. Hier ist eine komplette Umwandlung von Geld in Zeitzuschlägen aus finanziellen Gründen nur schwer zu vertreten. Aber eine teilweise Umwandlung von Geld in Zeit, verbunden mit einem gesundheits- und sozialverträglichen Arbeitszeitmodell wäre sicherlich für eine erhebliche Anzahl von in Schichtarbeit Beschäftigten ein Gewinn.

[8] Vgl. LAG Niedersachsen v. 2.9.1994 – 3 Ta BV 55/93. Das LAG bestätigt, dass die schädlichen Wirkungen von Nachtarbeit zwar nicht durch Erholzeiten in der Nachtschicht ausgeglichen werden können, jedoch »lässt sich eine solche Erholzeit als ein geeignetes Mittel des Gesundheitsschutzes qualifizieren«, S. 8.

Wochenendes Genüge getan. Dies ist auch hinsichtlich der Regenerationsfähigkeit der Menschen unverzichtbar.

Arbeitszeit muss planbar und beeinflussbar sein
Von zentraler Bedeutung für das soziale und psychische Wohlbefinden der Menschen ist auch die innere Ausgestaltung flexibler Arbeitszeitregime. Hierbei gilt es, der zunehmenden Planungsunsicherheit und der allzeitigen Verfügbarkeit, also der Unterordnung persönlicher Zeitinteressen unter das nicht kalkulierbare Zeitdiktat der Betriebe entgegenzuwirken. Hierzu bedarf es zum einen einer Regulierung schwankender Arbeitszeiten durch ausreichende Ankündigungsfristen. Zumindest ließe sich hierdurch eine relative Planungssicherheit für die Beschäftigten realisieren. Unabdingbar ist auch die Ausweitung von individuellen zeitlichen Dispositionsmöglichkeiten. Die Einrichtung eines Arbeitszeitkontos etwa ist in aller Regel Resultat einer Anpassung der Arbeitszeit an betriebliche Belange. Im Gegenzug dafür sollte geregelt werden, dass die Beschäftigten auch nach individuellen Interessen ihre Arbeitszeit variieren können. Dies gilt sowohl für den Aufbau von Zeitschulden und Zeitguthaben und erst recht für die Entnahme von bereits aufgebautem Zeitguthaben. Denn das Guthaben ist geleistete, aber noch nicht bezahlte Arbeitszeit und damit ein Kredit der abhängig Beschäftigten an den Arbeitgeber. Schon deswegen sollte ein möglichst hohes Maß an individueller Verfügung über das Guthaben selbstverständlich sein. Hierzu bedarf es jedoch regulierter Verfügungsrechte für die Beschäftigten (zur Ausgestaltung von Kontenregelungen vgl. Fergen 2000: 191ff.).

Ausblick

Abschließend bleibt noch zu klären, wie nun die Erkenntnisse über die Wirkzusammenhänge von Arbeitszeitgestaltung und Gesundheitsrisiken in der Betriebspolitik auch Wirksamkeit erlangen können? Hierbei ergeben sich Anforderungen an zwei unterschiedliche Handlungsebenen. Zum einen muss es zweifellos darum gehen, den Anforderungen des Arbeits- und Gesundheitsschutzes an Arbeitszeitgestaltung in der Tarifpolitik Rechnung zu tragen. Denn die Bestimmungen zur Dauer, Lage und Verteilung von Arbeitszeit sind Gegenstand der Manteltarifverträge. Auf der tarifpolitischen Ebene müsste also gewährleistet werden, durch neue oder veränderte tarifliche Regularien und Normen den Anforderungen etwa nach Höchstarbeitszeit, Arbeitszeitverkürzung für besonders belastete Beschäftigtengruppen oder individuellen Verfügungsrechten Rechnung zu tragen.

Aber auch die Grenzen der Arbeitszeitpolitik müssen klar umrissen werden: Arbeitszeitpolitik allein wird diesen Anforderungen nicht genügen, wenn sie nicht mit tariflicher und betrieblicher Leistungspolitik verbunden wird. So ist das Überfahren von Arbeitszeitgrenzen häufig auch Ausdruck einer quantitativen Überforderung von Beschäftigten: Der steigende Leistungsdruck wird individuell kompensiert durch das Ausdehnen der Arbeitszeit. Gerade in diesen Fällen kommt es darauf an, die neuen Ansätze zur leistungspolitischen Regulation durch ERA betriebspolitisch im Sinne guter, also menschengerechter Arbeit umzusetzen.

Aber dem Handlungsfeld »Betriebspolitik« kommt eine weitere zentrale Rolle zu. Hier gilt es auch, die weitreichenden Mitbestimmungsrechte und Handlungsmöglichkeiten zu nutzen, die sich aus dem Arbeitsschutzgesetz in Verbindung mit Paragraph 87 (1) 7 Betriebsverfassungsgesetz ergeben. Gerade auch die Gesundheitsrisiken und Gefährdungen, die sich aus der Gestaltung der Arbeitszeit ergeben, sind zu ermitteln, zu beurteilen und ggf. durch entsprechende Maßnahmen zu korrigieren. Mit anderen Worten: Eine Gesundheitsverträglichkeitsprüfung der betrieblichen Arbeitszeitregime ist die nach dem Arbeitsschutzgesetz vorgeschriebene Aufgabe der Arbeitgeber, allerdings bei voller Mitbestimmung der Betriebsräte. So bestehen etwa über die Art der Gefährdungsermittlung, der Beurteilung von Gefährdungen sowie bei den ggf. zu entwickelnden Maßnahmen zur humaneren Arbeitszeitgestaltung weitreichende Mitbestimmungsrechte der Betriebsräte. Auf betriebspolitischer Ebene lässt sich somit auch auf Grundlage bestehender Tarifverträge an vielen »Stellschrauben« in Richtung mehr Humanisierung durch menschengerechte Arbeitszeitgestaltung drehen. Aktive Betriebspolitik in Kombination mit gewerkschaftlicher Tarifpolitik, die sich auch den Zielen des Arbeits- und Gesundheitsschutzes verpflichtet sieht, bietet eine echte Chance für gute Arbeit.

Literatur

BAuA (2001): Bundesanstalt für Arbeitsschutz und Arbeitsmedizin (Hrsg.): Leitfaden zur Einführung von Nacht- und Schichtarbeit, Bremerhaven 2001.

BAuA (2002): Stellungnahme der Bundesanstalt für Arbeitsschutz und Arbeitsmedizin vom 17. Januar 2002: Arbeitswissenschaftliche und arbeitsmedizinische Erkenntnisse zu überlangen Arbeitszeiten, S. 6, o.O., o.J.

Bauer, F./Groß, H./Munz, E./Sayin, S. (2002): Arbeits- und Betriebszeiten 2001. Neue Formen des betrieblichen Arbeits- und Betriebszeitenmanagements. Ergebnisse einer repräsentativen Befragung, Köln 2002.

BGAG-Report (1/2002): Lage und Dauer der Arbeitszeit aus Sicht des Arbeitsschutzes, Literaturstudie, Hauptverband der gewerblichen Berufsgenossenschaften (Hrsg.), Meckenheim 2002.

Bundesmann-Jansen, J./Groß, H./Munz, E. (2000): Nordrhein-Westfalen/Ministerium für Arbeit, Soziales und Stadtentwicklung, Kultur und Sport (Hrsg.): Arbeitszeit '99: Ergebnisse einer repräsentativen Beschäftigtenbefragung zu traditionellen und neuen Arbeitszeitformen in der Bundesrepublik Deutschland, Köln 2000.

Ertel, M./Kauric, S.(2000): Flexibilisierung und Gesundheit am Beispiel der Telearbeit – Ergebnisse einer empirischen Untersuchung in der Medienbranche in: WSI Mitteilungen 9/2000, S. 598ff.

Fergen, A. (2000): Flexible Arbeitszeitgestaltung, in: K. Ohl u.a.: Handbuch Manteltarifverträge. Gestaltung – Auslegung – Umsetzung, Frankfurt/M. 2000, S. 157ff.

Fergen, A./Scherbaum, M. (2001): Entwicklungen, Probleme und Herausforderungen gewerkschaftlicher Arbeitszeitpolitik, in: C. Ehlscheid/H. Mathes/M. Scherbaum (Hrsg.): »Das regelt schon der Markt« – Marktsteuerung und Alternativkonzepte in der Leistungs- und Arbeitszeitpolitik, Hamburg 2001, S. 59ff.

Gesamtmetall/Institut für angewandte Arbeitswissenschaft (Hrsg.) (2001): ARBEITsZEIT – So geht's! Köln 2001.

Ilmarinen, J./Tempel, J. (2002): Arbeitsfähigkeit 2010. Was können wir tun, damit Sie gesund bleiben? Hamburg 2002.

Oppolzer, A. (1993): Ökologie der Arbeit: Mensch und Arbeitsumwelt: Belastungen und Gestaltungserfordernisse, Hamburg 1993

Oppolzer, A.: (1999): Psychische Belastungen in der Arbeitswelt als Herausforderung für den Arbeits- und Gesundheitsschutz, Norddeutsche Metall-Berufsgenossenschaft (Hrsg.), o.O. 1999.

Oppolzer, A.: (2003): Überstunden und Überlastung. Risikofaktoren gesundheitlicher Gefährdung, in: Arbeitsrecht im Betrieb 6/2003, S. 349ff.

Seifert, H.(2001): Zeitkonten: Von der Normalarbeitszeit zu kontrollierter Flexibilität, in: WSI Mitteilungen 2/2001, S. 84ff.

Rainer Salm/Wolfgang Kötter

Gruppenarbeit – ein verbrauchtes Leitbild »guter Arbeit«?

Gruppenarbeit in einer »neuen Humanisierungsinitiative«

Gruppenarbeit war in den 1980er Jahren ein Leitbild gewerkschaftlicher Humanisierungspolitik, das sich sowohl auf gewerkschaftliche Wertvorstellungen von qualifizierter und solidarischer Arbeit, als auch auf arbeitswissenschaftliche Erkenntnisse über gleichzeitig menschengerechte und effiziente Arbeit stützte. Als Kompromissformel zwischen Unternehmensleitung und Betriebsräten förderte dieses Leitbild die Einführung »neuer Produktionskonzepte«, die flexibler auf Marktanforderungen reagieren sollten als die traditionell tayloristische Arbeitsorganisation. Durch Gruppenarbeit wurde Arbeitsgestaltung zu einem Kernfeld gewerkschaftlicher Betriebspolitik für wichtige Teile einer ganzen Generation von Betriebsräten.

Zwei Jahrzehnte später wird in der IG Metall eine »neue Humanisierungsinitiative« auf den Weg gebracht und gefordert, Arbeitsgestaltung wieder zu einem Kernfeld gewerkschaftlicher Interessenvertretung zu machen. Dies war sie in den 1990er Jahren offenbar nicht mehr. Arbeitswissenschaftliche Erkenntnisse sind auch für die neue Initiative wesentlicher Bezugspunkt, allerdings mit dem Schwerpunkt Arbeits- und Gesundheitsschutz und nicht mehr Organisationsentwicklung. Ihre Initiatoren grenzen sich ab von einem verfehlten Humanisierungsoptimismus der Arbeits- und Industriesoziologie und bilanzieren die gewerkschaftliche Arbeitspolitik des letzten Jahrzehnts als einen »teils erzwungenen, teils freiwilligen Gestaltungsverzicht«. Sie konstatieren den Verlust eines schlüssigen gewerkschaftlichen Leitbildes für eine zugleich humane und »moderne«, also flexible Arbeit (Pickshaus/Urban 2002).

Welche Bedeutung hat im Zusammenhang mit einer »neuen« Humanisierungsinitiative das »alte« Leitbild der Gruppenarbeit? Wie kam es, dass der Hochkonjunktur gewerkschaftlicher Arbeitspolitik in den 1980er Jahren eine Flaute im darauf folgenden Jahrzehnt folgte und nur wenige Betriebsräte heute ihr Engagement für Gruppenarbeit als Erfolgserlebnis verbuchen? Welche Schlussfolgerungen ziehen wir aus der ernüchternden Bilanz vieler Betriebsräte, die sich erst um die Einführung von Gruppenarbeit bemüht und später gegen das Rollback teilweise erreichter Fortschritte gewehrt haben? Welchen Stellenwert haben vergangene Zielvorstellungen, die eine Erhöhung der Flexibilität der Beschäftigten in verschiedenen Arbeitsaufgaben und eine Erhöhung des Handlungs- und Entscheidungsspielraums der Beschäftigten als wünschenswert aus Arbeitnehmersicht angesehen haben, wenn heute in den Begründungen für eine Humanisierungsoffensive häufig gerade die flexible Arbeit, die internalisierten Marktmechanismen und die Nutzung des ganzen Menschen als Hauptursache für die gestiegenen Belastungen in neuen Arbeitskonzepten angesehen werden?

Ist das Leitbild Gruppenarbeit weiterhin »richtig« oder war es irreführend und unrealistisch? Hat es sich vielleicht verbraucht, weil zu viele unterschiedliche Rationalisierungsformen unter diesem Etikett vollzogen wurden?

Oder weil es teilweise missbraucht wurde, um erstarrte Regelungen zu Leistung oder Arbeitszeit aufzulösen, ohne ernsthaft Gruppenarbeit einführen zu wollen? Hat sich die arbeitswissenschaftlich empfohlene Form einer teilautonomen Gruppenarbeit als unwirtschaftlich herausgestellt? Oder bestätigt die Bilanz der bisherigen Umstrukturierung, dass das alte Leitbild weiter richtig ist und nur ungenügend umgesetzt wurde?

Diese Fragen müssen im Rahmen einer neuen Initiative bearbeitet und beantwortet werden, wenn nicht das große Erfahrungswissen verschenkt werden soll, das sich gerade bei den Betriebsräten angesammelt hat, die sich mit Gruppenarbeit auseinander gesetzt haben. Die Mehrheit dieser Betriebsräte ist heute nicht mehr mit der Einführung von Gruppenarbeit, sondern mit arbeitspolitischen Anforderungen unter den Bedingungen unterschiedlich gestalteter Gruppenarbeit konfrontiert, für die bisher wenig Orientierung erarbeitet wurde.

Halbherziger Einsatz von Gruppenarbeit

Von arbeitswissenschaftlicher Seite wird darauf hingewiesen, dass in vielen Betrieben unter dem Etikett Gruppenarbeit eher halbherzige Veränderungen der Arbeitsorganisation betrieben wurden, mit denen nicht nur die Humanisierungsziele, sondern letztlich auch die Effizienzziele der Restrukturierung verfehlt wurden.

Andererseits ist es einer kleineren Zahl von Unternehmen sehr wohl gelungen, durch eine Strategie konsequenter Mitarbeiterorientierung und durch die Entwicklung einer dazu passenden partizipativen Unternehmenskultur (Pekruhl 2000) dem ursprünglichen Leitbild recht nahe zu kommen: sowohl im Hinblick auf eine menschengerechte Arbeitsgestaltung als auch im Hinblick auf Effizienz, Kundenorientierung und Innovationsfähigkeit (was noch lange nicht heißt, dass dort nicht weiterhin konfliktreiche Auseinandersetzungen um die Qualität der Arbeit erforderlich sind).

Zunächst zur quantitativen Seite unser Bestandsaufnahme:

1. Gruppenarbeit ist in der Metall- und Elektroindustrie inzwischen *weit verbreitet*, in den größeren Betrieben mehr als in den kleineren. Sie verbreitet sich weiter, allerdings mit abnehmender Geschwindigkeit. Branchenübergreifend sprechen mehr als die Hälfte der Unternehmen davon, Gruppenarbeit eingeführt zu haben; ebenso gibt mehr als die Hälfte der Beschäftigten an, in einem Betrieb mit Gruppenarbeit zu arbeiten (Nordhause-Janz/Pekruhl 2000).

2. Bei genauerer Betrachtung der *Form* der Gruppenarbeit stellt sich heraus, dass die Verbreitung von *teilautonomer Gruppenarbeit* sehr viel zurückhaltender zu beurteilen ist:

- In den Unternehmen sind es in erster Linie die direkten Fertigungs- und Montagebereiche, in denen Gruppenarbeit zum Einsatz kommt.
- Wird nach dem Grad der Funktionsintegration gefragt, dann haben z.B. nur 6% der an einer diesbezüglichen IfaA-Studie beteiligten Unternehmen die Produktionssteuerung sowie nur knapp 3% die Materialdisposition standardmäßig in den Aufgabenbereich der Arbeitsgruppen einbezogen.
- Aus einer Beschäftigtenbefragung des IAT ergibt sich, dass bereits bei einer etwas engeren Fassung des Begriffs Gruppenarbeit der Anteil der Beschäftigten in dieser Form der Arbeitsorganisation nur bei 11,8% liegt. Auf die genauere Nachfrage nach dem Grad der Partizipation bei der Arbeitsgestaltung und dem Entscheidungsspielraum der Gruppen im Arbeitsablauf stellt sich bei der IAT-Studie heraus, dass nur bei 3,2% der Beschäftigten von teilautonomer Gruppenarbeit die Rede sein konnte, während es den Beschäftigten in den übrigen Gruppen entweder an Autonomie (»kontrollierte Gruppenarbeit«), an Partizipation (»einflusslose Gruppenarbeit«) oder gar an beidem (»zwangsläufige Gruppenarbeit«) mangelt.

Doch was ist gemeint, wenn von halbherzigen Veränderungen unter dem Etikett Gruppenarbeit die Rede ist? Zur »Mängelliste« gehört, dass in vielen Einführungsprojekten

- die Beschäftigten zu spät und nicht in einem aus arbeitswissenschaftlicher Sicht gebotenen Umfang am Planungs- und Entscheidungsprozess für die neue Arbeitorganisation beteiligt werden (Top-Down-Implementierung),
- die räumlichen und technischen Voraussetzungen für eine effiziente Zusammenarbeit und selbstgesteuerte Komplettbearbeitung von Aufträgen durch die Gruppen nicht geschaffen wurden,

■ die organisatorischen Voraussetzungen und Rahmenbedingungen für eigene Handlungs- und Zeitspielräume der Arbeitsgruppen nicht beachtet und die Einbindung der Gruppenarbeit in die Gesamtorganisation des Unternehmens vernachlässigt werden,
■ die Rollen des Meisters und des Gruppensprechers unzureichend geklärt sind,
■ die Bedarfe an Qualifizierungsmaßnahmen speziell für diese beiden Schlüsselfunktionen, aber auch für die übrigen Mitarbeiter (Überblick über die Gruppenaufgabe, Verbesserung der gegenseitigen Ersetzbarkeit, Planungs- und Dispositionskompetenz, Teamentwicklung in den Gruppen) weit unterschätzt bzw. zu spät erkannt werden,
■ Planungs- und Dispositionsentscheidungen, die die Gruppen im Rahmen ihrer Aufgabe zu treffen haben, von den Vorgesetzten nicht respektiert, sondern durch nicht abgestimmte und für die Gruppen nicht nachvollziehbare Einzelentscheidungen außer Kraft gesetzt werden,
■ Gruppenziele nicht abgestimmt und vereinbart, sondern einseitig vorgegeben werden,
■ alte, auf Einzelarbeit bezogene Entgeltsysteme und Arbeitszeitregelungen beibehalten werden, während gleichzeitig die Gruppen gemeinsam für die Aufgabenerfüllung verantwortlich gemacht werden.

Entstanden ist diese »Mängelliste« im Zuge der im Jahr 2000 begonnen Aktivitäten der GITTAmbH und anderer arbeitswissenschaftlicher Einrichtungen zu einem Gruppenarbeits-Benchmarking und zu einem Erfahrungsaustausch über die Weiterentwicklung von Gruppenarbeit. Die Ergebnisse legen den Schluss nahe, dass in einem großen Teil der Unternehmen, in denen Gruppenarbeit eingeführt wurde, die Entwicklung der Organisationskultur in Richtung Prozess- und Mitarbeiterorientierung oder gar »Lernende Organisation« ausgeblieben oder auf halben Wege stecken geblieben ist.

Bei den »Mängeln« handelt es sich aus arbeitswissenschaftlicher Sicht um »Kunstfehler«, die aufgrund der mangelnden Erfahrung und der erwartbaren Widerstände und Ängste gegenüber einer derart tiefgreifenden Veränderung zwar gut erklärlich, aber vermeidbar sind. Enttäuscht wurden damit nicht nur die Erwartungen der Beschäftigten an »gute Arbeit«, sondern ebenso die Erwartungen der Unternehmen im Hinblick auf eine erhöhte Flexibilität, gesteigerte Effizienz, zuverlässige Termintreue und verbesserte Produktqualität.

Rollback: strategische Umorientierung im Top-Management

Was angesichts der »Halbherzigkeiten« zu erwarten war, ist eingetreten. Viele Gruppenarbeitsprojekte stehen heute »auf der Kippe« und Teile des Managements setzen eher wieder auf die Rezepte von gestern: eingeengte statt erweiterte Handlungs-, Entscheidungs- und Zeitspielräume, vertiefte statt zurückgenommene Arbeitsteilung und Spezialisierung, kürzere statt längere Arbeitszyklen, engere statt verringerte oder gar aufgehobene Taktbindung.

Hinzu kommt, dass zumindest in einigen Großunternehmen der generelle Trend zur Dezentralisierung, Ausdifferenzierung der Produktionsstrategien und Lockerung der zuvor unternehmensweit gültigen Standards zum Stillstand gekommen ist. Speziell in der Automobilindustrie sind etwa seit 2001 Maßnahmen zur Re-Zentralisierung und zur Schaffung neuer Unternehmensstandards (»ganzheitliche Produktionssysteme«, Neuhaus 2003) zu beobachten.

Mit dem Anspruch, diese Trendwende bewusst mit zu gestalten, hat Roland Springer (1999), Industriesoziologe und langjähriger Abteilungsleiter im Zentralbereich »Arbeitspolitik« der DaimlerChrysler AG, als Antwort auf die beobachteten »Rollback«-Tendenzen das Konzept einer »standardisierten Gruppenarbeit« nach japanischem Vorbild postuliert. Die Rückschritte im Sinne einer menschengerechten Arbeitsgestaltung (stärkere Taktbindung, kürzere Arbeitszyklen, Re-Spezialisierung und Verzicht auf die Integration indirekter Tätigkeiten in die Gruppenaufgaben) sind ausdrücklich Bestandteil des Konzepts.

Zumindest in der Automobilbranche sind die Beobachtungen einer Einengung der einige Jahre zuvor eingeräumten Handlungsspielräume für die Arbeitsgruppen keine lokalen Sonderfälle oder »Ausreißer«, sondern Ausdruck einer strategischen Umorientierung im Top-Management. Angesichts der Inkonsequenzen bei der Einführung der Gruppenarbeit darf mit Fug und Recht bezweifelt werden, dass dieser Strategiewechsel im Unternehmensinteresse sinnvoll oder gar erforderlich ist – sehr wahrscheinlich hätte eine konsequente Revitalisierung und Weiterentwicklung der stagnierenden Gruppenarbeit auch ökonomisch die besseren Effekte erzielt. Allerdings ist zu bedenken, dass die Automobilindustrie mit ihrem hohen Anteil an manuellen Montagearbeiten in großen Serien ohnehin nie der ideale Anwendungsbereich für teilautonome Gruppenarbeit war. Insofern ist der Strategiewechsel nicht nur aus der Arbeitnehmerperspektive, sondern gerade auch aus Managementsicht mit größter Vorsicht zu genießen.

Zusammenfassend lässt sich aus arbeitswissenschaftlicher Sicht bilanzieren:

1. Das gewerkschaftliche Leitbild teilautonomer, qualifizierter Gruppenarbeit ist nur in sehr wenigen Betrieben, und in diesen meist nicht flächendeckend erreicht worden. Einem relativ kleinen, etwa 3-5 % der Unternehmen und der Beschäftigten repräsentierenden Kreis von *»Power-Usern«* von teilautonomer Gruppenarbeit schließt sich ein breites *Mittelfeld* an, in dem die Dezentralisierung von Entscheidung und Verantwortung bis hinunter in die Arbeitsgruppen von vornherein gar nicht beabsichtigt war (»strukturkonservative Gruppenarbeit«, Gerst/Schumann 2003) oder auf halbem Wege stecken geblieben ist. Für mindestens die Hälfte der Firmen und der Beschäftigten gilt, dass sie vom Thema »Gruppenarbeit« völlig unberührt geblieben sind.

2. Betriebe, die unter Vermeidung der aufgelisteten Gestaltungsmängel den Weg der teilautonomen Gruppenarbeit und der dazu passenden partizipativen Unternehmenskultur gegangen sind, berichten von nachhaltigen Verbesserungen in puncto Effektivität, Effizienz, Kundenzufriedenheit und Wettbewerbsposition. Offenbar sind diese »konsequenten« Anwender der Gruppenarbeit nicht nur unter Humankriterien, sondern auch in wirtschaftlicher Hinsicht erfolgreicher als die Betriebe mit Einzelarbeit oder eingeschränkter Gruppenarbeit. Allerdings zeigt sich bei näherer Betrachtung auch in solchen »Vorreiter-Unternehmen«, dass eine differenzierte Konkretisierung der Teilelemente von Gruppenarbeit entsprechend unterschiedlicher Rahmenbedingungen nötig ist.

3. Die Vielfalt der Gruppenarbeitsformen erscheint teils als sachlich begründete Ausdifferenzierung gemäß unterschiedlicher Rahmenbedingungen (wobei insbesondere unterschiedliche Seriengrößen als wichtiger Einflussfaktor genannt werden), teils als inkonsequente Umsetzung und insbesondere unzureichende »kulturelle« Untermauerung von an und für sich tragfähigen Gruppenarbeits-Konzepten. Hinzu kommt ein bewusster Strategiewechsel des Managements. Wir gehen jedoch nicht davon aus, dass mit einem generellen »Rollback« in Richtung Einzelarbeit zu rechnen ist. Eher dürfte es eine Verstetigung und weitere Ausdifferenzierung der unterschiedlichen Gruppenarbeitsformen geben, bei der alle drei genannten Einflussfaktoren eine Rolle spielen.

Bilanz der Betriebspolitik und -strategien

Eine systematische gewerkschaftliche Bilanz aus der Sicht von Betriebsräten liegt bisher nicht vor. Anhaltspunkte ergeben sich aus Analysen aufgrund von Fallbeispielen (Kotthoff 1995; Dörre 1996; Bahnmüller/Salm 1996) und aus Beschäftigtenbefragungen (Pekruhl 2001; Kuhlmann/Schumann 2003).

Im »Betriebsräte-Netzwerk Baden-Württemberg« (http://Brnetz.bw.igm.de) wurde ein regelmäßiger Erfahrungsaustausch zwischen ca. 130 Metall-Betrieben mit Gruppenarbeit begonnen. Daraus ergab sich folgendes (vorläufiges) Bild:

- Die Zufriedenheit der Betriebsräte mit der bei ihnen realisierten Gruppenarbeit ist so unterschiedlich wie die jeweils realisierten Formen und die unterschiedlichen Grundhaltungen zu Gruppenarbeit. Es lässt sich kein deutlicher Häufigkeitsschwerpunkt der Zufriedenheit ausmachen.
- Auch Betriebsräte, deren Engagement zu einer positiven Ausgestaltung von Gruppenarbeit beigetragen hat, berichten, dass sie von den Belegschaften nur teilweise unterstützt werden. In Einzelfällen gehen Betriebsräte davon aus, dass sie *aufgrund* ihres Engagements schlechte Wahlergebnisse bei den Betriebsratswahlen hatten.
- Nur eine Minderheit von Betriebsräten sieht sich in der Lage, auch *nach* der Einführungsphase von Gruppenarbeit die Begleitung der notwendig differenzierten Anpassung der Gruppenarbeit an die sich dauernd verändernden Rahmenbedingungen sicherzustellen. Viele fühlen sich bei dieser Aufgabe von der IG Metall unzureichend unterstützt.
- Ein »Rollback« in den Rahmenbedingungen und in der Form der realisierten Gruppenarbeit stellen viele Betriebsräte insbesondere in der Automobil- und in deren Zulieferindustrie fest, während dies im Maschinenbau und in der Elektroindustrie nicht so verbreitet ist. Allerdings haben die meisten Betriebsräte ein Problem mit häufigen Strategiewechseln des Managements. Von einer stabilen Ausrichtung auf eine langfristig angelegte Pflege der »human resources« können nur wenige berichten. Insgesamt ist in der Prioritätenrangfolge das Ziel der Verbesserung der Arbeitsbedingungen gegenüber den 1980er Jahren deutlich nach hinten gerutscht.
- Bei den Autoherstellern sind die Herausforderungen und Antworten der Betriebsräte auf das »Rollback« durchaus unterschiedlich, was beispielhaft an aktuellen Entwicklungen in verschiedenen Werken von DaimlerChrysler sichtbar wird. Im PKW-Montage-Werk in *Rastatt* hat der Betriebsrat als Antwort auf die standardisierte Gruppenarbeit die Forderung entwickelt, dass jedes Gruppenmitglied regelmäßig die Möglichkeit zum »Rausrotieren« aus der direkt wertschöpfenden Tätigkeit an Band oder Maschine erhalten soll. Gemeinsam mit der Werksleitung wurde dies in einem Projekt »Weiterentwicklung der Arbeitsorganisation im Werk Rastatt« für den Nachfolgetyp der A-Klasse konkretisiert und erprobt, wobei erste Befragungen eine hohe Beschäftigtenzufriedenheit ergaben. Innerhalb der Gruppenaufgabe wurden spezielle »AO-Tätigkeiten« (z.B. Urlaubsplanung oder KVP-Umsetzung) und indirekte Aufgaben (z.B. Abschnittsprüfung, Vorkommissionierung oder Nacharbeit) definiert, die

nicht beim Gruppensprecher konzentriert werden, sondern in der Gruppe rotieren sollen.

Im Komponenten-Werk *Untertürkheim* (Motoren, Getriebe, Achsen) war die Werksleitung nicht in der Lage, die Anfang der 1990er Jahre in den Montagen erreichten Standards in der Arbeitsgestaltung bei den Neuanläufen der letzten Jahre fortzuführen. Diese waren aber die Basis für die teilweise Reduzierung der Erholzeiten. Aufgrund der Anreicherung der Montagearbeiten um indirekte Tätigkeiten und der Entkoppelung vom starren Takt wurde dies vom Betriebsrat und der IG Metall akzeptiert. Im Frühjahr dieses Jahres setzte der Betriebsrat durch, dass in den Montage-Bereichen die Erholzeit-Pausen wieder deutlich erhöht wurden.

Ähnliche Auseinandersetzungen um ergonomische Mindestbedingungen zeigen sich auch im Montagewerk *Sindelfingen*, wo der Betriebsrat in einer auch öffentlich sichtbaren Auseinandersetzung die Planungen kritisiert, beim nächsten Typenwechsel die Taktzeiten der Gruppenarbeiter von 1,7 auf 1,5 Minuten abzusenken (in einem Bereich, wo es bei Einführung der Gruppenarbeit auf Mitfahrbändern Arbeitsinhalte von bis zu 35 Minuten gab).

Aus der Sicht der Beschäftigten kann die Bilanz von Gruppenarbeit sehr verkürzt nach zwei Gruppen unterscheiden werden:

Auch dort, wo Gruppenarbeit konsequent in ihrer *teilautonomen Ausprägung* praktiziert wird, ist die Bilanz widersprüchlich. Einerseits hat eine Erhöhung des Arbeitstempos und des Zeitdrucks sowie eine generelle Zunahme der Leistungsanforderungen stattgefunden. Andererseits stehen dem klare Verbesserungen der individuellen Lern- und Entwicklungsmöglichkeiten, der Kooperationsbeziehungen und interessanterweise auch der Möglichkeiten zur gegenseitigen Unterstützung sowie zur persönlichen Stressbewältigung gegenüber.

Bei teilautonomer Gruppenarbeit werden immer wieder vier Problemfelder angesprochen:

- der begrenzte Einfluss auf die übergreifenden Konzepte zur Logistik, Fabrikplanung und Ablauforganisation/Fertigungssteuerung (so werden z.B. Puffer wieder aufgelöst oder Komplettbearbeitung wieder in Technologie- und Verrichtungs-Orientierung zurückgeführt, Gruppenarbeit soll aber beibehalten werden),
- die Leistungsschraube, an der von betrieblicher Seite immer wieder gedreht wird,
- die oft nicht »sauber« geregelten Beteiligungsrechte der Gruppen und
- die immer häufiger im Zuge von flexiblen Arbeitszeitregelungen vom Betrieb unmittelbar in die Arbeitsgruppen »durchgestellten« Unternehmensrisiken »Auftragsmangel« und »plötzlicher Auftragseingang mit

unmöglicher Lieferzeit« – mit der Folge, dass sowohl die Unter- als auch die Obergrenzen der betrieblichen Gleitzeitregelungen permanent zulasten der Gruppenmitglieder strapaziert werden.

Überall dort, wo Gruppenarbeit von vornherein nur in ihrer *restriktiven Form* vorgesehen war oder auf halbem Wege stecken geblieben ist, klagen Betriebsräte und Beschäftigte über die Schattenseiten der Gruppenarbeit, ohne dass Sonnenseiten für sie spürbar gewesen wären. Die Selbststeuerung der Gruppen scheint sich, so der Tenor der Berichte, weitgehend auf die interne Steuerung des Personaleinsatzes und der An- und Abwesenheit in der Gruppe zu beschränken. Der Gruppensprecher gerät gerade bei halbherzigen Konzepten immer mehr in die Position des heimlichen Vorgesetzten. Unter diesen Umständen wird Gruppenarbeit vor allem als eine Form der Leistungsverdichtung, der erzwungenen Flexibilität und der Verlagerung des unternehmerischen Risikos in die Gruppen empfunden.

Unklarheiten der eigenen Orientierung als Teil der Bilanz

Fest steht, dass die Mehrheit der Betriebsräte im Hinblick auf ihren Versuch der Mitwirkung und Einflussnahme bei der Einführung von Gruppenarbeit nicht auf Erfolgserlebnisse zurückblickt. Nicht wenige haben das Gefühl, sich selbst mit dem Thema Arbeitsgestaltung überfordert zu haben oder von den Gewerkschaften überfordert worden zu sein. Vier wesentliche Unklarheiten der eigenen Orientierung sollen genannt werden:

■ Die Realisierung teilautonomer Gruppenarbeit setzt voraus, dass *Handlungsspielräume* durch ein entsprechendes Produktionslayout und Logistikkonzept eröffnet werden. Dies sind aber Entscheidungsbereiche, in denen Betriebsräte maximal über Vorschlags- und Beratungsrechte verfügen. Für eine Arbeitsgestaltung unter Rahmenbedingungen, die unserem Gruppenarbeitsverständnis widersprechen, wurde in der Vergangenheit zu wenig Unterstützung durch Bildungsarbeit und Beratung angeboten.

■ Das *gewerkschaftliche Leitbild* war in sich widersprüchlich und innerhalb der Organisation umstritten. Beispiele dafür waren das gebrochene Verhältnis dazu, echte Beteiligungsrechte auf Gruppenebene zu fordern (weil Probleme für die Mitbestimmung befürchtet wurden), und ein ungeklärtes Verhältnis von Humanisierungs- und Wettbewerbsorientierung. Gruppenarbeit konnte deswegen teilweise zum kleinsten gemeinsamen Nenner von Standortdeals werden, in denen ein gewisser »Etikettenschwindel« geduldet war. Die Gefahr des ersatzlosen Verlustes der im

Taylorismus verankerten Schutzrechte hat es erschwert, ein gemeinsames Leitbild sowohl flexibler als auch menschengerechter Arbeit zu entwickeln und zu verfolgen.

■ Auf die mit Dezentralisierung häufig verbundene Verlagerung von Kosten- oder gar Ertragsverantwortung (Cost Center, Profit Center) und die damit verbundene Etablierung von internen Marktmechanismen im Unternehmen hatte die IG Metall keine überzeugende Antwort. Die Tendenz zur Verlagerung von Teilen des unternehmerischen Risikos in die Arbeitsgruppen stieß auf einen *fehlenden Risikokompromiss*, was sich nicht nur in den bereits erwähnten Standortdeals, sondern auch in vielen alltäglichen Problemen z.B. mit Produktivitätsprämien, Terminprämien und Gleitzeitregelungen zeigt.

■ Eine humane Gestaltung teilautonomer Gruppenarbeit setzt die *Absicherung von dezentralen Aushandlungsprozessen über Leistung und Personalbesetzung* voraus. Die Achillesferse vieler Gruppenarbeitsprojekte war das Ausblenden des Leistungskonflikts, häufig auf Grund eines Konsenses über die Festschreibung von Verrechnungssätzen und die Stilllegung der »zu aufwendigen« Zeitwirtschaft. Teilweise stand der Leistungsbegriff der Betriebsräte auch in Widerspruch zu den verfolgten arbeitspolitischen Zielen: Zwischen potenziell entwicklungsförderlichen Anforderungen und gesundheitsgefährdenden Belastungen durch Flexibilität wurde oft nicht ausreichend unterschieden.

Neue Rechte, neues Leitbild?

Wesentlicher Ansatzpunkt der neuen Humanisierungsinitiative ist der erweiterte Gesundheitsbegriff und die zusätzlichen Betriebsratsrechte durch das EU-induzierte neue Arbeitsschutzgesetz. Daraus ergeben sich neue Mitbestimmungsrechte, weil das neue Arbeitschutzgesetz nicht nur die Einhaltung »starrer« Normen fordert, sondern ein »flexibles«, betrieblich auszufüllendes (und damit mitbestimmungspflichtiges) Verfahren von Gefährdungsbeurteilung und daraus abzuleitenden Gestaltungsmaßnahmen vorschreibt. Es bezieht sich ausdrücklich nicht nur auf Maschinen und Arbeitsplätze, sondern auch auf »die Gestaltung von Arbeitsabläufen und Arbeitszeit und deren Zusammenwirken« (§ 5 Abs. 4 ArbSchG). Als Ziel wird dabei die Prävention von »arbeitsbedingten Gesundheitsgefahren einschließlich Maßnahmen der menschengerechten Gestaltung der Arbeit« (§ 2 Abs. 1 ArbSchG) definiert. Es ist sehr erfreulich, wenn damit auch aus Sicht des Arbeitsschutzes nicht nur der Arbeitsplatz, sondern auch die Arbeitsorganisation zu einem wichtigen und rechtlich regulierten Gestaltungsfeld wird.

Kann damit »gesundheitsförderliche Arbeit« zu einem neuen Leitbild werden, in dem die inneren Widersprüche der flexiblen Arbeit bei Gruppenarbeit vermieden werden? Zunächst ist es sicher sehr hilfreich, dass die Gestaltungsrechte des Betriebsrats ansetzen können an dem erweiterten Gesundheitsbegriff von WHO und ILO, der Gesundheit nicht nur als das Freisein von Krankheit und Gebrechen definiert, sondern auch alle psychisch und geistig-seelischen Faktoren umfasst, die sich auf die Gesundheit auswirken und die im unmittelbaren Zusammenhang mit der Sicherheit und Gesundheit bei der Arbeit stehen.

Welche Form der Arbeitsorganisation ist aber nach gesicherten arbeitswissenschaftlichen Erkenntnissen geeignet, psychische Belastungen zu vermindern? Wer in die einschlägigen Normen und Handbücher schaut, wird finden, dass als gebotene Gestaltungsmaßnahmen ausgerechnet teilautonome Gruppenarbeit und ihre Teilelemente genannt werden, deren Einführung teilweise für die Zunahme psychischer Belastungen verantwortlich gemacht wird. So enthält z.B. die europäische Norm EN-ISO 10075-1 zur ergonomischen Gestaltung bezüglich psychischer Arbeitsbelastung folgende Leitsätze: das »Vorsehen sinnvoller Aufgaben, die als in sich geschlossene Einheit statt als Bruchstücke einer Aufgabe wahrgenommen werden können«, das »Vorsehen von Aufgaben, die die persönliche Entwicklung ermöglichen, z.B. Aufgaben, bei denen man etwas lernen kann oder muss« und die »Aufgabenbereicherung, z.B. Kombinieren der Montage mit Kontroll- und Instandhaltungsaufgaben.« Weitergehend schreibt der »Ratgeber zur Ermittlung gefährdungsbezogener Arbeitsschutzmaßnahmen im Betrieb« aus der Schriftenreihe der Bundesanstalt für Arbeitsschutz und Arbeitsmedizin: »zur Optimierung der psychischen Belastung, die aus den Anforderungen der Arbeitstätigkeit resultiert, können beitragen: Job-Rotation..., Job-Enlargement..., Job-Enrichment... und Arbeitsgruppen mit erweiterten Handlungs- und Entscheidungsspielräumen: einer Arbeitsgruppe wird ein umfassender Arbeitsauftrag übertragen. Über die Art seiner Ausführung können die Mitglieder der Gruppe im Rahmen vorgegebener Ziele, Zeitvorgaben und technischer Bedingungen selbst entscheiden.«

Es geht also um eine Weiterentwicklung und Ausdifferenzierung des Leitbildes der Gruppenarbeit, nicht jedoch um einen Wechsel des Leitbildes. Es ist auch mit dem neuen Ansatzpunkt der Gesundheitsförderung notwendig, eine realistische Rolle des Betriebsrates in der Arbeitsgestaltung zu beschreiben und ein in sich konsistentes Leitbild zu entwerfen, das als Orientierungshilfe unter diesen widersprüchlichen Bedingungen geeignet ist. Ein solches Leitbild müsste sowohl darauf verzichten, eine widerspruchsfreie neue Welt guter Gruppenarbeit zu entwerfen, als auch der Versuchung widerstehen, eine gesundheitsförderliche Gegenwelt zu den realen Flexibilitätsanforderungen der Betriebspraxis zu entwerfen. Nur dann kann es dazu beitragen, die konkrete Handlungsfähigkeit der Betriebsräte unter den oben geschilderten widersprüchlichen Umständen zu verbessern.

Schlussfolgerungen aus arbeitswissenschaftlicher Sicht

Fragt man vor dem Hintergrund dieser Aufgabenstellung aus arbeitswissenschaftlicher Sicht nach den Schlussfolgerungen aus der widersprüchlichen Bilanz der Einführung von Gruppenarbeit in den Unternehmen der Metall- und Elektroindustrie, dann wäre die Antwort »Weiter so!« ebenso unangemessen wie die Forderung »Schluss mit der Gruppenarbeit, das hat nur neue Gestaltungsmängel und Gesundheitsrisiken gebracht!«

- Viele Unternehmen haben einen Teil des Weges zur Gruppenarbeit zurückgelegt und dabei in der Personal- und Arbeitspolitik (Verzicht auf Vorarbeiter, Gruppenprämie), aber auch in der Fabrikplanung und Logistik Schritte gemacht, die nicht ohne weiteres umkehrbar sind.
- Viele Beschäftigte und viele Betriebsräte sind enttäuscht von der Gruppenarbeit; aber das heißt noch lange nicht, dass sie den alten Zustand wiederherstellen wollen.
- An vielen Stellen krankt die Gruppenarbeit daran, dass bei der Gestaltung der Arbeitsaufgaben, der Arbeitsabläufe und der Arbeits- und Leistungsbedingungen sowie beim Einführungsprozess gesicherte arbeitswissenschaftliche Erkenntnisse nicht berücksichtigt wurden.
- Überall dort, wo »restriktive« oder »standardisierte« Gruppenarbeit auf einen Strategiewechsel im Management zurückzuführen ist, muss gefragt werden, ob es sich dabei (z.B. unter dem Gesichtspunkt eines »Total Quality Management« oder einer »Balanced Scorecard«) um eine kurzsichtige, unter Gesichtspunkten der Innovationsfähigkeit und damit der langfristigen Sicherung von Arbeitsplätzen und Wettbewerbsfähigkeit kontraproduktive Strategieveränderung handelt.

Die arbeitswissenschaftliche Antwort zielt auf eine Hinwendung zu Gruppenarbeit unter Berücksichtigung der von einigen »Vorreiterunternehmen« erfolgreich umgesetzten Kriterien einer menschengerechten Arbeitsgestaltung, in der Aufgabenerweiterung und Beteiligung ebenso zusammengehören wie Komplettbearbeitung und Unternehmenskultur.

Hier hat nun auch die Arbeitswissenschaft Grund zur Selbstkritik: Offenbar ist in den 1990er Jahren zu viel von den Chancen und zu wenig von den Risiken der Gruppenarbeit die Rede gewesen. Das chancengetriebene Konzept einer »prospektiven Arbeitsgestaltung« (Ulich 1991) muss in aller Konsequenz auch beim Thema Gruppenarbeit mit Risikoprävention und mit der altbekannten arbeitswissenschaftlichen Praxis einer korrektiven Arbeitsgestaltung verbunden werden. Gemeint ist damit eine Gestaltungspraxis, die (z.B. im Zuge von Gefährdungsbeurteilungen in Umsetzung des gesetzlichen Auftrages gemäß Arbeitsschutzgesetz) in aller Konsequenz bestehende Gestaltungsmängel analysiert und den Betriebsparteien die entsprechenden Maßnahmen zur Korrektur der Gestaltungsmängel, zur Unfall- und Stress-Prävention sowie zur betrieblichen Gesundheitsförderung vorschlägt.

Schlussfolgerungen aus gewerkschaftlicher Sicht

1. Arbeitsplätze und gute Arbeitsbedingungen sind kein Widerspruch

Weiterhin bietet teilautonome Gruppenarbeit die Chance, sowohl Arbeitsbedingungen als auch (langfristig gedachte) Wirtschaftlichkeit zu verbessern. Es gibt keinen Anlass, einer Analyse zu folgen, wie sie Springer auf der Stuttgarter Automobilkonferenz der IG Metall 2002 vertreten hat: »An die Stelle des Kampfes um Arbeitsbedingungen ist insbesondere in der Automobilindustrie schon längst ein Kampf um Arbeitsplätze getreten.« Die Bilanz zeigt im Gegenteil, dass restriktive Formen der Gruppenarbeit die Arbeitsbedingungen verschlechtern, ohne die Wirtschaftlichkeit langfristig zu verbessern. Der Produktionsstandort Deutschland kann nicht durch härtere (und auch nicht durch längere) Arbeit, sondern nur durch Investitionen in »gute Arbeit« gesichert werden.

2. »Gute Arbeit in Gruppe und Team«

Im Netzwerk der 130 Gruppenarbeitsbetriebe in Baden-Württemberg wurde darüber diskutiert, wie der Titel des Netzwerkes lauten sein sollte. Man entschied sich gegen »Gute Gruppenarbeit« und für »Gute Arbeit in Gruppe und Team«. Der Grund war, dass für die Mehrheit der Betriebsräte nicht mehr die *Einführung* von Gruppenarbeit, sondern *Arbeitspolitik unter den Bedingungen von unterschiedlich gestalteter Gruppenarbeit* die größte Herausforderung darstellt.

Die differenzierte Form der Gruppenarbeit vor Ort hat sich häufig weniger nach den Zielformulierungen der Betriebsvereinbarung, sondern entsprechend der abteilungsspezifischen technisch-organisatorischen und kulturellen Rahmenbedingungen entwickelt. Dabei hat sich häufig sowohl bei den Beschäftigten als auch bei den Vorgesetzten eine Ablehnung gegenüber den »schönen aber unrealistischen« Zielvorstellungen sowohl auf Seiten des Betriebsrats als auch der Geschäftsleitung entwickelt. Im endlosen Streit um die vereinbarte Gruppenarbeitsform können Betriebsräte nur schwer Gestaltungsmacht zurückgewinnen. Sie sollten sich den Beschäftigten weniger als die Vertreter eines idealen Gruppenarbeitsmodells, sondern als die Vertreter guter Arbeit in jeder Form von Gruppenarbeit präsentieren.

Gerade im Zusammenhang mit ausschließlich betriebswirtschaftlich motivierten Reorganisationsprojekten kann der Betriebsrat durch das Beharren auf Gefährdungsbeurteilungen, Belastungsprävention, korrektiver Arbeitsgestaltung und Gesundheitsförderung dann doch wieder für die nötigen Anstöße in Richtung »Weiterentwicklung der Gruppenarbeit« sorgen.

3. Gegen Etikettenschwindel, für Realismus und Transparenz

Viele Betriebsräte beklagen einen »Etikettenschwindel« und wollen am liebsten »unser Schild Gruppenarbeit wieder abmontieren«. Daraus ergeben sich aber keine neuen Handlungsperspektiven. Die Parole »bei Gruppenarbeit machen wir nur mit, wenn sie ideal gestaltet ist«, hat sich nach der Einführungsphase verbraucht.

Häufig geht dies mit einem Rollenverständnis von Betriebsratsarbeit zusammen, das die Vereinbarung von Gestaltungszielen mit der Geschäftsleitung als einzigen Handlungsansatz ansieht. Daraus kann eine gewisse Mitverantwortung am »Etikettenschwindel« erwachsen. Gruppenarbeit entwickelt sich vor Ort in Stufen und nur so weit, wie es die gruppenübergreifenden Rahmenbedingungen zulassen. Mit der Herstellung von Transparenz über die unterschiedlichen Entwicklungsstufen und Rahmenbedingungen kann der Betriebsrat Einfluss auf die Arbeitsgestaltung zurückgewinnen. Die Vereinbarung von gestuften Gruppenarbeits-Audits mit entsprechenden Kriterienrastern für die Selbstbewertung des Gruppenarbeitsstandes durch die Beschäftigten kann zu einem mächtigen Gestaltungshebel werden.

Aus Beschäftigtensicht ist die Übereinstimmung von Handlungsanforderungen mit den Handlungsmöglichkeiten wichtiger als das Erreichen eines abstrakt richtigen Gestaltungsmodells. Da das Management häufig genug Ziele setzt, die bei gegebenen Rahmenbedingungen nicht erreichbar sind, sollte der Betriebsrat bei der Arbeitsgestaltung diesen Fehler vermeiden und sich als Garanten für Realismus und Transparenz präsentieren.

4. Kernkompetenz Konfliktregulierung

Mehr Handlungs- und Entscheidungsspielraum bezüglich der Arbeitsgestaltung, des Personaleinsatzes, der Arbeitszeit und der Leistungsbedingungen ist ohne eine teilweise Internalisierung bisher externer Entscheidungen und Interessenkonflikte nicht zu haben. Wie sollen in diesen Fragen immer aufs Neue das betriebswirtschaftlich Notwendige und das persönlich und gesundheitlich Zumutbare und Förderliche (!) gegeneinander abgewogen werden? Welche Rolle spielt im bisherigen Dreieck Mitarbeiter, Vorgesetzter und Betriebsrat in Zukunft »die Gruppe«? Für welche Fragen gilt in Zukunft Konsensprinzip, Mehrheitsbeschluss oder Direktionsrecht? Was sind die rechtlichen Positionen des Einzelnen im Konfliktfall?

In der betrieblichen Praxis findet sich heute das ganze Spektrum: vom rechtlich undefinierten Abschieben dieser Fragen in »die Gruppe« bis zum Versuch, alle Abwägungsfragen weiterhin ausschließlich im Betriebsrat zu entscheiden. Alltagstaugliche, erprobte gewerkschaftliche Regulierungsmodelle gibt es bisher nur wenige. Dass es ein großes Orientierungsbedürfnis bei Betriebsräten gibt, zeigt eine Themenabfrage im Betriebsräte-Netzwerk Baden-Württemberg: Das Hauptinteresse galt den Themen »Flexible Arbeitszeiten nach Abstimmung in der Gruppe: positiver Handlungsspielraum oder Ventil für Leistungsdruck« und »Leistungsvereinbarung zwischen Gruppe und Vorgesetztem«.

Welche ungeklärten Fragen hier verborgen liegen, zeigt auch der bei VW zu 5000 X 5000 gefundene Kompromiss, der unbezahlte Nacharbeit beschränkt auf Fehler, die allein von der Gruppe zu verantworten sind.

5. Die Erfahrungsressourcen der Gruppenarbeits-Betriebsräte nutzen

Die Betriebe, in denen Gruppenarbeit eingeführt ist, sind ein wichtiges Potenzial für die neue Humanisierungsoffensive. Diese Betriebsräte haben viel Wissen und Erfahrung im Zusammenhang mit Arbeitsgestaltung angesammelt, allerdings auch viel Frustration. Über netzwerkartig organisierten Erfahrungsaustausch sollte es zu einer gemeinsamen Bilanzierung kommen. Es ist wichtig, hier eine Brücke von den vergangenen Aktivitäten zu zukünftigen Aktivitäten zu schlagen. Ein Pferdewechsel (gestern die Co-Manager, morgen die Arbeitsschützer) wird nicht gelingen.

Kein verbrauchtes, aber ein renovierungsbedürftiges Leitbild

Abschließend wollen wir aus unseren unterschiedlichen Rollen als Arbeitswissenschaftler und Gewerkschaftssekretär einige Antworten auf die Frage geben, ob es sich bei Gruppenarbeit um ein »verbrauchtes« Leitbild guter Arbeit handelt. Sie sind vorläufig und vor allem eine Einladung zur weiteren Diskussion:

■ Der ursprünglich in vielen Diskussionen um das Leitbild Gruppenarbeit verbreitete Optimismus einer »Rationalisierung durch Humanisierung« ist heute fehl am Platz. Er war in einer begrenzten Zahl von Betrieben unter bestimmten Rahmenbedingungen, insbesondere auch unter Rückgriff auf eine belastbare Gegenmachtposition des Betriebsrats, berechtigt – heute ist eine derartige arbeitspolitische Leitlinie schlicht unrealistisch.
■ Die guten Gründe für Gruppenarbeit, die mit den Stichworten »erweiterter Handlungs- und Entscheidungsspielraum«, »Belastungswechsel und erweiterte Zeitspielräume«, »Kooperation und gegenseitige Unterstützung«, »neue Lern- und Entwicklungschancen in der Arbeit« und »verbesserte Möglichkeiten zur Stressbewältigung« verbunden sind, sind keineswegs veraltet. Sie sind allerdings im Bewusstsein der Belegschaften und der Betriebsräte durch die schlechte Erfahrung überlagert, dass die Einführung von Gruppenarbeit in einem Teil der Unternehmen vor allem zur Bewältigung der Forderung nach Flexibilität und Kundenorientierung, zur ersatzlosen Aufkündigung der in Zeiten des Einzelakkords gewachsenen Leistungskompromisse und zur Verlagerung eines beträchtlichen Teils der unternehmerischen Risiken in die Gruppen genutzt wurde.
■ Um als Betriebsrat mit dem Leitbild Gruppenarbeit heute noch etwas anfangen zu können, muss es entmystifiziert und auf die Ebene der konkreten, kleinen, alltäglichen Abwehrkämpfe und der ebenso kleinen, ebenso konkreten Verbesserungsschritte heruntergebrochen werden. Es muss in einer Weise konkretisiert werden, die offen ist für Differenzierung nach unterschiedlichen Beschäftigtengruppen und Rahmenbedingungen.
■ Nur dann lässt es sich wiederbeleben, nur dann wird es auch zu dem für Gruppenarbeit unverzichtbaren Zusammenspiel zwischen Mitarbeiterorientierung auf der Chefetage und konkreter Absicherung der eingegangenen Kompromisse durch die gesetzliche Interessenvertretung kommen. Dies ist aus arbeitswissenschaftlicher wie aus gewerkschaftlicher Sicht unverzichtbar, um Gruppenarbeit zu einem Erfolgsfaktor sowohl für die Erhaltung und Schaffung von Arbeitsplätzen als auch für die Qualität von Arbeitsbedingungen zu machen.

Literatur

Bahnmüller, R./Salm R. (Hrsg.) (1996): Intelligenter, nicht härter arbeiten? Gruppenarbeit und betriebliche Gestaltungspolitik, Hamburg.

Baszenski, N. (2002): Gruppenarbeit – Beitrag zum wirtschaftlichen Erfolg. Teilergebnisse der IfaA-Benchmarking-Studie 2002, in: Angewandte Arbeitswissenschaft, Nr. 137, S. 1-12.

Brödner, P/Kötter, W. (Hrsg.) (1999): Frischer Wind in der Fabrik. Spielregeln und Leitbilder von Veränderungsprozessen, Berlin, Heidelberg.

Dörre, K. (1996): Betriebsräte im Reorganisationsprozess. Über partizipative Managementkonzepte zu »neuen industriellen Beziehungen« im Betrieb?, in: Bahnmüller, R./Salm, R. (Hrsg.): Intelligenter, nicht härter arbeiten? Gruppenarbeit und betriebliche Gestaltungspolitik, Hamburg, S. 153-171.

Gerst, D./Schumann, M. (2003): Produktionsarbeit – Bleiben die Entwicklungstrends stabil?, in: Schumann, M.: Metamorphosen von Industriearbeit und Arbeiterbewusstsein, Hamburg, S. 30-50.

Institut für angewandte Arbeitswissenschaft IfaA (Hrsg.) (2003): Ganzheitliche Produktionssysteme. Gestaltungsprinzipien und deren Verknüpfung, Köln.

Kötter, W./Kullmann, G. (1996): Arbeitsorganisation im Jahr 2000. Sonderdruck aus STZ 5/1996.

Kotthoff, H. (1995): Betriebsräte und betriebliche Reorganisation, in: Die Arbeit, Dezember 1995.

Kuhlmann, M./Schumann, M. (2003): Was bleibt von der Arbeitersolidarität? Zum Arbeits- und Betriebsverständnis bei innovativer Arbeitspolitik, in: Schumann, M.: Metamorphosen von Industriearbeit und Arbeiterbewusstsein, Hamburg, S. 75-98.

Kühl, S./Kullmann, G. (2002): Gruppenarbeit einführen, bewerten und weiterentwickeln, München, Wien.

Nordhause-Janz, J./Pekruhl, U. (2000): Arbeiten in neuen Strukturen? Partizipation, Kooperation, Autonomie und Gruppenarbeit in Deutschland, München, Mering.

Pekruhl, U. (1999): Organisationskultur als Barriere für Veränderungen, in: Brödner, P./Kötter, W. (Hrsg.): Frischer Wind in der Fabrik. Spielregeln und Leitbilder von Veränderungsprozessen, Berlin, Heidelberg.

Pekruhl, U. (2000): Auf das »Wie« kommt es an, in: Mitbestimmung, Heft 7.

Pekruhl, U. (2001): Partizipatives Management. Konzepte und Kulturen, München, Mering.

Pickshaus, K./Urban, H.-J. (2002): Perspektiven gewerkschaftlicher Arbeitspolitik. Plädoyer für eine neue Humanisierungsoffensive, in: Gewerkschaftliche Monatshefte, Heft 10/11, S. 631ff.

Salm, R. (2001): Abschied vom Leitbild humaner Gruppenarbeit? in: Flexible Standardisierung, Grüne Reihe Nr. 9, Abteilung Tarifpolitik IG Metall, Frankfurt a.M.

Springer, R. (1999): Rückkehr zum Taylorismus? Arbeitspolitik in der Automobilindustrie am Scheideweg, Frankfurt a.M.

Springer, R./Lacher, M. (2002): Leistungspolitik und Co-Management in der Old Economy, in: WSI Mitteilungen, Heft 6.

Ulich, E. (1994): Arbeitspsychologie, 3. Auflage, Zürich.

Martina Morschhäuser

Alternsgerechte Gestaltung von Erwerbsverläufen

Obwohl die Bevölkerung altert und die Lebenserwartung ständig gestiegen ist, gibt es aktuell nur vergleichsweise wenige ältere ArbeitnehmerInnen in den Unternehmen. Lediglich 37% der 55- bis 64-Jährigen sind heute in Deutschland erwerbstätig – ein auch im europäischen Vergleich sehr niedriger Beschäftigungsanteil. In der Altersgruppe der 60- bis 65-Jährigen ist es sogar nur ein Fünftel.

Bislang erschien die »Rente spätestens ab 60« sinnvoll und rational:

- für die Betreffenden eröffnete sich die Chance, bei weitgehend gesichertem Einkommen verstärkt außerberuflichen Interessen nachzugehen und dabei Belastungen der Arbeitswelt hinter sich zu lassen;
- die Unternehmen konnten weitgehend sozialverträglich Personal abbauen und sich dabei zugleich (vermeintlich) verjüngen;[1]
- die politischen Entscheidungsträger setzten darauf, dass sich die Beschäftigungssituation für die Jüngeren durch die Entlassung der Älteren in den Vorruhestand verbessern und die Anzahl der Arbeitslosen insgesamt vermindern würde – eine Erwartung, die sich allerdings nicht bestätigt hat.[2]

Aufgrund der weitgehenden Externalisierung der Älteren konnte sich in den Unternehmen darüber hinaus eine jugendorientierte Leistungspolitik durchsetzen, der seitens der Beschäftigten die Haltung entsprach: »Hau' rein bis 55 und genieße dann den frühen Ruhestand!«

---

[1] Tatsächlich sind die Belegschaften in vielen Unternehmen trotz Frühverrentung im Durchschnitt älter geworden; und zwar aufgrund rückläufiger Neueinstellungen junger Arbeitskräfte bei gleichzeitigem Aufrücken beschäftigter personenstarker Jahrgänge in höhere Altersgruppen. Dies gilt insbesondere für zahlreiche Betriebe in den neuen Bundesländern. Aufgrund der in Ostdeutschland flächendeckend erfolgten Vorruhestandsregelungen nach der Wende bei gleichzeitig drastischem Personalabbau und der Abwanderung junger Erwerbspersonen sind die Altersstrukturen dort oftmals noch kompakter und disproportionaler als in westdeutschen Firmen.

[2] Im internationalen Vergleich zeigt sich umgekehrt ein positiver Zusammenhang zwischen den Erwerbstätigenquoten der jungen (15-24 Jahre) und der älteren (55-64 Jahre) Arbeitnehmer. Einer hohen Alterserwerbstätigkeit entspricht sowohl eine niedrige gesamte Arbeitslosigkeit als auch eine hohe Jugenderwerbstätigkeit (Bertelsmann Stiftung/Bundesvereinigung der Deutschen Arbeitgeberverbände 2003).

1. Die demographische Herausforderung: Mehr ältere, weniger jüngere Erwerbspersonen

Der Frühverrentungs-Deal funktioniert unter der Voraussetzung, dass einem relativ geringen Anteil älterer eine größere Zahl jüngerer Arbeitnehmer in der Erwerbsbevölkerung gegenübersteht.[3] Mit dem demographischen Wandel, der sich in ähnlicher Weise in allen hoch entwickelten Industriestaaten vollzieht, kehrt sich das zahlenmäßige Verhältnis der Älteren gegenüber den Jüngeren nun jedoch um: Während die Anzahl junger Arbeitskräfte aufgrund der seit den 1970er Jahren niedrigen Geburtenzahlen rückläufig ist, kommt die »Baby-Boom«-Generation in die Jahre. Die heute 35- bis 45-Jährigen sind die bei weitem personenstärkste Alterskohorte, und auch in vielen Betrieben bilden sie die am stärksten besetzte Altersgruppe. In zehn Jahren werden sie den Anteil älterer Erwerbspersonen in unserer Gesellschaft drastisch ansteigen lassen. Schon 2010 wird es mehr über 45-Jährige als unter 35-Jährige im Erwerbspersonenpotenzial geben (Naegele 2001).

Angesichts des Altersstrukturwandels wurde auf politischer Ebene ein Paradigmenwechsel eingeleitet: »Statt vorzeitiger Ausgliederung Älterer – längere Beschäftigung«, lautet die neue Devise.[4] Schon in den 1990er Jahren wurden die Anreize für einen vorzeitigen Eintritt in den Ruhestand abgebaut.[5] Weitere politische Weichenstellungen zur Einschränkung von Frühverrentungsmöglichkeiten sind in Vorbereitung und verstärkt zu erwarten, bevor die geburtenstarken Jahrgänge in das rentennahe Alter kommen. Heute schon werden Forderungen nach einer Erhöhung der gesetzlichen Altersgrenze für Altersrenten erhoben.

Die Anhebung des Rentenzugangsalters und finanzielle Verschlechterungen bei einem frühzeitigen Berufsausstieg zielen in erster Linie auf eine Entlastung der Rentenkassen. Zur zentralen Frage wird dabei, ob Beschäftigte zukünftig auch tatsächlich länger erwerbstätig sein können, und unter welchen Konditionen dies geschieht.

Damit eine längere Erwerbsarbeitsdauer tatsächlich möglich und zugleich zumutbar bzw. attraktiv wird, müssen die Arbeits- und Beschäftigungsbedingungen (die Arbeitsanforderungen, der Personaleinsatz und

---

3 Bei den heute 55- bis 65-Jährigen handelt es sich um die schwach besetzten Jahrgänge der im Krieg bzw. unmittelbar danach Geborenen.

4 Vgl. die Erklärung des Bündnisses für Arbeit, Ausbildung und Wettbewerbsfähigkeit vom März 2001.

5 So wurden bspw. die Altersgrenzen zum Renteneintritt für bestimmte Beschäftigtengruppen angehoben und Rentenabschläge bei einem früheren Rentenbezug eingeführt.

die Arbeitszeit) auch dementsprechend *alters- und alternsgerecht*[6] gestaltet werden. Dafür bedarf es einer Erweiterung der Perspektive in der betrieblichen Personalpolitik: Zum einen wächst die Bedeutung *integrativer* Strategien, mittels derer die Beschäftigung von Älteren gesichert werden kann, deren Gesundheit oder Qualifikation nicht (mehr) den üblichen Anforderungen ihres Tätigkeitsfeldes entsprechen. Zum anderen bedarf es *präventiver*, auf Erwerbsverläufe gerichteter Politiken, die darauf zielen, die Arbeits- und Beschäftigungsfähigkeit der Mitarbeiter über den Erwerbsverlauf zu erhalten. Im Blickfeld stehen insbesondere die geburtenstarken Jahrgänge mittleren Alters, die gemeinhin schon 15 bis 20 Erwerbsjahre hinter sich, aber noch ebenso viele vor sich haben.

Diese Anforderungen stellen sich besonders im Hinblick auf solche Arbeitsbereiche, in denen es heute schwer ist, gesund und produktiv bis zu einem Alter von 50 oder 55 Jahren zu arbeiten. So erfolgen in manchen Berufen mit hohen körperlichen Belastungen mehr als die Hälfte aller Rentenzugänge auf Grund verminderter Erwerbsfähigkeit (Morschhäuser 2003). Außerdem steigt in solchen Tätigkeitsfeldern – im Unterschied zu Arbeitsbereichen mit vorrangig kognitiven Anforderungen und hohen Entscheidungsspielräumen – die Anzahl der Arbeitsunfähigkeitstage ab einem Alter von 55 Jahren steil an.

2. Ansätze alternsgerechter Arbeits- und Personalpolitik

Wie kann es – auch in physisch oder psychisch stark belastenden Tätigkeitsfeldern – gelingen, »gut« bis zum gesetzlichen Rentenalter zu arbeiten? Und welche Ansätze müsste eine alternsgerechte Arbeits- und Personalpolitik dementsprechend verfolgen? Nachfolgend werden Maßnahmen und Strategien dreier Unternehmen beispielhaft dargestellt, die sich mit genau diesen Fragen intensiv auseinandergesetzt haben.[7]

IntegrationsWerk statt Ausgliederung

Bei VW Nutzfahrzeuge (Hannover)[8] konnten in der Vergangenheit körperliche Arbeitsbelastungen wie das Heben und Tragen von Lasten dank Technisierung und ergonomischer Arbeitsplatzgestaltung deutlich abge-

---

[6] Im Unterschied zum Begriff der »menschengerechten Arbeit« nimmt der Begriff »*alterns*gerechte Arbeit« den Erwerbsverlauf stärker ins Blickfeld.

[7] Aktuelle Good practice-Beispiele werden ausführlich in dem Kompendium »Erfolgreich mit älteren Arbeitnehmern« beschrieben (Bertelsmann-Stiftung 2003).

[8] VW Nutzfahrzeuge ist beteiligt an dem Equal-Projekt »Netzwerk für alternsgerechte Arbeit«, gefördert durch das Bundesministerium für Arbeit und Sozialordnung aus Mitteln des Europäischen Sozialfonds.

baut werden. Gleichwohl sind typische Produktionstätigkeiten weiterhin durch einseitige Belastungen, Taktbindung und Schichtarbeit sowie steigende Konzentrationsanforderungen geprägt.

Bei denjenigen Arbeitnehmern, die aufgrund gesundheitlicher Beeinträchtigungen als »Arbeits- und Leistungsgewandelte« gelten, können angesichts der skizzierten Arbeitsanforderungen massive Einsatzprobleme auftreten. Wie kann die Weiterbeschäftigung dieser – nicht nur älteren – Mitarbeiter ermöglicht und abgesichert werden?

Gemäß dem Grundsatz »Integration statt Ausgrenzung« beschreitet VWN seit Beginn diesen Jahres mit dem »IntegrationsWerk« einen neuen Weg. Das IntegrationsWerk ist keine räumlich abgegrenzte Abteilung; vielmehr wurden im Bereich der Fabrikinstandhaltung Tätigkeiten definiert, die prinzipiell von Mitarbeitern mit gravierenden gesundheitlichen Einschränkungen ausgeführt werden können: z.B. Kontroll- und Wartungsarbeiten, »Reparatur- und Instandhaltungsassistenz«, Bestell- und Registraturtätigkeiten, Maler- und Tischlerarbeiten.

Die Arbeitsaufgaben im IntegrationsWerk sind weitgehend »wertschätzend und wertschöpfend«. Eine mögliche Stigmatisierung aufgrund zugewiesener »minderwertiger« Arbeit oder sozialer Isolation und räumlicher Abgrenzung wird vermieden. Zur Belastungsreduktion wurde eine reduzierte Arbeitszeit von 30 Stunden pro Woche vereinbart. Begleitend werden individuell mit den Mitarbeitern abgestimmte Gesundheitsaktivitäten im Sinne eines körperlichen Aufbauprogramms durchgeführt.

Bei der Personaleinsatzplanung für das IntegrationsWerk wird ein neuer Blickwinkel eingenommen: Wird bei betriebsärztlichen Attesten normalerweise ermittelt, was ein Beschäftigter nicht mehr kann, so wird nunmehr in einem ressourcenorientierten Ansatz vorrangig danach gefragt, was die Person kann und welche – ggf. bislang ungenutzten – Potenziale vorhanden sind. Der Einsatz in der neuen Einrichtung ist grundsätzlich temporär. Nach erfolgreicher Regeneration können die Betreffenden – möglicherweise durch Qualifizierung unterstützt – in »normale« Arbeitsbereiche zurückkehren.

Darüber hinaus richtet sich ein ganzes Bündel von Maßnahmen im Unternehmen darauf, die Gesundheit der Mitarbeiter aller Generationen präventiv zu erhalten. Dazu gehören – neben ergonomischer Abeitsplatzgestaltung und verhaltensorientierten Gesundheitsprogrammen – die Planung neuer Entwicklungswege für Produktionsarbeiter (z.B. mittels Projekteinsätzen oder der Bildung von Wiederbesetzungsketten) sowie eine qualifizierende und gesundheitszuträgliche Gestaltung von Gruppenarbeit (Verteilung der schwersten Arbeiten auf möglichst viele Schultern durch vereinbarte Rotationsregeln und Qualifizierungszeiten, Übertragung indirekter Tätigkeiten, Förderung personeller Kontinuität, usw.). Zudem werden outgesourcte Tätigkeitsfelder mit reduzierten Arbeitsbelastungen – soweit wirtschaftlich vertretbar – aus Beschäftigungsgründen wieder in das Unternehmen zurückgeholt.

Qualifizierung Älterer für neue Maschinen
In einem Fertigungsbereich der Firma Vetter Fördertechnik GmbH,[9] einem Maschinenbauunternehmen mit ca. 240 Beschäftigten, sind die körperlichen Belastungen vergleichsweise hoch und es wird in drei Schichten gearbeitet. Hier haben die Mitarbeiter bislang relativ früh nach Möglichkeiten der Altersteilzeit nachgefragt, und zugleich waren gerade die über 50-Jährigen im Durchschnitt länger krank.

Dies war für die Geschäftsführung Anlass, den Einsatz der älteren und jüngeren Mitarbeiter in den entsprechenden Meisterbereichen (Schleiferei, Brennerei, Putzerei) – gemeinsam mit dem Betriebsrat – genauer zu untersuchen. Dabei machten sie eine verblüffende Entdeckung: Die älteren Beschäftigten arbeiteten häufiger an den belastendsten Maschinen, während körperlich leichtere Tätigkeiten an EDV-gesteuerten Anlagen eher von den jüngeren Kollegen ausgeführt wurden.

Die Gründe für diese Arbeitsteilung waren schnell ermittelt: Solange die Älteren die Arbeit an ihren Stammarbeitsplätzen gut bewältigen, besteht aus Sicht der Meister kein Anlass, sie häufiger woanders einzusetzen (»Der macht das so gut hier, wenn ich den jetzt woanders einsetze, du meine Güte, dann klappt das hier vorne und hinten nicht«). Zugleich wird den jungen Mitarbeitern eher zugetraut, Maschinen mit neuen Steuerungen zu bedienen (»Wenn eine neue Maschine kommt, dann schickt man eher den 30-Jährigen auf einen Lehrgang, weil der über 50 das sowieso nicht mehr begreift«). Als Ergebnis der Analyse wurden zehn Mitarbeiter ab Jahrgang 1955 gezielt für die neueren Anlagen qualifiziert, um auch an den körperlich weniger belastenden Arbeitsplätzen eingesetzt werden zu können. Die betriebsinternen Schulungen dauerten einige Wochen bis zu vier Monaten. Zusätzlich erfolgten ergonomische Verbesserungen, um besonders anstrengende Körperhaltungen an einem bestimmten Maschinentyp zu vermeiden.

Die positiven Erfahrungen mit der durchgeführten Qualifizierungsinitiative bestärkten Geschäftsführung und Betriebsrat in ihrer Zielsetzung, die Mitarbeiter zukünftig unabhängig von ihrem Alter auf Schulungen für

---

[9] Die Firma Vetter hat sich im Jahr 2002 an der Demographie-Initiative des Bundesministeriums für Bildung und Forschung beteiligt, in deren Rahmen mehr als 120 vor allem mittelständische Betriebe die Auswirkungen des Altersstrukturwandels auf ihre konkrete Unternehmenssituation analysiert und darauf bezogene Handlungskonzepte entwickelt haben.

neue Verfahren zu schicken. Außerdem hat sich der im Betrieb schon weitgehend praktizierte flexible Personaleinsatz – fast alle Mitarbeiter sind gewöhnt, verschiedene Arbeitsaufgaben auszuüben und sich gegenseitig zu unterstützen – als wichtige Voraussetzung für das Gelingen der Maßnahme erwiesen.

Geteilte Berufsbiographien

In der Landes- und Kommunalverwaltung der Freien Hansestadt Bremen sind – wie auch in anderen Bundesländern – die Dienstunfähigkeitsraten der Mitarbeiter im Justizvollzug besonders hoch. Dazu tragen nach allgemeiner Einschätzung vor allem die hohen psychischen Belastungen bei: der Umgang mit einem immer schwieriger werdenden Klientel bei gleichzeitig geringer gesellschaftlicher Anerkennung und die negativ besetzte Rolle der Beschäftigten als »Schließer«, zudem die Arbeitsverdichtung aufgrund von Personalabbau sowie der Schicht- und Wochenenddienst. Als besonders belastend wird erlebt, für die Dauer des Dienstes selbst de facto weggeschlossen zu werden. Da sich die überwiegend verbeamteten Mitarbeiter wegen ihrer spezialisierten beruflichen Qualifikation nicht auf andere Dienstposten der allgemeinen Verwaltung bewerben können, ist die Dienstunfähigkeit der nahezu einzige Weg für sie, diesem geschlossenen System zu entkommen.

An dieser Ausgangssituation setzt das innovative Konzept der »geteilten Berufsbiographie« an. Seit Beginn 2003 wird Justizvollzugsbeamten nach zehnjähriger Berufstätigkeit eine Umschulung zum Verwaltungsfachangestellten angeboten. Diese ist berufsbegleitend über drei Jahre angelegt und wird aufgrund des Schichtdienstes in Blöcken angeboten. Mit dieser Maßnahme wird den Mitarbeitern die Möglichkeit eines beruflichen Neuanfangs eröffnet: Nach erfolgter Qualifizierung können sie sich – unter Nutzung der von der Stadt Bremen eingerichteten Personal- und Stellenbörse (»internes Arbeitsamt«) – auch auf andere Positionen in der Stadtverwaltung bewerben.

Damit sich die Arbeitssituation auch für die im Justizvollzug verbleibenden Beschäftigten verbessert, wurden weitere Maßnahmen entwickelt, beispielsweise: eine Aufstiegsfortbildung für Beamte des einfachen Justizvollzugsdienstes, Wechsel von älteren bzw. eingeschränkt justizvollzugsdiensttauglichen Mitarbeitern in weniger stark belastende Bereiche innerhalb des Strafvollzugs sowie die Einrichtung einer Beratungsstelle zum »Konfliktmanagement.«

3. Tätigkeitswechsel und berufliche Neuanfänge als Bestandteile alternsgerechter Erwerbsverläufe

Die geschilderten Beispiele illustrieren unterschiedliche Strategien, um die Beschäftigungsmöglichkeiten Älterer auszubauen und ein »gesundes« Älterwerden in Beruf und Betrieb zu fördern. Sie verdeutlichen, dass jedes Unternehmen seinen eigenen Weg im Umgang mit der Alterns-Thematik finden muss. Zugleich verweisen sie jedoch auch auf übergreifende Prämissen alternsgerechter Arbeitsgestaltung.

Integrativer Ansatz

Nicht durch eine, sondern nur durch ein Bündel aufeinander bezogener und abgestimmter Maßnahmen in verschiedenen Handlungsfeldern – berufliche Weiterbildung, Personaleinsatz, Arbeitszeitgestaltung, Arbeitsplatzergonomie, Vorgesetztenverhalten, etc. – lässt sich Arbeit so gestalten, dass sie gut im Hier und Jetzt, aber auch langfristig erträglich ausgeübt werden kann (vgl. Gussone/Huber/Morschhäuser/Petrenz 1999). Von daher erarbeiten Unternehmen, die Lösungsansätze zur Bewältigung des Altersstrukturwandels entwickeln, gemeinhin nicht einen Ansatz, sondern einen Maßnahmenstrauß.

Neben den parallel zu verfolgenden Aufgaben der Integration und Prävention ist es wichtig, berufliche Weiterbildung und Personaleinsatz strategisch miteinander zu verzahnen: Qualifizierung für neue Aufgaben fruchtet nur, wenn die Beschäftigten diese – etwa dank organisatorischer Weichenstellungen – auch im Anschluss wahrnehmen können.

Gerade mit Blick auf stark belastende Tätigkeitsfelder scheint es außerdem sinnvoll, Altersteilzeit auch über das Jahr 2009 hinaus – möglicherweise bei erhöhtem Eintrittsalter – betrieblich und staatlicherseits zu ermöglichen und zu unterstützen. Unter gesundheitlichen Gesichtspunkten wäre in erster Linie Altersteilzeit in Form realer Teilzeit und eines gleitenden Übergangs in den Ruhestand förderungswürdig.

Eröffnung neuer Entwicklungswege

Angesichts des demographischen Wandels gewinnen Methoden zum Abbau von Arbeitsbelastungen (z.B. ergonomische Arbeitsplatzgestaltung) und zu ihrer Bewältigung (z.B. Stressprävention, Rückenschulen) an Stellenwert. Allerdings wäre es wohl eine Illusion anzunehmen, man könne die Arbeit in der Fahrzeugmontage, in Schleiferei und Putzerei, im Strafvollzug und in vielen anderen Berufsfeldern auf absehbare Zeit so gestalten, dass man sie ohne größeres Verschleißrisiko über viele Jahrzehnte hinweg bis zum Rentenalter ausüben könnte. Gegebenenfalls kann man entsprechende Tätigkeiten durchaus »gut« 10 oder 15, nicht aber 30 Jahre ausführen. Die systematische Planung neuer Entwicklungswege im Erwerbsverlauf – Wechsel von Tätigkeit oder Beruf, Rotation über unterschiedliche Positionen in einem Arbeitsbereich – ist daher ein notwendiger weiterer zentraler Ansatz einer gesundheits- und lernförderlichen Arbeitsgestaltung, auch deshalb, weil sich klassische Berufskarrieren aufgrund flacher Hierarchien, aber auch aufgrund der zahlenmäßig so stark besetzten Generation mittleren Alters immer weniger im Selbstlauf vollziehen.

Aktuell richtet sich Personalentwicklung in vielen Unternehmen in erster Linie auf junge »high potentials«. Nunmehr wächst die Bedeutung, sie gerade auch auf Beschäftigte mittleren und höheren Alters sowie auf »alterskritische« Tätigkeitsfelder auszurichten und damit einem sich mit dem Älterwerden verändernden Fähigkeitsprofil Rechnung zu tragen.

Zukunftsorientierung

Maßnahmen einer alternsgerechten Arbeits- und Personalpolitik sind auf lange Zeithorizonte ausgerichtet und widersprechen damit den Maximen kurzfristiger Ökonomie und dem verbreiteten Short-Terminism betrieblichen Handelns. Kurzfristig betrachtet ist es beispielsweise – aus Sicht von Vorgesetzten wie aus Sicht der Beschäftigten selbst – sinnvoll und rationell, sich auf eine Arbeit zu spezialisieren, Routinen herauszubilden, den Arbeitsplatz eher selten zu wechseln und damit Qualifizierungs- und Umgewöhnungszeit einzusparen. Auf lange Sicht jedoch werden dadurch Qualifikation, Einsatzbreite sowie Lernfähigkeit abgebaut, und bei einseitigen Belastungen steigt das Erkrankungsrisiko.

Geht es nunmehr darum, zukünftig länger zu arbeiten und die Arbeits- und Beschäftigungsfähigkeit langfristig zu erhalten – und zwar angesichts eines beschleunigten technisch-organisatorischen Wandels – so gilt es, die Personal- und Personaleinsatzplanung dementsprechend langfristig auszurichten. Dazu gehört auch, wie es das Beispiel der Firma Vetter veranschaulicht, eingespielte Personaleinsatzmuster auf ihre möglicherweise negativen Folgen in der Zukunft zu hinterfragen.

Alternsgerechte Leistungsanforderungen

Ältere Arbeitnehmer sind – so das Ergebnis zahlreicher wissenschaftlicher Untersuchungen (vgl. Kruse 2000) – grundsätzlich nicht weniger leistungsfähig in ihrer Arbeit als Jüngere. Die berufliche Leistungsfähigkeit nimmt sogar mit dem Älterwerden eher zu, sofern der Erwerbsverlauf durch Lernen, Abwechslungsreichtum und Anerkennung geprägt ist und sich die Gesundheit[10] erhält. Dementsprechend klagen viele Unter-

---

[10] Unter »Gesundheit« wird hier eine »relative Gesundheit« verstanden. Der Begriff

nehmen über einen schmerzlichen Know-how-Verlust, wenn ältere qualifizierte Mitarbeiter aus dem Betrieb ausscheiden.[11] In diesem Dilemma liegt zugleich die Chance einer alternden Erwerbsbevölkerung. Um diese Chance zu nutzen, gilt es, einem frühzeitigen Verschleiß im Erwerbsleben durch Fehlbeanspruchungen, Routine oder Dauerstress mittels einer »begrenzten Verweildauer« an besonders belastenden Tätigkeiten und einer »Entschleunigung« entgegenzuwirken. Der demographische Wandel kann für die Promotoren betrieblicher Gesundheitsförderung ein wichtiges Argument zur Forcierung entsprechender Maßnahmen im Unternehmen sein. In Anbetracht einer zukünftig längeren Erwerbsarbeitsdauer ist es zugleich zentral, dass die Beschäftigten selbst mit ihren Kräften haushalten und darauf achten, nicht in berufliche Sackgassen zu geraten. Das Motto »hau' rein bis 55 und genieße dann den frühen Ruhestand!« ist nicht zukunftstauglich.

Für ältere Arbeitnehmer sind Kraft und Geschwindigkeit keine geeigneten Leistungskriterien. Ihre möglichen Stärken liegen eher in der über eine lange Zeit angeeigneten Wissensbreite und entwickelter Routine sowie der Kenntnis unterschiedlicher Strategien im Umgang mit beruflichen Anforderungen. Gelassenheit, Übersicht, Geübtheit sowie Urteils- und Entscheidungsfähigkeit sind Kompetenzen, die eher älteren als jüngeren Mitarbeitern zugeschrieben werden (Böhne/Wagner 2002: 42). Es geht also nicht darum, von Älteren weniger Leistung, sondern eine andere Art von Leistung zu fordern und dafür die Voraussetzungen zu schaffen. Da gerade die Beschäftigten mittleren Alters die im Vergleich zu anderen Alterskohorten höchste Ausgangsqualifikation vorweisen (Reinberg/Hummel 2001) und sie sich zugleich am häufigsten an beruflichen Weiterbildungsmaßnahmen beteiligen (Kuwan/Thebis 2001), bieten sich hier mit Blick auf die zukünftig Älteren gute Voraussetzungen.

Unternehmenskultur und Wertschätzung Älterer

Voraussetzung einer alternsgerechten Arbeitsgestaltung sind ein Unternehmensselbstverständnis und eine Unternehmenskultur, gemäß derer nicht nur jährliche wirtschaftliche Kennziffern, sondern auch die langfristige Entwicklung von Arbeits- und Beschäftigungsfähigkeit der Mitarbei-

---

der »relativen Gesundheit« berücksichtigt, dass organmedizinischer Befund und Einschränkung von Lebensvollzügen nicht übereinstimmen müssen und »Gesundheit« im Alltagsverständnis eher daran gemessen wird, ob man an den Aktivitäten teilhaben kann, die als normal bzw. wichtig angesehen werden.

[11] Da zukünftig mit dem Altersstrukturwandel personenstärkere Kohorten älterer Arbeitnehmer aus den Betrieben ausscheiden, gewinnt auch das Thema des Know how-Transfers zwischen Alt und Jung an Stellenwert.

ter zählen. Nicht von ungefähr handeln die beschriebenen Praxisbeispiele von Betrieben und einer Verwaltung, die ihren Mitarbeitern eine langfristige Beschäftigungsperspektive bieten und die auch von daher bestrebt sind, pfleglich mit ihren Humanressourcen umzugehen.

Von Bedeutung sind dabei – neben Technikgestaltung, Arbeitsorganisation und Personaleinsatz – auch die »weichen« Faktoren der Wertschätzung aller Generationen im Unternehmen. Gelingt es im Betrieb, eine Kultur der Anerkennung und des Respekts gegenüber älteren Arbeitnehmern zu etablieren und sie ihren Fähigkeiten entsprechend einzusetzen, können aus den Risiken einer alternden Erwerbsbevölkerung Chancen werden. Dazu gehört nicht zuletzt eine betriebliche Einstellungspolitik, bei der in erster Linie die individuelle Kompetenz – altersunabhängig – gewertet wird.

Literatur

Bertelsmann Stiftung (Hrsg.) (2003): Erfolgreich mit älteren Arbeitnehmern. Strategien und Beispiele für die betriebliche Praxis, Gütersloh.

Bertelsmann Stiftung, Bundesvereinigung der Deutschen Arbeitgeberverbände (Hrsg.) (2003): Beschäftigungschancen für ältere Arbeitnehmer, Gütersloh.

Böhne, A.;Wagner, D. (2002): Managing Age im Rahmen von Managing Diversity – Alter als betriebliches Erfolgspotential, in: Behrend, C. (Hrsg.): Chancen für die Erwerbsarbeit im Alter, Opladen.

Gussone, M.; Huber, A.; Morschhäuser, M.; Petrenz, J. (1999): Ältere Arbeitnehmer. Altern und Erwerbsarbeit in rechtlicher, arbeits- und sozialwissenschaftlicher Sicht, Frankfurt a.M.

Morschhäuser, M. (2003): Gesund bis zur Rente? Ansatzpunkte einer alternsgerechten Arbeits- und Personalpolitik, in: Badura, B.; Schellschmidt, H.;Vetter, C. (Hrsg.): Fehlzeiten-Report 2002, Demographischer Wandel. Herausforderung für die betriebliche Personal- und Gesundheitspolitik, Berlin, S. 59-71.

Kruse, A. (2000): Psychologische Beiträge zur Leistungsfähigkeit im mittleren und höheren Erwachsenenalter – eine ressourcenorientierte Perspektive, in: von Rothkirch, C. (Hrsg.): Altern und Arbeit: Herausforderung für Wirtschaft und Gesellschaft, Berlin, S. 72-87.

Kuwan, H.; Thebis, F. (2001): Berichtssystem Weiterbildung VIII, Erste Ergebnisse der Repräsentativbefragung zur Weiterbildungssituation in Deutschland, hrsg. vom Bundesministerium für Bildung und Forschung, Bonn.

Naegele, G. (2001): Demographischer Wandel und Erwerbsarbeit im Alter, in: Fuchs, G.; Renz, Ch. (Hrsg.): Altern und Erwerbsarbeit. Workshopdokumentation, Arbeitsbericht der Akademie für Technikfolgenabschätzung in Baden-Württemberg, Nr. 201, Stuttgart, S. 5ff.

Reinberg, A.; Hummel, M. (2001): Bildungsexpansion in Westdeutschland. Stillstand ist Rückschritt, in: IAB Kurzbericht, Nr. 8.

Christoph Sommer

Betriebliche Ansatzpunkte

Wenn die Beschäftigungsfähigkeit über das 60. Lebensjahr hinaus nicht gesichert ist und die Arbeitsbedingungen nicht altersgerecht sind

Bei über 4 Millionen Arbeitslosen ist die Frage berechtigt, ob es überhaupt gesellschaftlich erforderlich oder sinnvoll ist, dass Menschen über das 60. Lebensjahr hinaus (nach Vorschlägen von so genannten Sozialexperten bis 67) arbeiten. Tatsache ist, dass viele 55- oder 60- Jährige es sich angesichts der finanziellen Rahmenbedingungen nicht mehr erlauben können, wie früher mit 55 oder 60 aus dem Arbeitsleben auszuscheiden. Ein Großteil der jetzt existierenden Arbeitsplätze, insbesondere in der Produktion, sind aber für über 60-Jährige nicht geeignet. Die Folge sind Raubbau an der eigenen Gesundheit und/oder steigende Arbeitsunfähigkeitszeiten. Was kann getan werden?

1. Erstellung einer betriebsbezogenen *Analyse der Alterstruktur* der jeweiligen Belegschaft. Darstellung verschiedener Szenarios der jeweiligen zukünftigen Altersstruktur (in fünf und in zehn Jahren), abhängig von unterschiedlichen Personalstrategien (Einstellungsstop, Outsourcing etc.) mit Darstellung der entsprechenden betrieblichen Folgen.

2. Erstellung einer Übersicht der schon jetzt existierenden und geeigneten, *altersstabilen Arbeitsplätze.* Aufforderung an die Personalabteilungen, diese günstigen Arbeitsplätze strikt für über 55-Jährige zu reservieren. Eine Definition altersstabiler Arbeitsplätze: bei Gesundheit bis zum 65. Lebensjahr ausübbar.

3. Abteilungsweise Benennung von besonders kritischen, im Moment *nicht altersstabilen Arbeitsplätzen und Arbeitsbedingungen* (zahlenmäßige Erfassung des Umfangs des Problems):

a) Benennung von konkreten Verbesserungsmaßnahmen (Ergonomie) mit dem Ziel, Arbeitsplätze und Arbeitsbedingungen altersstabil zu machen (problem*vermeidende* Maßnahmen).

b) Bei auch langfristig absehbar nicht alterstabilen Arbeitsplätzen Entwicklung von *Personalsteuerungsmaßnahmen* zur Vermeidung eines sich abzeichnenden Arbeitseinsatzproblems – z.B. geplante rechtzeitige Umsetzung (problem*vermindernde* Maßnahmen).

4. Planung der »Berufsbiographie Älterer«: gezielte *Fortbildungsmaßnahmen* auch für Lohnempfänger und ältere Mitarbeiter mit dem Ziel, Eignung für altersstabile Arbeitsplätze zu erreichen.

5. Gezielte *Förderungsmaßnahmen* für besonders belastete Mitarbeiter durch Krankenkassen, Werksärztliche Dienste und betriebliche Gesundheitsförderung mit dem Ziel, den gesundheitlichen Belastungen am Arbeitsplatz entgegenzuwirken.

6. *Altersteilzeit Modell I* auch für Arbeiter: Besetzung eines normalen Arbeitsplatzes durch zwei Altersteilzeit- Beschäftigte (im Wechsel jeweils 2/3 Arbeitstage bzw. -schichten pro Woche). Modell II ist »Etikettenschwindel«: Vorruhestandsmodell, keine wirkliche Altersteilzeit!

7. Ermöglichung des Ausstiegs aus *Nachtschicht* nach längstens 30 Jahren. Drei-Schicht-Tätigkeit, bzw. auf Wunsch spätestens ab 50. Lebensjahr.

8. Vorzeitiger abzugsfreier *Renteneintritt* entsprechend der *Zahl* der im Arbeitsleben geleisteten *Nachtschichten* (Lebensarbeitszeit, Freizeitausgleich statt Bezahlung belastender Arbeiten, überbetriebliches Rentenkonto).

Tatjana Fuchs

Gute Arbeit in prekären Arbeitsverhältnissen?

Die Flexibilisierung der Arbeitswelt ist seit den 1980er Jahren ein prominent gehandeltes Thema – und dies nicht nur in der Bundesrepublik Deutschland (vgl. u.a. OECD 1995, Europäische Agentur 2001). Dabei lässt sich als genereller Befund festhalten, dass in nahezu allen Industrieländern die bisherigen Arbeitszeit- und Beschäftigungsstandards verändert wurden, was sich u.a. in einem wachsenden Spektrum von Arbeits- und Erwerbsformen zeigt, die teilweise deutlich von den länderspezifischen »Normalarbeitsverhältnissen« abweichen.

Dieser wachsenden Heterogenität liegen betriebliche und arbeitsmarktpolitische Flexibilisierungsprozesse zu Grunde, deren betriebswirtschaftliche Begründung in den letzten Jahrzehnten zu einem prominenten Forschungsthema der Wirtschaftswissenschaft geworden ist (vgl. stellvertretend für viele andere: Antoni u.a. 2002; kritisch: Döhl u.a. 2000). Ein wesentliches Charakteristikum dieser Unternehmensstrategien wird in der arbeits- und industriesoziologischen Diskussion als »Vermarktlichung« bezeichnet. Darunter versteht man jene betriebspolitischen Entscheidungen, die darauf zielen, die Unternehmenspraxis nicht mehr durch direkte hierarchische Kontrolle zu steuern, sondern durch marktorientierte Anreizsysteme und indirekte Formen der Steuerung (Moldaschl 1997). Andrew Grove, Mitbegründer und ehemaliger Präsident des Unternehmens Intel, formulierte die Zielsetzung jener indirekten Steuerungsmethoden in seinem Buch mit dem denkwürdigen Titel »Nur die Paranoiden überleben« (1997) folgendermaßen: »Die wichtigste Aufgabe von Führungskräften ist, eine Umgebung zu schaffen, in der die Mitarbeiter leidenschaftlich entschlossen sind, auf dem Markt erfolgreich zu sein. Furcht spielt eine große Rolle, diese Leidenschaft zu entwickeln und zu bewahren. Angst vor dem Wettbewerb, Angst vor einem Bankrott, Angst einen Fehler zu machen, und Angst zu verlieren können starke Motivationskräfte sein« (Grove 1997: 142f.).[1] Aus dieser Perspektive sind Arbeitsverhältnisse, die nur einen geringen arbeits- und sozialrechtlichen

[1] Neben A. Grove vertreten neben vielen anderen de Geus (1998) und Buchanan (1997) jene Konzepte unternehmerischer Selbststeuerung, in denen Versagens- und Existenzängste der Beschäftigten stets eine tragende bzw. strategische Rolle spielen.

Schutz aufweisen, ideale Steuerungsinstrumente, um Unsicherheit, Angst bzw. im Extremfall Existenzangst etablieren zu können.

Nicht ohne Grund werden diese Arbeitsverhältnisse als *prekär* bezeichnet, was sich auf die lateinische Bezeichnung »precarius« zurückführen lässt, das soviel bedeutet wie »*unsicher, peinlich, unangenehm, heikel*« bzw. auf »precere«: »*durch Bitten erlangt*«. Diese etymologische Ursprungsbedeutung charakterisiert den Status von Menschen in prekären Beschäftigungsverhältnissen gewissermaßen als Gegenstück zur heute gültigen Auffassung von Beschäftigten mit verbrieften Rechtsansprüchen und einem gewissen Maß an sozialer und rechtlicher Sicherheit: die einen müssen um alles bitten, die anderen können sich auf durchgesetztes Recht berufen.

Die Palette von prekären Beschäftigungsverhältnissen ist ebenso breit gefächert wie umstritten: Sie reicht von *geringfügiger und sonstiger Teilzeitarbeit* sowie *Vollzeitarbeit im Niedriglohnbereich*, die den Beschäftigten auf Grund geringer Entgelte keinen ausreichenden materiellen Schutz und damit auch keine eigenständige Absicherung bei Arbeitslosigkeit, längerer Krankheit oder im Alter ermöglichen, über *(schein-)selbständige Arbeit*, die nicht selten in Abhängigkeit von einem einzelnen Unternehmen ausgeübt wird, aber keine Schutzrechte für abhängige Beschäftigung begründet, bis hin zu *befristeten* bzw. *Leiharbeitsverhältnissen*. Letztere begründen keinen oder nur eingeschränkten Kündigungsschutz und in der Regel auch keine dauerhafte betriebliche Integration.

Aus betriebswirtschaftlicher Sicht sind prekäre Arbeitsverhältnisse als personalpolitische Instrumente einer flexiblen Arbeits- und Unternehmensorganisation unter Umständen gut geeignet, um im zunehmend härter werdenden Wettbewerb bestehen zu können – zumal sich dieser Wettbewerb zunehmend global und unter immer stärkerem Zeit- und Beschleunigungsdruck vollzieht. Aber welche Konsequenzen haben diese Veränderungen für die Beschäftigten? Welche psychosozialen Folgen sind zu erwarten, wenn Angst bzw. dauerhafte Unsicherheit zu einem zentralen Regulierungsinstrument wird? Welche Konsequenzen zeitigt die permanente Anforderung nach flexibler Anpassung für die Persönlichkeitsentwicklung, wenn gleichzeitig auf allen Ebenen ein eklatanter Abbau von Sicherheit stattfindet?

Diese Fragen werden im Folgenden am Beispiel von befristet Beschäftigten und LeiharbeitnehmerInnen diskutiert.[2]

---

[2] Die folgenden Ausführungen fußen auf einem Forschungsbericht der Autorin (gemeinsam mit Ralph Conrads) für die Bundesanstalt für Arbeitsschutz und Arbeitsmedizin zum Thema »Analyse der Arbeitsbedingungen, -belastungen und Beschwerden von abhängig Beschäftigten unter besonderer Berücksichtigung von flexiblen Arbeitsformen«, der im Herbst 2003 in der Schriftenreihe der BauA erscheint.

1. Entwicklung und Struktur von befristeter Beschäftigung und Leiharbeit

1.1 Leiharbeitsverhältnisse

Die Leiharbeitnehmer-Beschäftigungsverhältnisse weisen im letzten Jahrzehnt eine der höchsten Dynamiken aller Beschäftigungsverhältnisse auf. Sie haben sich – nach den Angaben der Bundesanstalt für Arbeit – innerhalb von sechs Jahren verdoppelt. Im Juni des Jahres 2000 waren rund 340.000 ArbeitnehmerInnen bei Zeitarbeitsfirmen beschäftigt – das entspricht einem Anteil von 1,5% an allen abhängig Beschäftigten.

Unterzieht man die Beschäftigungsverhältnisse, die durch Arbeitnehmerüberlassung entstehen, einer genaueren Beobachtung, so zeigt sich, dass etwa die Hälfte aller Arbeitnehmerüberlassungen zwischen einer Woche und drei Monaten andauern, ungefähr 12% wurden schon innerhalb der ersten Woche wieder aufgelöst, und lediglich etwa jedes dritte Leiharbeitsverhältnis überdauert drei Monate. Dies deutet darauf hin, dass der formale Kündigungsschutz, den Leiharbeitnehmer nach bisher einmaliger Befristung genießen, keinesfalls überschätzt werden darf. Die Kurzfristigkeit der Beschäftigungsverhältnisse, die zwischen Zeitarbeitsfirmen und LeiharbeitnehmerInnen zustande kommen, weist darauf hin, dass die Zahl der Leiharbeitsverhältnisse, die im Verlauf eines Jahres zustande kommen, erheblich höher ist. Der Bundesverband der deutschen Zeitarbeitsfirmen bestätigt diese Annahme durch die Ausweisung von rund 790.000 Arbeitsverhältnissen, die im Jahr 2000 zwischen den Zeitarbeitsfirmen und Beschäftigten zustande gekommen sind. Gerade im Hinblick auf die Verbreitung von Zeitarbeit ist der Unterschied zwischen einer punktuellen Erfassung (z.B. Juni des jeweiligen Jahres) und einer Summenerfassung, die das gesamte Jahr berücksichtigt, enorm.

Darüber hinaus lässt sich zeigen, dass Leiharbeit erheblich häufiger von Männern ausgeübt wird als von Frauen und in Ostdeutschland relativ stärker verbreitet ist als in Westdeutschland – ein Umstand, der vermutlich mit der wesentlich schlechteren Arbeitsmarktlage in Ostdeutschland zusammenhängt.[3] Des weiteren sind die Beschäftigten von Zeitarbeitsfirmen – mit einem mittleren Alter von 35,5 Jahren – durchschnittlich jünger als alle anderen abhängig Beschäftigten. Im Hinblick auf das Qualifikationsniveau von LeiharbeitnehmerInnen zeigt sich, dass ein relativ großer Anteil dieser Personen, (noch) über keinen qualifizierten Berufsabschluss verfügt (30%). Über die Hälfte der LeiharbeitnehmerIn-

---

[3] Diese und die folgenden Angaben fußen auf den Daten der BiBB/IAB-Erhebungen und auf den Veröffentlichungen des Mikrozensus (Fachserie Reihe 4.1.2 vom Stat. Bundesamt), die in Fuchs u.a. 2003 dokumentiert sind.

nen besitzt eine abgeschlossene berufliche Qualifikation in Form einer Lehre bzw. einer Fachschulausbildung, und weitere 15% haben eine höher qualifizierte Ausbildung an einer Fachschule (z.B. Meister, Techniker, etc.) bzw. an einer Fachhochschule oder Universität abgeschlossen. Das heißt, insgesamt können rund 70% aller LeiharbeitnehmerInnen auf eine abgeschlossene qualifizierte Berufsausbildung verweisen.

1.2 Befristete Arbeitsverhältnisse

Die zunehmende Verbreitung der befristeten Beschäftigungsverhältnisse weist zwar keine ähnlich starke Dynamik auf wie die der Leiharbeitsverhältnisse, jedoch ist ihre Bedeutung unter allen Beschäftigungsformen erheblich größer. So waren – nach den jährlichen (Stichwochen-) Ausweisungen des Mikrozensus – bereits 1985 auf dem westdeutschen Arbeitsmarkt über eine Million abhängig Beschäftigte (ohne Auszubildende) in befristeten Arbeitsverhältnissen. Das entspricht einem Anteil von gut 5%. An dieser Relation änderte sich – abgesehen von Schwankungen – bis Mitte der 1990er Jahre wenig. Jedoch steigt auch in Westdeutschland seit 1995 sowohl die Zahl als auch der Anteil von befristet Beschäftigten deutlich an. In der Stichwoche des Jahres 2001 waren fast 2 Millionen ArbeiterInnen und Angestellte befristet beschäftigt, das entspricht einem Anteil von etwa 8,5%.

Auf dem ostdeutschen Arbeitsmarkt sind befristete Arbeitsverhältnisse seit der ersten Mikrozensuserhebung von 1992 ein verbreitetes Phänomen: Zwischen 600 und 750 Tausend Beschäftigte waren jeweils in der Stichwoche der Befragung von dieser Arbeitsform betroffen. Im Verlauf der 90er Jahre schwankt dieser Anteil zwischen 11 und 12%, und nimmt seit 1999 kontinuierlich auf 14% im Jahr 2001 zu.

Für das ganze Bundesgebiet wurden somit rund 2,7 Millionen befristet Beschäftigte in der Stichwoche des Jahres 2001 ermittelt. Bezogen auf alle Beschäftigten war knapp jede/r Zehnte zu diesem Zeitpunkt befristet beschäftigt.

Bezüglich der Merkmale von befristet Beschäftigten lässt sich Folgendes sagen: Sowohl in Ost- wie in Westdeutschland als auch zu jedem Erhebungszeitpunkt, sind Frauen relativ häufiger befristet beschäftigt als Männer. Im Hinblick auf das Alter und das Arbeitsvolumen sind befristet Beschäftigte mit 35,2 Jahren durchschnittlich jünger und arbeiten mit durchschnittlich 34,5 Wochenstunden weniger lang als ArbeitnehmerInnen in einem unbefristeten Arbeitsverhältnis. Und schließlich weist auch die Gruppe der befristet Beschäftigten – analog zu den LeiharbeitnehmerInnen – teilweise sehr kurze Betriebszugehörigkeiten auf: Ihre betriebliche Beschäftigungsdauer liegt häufig unter einem Jahr. Zum Zeitpunkt der Befragung 2001 gaben in Westdeutschland rund 40% der befristet Beschäftigten an, im vergangenen Jahr den Betrieb gewechselt zu haben, in Ostdeutschland waren es 50%.

2. Arbeitsbedingungen und -belastungen von befristet Beschäftigten und Leiharbeitsbeschäftigten

2.1. Unsicherheit als dominierendes Merkmal

Sowohl befristete[4] als auch Leiharbeitsverhältnisse weisen gemeinsame Merkmale auf, die für die Gesundheit und v.a. für die Persönlichkeitsentwicklung problematisch sein können: Zum einen zeichnen sich beide Arbeitsformen durch eine enorme Kurzfristigkeit aus. Gerade vor dem Hintergrund, dass diese Arbeitsverhältnisse häufig als Puffer für Auftragsschwankungen dienen (vgl. u.a. Sengenberger 1987) und der Kündigungsschutz fehlt bzw. extrem eingeschränkt ist, besteht aus Sicht dieser Beschäftigten verstärkt die Gefahr, erneut den Betrieb wechseln zu müssen oder – zumindest vorübergehend – arbeitslos zu werden. Über die Hälfte der befristet Beschäftigten (o. ABM) in Deutschland schätzen die Gefahr des Arbeitsplatzverlustes bzw. der Nichtverlängerung ihres Arbeitsvertrages entweder als *hoch* bzw. *sehr hoch* ein (43%) oder sehen sich nicht in der Lage, dies zu beurteilen (11%) – was auch eine Form der Unsicherheit ist. Bei den Leiharbeitsbeschäftigten ist die Situation ähnlich: Obwohl für diese Beschäftigtengruppe – durch das bisher bestehende Synchronisationsverbot – der Verlust des aktuellen Arbeitsplatzes (im Sinne des Arbeitsortes) nicht unbedingt den Verlust des eigenen Arbeitsplatzes beim Zeitarbeitsunternehmen bedeutet, schätzen auch 12% der Zeitarbeitsbeschäftigten das Risiko, den Arbeitsplatz zu verlieren, als *sehr hoch*, 26% als *hoch* ein, und 7% können dazu keine Einschätzung abgegeben. Damit ist die Unsicherheit über die Zukunft ihrer Arbeit – und somit auch von Einkommen und Existenzsicherung – sowohl unter befristet wie unter Leiharbeitsbeschäftigten erheblich stärker verbreitet als bei unbefristeten ArbeitnehmerInnen: Von diesen sind erheblich weniger, nämlich rund 16%, in einer ähnlichen Situation.

Im Hinblick auf die Einschätzung der Arbeitsplatzsicherheit existieren erhebliche Unterschiede zwischen ost- und westdeutschen Beschäftigten. Generell lässt sich sagen, dass in Ostdeutschland die Gefahr, den Arbeitsplatz zu verlieren, sowohl von befristeten als auch von unbefristeten ArbeitnehmerInnen erheblich höher eingeschätzt wird als in Westdeutschland. Unter den ostdeutschen Beschäftigten mit befristeten Ar-

---

[4] Im Folgenden werden befristet Beschäftigte stets ohne Personen in Maßnahmen der Aktiven Arbeitsmarktpolitik (ABM/SAM) betrachtet (und ohne Azubis).

beitsverträgen sehen nur 8% derzeit überhaupt keine Gefahr, dass ihre Anschluss- oder Weiterbeschäftigung gefährdet sei, in Westdeutschland liegt der entsprechende Anteil bei 13%. Jedoch sind die Unterschiede in der Wahrnehmung der Beschäftigungssicherheit bzw. -unsicherheit zwischen befristet und unbefristet Beschäftigten in den alten Bundesländern größer als in den neuen. Beide Befunde lassen sich auf die unterschiedliche Arbeitsmarktlage in beiden Landesteilen zurückführen: Da diese im Gebiet der ehemaligen DDR für alle abhängig Beschäftigten erheblich schlechter ist, erzeugen diese Rahmenbedingungen eine insgesamt höhere Unsicherheit unter den ArbeitnehmerInnen, was die Zukunft ihrer Arbeitsplätze anbelangt. Durch die Erfahrung von betriebsbedingten Kündigungen und Massenentlassungen schwindet auch die Beschäftigungssicherheit unter den unbefristet Beschäftigten. Im Vergleich dazu schätzen in Westdeutschland unbefristete ArbeitnehmerInnen die Gefahr, ihren Arbeitsplatz zu verlieren, noch immer überwiegend als gering oder als überhaupt nicht gegeben ein – und unterscheiden sich darin sehr deutlich von den befristet Beschäftigten.

Bisher bestätigen diese Ergebnisse die These, dass aus der Sicht der betroffenen ArbeitnehmerInnen befristete Arbeitsverhältnisse und Zeitarbeit mit starken Unsicherheiten bzw. Verunsicherungen über die Zukunft ihrer Beschäftigung einhergehen. Diese Unsicherheiten sind in Ostdeutschland insgesamt – und damit auch unter den befristet Beschäftigten – höher als in Westdeutschland, jedoch sind dort die wahrgenommenen Unterschiede zwischen befristet und unbefristet Beschäftigten besonders groß. Mit zunehmendem Alter nimmt die subjektiv empfundene Unsicherheit unter den befristet Beschäftigten zu.

Vor dem Hintergrund, dass für das Gros der abhängig Beschäftigten mit der Gefahr des Arbeitsplatzverlustes auch das Risiko von Statusverlusten und Existenzängsten einhergeht, sind diese Befunde erste Indizien für eine Gefährdung des sozialen Wohlbefindens sowohl von befristet Beschäftigten als auch von LeiharbeitnehmerInnen (vgl. dazu auch EU-Employment Report 2002).

Darüber hinaus geben die großen Unterschiede in der Einschätzung der Arbeitsplatzsicherheit zwischen befristet Beschäftigten und LeiharbeitnehmerInnen einerseits und unbefristet Beschäftigten andererseits Grund zu der Annahme, dass die Interessenlage zwischen diesen Gruppen möglicherweise gespalten ist: Während die Entfristung des Arbeitsvertrages oder auch die Übernahme in das entleihende Unternehmen bei der einen Gruppe vermutlich hohe Priorität hat, stehen für die übrigen Beschäftigten andere Punkte, z.B. die Verbesserung ihrer Einkommensbedingungen, im Vordergrund. Problematisch ist dies vor allem deshalb, da mit diesen unterschiedlichen Prioritäten auch unterschiedliche – schwer zu vereinbarende – Durchsetzungsstrategien verbunden sind. Während das Ziel der Entfristung oder Übernahme – aus Sicht der betroffenen Beschäftigten – am ehesten durch Anpassung zu erreichen ist, sind Verbesserungen der Einkommens- oder Arbeitsbedingungen evtl. nur im Konflikt zu erreichen. Diese spezifischen, aus der Sicherheit bzw. Unsicherheit der Beschäftigungsverhältnisse resultierenden Prioritätensetzungen können dazu führen, dass die betroffenen Beschäftigten nicht oder nur unzureichend in den Kreis der KollegInnen integriert werden, dass es zu Spaltungen bzw. Ausgrenzungen in der betrieblichen Belegschaft kommt, was – auf Grund ihres Minderheitenstatus – v.a. das soziale Wohlbefinden der befristeten und der Leiharbeitsbeschäftigten belastet (vgl. dazu auch Dörre 2001).

Weiterhin besteht gerade in der genannten Strategie der Anpassung die Gefahr, dass von Seiten der Beschäftigten auf die Einhaltung von Gesundheitsvorschriften bzw. auf eine gesundheitsförderliche Gestaltung der Arbeit wenig geachtet wird. Darauf weisen auch die Ergebnisse der Europäischen Stiftung zur Verbesserung der Lebens- und Arbeitsbedingungen (2000) sowie von Henninges (1998) hin, nach denen körperlich belastende Arbeitsbedingungen deutlich häufiger unter den befristeten und LeiharbeitnehmerInnen verbreitet sind; Befunde, die sich auch – wie Henninges dargelegt hat – unter Kontrolle von beruflicher Tätigkeit, Alter, Geschlecht, usw. aufrechterhalten lassen: »Unabhängig von den genannten Arbeitsplatzmerkmalen kommen diese harten Arbeitsbelastungen überdurchschnittlich häufig auch bei Beschäftigten mit befristeten Arbeitsverträgen vor. Sie bilden offenbar die Randbelegschaft der Betriebe, der besonders häufig die ›Knochen- und Drecksarbeit‹ übertragen wird« (ebd.: 18).

2.2 Physische und psychische Arbeitsbelastungen

Menschen in befristeten bzw. in Leiharbeitsverhältnissen müssen nicht nur häufiger um ihren Arbeitsplatz bangen, sondern diese Gruppe ist während der Laufzeit ihrer Arbeitsverhältnisse verstärkt weiteren belastenden Arbeitsbedingungen ausgesetzt. Im Hinblick auf die Verbreitung von körperlichen Arbeits- und Umgebungsbelastungen zeigt sich, dass ZeitarbeitnehmerInnen mehr als alle anderen abhängig Beschäftigten häufig bzw. praktisch immer unter beanspruchenden Bedingungen arbeiten (vgl. Abb. 1): Über 80% arbeiten – nach eigenen Angaben – praktisch immer oder häufig im Stehen, bei jeweils knapp der Hälfte gehört das Tragen und Heben von schweren Lasten, das Arbeiten unter starkem Lärm bzw. unter körperlichen Zwangshaltungen häufig zum Arbeitsalltag, rund 40% arbeiten praktisch immer oder sehr oft unter widrigen klimatischen Umgebungsbedingungen, knapp ein Fünftel findet nur

Abb. 1: Physische Arbeits- und Umgebungsbelastungen unter abhängig Beschäftigten nach Beschäftigungsstatus (jeweils Anteil häufig/praktisch immer in %)

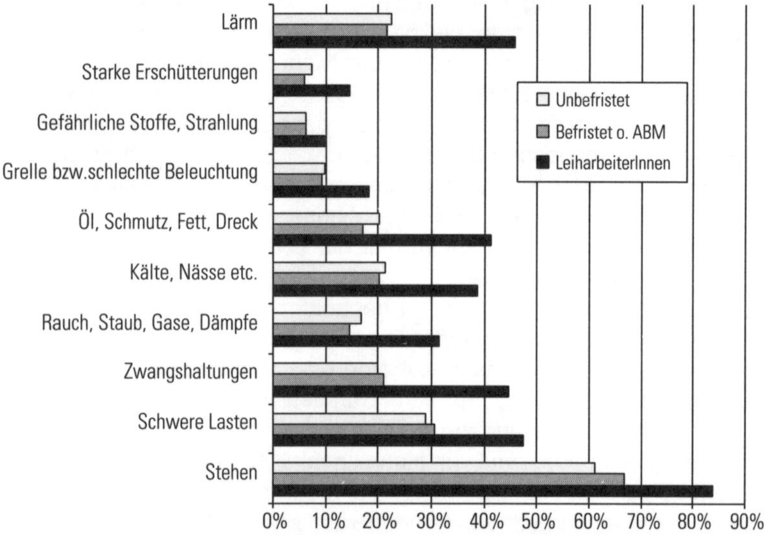

Quelle: BIBB/IAB-Erhebungen, eigene Berechnungen

schlechte oder grelle Beleuchtung am Arbeitsplatz vor, jeder bzw. jede achte LeiharbeitnehmerIn arbeitet häufig unter starken Erschütterungen und immerhin 10% dieser Gruppe werden während der Arbeit praktisch immer oder häufig mit gefährlichen Stoffen bzw. mit gefährlicher Strahlung konfrontiert.

Unter befristet Beschäftigten ist demgegenüber körperlich belastende Arbeit, wie überwiegendes Stehen, Tragen und Heben von schweren Lasten oder Zwangshaltungen, etwas häufiger verbreitet als unter ArbeitnehmerInnen mit unbefristeten Arbeitsverträgen. Andererseits kommen erstgenannte während ihrer Arbeit weniger häufig mit belastenden Umgebungsbedingungen in Kontakt.

Gerade im Hinblick auf die Verbreitung von Belastungen stellt sich die Frage nach der Vergleichbarkeit von unbefristeten, befristeten oder Zeitarbeitsbeschäftigten. Letztere arbeiten überdurchschnittlich häufig im Elektro- und Metallsektor bzw. im Entsorgungs- und Reinigungsbereich, also gerade in körperlich belastenden Berufen. Befristet Beschäftigte sind zwar auch häufig in körperlich anstrengenden und v.a. einseitig belastenden Dienstleistungsberufen tätig, aber noch relativ häufiger im Büro- und Verwaltungsbereich, der als wenig physisch beanspruchend gilt. Es ist somit zu fragen, ob diese Unterschiede im Belastungsspektrum bestehen bleiben, wenn Beschäftigte derselben Berufsgruppe, gleichen Geschlechts und Alters, usw. verglichen werden, die sich also hauptsächlich durch die Art ihres Beschäftigungsverhältnisses unterscheiden. Vertiefende Analysen (vgl. Fuchs u.a. 2003) haben gezeigt, dass die Unterschiede bestehen bleiben, teilweise sogar noch deutlicher hervortreten: Insbesondere männliche Zeitarbeitsbeschäftigte in Metall-, Elektro- und Entsorgungsberufen arbeiten deutlich häufiger als ihre unbefristeten Kollegen unter einem z.T. extrem hohen Belastungsniveau.

Im Hinblick auf die befristet Beschäftigten zeigen sich bei näherem Hinsehen deutliche Ost-West-Unterschiede: In Ostdeutschland ist das körperliche Belastungsniveau insgesamt in fast allen Berufsgruppen höher, jedoch sind die Unterschiede zwischen befristet und unbefristet Beschäftigten gering. Demgegenüber zeigen die berufsspezifischen Belastungsspektren in Westdeutschland etliche Berufsgruppen, in denen befristet beschäftigte ArbeitnehmerInnen z.T. deutlich häufiger von fast allen Belastungsarten berichten als ihre unbefristeten KollegInnen. So sind etwa in Westdeutschland Warenprüfer und HilfsarbeiterInnen mit befristeten Arbeitsverträgen von fast allen Belastungen stärker betroffen als jene mit unbefristeten Verträgen. Auch bei weiteren Berufsgruppen aus dem verarbeitenden Gewerbe sowie dem Logistikbereich, wie etwa unter den Maschinisten, Lager- und Transportarbeitern, Elektrikern, Mechanikern und Feinbauern sowie bei den ArbeitnehmerInnen in etlichen Dienstleistungsberufen aus dem Handels-, Gesundheits- und sonstigen Entsorgungsbereich, zeigt sich die gleiche Tendenz: Stets berichten befristet Beschäftigte häufiger von dem Gros der körperlichen Arbeits- und Umgebungsbelastungen.

Zusammenfassend: Unter Kontrolle weiterer Merkmale bestätigen sich die Ungleichheiten im (körperlichen) Belastungsniveau von LeiharbeitnehmerInnen und allen anderen abhängig Beschäftigten, im Hinblick auf die befristet Beschäftigten werden die Ungleichheiten oft erst durch eine differenzierte Betrachtung sichtbar.

Aber nicht nur körperlich belastende Arbeits- und Umgebungsbedingungen, sondern auch etliche psychische Anforderungen sind unter LeiharbeitnehmerInnen und befristet Beschäftigten stärker verbreitet (vgl. Abb. 2). Die deutlichsten Abweichungen gegenüber allen anderen abhängig Beschäftigten sind bei jenen Arbeitsanforderungen bzw. Belastungen zu beobachten, die auf monotone, akkordähnliche Arbeit mit geringen Autonomiespielräumen hindeuten: Dies zeigt sowohl die deutlich höhere Verbreitung von ständiger bzw. häufiger Arbeit unter Vorgabe von Stückzahlen, Leistung oder Zeit, von wiederholender Arbeit sowie von Arbeit unter präzisen Vorschriften sowohl bei befristet Beschäftigten wie bei

Abb. 2: Psychische Arbeitsbelastungen und -anforderungen unter abhängig Beschäftigten nach Beschäftigungsstatus (jeweilige Anteile in %)

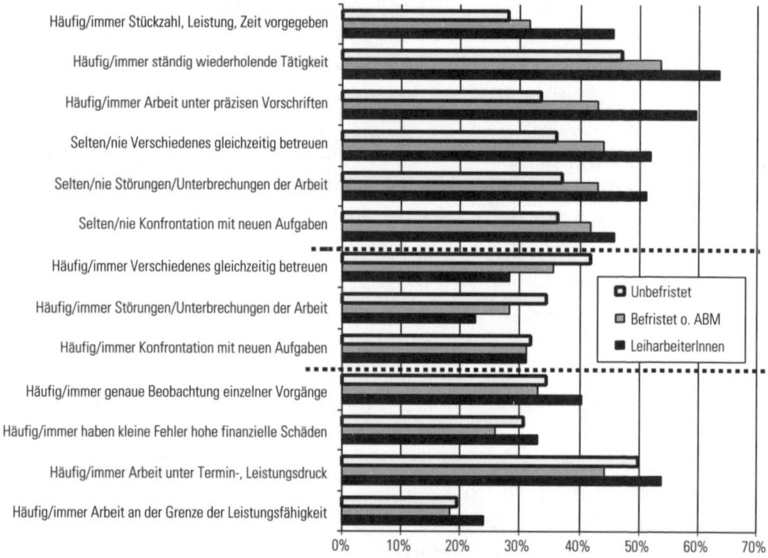

Quelle: BIBB/IAB-Erhebungen, eigene Berechnungen

LeiharbeitnehmerInnen. Und beinahe spiegelbildlich berichten beide Gruppen deutlich häufiger davon, dass ihre Arbeit wenig abwechslungsreich ist und sie auch selten mit neuen Aufgaben konfrontiert werden. Das deutet darauf hin, dass mit den häufigen Betriebs- und Arbeitgeberwechseln, die charakteristisch für Zeit- und befristete Arbeit sind, keineswegs zwingend mehr Aufgabenvielfalt oder neue (positive) Herausforderungen einhergehen.

Neben der deutlich stärkeren Verbreitung von Monotonie berichten v.a. Leiharbeitsbeschäftigte auch überproportional häufig von hohem Arbeitsdruck und hoher Anforderung an Konzentration: Über die Hälfte (54%) gibt an, praktisch immer oder zumindest häufig unter starkem Termin- oder Leistungsdruck zu arbeiten, jede/r Vierte spricht davon, an der Grenze der Leistungsfähigkeit zu arbeiten. Darüber hinaus geben rund 40% an, häufig bzw. praktisch immer sehr genau einzelne Arbeitsvorgänge beobachten zu müssen (Anforderung an Konzentration) und nach der Einschätzung von einem Drittel aller Zeitarbeitsbeschäftigten ziehen bereits kleine Fehler hohe finanzielle Schäden nach sich. Letzteres ist besonders vor dem Hintergrund der ohnehin prekären Stellung von

ZeitarbeitnehmerInnen in der Betriebshierarchie bedenklich, da hier ein hohes Fehlerrisiko auf sehr unsichere Rahmenbedingungen trifft.

Im Hinblick auf die Qualität von Arbeit ist häufige bzw. ständige Monotonie ebenso wenig wünschenswert wie ständiger Leistungsdruck und Überforderung. Besonders negativ wirkt es sich aus, wenn an einem Arbeitsplatz bzw. bei einer Person verschiedene Merkmale von wenig anspruchs- und abwechslungsreicher Arbeit, geringem Einfluss, ständigen Wiederholungen usw. zusammentreffen. Es zeigt sich, dass ein Viertel aller Leiharbeitsbeschäftigten unter allen genannten Belastungen arbeitet, unter den befristet Beschäftigten sind es 14% und bei den unbefristeten ArbeitnehmerInnen sind es 8%. Das heißt, das Risiko von eintöniger, abwechslungsarmer Arbeit mit geringen Autonomiespielräumen ist unter den abhängig Beschäftigten extrem ungleich – und zwar auch entlang der Beschäftigungsverhältnisse – verteilt.

Zusammenfassend verweist die Analyse der Belastungssituation unter den Beschäftigten bei Berücksichtigung der Art des Arbeitsvertrages auf große Unterschiede zwischen prekär Beschäftigten und allen übrigen ArbeitnehmerInnen. Die Arbeitssituation von flexibel Beschäftigten ist erheblich häufiger dadurch gekennzeichnet, dass diese ArbeitnehmerInnen einen sehr geringen Einfluss auf die Gestaltung ihrer Arbeit haben, häufig unter monotonen oder akkordähnlichen und selten unter anspruchsvollen Anforderungen arbeiten. Diese Ergebnisse decken sich mit den Befunden der Europäischen Stiftung zur Verbesserung der Lebens- und Arbeitsbedingungen (2001), die auch »unter Berücksichtigung der strukturellen (Sektor, Beruf, Unternehmensgröße) und individuellen (Alter und Geschlecht) Eigenschaften« darauf verweisen, dass befristet Beschäftigte »weniger Kontrolle über ihre Arbeitszeiten besitzen und weniger anspruchsvolle Aufgaben wahrnehmen« (ebd.: 3). Darüber hinaus berichten sowohl befristet Beschäftigte, vor allem jedoch ZeitarbeitnehmerInnen erheblich häufiger von ungünstigen ergonomischen Bedingungen als – hinsichtlich des Alters und der Berufsgruppe vergleichbare – unbefristete ArbeitnehmerInnen. Auch dies entspricht den Ergebnissen der europäischen Untersuchung von Arbeitsbedingungen bei atypischer Arbeit (ebd.).

3. Arbeitszufriedenheit

Vor dem Hintergrund der bislang skizzierten Arbeitsrealitäten stellt sich die Frage, wie die Betroffenen selbst ihre Arbeitsituation bewerten. In dem Wissen, dass Fragen, die die Zufriedenheit mit einem bestimmten Sachverhalt ermitteln wollen, in hohen Maße vom »Tagesgeschehen« –

etwa aktuellen öffentlichen Debatten – beeinflusst sind, geht es im Folgenden weniger um das Niveau von geäußerter (Un-)Zufriedenheit, als vielmehr um auffällige Unterschiede bei der Arbeitszufriedenheit von prekär Beschäftigten und unbefristet Beschäftigten.

Im Rahmen der BiBB/IAB-Erhebung von 1998/99 sollten die Beschäftigten verschiedene Aspekte ihres derzeitigen Arbeitsalltags bewerten. Die Ergebnisse zeigen, dass befristet und Leiharbeitsbeschäftigte einerseits und unbefristet Beschäftigte anderseits die Facetten ihres Arbeitsalltags ausgesprochen unterschiedlich beurteilen – mit Ausnahme von Betriebsklima, Arbeitszeitregelungen und dem Verhältnis zum Vorgesetzten, die von allen drei Beschäftigtengruppen ähnlich bewertet werden. Am deutlichsten ist die Unzufriedenheit unter den prekär Beschäftigten mit dem Einkommen sowie den Aufstiegs- und Weiterbildungsmöglichkeiten. Die größten Unterschiede zeigen sich jedoch bei der Bewertung der Arbeitsinhalte und den Möglichkeiten, die eigenen Fähigkeiten anzuwenden: Befristet Beschäftigte bewerten diese Bereiche rund doppelt so häufig und LeiharbeitnehmerInnen sogar dreimal so häufig als unbefriedigend wie unbefristete ArbeitnehmerInnen. Die weiter oben festgestellte ungleiche Verteilung von Arbeitsanforderungen unter den Beschäftigten, die sich u.a. in einer überdurchschnittlichen Verbreitung von monotoner Arbeit unter prekär Beschäftigten spiegelt, erzeugt demnach offensichtlich bei den Betroffenen Unzufriedenheit.

Um einen Eindruck von der Arbeitszufriedenheit zu bekommen, ist jedoch nicht nur die Einschätzung spezieller Aspekte von Relevanz, sondern auch die summarische Bewertung der unterschiedlichen Facetten von Arbeit. Dabei geht es analog zu den Belastungskumulationen um die Frage, wie groß das Spektrum der Zufriedenheit bzw. Unzufriedenheit unter den Beschäftigten ist. Auch die summarische Beurteilung der Arbeitssituation variiert stark nach dem Beschäftigungsstatus: Drei Viertel der LeiharbeiternehmerInnen äußern bei maximal einem Aspekt ihrer Arbeitsbedingungen große Zufriedenheit, und umgekehrt sind über ein Viertel in dieser Beschäftigtengruppe mit mindestens sechs von neun erfragten Bereichen sehr unzufrieden. Eine ähnlich große Unzufriedenheit mit fast allen Facetten ihrer Arbeit besteht bei 12% der befristet Beschäftigten aber lediglich bei 7% aller sonstigen ArbeitnehmerInnen. Das heißt, auf den ersten Blick liegt es nahe, die Unterschiede in der Arbeitszufriedenheit überwiegend in einen Zusammenhang mit dem Beschäftigungsstatus zu bringen. An dieser Stelle möchte ich jedoch erneut die eingangs erwähnte Arbeitsplatzsicherheit bzw. -unsicherheit aufgreifen, um die Beurteilung von Arbeit vor dem Hintergrund von Beschäftigungsstatus *und* Beschäftigungssicherheit darzustellen. Dabei zeigt ebenfalls Tabelle 5, dass die Arbeitszufriedenheit der Beschäftigten in hohem Maße von der Beschäftigungssicherheit abhängt – auch relativ unabhängig vom Beschäftigungsverhältnis: Rund 80% der LeiharbeitnehmerInnen, aber auch rund 70% der befristet wie unbefristet Beschäftigten sind nur mit wenigen oder überhaupt keinem Aspekt ihrer Arbeit zufrieden, wenn sie gleichzeitig das Risiko, den Arbeitsplatz zu verlieren, als (sehr) hoch einschätzen oder dies zumindest nicht einschätzen können. Spiegelbildlich korreliert diese Unsicherheit bei mehr als einem Drittel der LeiharbeitnehmerInnen und rund einem Viertel der befristet und unbefristet Beschäftigten mit einer umfassend hohen Unzufriedenheit. Ist dieses Risiko in der Einschätzung der Beschäftigten jedoch nicht gegeben, äußern sich rund die Hälfte aller Beschäftigten über mehrere Aspekte ihrer Arbeit zufrieden.

Das heißt, Sicherheit bzw. Unsicherheit sind allem Anschein nach für die Bewertung der verschiedenen Facetten von Arbeit zentral. Auch bei unbefristet Beschäftigten sinkt die Arbeitszufriedenheit auf allen Ebenen erheblich, wenn sie ihren Arbeitsplatz bedroht sehen. Jedoch bleiben auch unter Kontrolle der Beschäftigungssicherheit Unterschiede im Hinblick auf die Bewertung von Arbeit unter prekär Beschäftigten und allen übrigen ArbeitnehmerInnen bestehen – wenn auch stark vermindert.

4. Fazit

Prekäre Beschäftigungsverhältnisse erzeugen bei den Betroffenen in einem erschreckenden Maße Angst bzw. Unsicherheit über ihre berufliche Zukunft. Die – vermutlich anhaltende – Verunsicherung stellt bereits für sich eine Form psychischer Fehlbelastung da, die unter befristeten und Leiharbeitsbeschäftigten deutlich häufiger anzutreffen ist. Zudem spricht einiges dafür, dass diese Form von Existenzangst die subjektiven Bewältigungsressourcen erheblich einschränkt und es – vor allem in Kombination mit wachsenden Arbeitsanforderungen – zu Gefühlen von Kontrollverlust, Bedrohung oder Hilflosigkeit kommt (vgl. auch Oppolzer 2001). Weiterhin zeigen sich jedoch erhebliche Risikokumulationen unter diesen Beschäftigtengruppen: So ist das Risiko, unter schlechten, belastenden körperlichen Arbeits- und Umgebungsbedingungen zu arbeiten sowie monotone Tätigkeiten auszuüben, die wenig Raum für die persönliche Entwicklung ermöglichen, in prekären Arbeitsverhältnissen sehr hoch. Letztlich spiegeln sich diese widrigen Bedingungen auch in einem hohen Maß von Unzufriedenheit bei den Betroffenen. Jedoch zeigt sich gerade in diesem Zusammenhang, dass neben dem Beschäftigungsverhältnis insbesondere die Einschätzung der Beschäftigten über die

Sicherheit des Arbeitsplatzes die Arbeitszufriedenheit beeinflusst. Das deutet darauf hin, dass sich mit zunehmender Verunsicherung die Situation von formal sicher Beschäftigten – in der Regel der so genannten Stammbelegschaft – der Situation von prekär Beschäftigten annähert. Dies könnte u.a. in den Betrieben der Fall sein, in denen kein Kündigungsschutz existiert, Entlassungen drohen oder die Spaltung in Rand- und Kernbelegschaft schon stark vorangeschritten ist. Aus einer kurzfristigen betriebswirtschaftlichen Perspektive mag diese Strategie der Verunsicherung effizient und rational sein, aus menschlicher bzw. gesellschaftspolitischer Perspektive ist sie verheerend: Langanhaltende Unsicherheit und Ängste – zumal es sich in vielen Fällen um Existenzängste handelt – verursachen nicht nur schwere seelische Störungen, sondern zerstören langfristig die Basis von demokratischem Bewusstsein. Wer stets in Sorge um den Arbeitsplatz lebt, wird kaum auf die Einhaltung seiner eigenen Rechte drängen, noch sich gewerkschaftlich engagieren und vielleicht auch nicht intervenieren, wenn nebenan KollegInnen diskriminiert werden. Aber gerade damit erodiert nicht nur die Basis von guter Arbeit, sondern auch die Basis von demokratischer Entwicklung.

Literatur

Antoni, C.-H.; Eyer, E.; Kutscher, K. (2002): Das flexible Unternehmen, Digitale Fachbibliothek auf CD-ROM.

Buchanan, R. (1997): Der Feind im Inneren, München/Wien.

De Geus, A.(1998): Jenseits der Ökonomie. Die Verantwortung der Unternehmen, Stuttgart.

Döhl, V., Kratzer, N., Moldaschl, M., Sauer, D. (2001): Die Auflösung des Unternehmens? – Zur Entgrenzung von Kapital und Arbeit, in: Beck, U.; Bonß, W. (Hrsg.): Die Modernisierung der Moderne, Frankfurt a.M., S. 219-232.

Döhl, V; Kratzer, N. (2000): Flexibilisierung des Fachkräfteeinsatzes, in: Lutz, B. u.a. (Hrsg.): Industrielle Fachkräfte für das 21. Jahrhundert, Frankfurt a.M./ New York, S. 239-278.

Dörre, K. (2001): Eine arbeitspolitische Debatte in den Gewerkschaften ist überfällig, in: Supplement der Zeitschrift Sozialismus, Heft 9, Hamburg, S. 36-46.

Kommission der Europäischen Gemeinschaften (2002): EU-Employment Report 2002, Brüssel.

Europäische Agentur (2001): Arbeitswelt im Wandel. Trends und Auswirkungen hinsichtlich Sicherheit und Gesundheitsschutz am Arbeitsplatz in der Europäischen Union, in: Forum 5, Bilbao.

Europäische Stiftung zur Verbesserung der Lebens- und Arbeitsbedingungen (2001): Arbeitsbedingungen bei atypischer Arbeit, Dublin.

Fuchs, T., Conrads, R. (2003): Analyse der Arbeitsbedingungen, -belastungen und Beschwerden von abhängig Beschäftigten unter besonderer Berücksichtigung von flexiblen Arbeitsformen, Schriftenreihe der Bundesanstalt für Ar-

beitsschutz und Arbeitsmedizin (im Erscheinen).
Grove, A. (1997): Nur die Paranoiden überleben. Strategische Wendepunkte vorzeitig erkennen, Frankfurt a.M.
Henninges, H. v. (1998): Arbeitsbelastungen aus der Sicht von Erwerbstätigen, in: BeitrAB 219, Nürnberg.
Moldaschl, M. (1997): Internalisierung des Marktes – Neue Unternehmensstrategien und qualifizierte Angestellte, in: ISF-München u.a. (Hrsg.): Jahrbuch Sozialwissenschaftliche Technikberichterstattung 1997 – Schwerpunkt: Moderne Dienstleistungswelten, Berlin, S. 197-250.
OECD (Hrsg.) (1995): Flexible Working Time. Collective Bargaining and Government Intervention, Paris.
Oppolzer, A. (2001): Was sind psychische Belastungen? Auswirkungen und Gestaltungserfordernisse, in: Pickshaus, K.; Schmitthenner, H.; Urban, H.-J.: Arbeiten ohne Ende. Neue Arbeitsverhältnisse und gewerkschaftliche Arbeitspolitik. Hamburg, S. 84-101.
Sengenberger, W. (1987): Struktur und Funktionsweise von Arbeitsmärkten – Die Bundesrepublik Deutschland im internationalen Vergleich, Frankfurt a.M./New York.

Andreas Blume/Robert Schleicher

Qualitätsmanagement und Arbeits- und Gesundheitsschutz: Gemeinsamkeiten für gute Arbeit nutzen!

Konvergente Entwicklungen

Schaut man sich die Entwicklungen der letzten Zeit im Qualitätsmanagement (QM) an, lässt sich Folgendes feststellen: Im Vordergrund der Bemühungen steht heute die Prävention von Qualitätsmängeln, nicht mehr die Sicherung der Qualität durch nachträgliches »Hereinprüfen« bzw. Ausbessern. Die gesamte Organisation soll darauf ausgerichtet sein, Qualität von vornherein zu »produzieren«. Dazu ist die zielgerichtete Integration des QM in alle qualitätsrelevanten Funktionsbereiche und Ebenen (DIN EN ISO 9001:2000) notwendig. QM ist also eine Querschnittsaufgabe, die erst durch die Einführung von Qualitätsmaßstäben, -zielen und Verantwortung in die gesamte Organisation voll wirksam wird.

Für den Arbeits- und Gesundheitsschutz (AuG) fordert das EU-gestützte Arbeitsschutzgesetz ebenfalls diese Querschnittsfunktion und Integration, damit die entsprechenden Maßnahmen »erforderlichenfalls bei allen Tätigkeiten und eingebunden in die betrieblichen Führungsstrukturen beachtet werden und die Beschäftigten ihren Mitwirkungspflichten nachkommen können« (§ 3.(2).2. ArbSchG).

Auf der Verfahrensebene fallen ebenfalls Parallelen ins Auge: z.B. das Prinzip der kontinuierlichen Verbesserung. Dieses ist über den Plan-Do-Check-Act-Zyklus schon seit Demings Zeiten Bestandteil eines fortschrittlichen QM und seit 1996 auch eine rechtliche Verpflichtung im AuG. Die Anwendung des PDCA-Zyklus, also das Managen von Regelkreisen als Mittel kontinuierlicher Verbesserung, würde, z.B. bei der Gefährdungsbeurteilung konsequent angewandt (§§ 5 u. 6 ArbSchG), für den AuG einen Effizienzsprung bedeuten (siehe Abb. 1). Hier kann der AuG vom QM in manchen Betrieben eine Menge lernen.

Darüber hinaus kennzeichnen eine ganze Reihe weiterer Merkmale und Leitprinzipien die Konvergenz in der aktuellen Entwicklung des QM und des AuG. Tabelle 1 soll dazu einen kleinen Einblick bieten und zur betriebsspezifischen Konkretisierung anregen. Konsequenterweise ist der AuG nun auch explizit Bestandteil aller wichtigen QM-Systeme wie der

Abbildung 1: Regelkreise der kontinuierlichen Verbesserung im QM (oben) und im AuG (unten)

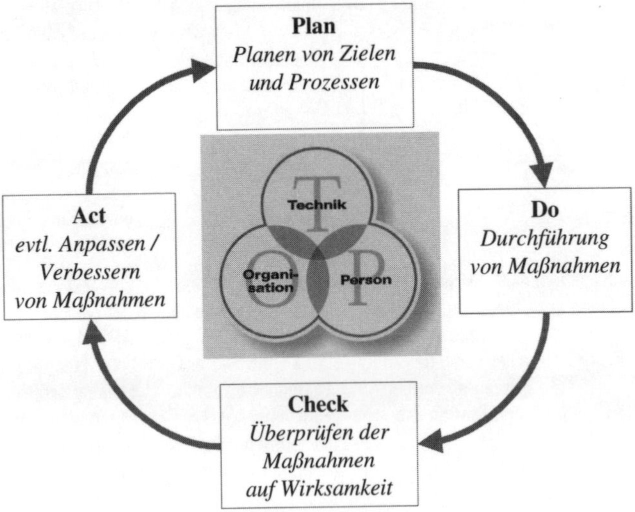

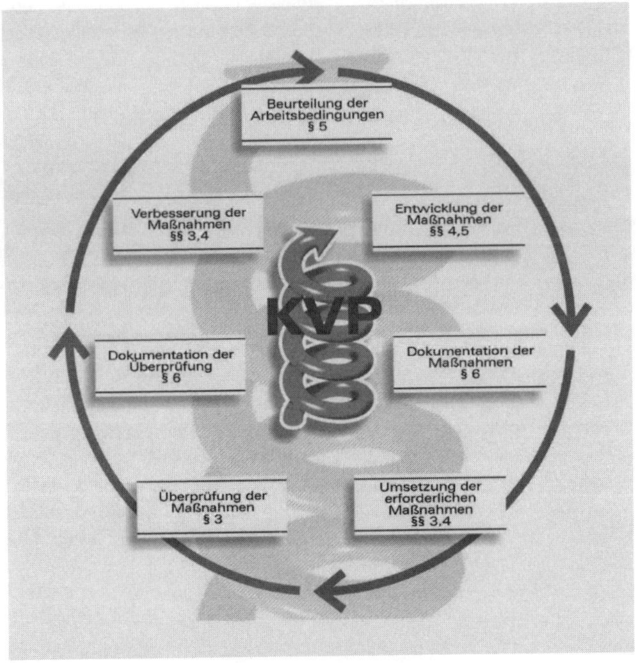

Tabelle 1: Strukturelle Ähnlichkeiten von QM und AuG in der Entwicklung

traditionelles QM	Traditioneller AuG	modernes QM	Moderner AuG
Anreiz: Kundenzufriedenheit durch Qualitätsprodukte	Rechtssicherheit, geringere Versicherungskosten (z.B. BG-Beiträge) als Anreiz	Anreiz: umfassende Kundenzufriedenheit – »der Kunde kommt zurück und nicht die Ware«	Hohe Leistungsfähigkeit der Mitarbeiter als Voraussetzung für Kundenzufriedenheit (wünschenswerter Anreiz: z.B. Abschreibungsmöglichkeit von AuG- und Personalentwicklungsmaßnahmen)
Qualitätsmanagement als Stabsaufgabe in einer separaten Organisation	AuG durch Fachkräfte, Betriebsarzt, Sicherheitsbeauftragte in einer durch das ASiG geprägten Aufbauorganisation	Qualität als betriebsspezifisches Managementsystem: Aufgabe der Mitarbeiter und Führungskräfte aller Funktionsbereiche; Beauftragter der obersten Leitung	Entwicklung eines betriebsspezifischen AuG-Managements unter Einbezug aller Führungskräfte u. Mitarbeiter mit eindeutiger Verpflichtung der Unternehmensleitung
hohe Qualität durch Technik von Produkten und Verrichtungen	Vermeidung von Unfällen und Berufskrankheiten durch v.a. technische Maßnahmen	zzgl. über Produktqualität hinausgehende Qualitätsmerkmale (Service, Termintreue, Beratung etc.)	Menschengerechte Gestaltung der Arbeit (§2 ArbSchG), Vermeidung arbeitsbedingter Erkrankungen, z.B. aufgrund psychischer Fehlbeanspruchung
Dokumentation und Einhaltung von Qualitätsstandards	Einhaltung detaillierter Vorschriften, z.B. Unfallverhütungsvorschriften	Qualitätsziele als Unternehmenspolitik, Top-Down-Förderung von Qualitätsprozessen	Betriebliche AuG-Ziele als Unternehmenspolitik entwickeln, Top-Down-Förderung (§3 u. 4 ArbSchG)
Qualitätssicherung durch Experten	Arbeitsschutz durch inner- und außerbetriebliche Experten	kontinuierliche Qualitätsverbesserung u.a. durch Einbeziehung der Mitarbeiter	Kontinuierliche Verbesserung der Gesundheit u.a. mit Hilfe der Einbeziehung der Mitarbeiter (§§ 3,16 u. 17 ArbSchG)

traditionelles QM	Traditioneller AuG	modernes QM	Moderner AuG
Orientierung auf formale Strukturen zur Qualitätssicherung, Verfahrensanweisungen	Sicherstellung formaler Rechtskonformität, Belehrung/Unterweiweisung und Kontrolle der Mitarbeiter	Orientierung auf Ergebnis- und Prozessqualität mit klarer Prozessverantwortung	Führungsverantwortung zur Ergebnis- und Prozessverbesserung, Unterweisung mit Einbeziehung der Mitarbeiter (u.a. § 13.2 ArbSchG)
Kosten von Qualitätssicherung u. -prüfung im Fokus	Kosten von Arbeitsschutzmaßnahmen im Vordergrund	Kosten mangelnder Qualität im Blick	Controlling des AuG-Verbesserungsprozesses (Kennzahlen und Wirkungsnachweise)
externe Zertifizierung	BG- und staatliche Überwachung	nachweisorientierte Prozessgestaltung, Selbstauditierung und externe Zertifizierung	Interne Nachweisdokumentation kontinuierlicher Verbesserung (z.B. §6 ArbSchG), ergänzt durch externe Überwachung mit Beratung

DIN EN ISO 900X:2000, ISO/TS 16949 geworden und nicht nur – wie schon seit langem – im Modell zum exzellenten Wirtschaften der europäischen Stiftung für Qualitätsmanagement (EFQM) implizit enthalten.

Arbeits- und Gesundheitsschutz in der DIN EN ISO 900X:2000 – aber auch umgekehrt?

In der Zertifizierungsnorm 9001:2000 spielt der Arbeits- und Gesundheitsschutz auf den ersten Blick nur eine marginale Rolle: Die »Organisation muss die Arbeitsumgebung ermitteln, bereitstellen und aufrechterhalten, die zum Erreichen der Konformität mit den Produktanforderungen erforderlich ist«. Arbeitsumgebung, so wiederum die Begriffsnorm 9000:2000, umfasst »physikalische, soziale, psychologische und Umweltfaktoren«. Diese Normen stellen allerdings nicht die Anforderung, dass die Arbeitsumgebung z.B. im Sinne des Arbeitsschutzgesetzes »menschengerecht« sein muss, sie muss lediglich das Erreichen der Produktanforderungen ermöglichen.

Die Automobilnorm ISO/TS16949 geht etwas weiter und konkretisiert den rein funktionalen Imperativ der 9001 insofern, als sie den Herstellern/Lieferanten vorschreibt, »einen Prozess nach[zu]weisen, mit dem das Einhalten aller anwendbaren staatlichen Sicherheits- und Umweltschutzbestimmungen gewährleistet wird...«

So weit, so gut und dehnbar – denn welcher Qualitätsbeauftragte und Zertifizierer weiß heute schon, wie die Umsetzung der Gefährdungsbeurteilung gemäß Arbeitsschutzgesetz und Betriebssicherheitsverordnung oder die Restrisikoanalyse bei »wesentlich« veränderten Maschinen gemäß Maschinensicherheitsgesetz 9. Verordnung konkret betrieblich »normgerecht« gewährleistet wird?

Aber: Warum soll es bei der Zertifizierung der Qualitätssicherheit (QS) über einen formalen Vermerk »AuG ist OK, ... erledigt, ... gewährleistet, ... Ermittlung siehe die Dokumentation bei der Arbeitssicherheit, ... die Berufsgenossenschaft oder Gewerbeaufsicht haben ja auch nicht gemeckert« hinausgehen?

Doch nur, wenn die in der 9001 genannte Wirkungskette: Unfallschutz, Ergonomie, psychische Belastung, Gesundheit → Qualitätsproduktion von den entscheidenden QM-Akteuren (hier Geschäftsleitung, Qualitätsbeauftragte und Betriebsrat) als wirksam anerkannt ist, wird sich eine fruchtbare Kooperation zwischen QS und AuG entwickeln.

Doch nach welchen Kriterien soll nun ein überzeugter Qualitätsbeauftragter beurteilen, ob die »physikalischen, sozialen und psychologischen« Faktoren normgerecht die Qualitätsprozesse vorantreiben? Auch die ISO 9004:2000 wiederholt für die »QM-Kür« – das Selbstaudit – dieselbe Wirkungskette in noch blumigerer Sprache: »... positiver Einfluss [der Arbeitsumgebung] auf die Motivation, Zufriedenheit und Leistung der Personen ...« durch u.a. »kreative Arbeitsmethoden und Möglichkeiten zur umfassenden Einbeziehung der Personen ... Ergonomie, soziale Wechselwirkungen, Hygiene, Sauberkeit, Lärm«.

Hier besteht ein großer Konkretisierungs- und Lernbedarf auf der Seite des Qualitätsmanagements. Ein Prozess, von dem auch die Arbeits- und Gesundheitsschützer profitieren und der zu gemeinsamen Entwicklungsanstrengungen für »gute Arbeit« auf gleicher Augenhöhe einlädt.[1]

In vielen Betrieben haben die Mitarbeiter ihre Lektionen für das neue QM und den AuG bereits gelernt – man muss ihnen nur die Gelegenheit geben, ihr Wissen wirksam werden zu lassen. In einem kleinen metallverarbeitenden Betrieb wurde auf Grund – und nicht trotz – wirtschaftlicher Probleme eine Gefährdungsbeurteilung psychischer Be-

[1] Vielfach bedarf es auch einer Qualifizierung und Neuorientierung im Arbeitsschutz, um eine solche Kooperation praktisch werden zu lassen. Über entsprechende Defizite und Widerstände vgl. u.a. Blume 2002: 275ff.

lastungen mit dem BAAM®-Verfahren[2] durchgeführt. Ein Protokoll-Auszug, macht aus Sicht der Mitarbeiter die »normgerechte« Wirkungskette deutlich:

»Die Arbeitsbereiche an den Maschinen sind nicht genügend ausgeleuchtet. Dadurch entstehen mehr Fehler und die Qualität der Arbeit wird schlechter...

Die Qualität des Arbeitsmaterials (vor allem Platinen) ist extrem schwankend – selbst innerhalb einer Charge. Sie ist oft so schlecht, dass damit die geforderten Stückzahlen nicht leistbar sind. Qualitätsunterschiede des Materials werden aber bei den Vorgaben nicht berücksichtigt. Rückmeldungen an die Vorarbeiter über schlechte Materialqualität werden nicht ernst genommen. Es ist schwer nachzuvollziehen, warum bei Reklamationen eines Kunden alle Teile nachgeprüft werden müssen, wenn nur ein einziges nicht in Ordnung war, man selber aber mit Material auch der schlechtesten Qualität arbeiten muss und nichts reklamiert wird...

Die als Arbeitsvorgabe festgelegten Stückzahlen sind zu hoch, um Qualität fertigen zu können. Sie sind willkürlich festgelegt, d.h. sie beruhen nicht auf REFA-Aufnahmen. Die letzten REFA-Aufnahmen sind zu lange her – seitdem haben sich so viele Voraussetzungen verändert, dass diese Aufnahmen für die aktuellen Arbeitsgänge nicht mehr gültig sind...

Die Beschäftigten kennen die Qualitätsanforderungen der Kunden nicht. Außerdem erhalten sie gelegentlich unterschiedliche Vorgaben, welche Qualität noch ausreichend ist. Sie vermuten, dass bei drängenden Lieferfristen auch schon mal schlechtere Qualität genommen wird, um die Liefermenge zu erfüllen, auf die Gefahr hin, dass Reklamationen erfolgen. Die Unkenntnis der Qualitätsanforderungen der Kunden und die unterschiedlichen Vorgaben (Abweichungen werden nicht begründet) führen dazu, dass die Beschäftigten keine Kriterien haben, um selbst zu entscheiden, ob Teile, die nach dem Ziehen weiter gefertigt werden sollen, von der Qualität her noch tragbar sind oder nicht. Sie müssen entweder auf unsicherer Basis selber entscheiden oder jedesmal bei Zweifeln die Vorarbeiter fragen gehen...«

Es gibt also auch einen umgekehrten Zusammenhang zwischen QM und AuG: Zum Beispiel können psychische Fehlbeanspruchungen, die zur Sättigung, Monotonie, Ermüdung und Stress führen, u.a. nach DIN/

[2] BIT e.V.: Verfahren zur Beurteilung von Arbeitsinhalten, Arbeitsorganisation, Mitarbeiterführung und sozialen Beziehungen (BAAM®), Bochum 2000; Resch 2003: 91ff., 162). Martin Resch, Analyse psychischer Belastungen; Verfahren und ihre Anwendungen im Arbeits- und Gesundheitsschutz, Bern 2003, S. 91ff. und 162.

ISO 10075 durch Hindernisse und Erschwerungen bei der Qualitätsproduktion entstehen und so die Gesundheit der Mitarbeiter gefährden.

Das BAAM®-Verfahren geht explizit dieser »Belastungsspur« nach und liefert als Beurteilungsgrundlage der Geschäftsführung und dem Betriebsrat nicht nur Screeningsdaten über eine Befragung aller Mitarbeiter, sondern auch über eine moderierte Gruppenanalyse detaillierte Gründe und entsprechende Maßnahmeideen aus Sicht der Beschäftigten.

Qualitätsproduktion macht also nicht nur zufriedene Kunden, sondern trägt wesentlich zur Förderung der Gesundheit der Beschäftigten bei. Und das Ganze als kontinuierlicher Verbesserungsprozess organisiert ... mit gemeinsamen Beteiligungsformen ... mit einer einheitlichen Nachweisstruktur und Ermittlungsmethode. Wunschdenken? Sicherlich noch für die meisten Betriebe – zugleich aber auch gesetzlicher Auftrag und QS-Zertifizierungsgegenstand.

Der Widerstand ist groß – aber nicht übermächtig

Eine Geschäftsleitung und/oder ein Betriebsrat, die sich eine zielgerichtete Kooperation in QM und AuG auf die Fahnen geschrieben haben, sehen sich i.d.R. zwischen zwei Fronten eingekeilt. Die beharrenden Kräfte auf Seiten der Qualitätssicherung gegen Beteiligung und Prozessorientierung sind zumeist ähnlich stark wie die abwehrende Befürchtung der Arbeitsschützer, dass Mitarbeiterbeteiligung und Gesundheitsschutz eine Erosion ihrer Expertenrolle und klassischen Schutzziele bedeuten könnte. Die Verunsicherung auf beiden Seiten muss »oben« ernst genommen werden, sonst reiht sich auch dieser Betrieb wieder in den statistischen Trend ein:

- Lediglich 16% der deutschen Arbeitnehmer engagieren sich nach Umfragen von Gallup am Arbeitsplatz für das Unternehmen, während der große Rest bestenfalls seinen Job lustlos bzw. nur deshalb macht, weil man ja schließlich Einkommen braucht. Als Hauptursache dafür wird »schlechtes Management« genannt: Die Mitarbeiter wissen nicht, was von ihnen erwartet wird, sie werden nicht als denkende Menschen ernst genommen, ihre Vorschläge werden nicht aufgegriffen etc. (IGM/HBS/BIT 2002).
- Auf der anderen Seite wird von den Mitarbeitern immer mehr erwartet, was sich in der von allen einschlägigen Umfragen konstatierten Zunahme psychischer Belastungen widerspiegelt. Zugenommen haben danach nicht nur Stress und Zeitdruck, sondern auch zunächst arbeitswissenschaftlich positive Kriterien wie fachliche Anforderungen, z.B. im Bereich der Qualität, Verantwortung oder Vielseitigkeit der Arbeit. Unter

schlechten Rahmenbedingungen (Zeitdruck, mangelnde Qualifizierungsmöglichkeiten etc.) wirken aber auch solche zunächst positiven Entwicklungen als Fehlbeanspruchung (ebd.).

■ Nur 12% aller Unternehmen in Nordrhein-Westfalen integrieren nach einer für Unternehmen mit mehr als 200 Mitarbeitern repräsentativen Erhebung Qualitäts- und Arbeitsschutzmanagement, behaupten aber zu über 70%, dass der AuG eine wichtige Rolle bei der Bewältigung der zukünftigen Herausforderungen spielt (BIT 2003).

Ein Ernstnehmen der Blockaden auf dem »Top-Down«-Weg zur »guten Arbeit« ist im Sinne gesunder Qualitätsproduktion zwar ein notwendiger Erfolgsfaktor, aber nicht hinreichend:

■ Von Seiten der Geschäftsführung und des Betriebsrats muss deutlich gemacht werden, dass die aktive Beteiligung der Mitarbeiter keine »Eintagsfliege« ist, sondern dass ihre Ideen etwas wert sind, dass also nicht nur der »Rahm« für Produktivitätssteigerungen abgeschöpft wird, sondern auch die Gesundheit praktisches Unternehmensziel ist.

■ Es darf nicht der Eindruck entstehen, dass das Qualitätsmanagement den AuG einseitig ausnutzt oder der AuG das QM als »Trojanisches Pferd« missbraucht, um endlich aus seiner Randstellung herauszukommen.

■ Auf diesem Wege bedarf es »fachkundiger und zuverlässiger Personen« in der Linie, wie es das Arbeitsschutzgesetz in § 13.2 sicherlich auch stellvertretend für ein QM vorschreibt, die aber selten vom Baum fallen oder an Straßenecken stehen.

Hier sind Investitionen ins Personal und in eine Vertrauenskultur mit klaren Spielregeln angesagt. Betriebsräte haben dabei nicht nur ein Mitbestimmungsrecht, sondern auch eine Initiativverpflichtung (u.a. gemäß §§ 96/97 und § 87.1.7 BetrVG).

MAGQ: Ein Weg zur »guten Arbeit«

Legt man in einem Führungskräfte- oder Betriebsräteseminar die Abb. 2 als Folie auf, schlägt trotz Erläuterung nach anfänglich interessiertem Erstaunen i.d.R. recht schnell die Komplexitätsfalle zu. Überforderung und Sättigung sind häufig spontane Folge komplexer »Wahrheiten«.

In dem vom Land NRW geförderten, der MM-BG-unterstützten und vom IG Metall-Bezirk NRW mitinitiierten Beratungsprojekt MAGQ[3] wird

---

[3] MAGQ steht für »Motivation, Arbeit, Gesundheit, Qualität«. Das Projekt, in dem insgesamt 16 betriebliche Potenzialberatungen durch die Mittel des Ministeriums für Wirtschaft und Arbeit NRW unterstützt werden, wird durchgeführt in Kooperation von BIT e.V., Siegerland Consult und TBS NRW.

Abbildung 2: Synergiepotenziale und -beispiele

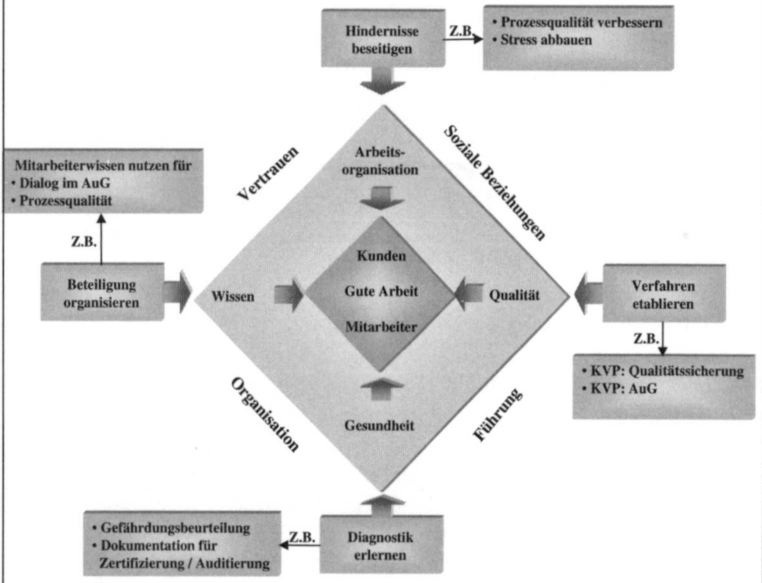

© Bit, 2003

mit einem auf 15 Tage begrenzten Beratungsaufwand der Grundstein für einen gemeinsamen Managementprozess im Bereich Qualität, Wissen, Gesundheit und Arbeitseffizienz gelegt. In einer von uns moderierten und mit klaren Spielregeln versehenen Klausur von zwei bis drei Tagen (i.d.R. am Wochenende) bearbeiten das Top-Management und der Betriebsrat (i.d.R. 6-8 Menschen) systematisch angeleitet das »Ach und Weh« des Betriebes mit dem Ziel, die Veränderungspotenziale der vier Kerngebiete für sich und in ihren Kombinationen zu heben und die betriebseigenen »Wahrheiten« zu entdecken. Am Ende steht ein verbindlicher Handlungsplan (siehe Abb. 3), der der Zustimmung des Betriebsrates bedarf – so eine der Spielregeln.

Solch ein Handlungsplan I sah z.B. für den schon erwähnten Kleinbetrieb im Bereich QM und AuG wie folgt aus:

In allen von BIT e.V. durchgeführten MAGQ-Potenzialberatungen ist auf dieser Planungsebene eine Maßnahme vorgegeben: die Durchführung einer Gefährdungsbeurteilung psychischer Belastungen als eine Komponente der Detailanalyse. Diese Spielregel – schon vor Beginn jedes Projektes mit der Geschäftsführung und dem Betriebsrat verein-

Abbildung 3: Ablauf einer Bit-MAGQ-Potenzialberatung[4]

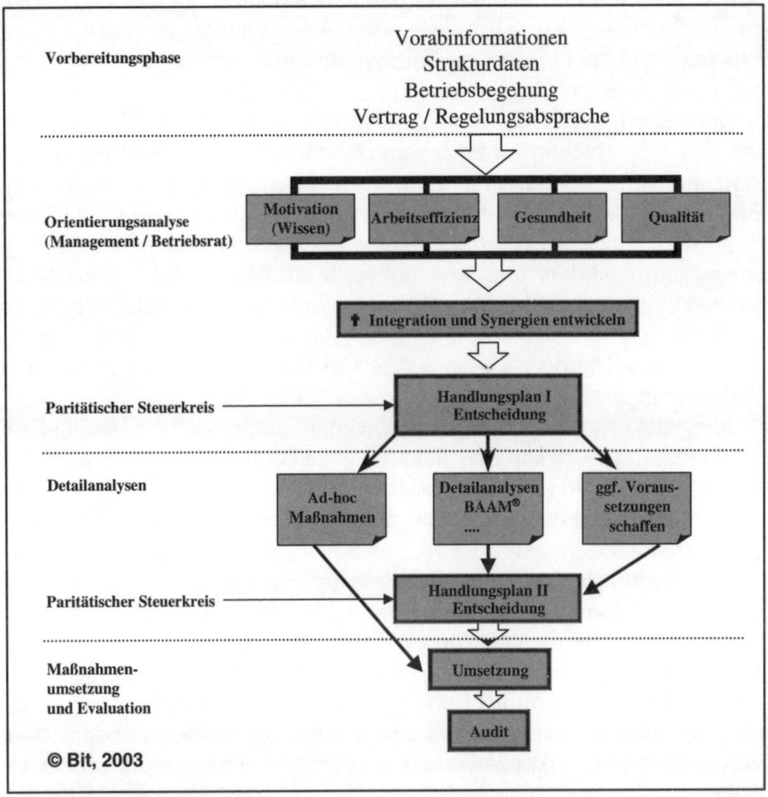

bart – verfolgt das Ziel, auf methodischer Ebene (Beteiligung und Nachweisorientierung) und entlang der oben erwähnten Wirkungsketten zwischen AuG und QM den sichtbaren Nachweis der Integration zu führen. Darüber hinaus wird mit BAAM® dem Betrieb ein nutzbares Instrument für den Kontinuierlichen Verbesserungsprozess (KVP) zur Verfügung gestellt.

Sofern weitere Detailanalysen mit Bordmitteln des Betriebes durchgeführt werden sollen, können im Rahmen der 15 Beratungstage von BIT auch Umsetzungshilfen geleistet werden, wie z.B. die Ausbildung von KVP-Moderatoren. In der Regel muss aber der Betrieb seinen Handlungsplan (II) nach der Detailanalyse selbst umsetzen und sich circa

[4] Bei diesem Ablauf entsteht ein Beratungsaufwand von ca. 15 Tagen.

nach sechs Monaten einem von uns unterstützten Selbst-Audit unterziehen. Dabei werden nicht nur der Umsetzungsgrad und die Wirkungen der Maßnahmen beurteilt, sondern vor allem auch die Hindernisse und Probleme bei der Umsetzung herausgearbeitet, um für die Fortführung des Prozesses die Weichen noch besser zu stellen.

Die bisherige MAGQ-Praxis zeigt jedoch, dass zentrale Erfolgsfaktoren für einen solchen Änderungsprozess Klarheit und Durchsetzungskraft auf der Entscheidungsebene (Geschäftsführung, Werksleitung, Betriebsrat) sind. Denn wo sich im Einzelnen auch immer die jeweiligen Potenziale »guter Arbeit« herausstellen, geraten insbesondere die mittleren Führungskräfte und zum Teil auch die Beauftragten unter einen starken Legitimationsdruck und in einen Veränderungsstrudel. Hier muss die Unternehmensspitze einen klaren Kurs fahren und anfangs mit externer Unterstützung die Belastungen im Bereich des Erträglichen und Veränderungsförderlichen halten.

Aber nicht nur das Management wird in einem solchen MAGQ-Prozess »angefasst«, wenn beispielsweise die BAAM®-Screeningwerte für Führung und Zielerreichung der Abteilung »im Keller« sind, oder die bisher praktizierte Qualitätsorganisation durch einfache Vorschläge der Mitarbeiter ad absurdum geführt wird, sondern auch der Betriebsrat wird gefordert. Für ihn als Gremium, aber auch für Einzelpersonen des Betriebsrats, ist das integrierende Management von Arbeitnehmerinteressen auf den Gebieten der Qualität, des Wissens, der Arbeitseffizienz und des AuG keineswegs trivial: Durch die direkte Konfrontation mit Ideen der Beschäftigten, die z.T. nicht über den Tellerrand von Abteilungen oder Gruppeninteresssen hinausschauen, bestehende kollektive Absprachen, Vereinbarungen »ankratzen« oder gar vorschnell das Wissenskapital der Belegschaft zu verschleudern drohen, wird er zuweilen in eine Situation gebracht, die er nur mit politischer Klarheit und in offener Diskussion mit den Beteiligten meistern kann. Gleichwohl ist durch die Vorabvereinbarung, Maßnahmen nur einvernehmlich im Steuerkreis zu verabschieden und im Streitfall die Einigungsstelle entscheiden zu lassen, zumindest formal die kollektive Interessensicht und Vertretung eindeutig dominant.

An der Breite des MAGQ-Gestaltungsfeldes werden auch die Grenzen zunehmender Arbeitsteilung, Spezialisierung und Selektivität von Betriebsratsarbeit deutlich. Es ist eben nur leicht gesagt, dass durch Integration der Managementfunktionen nahezu alles zur Querschnittsaufgabe im Betriebsrat wird. Überforderung und Frust macht sich schnell breit, wenn hier nicht durch anfängliche Unterstützung (Berater, Gewerkschaft) und integrationsorientierte Weiterbildung auch der Betriebsrat unterstützt wird.

Gute Arbeit ist schön, macht aber viel Arbeit

Nach einem MAGQ-Prozess oder beim Lesen von Normen und Konzepten über »gute Arbeit« mutet die Umsetzung einfach an. Man kann Praktikabilität und Nutzen nachweisen und auch wissenschaftlich die Wirkungsketten zwischen QM und AuG aufzeichnen, doch die Argumente und Evidenzen zeigen allzu häufig nicht die erhoffte Wirkung in der Fläche.

Geschäftsführungen, Betriebsräte, Qualitätsmanager und AuG-Beauftragte haben i.d.R. die guten Argumente des Alltags, um nichts oder nur wenig an den laufenden Prozessen und Routinen zu ändern: »Wir haben keine Zeit dafür..., gerade jetzt müssen wir Kosten sparen..., und überhaupt brauchen wir keinen betrieblichen Wellness-Bereich..., die Arbeitsplätze sind in Gefahr...«. Es geht also auch anders – wenn auch nicht gesund und ohne nachhaltige Qualität! Warum sich so viel zusätzliche Arbeit machen?

Solche Betriebe brauchen einen »Tritt« von außen, z.B. vom Kunden, von der Berufsgenossenschaft, der staatlichen Aufsicht, vom Staatsanwalt nach einem Arbeitsunfall oder von dem Vorsitzenden einer Einigungsstelle, die über einen Initiativantrag des Betriebsrats zum AuG verhandelt.

Auch die externen QS-Zertifizierungsagenturen könnten hier heilsame »Weckdienste« leisten, wenn Unternehmen sich z.B. in »magersüchtige« Überforderung der Führungskräfte verstiegen haben und damit änderungsresistent geworden sind.

Wirksame Überzeugungsarbeit und Beratung in Richtung »guter Arbeit« kann leider häufig erst danach erfolgen.

Literatur

BIT e.V./Universität Bielefeld, Fakultät für Gesundheitswissenschaften (2003): Projekt »Betriebliches Gesundheitsmanagement«. Ergebnisse einer repräsentativen Telefonbefragung zum Stand des Betrieblichen Gesundheitsmanagements in 501 Unternehmen aus NRW, Bochum/Bielefeld.

Blume, A. (2002): Gesundheitsschutz und arbeitsorientierte Modernisierung – eine »Seilschaft« für humane und effiziente Arbeitsbedingungen, in: Fuchs-Frohnhofen, P. (Hrsg.): Arbeitsorientierte Modernisierung, München und Mering, S. 275ff.

IG Metall/Hans-Böckler-Stiftung (Hrsg.)/BIT e.V. (2002): Gute Arbeit unter Druck!? Psychische Belastungen in der Arbeitswelt – Stand, Entwicklungen, Handlungsmöglichkeiten. Gesünder @rbeiten, Arbeitshilfe 12, Frankfurt a.M.

Resch, M. (2003): Analyse psychischer Belastungen; Verfahren und ihre Anwendungen im Arbeits- und Gesundheitsschutz, Bern.

Max Angermaier

Präventionsauftrag und Selbstverwaltung

Die Rechtsetzung der EU im Arbeits- und Gesundheitsschutz führte nicht nur dazu, dass in Deutschland 1996 das Arbeitsschutzgesetz sowie die ergänzenden Verordnungen zum Arbeits- und Gesundheitsschutz verabschiedet und damit die rechtlichen Voraussetzungen für eine Verbesserung der Arbeitsbedingungen geschaffen wurden. Der von der EU vorgegebene rechtliche Rahmen erzwang auch eine Ablösung der Regelungen der Reichsversicherungsordnung (RVO) durch das Sozialgesetzbuch VII (SGB VII). Mit der Verabschiedung des SGB VII im Jahre 1996 wurde der Präventionsauftrag der Berufsgenossenschaften (BGen) wesentlich erweitert. Sie haben die Aufgabe übertragen bekommen, mit allen geeigneten Mitteln nicht nur Arbeitsunfälle und Berufskrankheiten, sondern darüber hinaus auch arbeitsbedingte Gesundheitsgefahren zu verhüten.

Erweiterung des Handlungsauftrags der Berufsgenossenschaften

Die BGen müssen sich also seit 1996 mit allen Gesundheitsgefahren auseinander setzen, denen ArbeitnehmerInnen im Rahmen ihrer beruflichen Tätigkeit ausgesetzt sind, gleichgültig, ob sie zu Berufskrankheiten oder zu arbeitsbedingten Erkrankungen führen. Wie bei den Arbeitsunfällen und den Berufskrankheiten müssen sie mit allen geeigneten Mitteln darauf dringen, dass diese Gefahren beseitigt werden.

Hierzu gehören zumindest die folgenden Einzelaufgaben:

- Ermittlung der Gesundheitsgefährdungen, denen die Beschäftigten bei der Arbeit ausgesetzt sind:
  - Entwicklung eines Instrumentariums, mit dessen Hilfe diese Gefahren ermittelt werden können,
  - Ermittlung branchen- und tätigkeitsspezifischer Gefahren für systematische Präventionsansätze,
  - Entwicklung von Indikatoren für eine möglichst frühe Erkennung gesundheitlicher Risiken.
- Hilfestellung für die Betriebe bei der Durchführung der Gefährdungsbeurteilung:
  - Entwicklung von branchen- und tätigkeitsspezifischen Katalogen für die Gefährdungsbeurteilung,

- Erarbeitung und Verbreitung von Informationsmaterialien zur Durchführung der Gefährdungsbeurteilung,
- Beratung und Schulung der verantwortlichen Personen in den Betrieben zu allen Fragen der Gefährdungsbeurteilung.

■ Entwicklung von Maßnahmenkatalogen zur Beseitigung erkannter Gesundheitsgefahren:
  - Erarbeitung von technischen und organisatorischen Maßnahmekonzepten für spezifische Gesundheitsgefährdungen,
  - Erarbeitung und Verbreitung von Informationsmaterial zur Entwicklung von Maßnahmen zur Beseitigung der Gefährdungen.

■ Unterstützung der Betriebe bei der Um- und Durchsetzung der Maßnahmen zur Beseitigung von arbeitsbedingten Gesundheitsgefahren durch Beratung und Schulung der betrieblich Verantwortlichen in allen Fragen der Entwicklung von Maßnahmen zur Beseitigung von Gesundheitsgefährdungen.

■ Kontrolle der Wirkungen der vorgeschlagenen Maßnahmen zur Beseitigung arbeitsbedingter Gesundheitsgefahren:
  - Entwicklung von Konzepten für eine systematische Kontrolle und Überwachung der betrieblichen Gesundheitsgefährdungen
  - Einbeziehung der betrieblichen Maßnahmen zur Beseitigung von arbeitsbedingten Gesundheitsgefährdungen in die normale Überwachungs- und Kontrolltätigkeit
  - systematische Überwachung und Kontrolle der Betriebe, ob die Maßnahmen zur Beseitigung der arbeitsbedingten Gesundheitsgefahren tatsächlich und nachhaltig durchgeführt wurden und werden.

Der erweiterte Aufgabenkatalog bedeutet, dass die BGen die Aufgabe haben, die Arbeitgeber bei der Umsetzung des Arbeitsschutzgesetzes mit allen geeigneten Mitteln zu unterstützen, zu begleiten und auch zu überwachen. Sie müssen die für den betrieblichen Arbeits- und Gesundheitsschutz verantwortlichen Personen beraten, ausbilden und schulen. Es müssen Informationsmaterialien erarbeitet und den Betrieben und den Beschäftigten zur Verfügung gestellt werden. Es müssen systematische Gefährdungsbeurteilungen entwickelt und in den Betrieben durchgeführt werden.

Neue Anforderungen an Personal und Qualifikation

Ergänzend zur Integration des Themas »Vermeidung betrieblicher Gesundheitsgefahren« in die bestehende Aufgaben- und Tätigkeitsstruktur der BGen bedarf es zusätzlich der Entwicklung neuer und dem Thema adäquater Konzepte und Maßnahmen. So bedarf es zur Bewältigung der neuen Aufgaben zunächst einer personellen Verstärkung der BGen. Aufsichtsdienste, wie auch die Aus- und Weiterbildungseinrichtungen der BGen müssen den Aufgaben entsprechend personell ausgestattet sein.

Die traditionelle Orientierung der BGen an der Vermeidung von Arbeitsunfällen und Berufskrankheiten bietet nicht die Voraussetzungen, sich den neuen Fragestellungen hinreichend fachlich widmen zu können. Es bedarf einer Ergänzung der fachlichen Qualifikationen bei den BGen, um sich den erweiterten Aufgaben hinreichend qualifiziert nähern zu können. Dies bedeutet, dass in den Bereichen Schulung und Ausbildung, Erarbeitung von Informations- und Schulungsmaterialien, Überwachung und Kontrolle der Betriebe, entsprechende Kapazitäten geschaffen werden müssen und zwar sowohl quantitativ wie auch qualitativ. Ergänzt werden müssen diese Anstrengungen um die Entwicklung und Umsetzung einer internen Aus- und Weiterbildung der Beschäftigten bei den BGen. Dazu gehören beispielsweise Qualifizierungskonzepte und -maßnahmen für die Aufsichtspersonen ebenso wie die Anpassung der Personalplanungen an die neuen Aufgaben. Von besonderer Bedeutung für den Erfolg bei der Vermeidung arbeitsbedingter Gesundheitsgefährdungen ist aber, dass die BGen mit den anderen Sozialversicherungsträgern sowohl bei der Ermittlung von Gefährdungen als auch bei der Entwicklung von spezifischen Maßnahmen eng zusammenarbeiten. Für die Kooperation zwischen den Unfallversicherungsträgern und den gesetzlichen Krankenversicherungen bestehen bereits die entsprechenden rechtlichen Regelungen.

Verhinderungsallianz

Bei den Verwaltungen der BGen haben diese neuen Anforderungen eine zwiespältige Reaktion ausgelöst: Zum einen wurde behauptet, die BGen seien immer schon diesem umfassenderen Präventionsauftrag nachgekommen und insofern könne man weiterarbeiten wie bisher. Zum andern wurde festgestellt, man sei zwar nun auch für die arbeitsbedingten Gesundheitsgefahren zuständig, dies sei aber mehr eine Aufgabe der gesetzlichen Krankenkassen, die auf Basis ihrer statistischen Daten entsprechende Angebote für eine Gesundheitsprävention machen könnten. Nur eine Minderheit unter den Hauptgeschäftsführern und Aufsichtspersonen sah im erweiterten Präventionsauftrag eine wichtige und tatsächlich neue Aufgabe für die BGen. Entsprechend wurde der neue Aufgabenbereich nur sehr zögerlich und schleppend angegangen.

Heute, mittlerweile sieben Jahre nach Verabschiedung des SGB VII und nach der Erweiterung des umfassenden Präventionsauftrages, muss festgestellt werden, dass eine systematische Bekämpfung von arbeitsbedingten Gesundheitsgefährdungen weder durch die Arbeitgeber, noch durch die BGen in einem breiteren Maß stattfindet. Vielmehr treffen die Vorbehalte vieler Arbeitgeber gegenüber dem Arbeits- und Gesundheitsschutz als einem Kostenverursacher bei vielen Verantwortlichen in den BGen auf offene Ohren. So finden sich die Ministerialbürokratie des Bundesministeriums für Wirtschaft und Arbeit (BMWA), die Arbeitgeberverbände und große Teile der BGen vereint in der Einschätzung, Arbeits- und Gesundheitsschutz sei zwar wichtig, dürfe die Arbeitgeber aber keinesfalls mit Kosten belasten. Ein Resultat dieser Haltung ist die faktische Aushebelung der sicherheitstechnischen und arbeitsmedizinischen Betreuung der Beschäftigten in Kleinbetrieben durch das »Unternehmermodell«.

Der Widerspruch zwischen dem Postulat, der betriebliche Arbeits- und Gesundheitsschutz habe eine große Bedeutung, und dessen faktischer schrittweiser Auflösung wurde in der letzten Zeit auch durch die Forderung des BMWA nach einer Absenkung der Eingangsqualifikationen für die Fachkräfte für Arbeitssicherheit oder durch die seit Jahren von den Bundesländern betriebene Eliminierung der staatlichen Arbeitsschutzbehörden deutlich. Entgegen gelegentlicher Fensterreden betrachten sowohl die Bundes- und Länderministerien als auch die Arbeitgeber den Gesundheitsschutz der Beschäftigten überwiegend unter Kostengesichtspunkten.

Mangelhafte Bilanz

Die Bilanz über Umfang und Qualität der berufsgenossenschaftlichen Aktivitäten zur Beseitigung arbeitsbedingter Gesundheitsgefahren fällt eher negativ aus:

- Die strukturellen Voraussetzungen für eine Auseinandersetzung mit arbeitsbedingten Gesundheitsgefahren sind eher dürftig. Zwar wurde vom HVBG in Dresden die Berufsgenossenschaftliche Akademie eingerichtet und thematisch an den neuen Aufgaben der BGen ausgerichtet. Eine Reihe von BGen haben mittlerweile Arbeitsmediziner, Psychologen, Ergonomen sowie Vertreter weiterer wichtiger Fachdisziplinen eingestellt. Der thematische Ansatz bei den Aufsichtsdiensten und in den Aus- und Weiterbildungsmaßnahmen wurde erweitert. Allerdings reichen die vorhandenen personellen Kapazitäten zur Bewältigung der gestellten Aufgaben überhaupt nicht aus. Dieser Mangel wird noch dadurch verschärft, dass die systematische Einbeziehung der neuen Fachgebiete in die Tätigkeit der Aufsichtsdienste und der Schulung bislang nirgendwo stattgefunden hat.

■ Eine intensivere Auseinandersetzung mit den arbeitsbedingten Gesundheitsgefahren scheitert bislang aber auch daran, dass den meisten BGen noch keine systematische Ermittlung der arbeitsbedingten Gesundheitsgefahren vorliegt. Die Gründe hierfür sind nicht zuletzt in den fehlenden betrieblichen Gefährdungsbeurteilungen zu sehen. Viele Betriebe sind bis heute noch nicht ihren Aufgaben aus dem Arbeitsschutzgesetz nachgekommen. Wo sie gemacht wurden, sind die Gefährdungsbeurteilungen häufig nur pro forma, also ohne die Absicht gemacht worden, wirklich etwas für den betrieblichen Arbeits- und Gesundheitsschutz zu tun. Von den staatlichen Arbeitsschutzbehörden und von den berufsgenossenschaftlichen Aufsichtsdiensten wird die Existenz und die Qualität von Gefährdungsermittlungen faktisch nicht kontrolliert.

■ Auf den Druck von Gewerkschaften und Betriebsräten wurde in den vergangenen Jahren die Kooperation zwischen den BGen und der Gesetzlichen Krankenversicherung (GKV) für eine betriebliche Gesundheitsförderung zwar intensiviert und auch eine ganze Reihe von Projekten durchgeführt. Diese Projekte fanden aber weitgehend unabhängig voneinander statt. Deshalb haben diese Projekte nicht zu den erwarteten nachhaltigen Veränderungen in den Betrieben geführt. Es gelang auch nicht, die Erfahrungen aus den verschiedenen Projekten miteinander zu verbinden und für einen größeren Kreis von Betrieben nutzbar zu machen. Letztlich hatten die Projekte keine verändernde Wirkung auf Arbeit der BGen und der GKVen.

Der betriebliche Arbeits- und Gesundheitsschutz ist also trotz der guten rechtlichen Voraussetzungen und trotz der Bereitschaft der ArbeitnehmerInnen zur Mitarbeit, dort wo es um die Verringerung arbeitsbedingter Gesundheitsgefahren geht, außerordentlich mangelhaft. Es bedarf dringend entsprechender Anstrengungen, um eine Annäherung an die rechtlichen Vorgaben zu erreichen. Die BGen müssen endlich ihre Aufgaben und Möglichkeiten wahrnehmen und – in Kooperation mit den GKVen – sich der arbeitsbedingten Gesundheitsgefahren annehmen.

Aufgaben der Selbstverwaltung

Dazu bedarf es aber vor allem des Drucks der Selbstverwaltungen der BGen und GKVen. Für sie stellen sich die folgenden Aufgaben:

■ Die BGen müssen gezielte Programme zur Erfassung arbeitsbedingter Gesundheitsgefahren entwickeln. Eine wichtige Grundlage können hierfür die Gefährdungsbeurteilungen nach dem Arbeitsschutzgesetz liefern. Die BGen müssen in Abstimmung mit den Arbeitsschutzbehörden der Länder die Betriebe systematisch nach den Ergebnissen der Gefährdungsbeurteilungen abfragen. Damit ergibt sich – für die Betriebe, die die Gefährdungsbeurteilung durchgeführt haben – ein erster Überblick über die ermittelten Gefährdungen, der um die vorliegenden Erfahrungen und Erkenntnisse der BGen unmittelbar angereichert werden kann. Die Abfrage der Gefährdungsbeurteilungen in den Betrieben vermittelt aber auch einen Überblick über die Betriebe, die ihren Aufgaben nicht oder nur unzureichend nachgekommen sind. Diese Betriebe müssen aufgefordert werden, endlich ihren Verpflichtungen nachzukommen. Gleichzeitig sollte diesen Betrieben aber eine Beratung durch die Aufsichtsdienste der BGen angeboten werden.

■ Die BGen müssen branchen- und tätigkeitsspezifische Konzepte und Maßnahmen zur Beseitigung der ermittelten arbeitsbedingten Gesundheitsgefährdungen entwickeln. Hierzu sollten bei den BGen interdisziplinär besetzte Arbeitsgruppen der Aufsichtspersonen eingerichtet werden, die ausgehend von bestehenden betrieblichen Beispielen und basierend auf ihren Erfahrungen für die unterschiedlichen Branchen und auch für die unterschiedlichen Betriebsgrößen Maßnahmenkataloge entwickeln. Diese sind dann die Basis für die betriebliche Beratung sowie für adressatenspezifisch aufbereitete Informationsmaterialien. Diese Beispiele und Informationen müssen auch in die Bildungsmaßnahmen der BGen einfließen.

■ Von besonderer Bedeutung ist es, dass die Aufsichtspersonen der BGen dazu befähigt werden, ihren Beratungs- und Unterstützungs-, aber auch ihren Überwachungsleistungen in den Betrieben effizienter und qualifizierter nachzukommen. Für die Aufsichtspersonen muss ein systematisches Qualifizierungsprogramm entwickelt und umgesetzt werden, mittels dessen nicht nur Kenntnisse und Informationen über die Zusammenhänge zwischen Arbeitsbedingungen und gesundheitlicher Befindlichkeit, sondern auch das Methodenwissen vermittelt wird, das sie benötigen, um die betrieblich Verantwortlichen für eine Vermeidung arbeitsbedingter Gesundheitsgefahren zu gewinnen.

■ Ergänzend zu diesem Qualifikationsprogramm für die Aufsichtspersonen muss geprüft werden, ob die bestehenden Arbeitsstrukturen im Aufsichtsdienst den Aufgaben angemessen sind. Die traditionelle Konzeption, dass eine Aufsichtsperson für einen Betrieb zuständig ist, setzt voraus, dass die Aufsichtsperson über hinreichende Kenntnisse und Erfahrungen verfügt, um alle möglichen Probleme des betreuten Betriebes zu erkennen und – ggf. nach Rückfrage und Abstimmung mit anderen Fachleuten der BG – Lösungen zur Beseitigung der Probleme anbieten zu können. Dieses Konzept ist angesichts der Komplexität und Vielfalt der betrieblichen Gesundheitsgefährdungen nicht tragfähig. Beim Aufsichtsdienst muss – wie bei anderen Tätigkeiten auch – die Be- und Erarbeitung von Problemlösungen auf Teams übertragen werden. Damit lässt sich nicht nur ein fachlich breiterer Ansatz erzielen, sondern es wird möglich, den Blickwinkel für das Erkennen von Problemen erheblich zu erweitern.

■ Die bislang durchgeführten Kooperationsprojekte zwischen BGen und GKVen müssen daraufhin geprüft werden, welche der Ergebnisse sich für eine Verallgemeinerung und für eine Übertragung auf andere Betriebe oder auf eine gesamte Branche eignen. Sie sollten dann in entsprechende Arbeitshilfen und Informationsmaterialien umgesetzt werden. Es müssen aber auch neue Projekte initiiert werden, in denen für weitere übergreifende Präventionsthemen nach Handlungs- und Beratungsansätzen gesucht wird, wie beispielsweise zur Vermeidung von Wegeunfällen oder zur Vermeidung von gesundheitlichen Gefährdungen, deren Ursachen sowohl im Arbeits- als auch im Privatbereich zu suchen sind. Bei allen Projekten und Vorschlägen muss aber der Verhältnisprävention Vorrang vor der Verhaltensprävention gegeben werden.

Frank Iwer

Betriebliche Handlungsstrategien für »gute Arbeit«

Gegenstand dieses Beitrages ist die Frage, ob und inwieweit der Betrieb und die Gestaltung von Arbeit als Handlungsfeld für gewerkschaftliche Politik (zurück-)gewonnen werden können. Ausgangspunkt der Überlegungen ist ein offenkundiger *Widerspruch*: Einerseits stimmen die Einschätzungen etwa von Horst Schmitthenner, dass sich die gesetzlichen Rahmenbedingungen für die Gestaltung von »guter Arbeit« verbessert haben, andererseits lässt sich keineswegs eine verbesserte betriebliche Praxis konstatieren.

Im Gegenteil, die Belastungen durch ausufernde Arbeitszeiten, Leistungsanforderungen und Stress sowie durch zunehmende berufliche und betriebliche Unsicherheiten nehmen flächendeckend zu, sowohl in den noch relativ gut regulierten Produktionsbereichen als auch in traditionell privilegierten Angestellten- und Leitungsfunktionen. Wenn eine Kampagne »gute Arbeit« nicht verpuffen soll, dann muss man sich mit Gründen für diese fehlende Deckung von Instrumenten und betrieblicher wie arbeitspolitischer Praxis befassen und entsprechende konzeptionelle Antworten finden.

1. Machtasymmetrien, Krisenerfahrungen, Individualisierung und Verbetrieblichung

Als externe Berater von Betriebsräten (BR) treffen IMU-MitarbeiterInnen seit fast 20 Jahren in sehr vielen und unterschiedlichen Betrieben auf diesen Widerspruch zwischen gesetzlichen Rahmenbedingungen und betriebspolitischer Praxis. Er lässt sich daher nicht mit personenbezogenen Ansätzen wie der »Qualität« oder der »Konfliktbereitschaft« der Betriebsräte erklären – im Gegenteil, die BR, die uns einschalten, gehen ja allein deswegen immer schon einen ersten Konflikt mit dem Arbeitgeber ein.

Vielmehr verbinden sich hier vier Problemfelder miteinander, die es zunächst immer schwerer machen, die bestehenden Ansätze und Chancen für eine Interessenvertretung, welche die Arbeitsbedingungen der Beschäftigten in den Mittelpunkt stellt, tatsächlich zu nutzen.

An *erster Stelle* sind die wachsenden Machtasymmetrien zwischen Kapital und Arbeit zu nennen. Ihr betriebspolitischer Ausgangspunkt liegt insbesondere in den seit Beginn der 1990er Jahren forcierten Trends zur Dezentralisierung und Vermarktlichung von Unternehmensstrategien und -politiken. Zwar wurde der betrieblichen Ebene damit eine neue »Verantwortung« zugewiesen, diese wird aber gesteuert und kontrolliert durch die zentralen Vorgaben der Konzernleitungen und – im Zuge der Shareholder-Value-Orientierungen – zunehmend durch die realen oder erwarteten Ansprüche von Aktionären oder Finanzmärkten. Durchgesetzt werden diese Vorgaben dadurch, dass die Marktbedingungen entweder real (durch Ausgründungen, Fremdvergaben, Standortkonkurrenzen etc.) oder simuliert (durch Benchmarking, Kennzahlensysteme, Profit-Center, Standortergebnisse etc.) direkt an die Betriebe, die Abteilungen, ja sogar die einzelnen Arbeitsplätze weitergegeben werden. Für die Interessenvertretung ist besonders fatal, dass sich diese Ansprüche quasi als »externer Sachzwang« äußern, der mit klassischen betrieblichen Mitteln im Grunde nicht beeinflusst werden kann. Da auch das örtliche Management an diese Vorgaben gebunden ist, sind die arbeitspolitischen Fragen und Gestaltungspotenziale nur dann zu verhandeln und umzusetzen, wenn sie nicht konträr zu den eng definierten Rahmenbedingungen liegen.

Hinzu kommen an *zweiter Stelle* die Krisenerfahrungen der 1990er Jahre, in denen erstmals auf breiter Front die Erfahrung von Personalabbau und Standortschließungen auch in Kernbereichen der IG Metall wirksam wurde und Betriebe wie Belegschaften schon allein mit der Androhung von Verlagerungen zu Zugeständnissen gezwungen werden konnten. Diese »Standortbündnisse«, bei denen ja in der Regel akzeptiert wurde, dass Errungenschaften der Interessenvertretung als »nicht mehr zeitgemäß« oder »unbezahlbar« zurückgenommen wurden, sind grundlegender Ausdruck einer arbeitspolitischen Defensivposition der Gewerkschaft: Ganze Belegschaften haben die Erfahrung gemacht, dass Regulationen von Arbeit (z.B. Arbeits- und Erholzeiten, Schichtbegrenzungen) und Leistung (z.B. Vorgaben im Zeitlohn, betriebs- oder tätigkeitsspezifische Zulagen etc.) nicht mehr eigenständiges gewerkschaftliches Ziel waren und in der Krise verteidigt werden konnten, sondern lediglich als »Tauschwert« für begrenzte beschäftigungspolitische Zusagen dienten. Zudem wurden im Zuge dieser »Standortbündnisse« die betriebswirtschaftlichen Vorgaben de facto anerkannt. Vor dem Hintergrund dieser Erfahrungen jetzt wieder umzuschalten auf offensive arbeitspolitische Forderungen, die sich etwa aus den zunehmenden Entgrenzungen von Arbeitszeit und Leistung ergeben, ist zumindest nicht ganz einfach.

Ein *drittes Problem* ist die zunehmende Individualisierung von Interessenlagen. Damit ist nicht allein das Phänomen erfasst, dass zumindest Teile der Belegschaften die im Zuge der Dezentralisierung angebotenen neuen Handlungsspielräume in Richtung »Selbstorganisation« durchaus zu schätzen wissen, oder dass Ansätze zum »Arbeitskraftunternehmer« neben den problematischen Folgen durchgängiger Marktbeziehungen eben auch positiv den Produzentenstolz der Beschäftigten aufgreifen und dadurch nicht eindeutig als Bedrohung wahrgenommen werden. Es geht insbesondere darum, dass es den Unternehmen gelungen ist, den Leistungsbegriff als Kern der betrieblichen Interessenpolitik von der Verausgabung und damit der Belastung der Beschäftigten abzulösen und an den Markterfolg der jeweiligen Produkte oder Leistungen zu binden. Wenn »Leistung« aber darin besteht, etwa eine Zielvereinbarung zum Produktpreis oder Liefertermin einzuhalten, und der Aufwand, der dafür betrieben werden muss, zwischen den Beschäftigten stark differiert, führt das zur Auflösung einer der wesentlichen Grundlagen solidarischen Handelns. Mit dem Entschwinden der Mäßstäbe für Leistung schwinden zugleich die traditionellen Formen der Leistungsbegrenzung, die früher dem Einzelnen relativ klare Maßstäbe und Signale geboten haben, kürzer zu treten.

Wohlgemerkt: Mit dieser »Finalisierung« und »Subjektivierung« des Leistungsbegriffs werden nur die arbeitspolitischen Grundlagen für Solidarität brüchiger, die Beschäftigten suchen aber dennoch nach Grenzen, Regeln und Maßstäben; gerade dass macht ja das Instrument »Zielvereinbarungen« bei allen Problemen für viele zunächst einmal interessant. Aber diese Grenzen und Maßstäbe ergeben sich eben nicht mehr »objektiv« oder automatisch, etwa durch die Zeitwirtschaft, sondern müssen durch Kommunikation und Information »intersubjektiv« hergestellt werden. Nur durch Akzeptanz von Maßstäben und Grenzen können sie auch im konkreten Arbeitshandeln wirksam werden.

Als *viertes Problem* sehe ich einen tiefgreifenden organisationspolitischen Widerspruch in der IG Metall:

- Auf der einen Seite nimmt die Verbetrieblichung von zentralen gewerkschaftlichen Handlungsfeldern zu; dies reicht bis hinein in die Umsetzung von bislang eher zentral ausgehandelten und koordinierten tariflichen Regelungen. Beispiele hierfür sind der Qualifizierungstarifvertrag Baden-Württemberg, die ausufernden betrieblichen Zeitkonten, Anpassungen der Lage und Verteilung der Arbeitszeit an die betrieblichen Bedürfnisse auch in bislang »geschützten« Bereichen (Samstagsarbeit, Nachtarbeit, Pausenregelungen etc.); auch die Abkommen zur »Standortsicherung« gehören letztlich in diese Kategorie. Man mag diesen Trend zur Verbetrieblichung strategisch für falsch halten, empirisch ist er aber nicht von der Hand zu weisen – und umkehrbar dürfte er zumindest auf absehbare Zeit nicht mehr sein.

■ Auf der anderen Seite erodiert gerade in dieser Situation die betriebspolitische Handlungsfähigkeit der IG Metall. Das gilt für die Betriebsbetreuung durch die Sekretäre, die sowohl unter einer schlechteren Betriebsabdeckung, dem höheren Betreuungsaufwand von KMU als auch der Ausdifferenzierung betrieblicher Problemlagen und damit einhergehenden höheren fachlichen Anforderungen leidet. Das gilt für die in der Breite kaum noch vorhandenen Vertrauenskörper-Strukturen, die aber erforderlich wären, um Interessenvertretung direkt mit den Beschäftigten in den Abteilungen zu organisieren. Das gilt für altersbedingt »aussterbende« betriebliche Fachleute, etwa in Fragen der Eingruppierung, was sich als eine der großen Hürden etwa der ERA-Umsetzung erweist. Und das gilt für die BR-Gremien, die in der Tat häufig sowohl zeitlich, fachlich als auch strategisch aufgrund der Vielfalt und Parallelität der betriebspolitischen Problemlagen überfordert sind.

Alle diese Problemdimensionen zusammen führen zu einer für gewerkschaftliche Betriebspolitik durchaus brisanten Mischung: Die Kräfteverhältnisse haben sich deutlich verschlechtert, den Betrieben werden im Zuge der Dezentralisierung Aufgaben zugewiesen, die für Gestaltung wenig Raum und Ressourcen bieten, die klassischen »zentralistischen« Politikmodelle von Arbeitsschutz und Arbeitspolitik greifen aufgrund der Individualisierung immer weniger, und die Organisation IG Metall wird als kontinuierlich handelnd in der Fläche wie am einzelnen Arbeitsplatz immer weniger erlebt.

2. Für eine Neukonzeption von Betriebspolitik im Kontext von »guter Arbeit«

Dieser Widerspruch hat sicherlich mit begrenzten Ressourcen zu tun und ist daher nur in Teilen lösbar. Dennoch gibt es ein gewisses Maß an Eigenverantwortung der IG Metall für diese Situation. Während auf der einen Seite, quasi als Politikmodell – oft auch unter Druck der Arbeitgeber – Gestaltungsoptionen in die Betriebe delegiert wurden, war die Organisationspolitik in den Betrieben davon weitgehend abgekoppelt. Dies ist deshalb fatal, weil die IG Metall (anders als etwa die alte IG Medien) bislang gewohnt war, für Forderungen zu mobilisieren, die Umsetzung nach der Unterschrift unter einen Tarifvertrag oder eine Betriebsvereinbarung aber in der Regel den Arbeitgebern überlassen hat. Dieser Mechanismus des Setzens von kollektivrechtlichen Regelungen war zugleich immer in gewissem Sinne »zentralistisch«. Unter Bedingungen der Verbetrieblichung, Dezentralisierung und Individualisierung funktioniert dieser Mechanismus jedoch immer weniger: Es geht eben nicht nur darum, ob es Regelungen zugunsten der Beschäftigten gibt, sondern wie sie im jeweiligen Arbeitszusammenhang umgesetzt werden. Die Qualität von Regelungen für die Beschäftigten hängt immer mehr davon ab, ob und wieweit sie sich auf der Arbeitsebene als Instrument zur Interessenformulierung und -durchsetzung erweisen können.

Diesen Zusammenhang kann man sehr gut am Qualifizierungstarifvertrag in Baden-Württemberg aufzeigen.

Ein Kernelement seiner Regelungen besteht darin, dass die Beschäftigten das Recht auf ein jährliches Gespräch zur Ermittlung ihres Qualifizierungsbedarfes haben. Mit Leben erfüllt im Sinne einer »guten Arbeit« wird dieses Recht aber nur dann, wenn sie auch mit Ansprüchen, Anforderungen, Selbstbewusstsein in diese Gespräche hineingehen, Qualfizierungsbedarf nicht mit »Defiziten« verwechseln, die man vor dem Arbeitgeber »geheim« halten muss, und wenn sie in etwa wissen, welche Vereinbarungen und Ergebnisse die anderen KollegInnen mit dem Betrieb getroffen haben, worin also die Maßstäbe für erwartbare Qualifizierungsniveaus oder für die Umsetzung von Maßnahmen bestehen können. Denn der Vergleich mit anderen – sowohl in der Analyse wie in der Übersetzung in Aktionen – spielt selbstverständlich immer eine Rolle. Natürlich fällt dies leichter, wenn die Qualifizierungsgespräche nicht individuell, sondern wie von der IG Metall angeregt, im Team stattfinden. Aber selbst dann brauchen sie eine Vor- und Nachbereitung mit den Beschäftigten, und in der jeweiligen Abteilung muss Transparenz über die Anwendung von Maßstäben, Niveaus oder auch Grenzen geschaffen werden.

Diese Erfahrungen mit dem Qualifizierungstarifvertrag sollten als Bespiel für eine Kampagne »gute Arbeit« herangezogen werden. Die Qualität solcher Regelungen wird nicht allein mit dem Abschluss einer Betriebsvereinbarung oder eines Tarifvertrages hergestellt, auch wenn diese natürlich die Rahmenbedingungen setzen. Immer dann, wenn sich Regelungen nicht oder nur bedingt über klare Normen und quantitative Größen definieren und steuern lassen, kann die Überprüfung ihrer Einhaltung nicht auf eher technische Abfragen an den Arbeitgeber reduziert werden. Erforderlich ist vielmehr die Organisation eines kontinuierlichen Prozesses, bei dem die Beschäftigten zusammen mit den gewerkschaftlichen KollegInnen vor Ort ihre Lage analysieren, Ziele und Forderungen entwickeln, Transparenz herstellen, um sich vor Überforderung zu schützen, berechtigte Ansprüche nicht vorschnell aufzugeben und sich um die Einhaltung solcher Vereinbarungen aktiv zu kümmern.

Vor diesem Hintergrund geht es meines Erachtens nicht allein darum, eine weitere Kampagne der IG Metall – wenn auch zu dem begrüßenswerten Gegenstand »gute Arbeit« – mit den bekannten Methoden und Instrumenten (Flugblätter, Plakate, Mustervereinbarungen, Konferenzen etc.) aufzulegen, sondern darum, gewerkschaftliche Betriebspolitik unter den heutigen Bedingungen neu zu entwickeln und umzusetzen. Hierzu sollten folgende Ansätze verfolgt werden:

2.1. Ansetzen an den erlebten Widersprüchen

Weder die Betriebsräte noch die Beschäftigten sind in der Regel mit der ihnen zugewiesenen Rolle sonderlich zufrieden. BR erleben die »Standortpakte« und die darin häufig aufgegebenen/relativierten tariflichen oder betrieblichen Standards als Resultat der eigenen »Erpressbarkeit« durch den Arbeitgeber; zumindest die Verantwortungsfrage ist in der Regel klar, es fehlt jedoch an greifbaren und daher auch handlungsleitenden und mobilisierungsfähigen Alternativen. Zumindest sind sie stark an einem überbetrieblichen Austausch interessiert, um sich mit anderen Betrieben hinsichtlich der relativen Position in der Interessenverteidigung zu vergleichen und auch, um den »Benchmarks« der Arbeitgeberseite nicht hilflos ausgeliefert zu sein.

Auch die Beschäftigten haben einen erstaunlich klaren Blick dafür, dass »moderne« korporatistische Arbeitsbeziehungen ihnen zwar unter bestimmten Bedingungen mehr Möglichkeiten zur Selbstorganisation (nicht zur Selbstbestimmung) bieten, sich dadurch aber an den fundamentalen Positionen und Rollen nichts Wesentliches ändert. Umfragen des SOFI Göttingen in Unternehmen, in denen umfangreich Gruppenarbeit eingeführt wurde, belegen dies sehr deutlich:

- 62,7% der Beschäftigten glauben, dass man bei Rationalisierungsmaßnahmen dem Arbeitgeber eher misstrauen sollte.
- 59,8% der Beschäftigten sehen auch bei Gruppenarbeit die betriebliche Stellung der Arbeiter als unverändert an.
- 53,8% der Beschäftigten gehen davon aus, dass eine Verbesserung der Wirtschaftlichkeit vor allem zulasten der Arbeiter geht.

Beide Handlungsebenen sind somit eher von Widersprüchen gekennzeichnet: Zugesagte Beteiligungsmöglichkeiten werden in der Regel nicht eingelöst oder auf schlichte Akzeptanz der Unternehmensinteressen reduziert, gute Beschäftigungschancen für Privilegierte gehen mit wachsender Unsicherheit des eigenen Arbeitsplatzes einher, zunehmende Faszination durch die Arbeit, etwa in »Problemlösertätigkeiten«, werden durch Stress und tendenzielle Überforderung konterkariert. Derartige Widersprüche können sicherlich auch zu Resignation und passiver Unterordnung unter die Rahmenbedingungen führen. Sie können aber auch zum Ausgangspunkt für eine interessenbezogene Politik gemacht werden, die auf das aktive Handeln der Beteiligten setzt.

2.2. Rolle des BR als Korrektiv für Unternehmensstrategien

Eine zentrale Rolle spielt sicherlich der Betriebsrat. Er hat zumindest einen potenziellen Zugang zu Informationen, er kann Freiräume zur Information und Kommunikation der Beschäftigten auf Abteilungsebenen organisieren, und er verfügt neben seinen (wenn auch begrenzten) Ressourcen über eine »institutionelle Kontinuität«: Die Betriebsräte sind auch personell oft über einen längeren Zeitraum hin tätig und können so als eine Instanz der »Akkumulation von Erfahrungen« fungieren.

Ihre Aufgabe besteht nicht darin, Vorgaben des Arbeitgebers einfach zu akzeptieren oder lediglich auf »formale Vollständigkeit« hin zu überprüfen. Sie müssen statt dessen in doppelter Hinsicht eine Korrektivfunktion einnehmen. Erstens geht es darum, im Zusammenhang mit Planungen des Betriebes oder des Unternehmens die Belegschaftsinteressen so gut wie möglich zu formulieren und durchzusetzen. Zweitens besteht ihre Funktion darin, zumindest die gröbsten Managementfehler rechtzeitig zu erkennen und zu verhindern, auch indem betriebliche Koalitionen organisiert werden. Für beide Aufgaben geht es darum, strategisch handlungs- und auseinandersetzungsfähig zu werden. Für eine solche Form des »Kontra-Managements«, in der fachliche Kompetenz nicht mehr als Widerspruch angesehen wird, sondern zur Voraussetzung der Politikfähigkeit und der Glaubwürdigkeit interessenbezogenen Handelns wird, benötigen sie Unterstützung von außen sowie einen breiteren Partizipationsansatz nach innen.

Von außen benötigen sie zunächst »Orientierungswissen«, um Problemlagen adäquat analysieren zu können. Dazu gehört die Beschaffung des notwendigen Know-hows, etwa durch gewerkschaftsnahe Beratungseinrichtungen. Zusätzlich brauchen die BR Informationen aus vergleichbaren Betrieben, vorzugsweise aus der gleichen Branche. Hier muss dann überbetrieblich die gewerkschaftliche Meinungsbildung ansetzen: Welche Ziele sollen mit Blick auf eine Branche erreicht werden, wie können Verabredungen der BR hierzu aussehen, wie kann gemeinsames Handeln organisiert werden? Regionale Betriebsratsnetzwerke, entweder ausgerichtet an Gestaltungsthemen (z.B. Umsetzung des Qualifikations-Tarifvertrages) oder an Branchen bzw. Wertschöpfungsketten, haben sich in den letzten Jahren als Instrumente bewährt.

Nach innen kommt es darauf an, schon bei der Analyse von Problemen so weit wie möglich das interne Know-how einzubeziehen. Wenn es gelingt, auch Vertrauensleute bzw. die Mitglieder auf Abteilungsebene sowie auch »ganz normale« Mitarbeiter in die Analyse von Entwicklungen einzubeziehen, steigt nicht nur die Qualität dieser Analysen, sondern zugleich auch die Bereitschaft der KollegInnen, sich hierfür zu engagieren. Diese Erfahrung machen wir häufig auch in den so genannten »gewerkschaftlichen Problembereichen« wie etwa reinen Angestelltenbetrieben. Die BR werden somit zu einer Art Koordinatoren bzw. zum organisierenden Zentrum für die betrieblichen und Unternehmensbelange. Das heißt nicht, alles selber zu machen, geht aber auch über eine rein passive »Sammelstelle« hinaus. Der BR muss Konflikte und Probleme frühzeitig erkennen und sowohl in Richtung Belegschaft wie auch in Richtung Arbeitgeber aktiv werden.

3. Subjektivität, Solidarität und Aufgaben der Organisation IG Metall

Gewerkschaftliche Betriebspolitik bewegt sich heute in dem Spannungsfeld, die skizzierten Auswirkungen, Widersprüche und positiven Ansätze für Subjektivität im Arbeitshandeln in einer Weise zu verknüpfen, dass hieraus neue Grundlagen für solidarisches Handeln, das nach wie vor hohe Akzeptanz bei den Beschäftigten besitzt, entstehen können. Dazu ist es aber für die Gewerkschaft selbst erforderlich, an den einzelnen Individuen, ihren widersprüchlichen Erfahrungen und Interessenlagen, anzusetzen. Ein Konsens über die konkreten Inhalte von Solidarität, die Maßstäbe einer »guten Arbeit« oder arbeitspolitische Forderungen und Gestaltung kann heute weniger denn je unterstellt werden, sondern muss mittelfristig zusammen mit den Beschäftigten erarbeitet und »intersubjektiv verankert« werden.

Für eine solche Form der betriebspolitischen Arbeit, die darauf ausgerichtet ist, gewerkschaftliches Bewusstsein neu zu begründen und zu legitimieren, sind die Betriebsräte strukturell ungeeignet: Sie agieren per definitionem auf der Betriebsebene, nicht in Abteilungen oder gar in Bezug zu einzelnen Arbeitsplätzen; sie verfügen schlicht nicht über die personellen Ressourcen, betrieblich in der Fläche zu agieren; ihre Tätigkeit ist systematisch auf die Aushandlung von kollektivrechtlichen Kompromissen ausgerichtet, weniger auf die Diskussion und Überzeugungsarbeit mit einzelnen Beschäftigten; und als Institution können sie nicht gewerkschaftliches Bewusstsein, Traditionen und Identitäten ersetzen.

Im Umkehrschluss ergibt sich hieraus, dass diese Aufgaben der Gewerkschaft selber zufallen: Sie muss *aufklären* über die Hintergründe und Folgen aktueller betrieblicher und arbeitspolitischer Strategien und Vorhaben. Sie muss *Kommunikation* zwischen den Beschäftigten fördern, damit eine *Verständigung* über arbeitspolitische Zumutungen, notwendige Grenzen und Instrumente zu ihrer Regulierung entstehen kann

(Akzeptanz). Sie muss dazu beitragen, die vielen subjektiven *Leitbilder* auf gemeinsame und tragfähige arbeitspolitische Ziele hin zu *verdichten.* Sie muss die Beschäftigten selber einbeziehen in die *Überwachung* von getroffenen Vereinbarungen, da sich hieran zunehmend die erlebte Qualität solcher Regelungen entscheidet. Und sie muss die Beschäftigten anregen und motivieren, sich auch einmal zeitlich befristet, etwa in Form von Projektgruppen, oder thematisch begrenzt, etwa als »betrieblicher Sachverständiger«, zu engagieren.

Auf die Gewerkschaften kommt neben diesen eher betrieblichen Aufgaben noch eine weitere hinzu: Mit den KollegInnen auch die *Grenzen betrieblichen Handelns* zu diskutieren und zu erarbeiten, um hieraus Anforderungen einerseits an tarifliche Regelungen, andererseits aber auch an gesellschaftspolitische Lösungen abzuleiten. Zwar wird die betriebliche Ebene für die Interessenvertretung wichtiger, zugleich schwindet der betriebliche Spielraum für grundsätzliche Regelungen (zur Entgeltpolitik, zur Sozialpolitik, zur Arbeitszeitpolitik). Makroökonomische und gesellschaftliche Fehlentwicklungen wie die Rekordarbeitslosigkeit, die ungehemmte Globalisierung, die Deregulierung der Finanzmärkte oder die staatliche Umverteilungspolitik lassen sich immer weniger mit den klassischen Instrumentarien substanziell korrigieren. Wenn man das verschweigt, entstehen Hoffnungen, die immer enttäuscht werden müssen, und nach aller Erfahrung daher nicht zu langfristigem Engagement, sondern zu Frustration und Rückzug führen. Die Gratwanderung ist also schmal: Erschließen die Gewerkschaften nicht den Betrieb als Feld der Interessenvertretung, verlieren sie gerade vor dem Hintergrund von Dezentralisierungskonzepten ihre Mobilisierungs- und Handlungsfähigkeit. Tun sie es, drohen gerade deshalb die Gefahren der Betriebsblindheit und des Ökonomismus.

4. Für ein dezentral ausgerichtetes Organisations- und Politikkonzept

Die »neue Arbeitswelt« verstärkt erheblich die arbeits- und organisationspolitische Defensive der Gewerkschaften und der betrieblichen Interessenvertretung. Auf der anderen Seite gibt es jedoch erfolgversprechende Ansätze für eine Neubegründung von solidarischem Handeln der Beschäftigten in Form der gleichfalls beschriebenen internen Widersprüche dieser Rationalisierungs- und Reorganisationsstrategien.

Hierzu ist es aber erforderlich, dass die IG Metall nicht nur eine neue, thematisch ausgerichtete Kampagne »gute Arbeit« startet, sondern dies muss verbunden werden mit einem dezentral, letztlich auf das Bewusstsein und das Handeln der einzelnen Beschäftigten ausgerichteten Politik- und Organisationskonzept. Wenn »Gewerkschaft« außerhalb der Tarifrunden im Betrieb nur erlebt wird als Berater des BR und als Auftritt von Hauptamtlichen auf der Betriebsversammlung, ist der Erfolg einer arbeitspolitischen Kampagne von vornherein zweifelhaft. Ohne aktive Vertrauensleute, die in ihren Abteilungen die Diskussion mit den Beschäftigten führen, ohne Unterstützung auch für einzelne Mitglieder, damit sie gegenüber ihren KollegInnen als GewerkschafterInnen selbstbewusst agieren können, sind die Herausforderungen durch Dezentralisierung und Subjektivierung gewerkschafts- und betriebspolitisch nicht zu bestehen.

Die Kampagne »gute Arbeit« muss sich daher – allen Widerständen zum Trotz – daran messen lassen, dass sie in ausgewählten Betrieben Beispiele für eine neue arbeitspolitische und organisationspolitische Praxis schafft. Wenn ihr dies jedoch gelingt, stehen die Chancen gut, dass sie nicht als »Nischenaktivität« eines kleineren Kreises von Spezialisten stehen bleibt, sondern Betriebspolitik als gleichberechtigtes zweites Standbein gewerkschaftlichen Handelns neben der Tarifpolitik definiert und praktisch ausgestaltet.

Horst Schmitthenner

Gute Arbeit als betriebspolitisches Handlungsfeld – Mitbestimmung im Gesundheitsschutz nutzen

Menschengerechte Arbeitsgestaltung ist sicherlich ein traditionelles Handlungsfeld für Betriebsräte. Die Arbeitsschutzgesetzgebung der 1990er Jahre stellt für dieses Aufgabengebiet allerdings neue Instrumente zur Verfügung. Die Rechtsprechung der letzten Jahre hat zudem geklärt, dass dieses Handlungsfeld mit effektiven Mitbestimmungsrechten der Betriebsräte ausgestattet ist. Dies erfordert für viele ein Umdenken. Dabei sind mehrere politische Probleme zu klären.

Es erfordert erstens die Klärung: Worin besteht eine *neue* Rolle der Betriebsräte im Arbeits- und Gesundheitsschutz und worin unterscheidet sich diese von der herkömmlichen? Gibt es hierzu eine neue rechtliche Basis und wie sicher ist dieses Fundament für unser Handeln? Ferner: Worin besteht die Aufgabe der Betriebsräte gerade in Bezug auf das immer drängendere Handlungsfeld »Stress und psychische Belastungen«? Und schließlich: Wie packt man oder frau es an? Welche betrieblichen Handlungskonzepte gibt es und welche gewerkschaftliche Unterstützung brauchen wir?[1]

1. Worin besteht die neue Rolle der Betriebsräte im Arbeits- und Gesundheitsschutz?

Arbeitsschutz – oder wie es früher in der IG Metall hieß: Arbeitssicherheit – gehört schon immer zu den Aufgaben eines Betriebsrates. In der Regel wurde und wird dieses Arbeitsgebiet an einen oder mehrere Kollegen delegiert, die sich in die Besonderheiten des Themas – und da gibt es bekanntlich viele – einarbeiten. Das Gesamtgremium des Betriebsrats nimmt in den meisten Fällen von den Vorgängen im Arbeitsschutz nur gelegentlich Kenntnis.

Die Haupttätigkeit herkömmlicher Arbeitsschutzpolitik im Betriebsrat ist in der Regel dadurch geprägt, dass die Einhaltung der Gesetze, Ver-

---

[1] Die Folien in diesem Beitrag sind im Internet zugänglich unter der Adresse www.igmetall.de/gesundheit/praesentationen

Abb. 1: Neue Ansätze und Anforderungen

Neuer Gesundheitsbegriff (WHO, ILO)

Gesundheit ist der Zustand »vollständigen körperlichen, geistigen und sozialen Wohlbefindens« und nicht nur »das Freisein von Krankheiten und Gebrechen«.

Nicht Mängelbeseitigung, sondern präventive Gestaltung von Arbeitsbedingungen

§ 2, Abs. 1 ArbSchG

Menschengerechte Gestaltung prozesshaft organisieren und den Prozess initiieren

Kontinuierlicher Verbesserungsprozess, Einstieg in den Kreislauf suchen

Verbindliche Betriebsvereinbarungsregelungen als Grundlage

Z.B. konkrete Verpflichtungen für den Arbeitgeber, bestimmte Handlungen und Maßnahmen in konkreten Zeiträumen an bestimmten Arbeitsplätzen vorzunehmen

Quelle: IG Metall, Ressort Arbeits- und Gesundheitsschutz, Funktionsbereich Sozialpolitik

ordnungen und Unfallverhütungsvorschriften im Betrieb kontrolliert wird. So sieht es § 80 Abs. 1 Ziffer 1 des alten wie neuen Betriebsverfassungsgesetzes auch vor. Tauchen Mängel auf, so werden diese nach Möglichkeit beseitigt. Neu im Betriebsverfassungsgesetz ist die Bestimmung in Ziffer 9, dass der Betriebsrat Maßnahmen des Arbeitsschutzes und des betrieblichen Umweltschutzes fördern soll. Also: Arbeitsschutz und betrieblicher Umweltschutz sollen gemeinsam betrachtet und umgesetzt werden. Sicherlich ein Fortschritt!

Die wesentliche Änderung und Neubestimmung der Aufgaben des Betriebsrates im Arbeitsschutz ist allerdings nicht durch das neue Betriebsverfassungsgesetz bewirkt worden. Die eigentliche Zäsur und Neufundierung eines modernen Arbeits- und Gesundheitsschutzes ist durch das Arbeitsschutzgesetz von 1996 erfolgt. (s. Abb. 1) Diese grundlegende Neufundierung kann mit folgenden Eckpunkten beschrieben werden:

■ Dem Arbeitsschutzgesetz liegt ein neuer weiter Gesundheitsbegriff zugrunde, der sich nicht nur – so die bekannte Formulierung der Weltgesundheitsorganisation – auf das »Freisein von Krankheit und Gebrechen« bezieht, sondern Gesundheit als einen Zustand »vollständigen körperlichen, geistigen und sozialen Wohlbefindens« beschreibt. Psychische Belastungen sind deshalb – auch wenn der Begriff selbst nicht im Arbeitsschutzgesetz, sondern nur in der Bildschirmarbeitsverordnung auftaucht – ausdrücklich mit zu erfassen.

■ Es geht nicht mehr nur um Mängelbeseitigung – die natürlich weiterhin wichtig ist. Es geht vor allem um eine präventive Gestaltung von Arbeitsbedingungen. § 2 Abs. 1 des Arbeitsschutzgesetzes gibt über die Verhütung von Unfällen hinaus als erweiterte Zielstellung die Prävention von

Abb. 2: Arbeitsschutz – kontinuierlicher Verbesserungsprozess im Betrieb

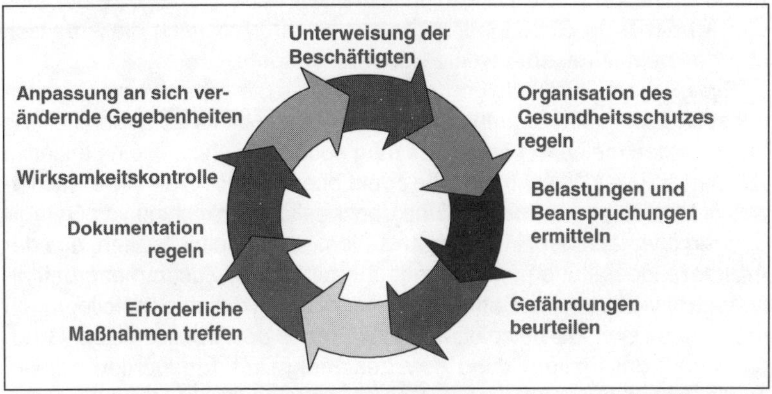

Quelle: IG Metall, Ressort Arbeits- und Gesundheitsschutz, Funktionsbereich Sozialpolitik

»arbeitsbedingten Gesundheitsgefahren einschließlich Maßnahmen der menschengerechten Gestaltung der Arbeit« an. Dies ist natürlich inhaltlich eine sehr viel anspruchsvollere Aufgabe. Es hat faktisch eine Aufgabenerweiterung stattgefunden. Menschengerechte Arbeitsgestaltung wird durch das Gesetz zur Hauptaufgabe für den modernen Arbeits- und Gesundheitsschutz.

■ Menschengerechte Arbeitsgestaltung kann nur prozesshaft organisiert werden. (s. Abb. 2)

Dies ist kein einmaliger Akt, sondern ein kontinuierlicher Verbesserungsprozess. Das Arbeitsschutzgesetz gibt uns dafür viele Instrumente in die Hand: beginnend mit der Unterrichtung und Unterweisung der Beschäftigten, der Erfassung und Beurteilung aller möglichen Gefährdungen, den zu treffenden Maßnahmen, der Wirkungskontrolle usw. Entscheidend ist zu prüfen, wo man den Einstieg in diesen Kreislauf finden kann, wo das drängendste Problem ist, mit dem begonnen werden kann. Allein diese Skizze zeigt, dass wir mit einer neuen Rolle des Betriebsrates im Arbeitsschutz konfrontiert sind. Denn die neuen Regelungen bieten dem Betriebsrat im Zusammenhang mit dem § 87 Absatz 1 Ziffer 7 BetrVG ein volles Mitbestimmungsrecht, d.h. auch ein Initiativrecht. Er selbst kann also aktiv werden, um diesen Prozess menschengerechter Arbeitsgestaltung einzuleiten.[2]

[2] Vgl. hierzu IG Metall-Vorstand (Hrsg.), Mitbestimmung im Gesundheitsschutz – Arbeit menschengerecht gestalten, Handlungshilfe für Betriebsräte und Vertrauensleute Nr. 13, Frankfurt 2003.

Es ist also offenkundig: Mit herkömmlicher Arbeitssicherheit ist diese Aufgabenstellung nicht mehr zu umschreiben. Wir sprechen deshalb auch von Arbeits- und Gesundheitsschutz, der natürlich auch die Arbeitssicherheit beinhaltet, aber weit darüber hinausgeht.

Eine weitere Schlussfolgerung lautet, dass die Arbeits- und Gesundheitsschützer in den Betriebsratsgremien alleine diese Aufgabenstellung nicht werden meistern können. Es mag noch möglich sein, eine Initiative zu Themen wie Kühlschmierstoffe oder Lösemittel allein als Arbeitsschützer im Betrieb anzuschieben. Eine ganzheitliche Ermittlung von Gefährdungen etwa aus der Arbeitsorganisation, aus Arbeitsabläufen, aus der Arbeitszeitgestaltung usw. verlangt unerbittlich die Zusammenarbeit aller Verantwortlichen im Betriebsrat. Hier müssen diejenigen KollegInnen mit an den Tisch, die beispielsweise für Fragen der Arbeitszeit, der Gruppenarbeit, der Weiterbildung usw. zuständig sind. Sie werden wissen, wo der Schuh bei den Beschäftigten am meisten drückt. Und sie werden bei den zu treffenden Maßnahmen ihr Gestaltungswissen einbringen. Denn alle diese Aspekte werden ja mit berührt.

Das verlangt selbstverständlich auch die Kooperation aller betrieblichen Verantwortlichen im Arbeitsschutz: also auch der Fachkraft für Arbeitssicherheit, des Betriebsarztes, der Sicherheitsbeauftragten usw. Alle müssen sich für die neue Aufgabenstellung qualifizieren. Und oftmals mangelt es gerade da: Dass nämlich die Beauftragten des Arbeitgebers sich überfordert zeigen und dann nur eine 08/15-Gefährdungsbeurteilung durchführen. Es klingt vielleicht etwas merkwürdig: Aber der Prozess der Qualifizierung des Arbeitgebers und seiner Beauftragten muss mit angeschoben werden. Dies können wir schon dadurch erreichen, dass der Betriebsrat hierzu initiativ wird.

Alle Umfrageergebnisse in den Betrieben belegen, dass Gefährdungsbeurteilungen, die auch psychische Belastungen vollständig einbeziehen, erst in einer Minderheit der Betriebe durchgeführt wurden. Dabei schätzen die befragten Unternehmer die Bilanz positiver ein, weil die Verneinung der Frage nach der Gefährdungsbeurteilung ja auch gleichzusetzen wäre mit dem Eingeständnis eines Gesetzesverstoßes. (s. Abb. 3)

Aus dem bisher Gesagten ergibt sich: Der ganzheitliche Präventionsauftrag ist nur als Querschnittsaufgabe für die Gremien der Betriebsräte insgesamt zu lösen, insbesondere wenn es dann um die zu treffenden Maßnahmen einer gesundheitsgerechteren Gestaltung geht. Damit muss unser Anliegen ins Zentrum der Interessenvertretung rücken, wenn es denn erfolgreich auf den Weg gebracht werden soll. Ein Arbeits- und Gesundheitsschutz, der sich mit einer Nischenposition zufrieden gibt, müsste scheitern. Wir besitzen neue Möglichkeiten, Mitstreiter und Bündnispartner für unser Anliegen zu gewinnen. Deshalb kann auch selbst-

Abb. 3: Stand der Umsetzung Gefährdungsbeurteilung für psychische Belastungen

Quelle: IG Metall, Ressort Arbeits- und Gesundheitsschutz, Funktionsbereich Sozialpolitik

bewusst in den Gremien des Betriebsrats oder in der IG Metall eingefordert werden: Menschengerechte Gestaltung der Arbeit ist eine Kernaufgabe der Interessenvertretung.

2. Wie ist die Problem- und Handlungssituation? Und: Wo können wir ansetzen?

Zuerst einmal gilt es, ganz nüchtern die Ausgangsbedingungen zu beschreiben. Sie fallen sehr widersprüchlich aus. Denn noch nie war die rechtliche Situation für den betrieblichen Arbeits- und Gesundheitsschutz so günstig und so eindeutig durch die Rechtsprechung gesichert wie heute. Das ist die eine Seite. Doch auf der anderen Seite war die Diskrepanz zum realen Handeln, zu dem, was Betriebsräte davon bisher genutzt haben, noch nie so groß wie heute. Hinzu kommt, dass der Druck der Beschäftigten gewachsen ist, endlich etwas gegen den zunehmenden Arbeits- und Leistungsdruck zu unternehmen.

Zweifellos kommen in dieser Widersprüchlichkeit auch grundlegende Probleme der gewerkschaftlichen Betriebspolitik zum Ausdruck. Denn durch die Wucht der betrieblichen Umbrüche, durch die Gefährdungen von Standorten und Arbeitsplätzen ist für Betriebsräte offensive Gestaltungspolitik sehr schwer geworden. Oftmals herrscht Schadensbegrenzung vor und man ist eher Getriebener als Treibender im betrieblichen Geschehen. Aber gerade in einer solch schwierigen Situation gilt es, genau zu prüfen, welche Handlungschancen auch auf neuen Feldern nutzbar sind. Hier gilt der Hinweis auf die neuen Rechte und Instrumente des Gesundheitsschutzes.

Abb. 4: Demotivierung durch schlechtes Management

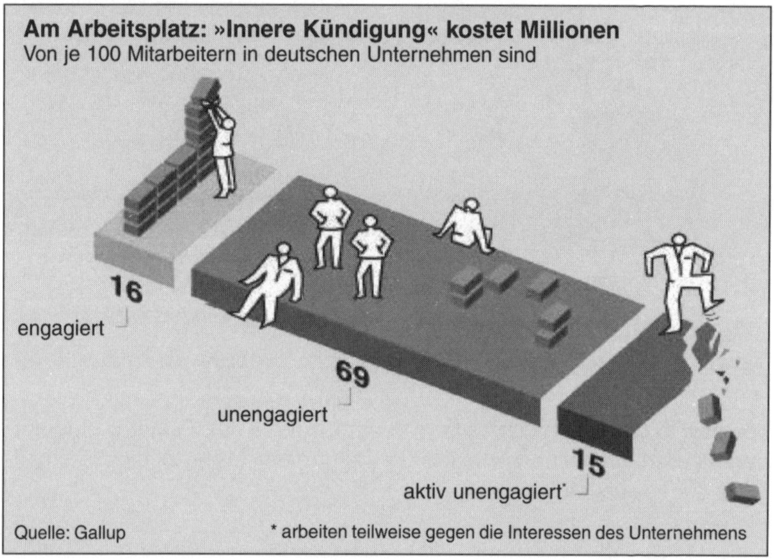

nach: IG Metall, Ressort Arbeits- und Gesundheitsschutz, Funktionsbereich Sozialpolitik

Eines ist auf jeden Fall unstrittig: Die Beschäftigten wünschen Maßnahmen gegen den zunehmenden Arbeits- und Leistungsdruck und gegen eine weitere Verschlechterung ihrer Arbeitsbedingungen. Dies allein sollte alle Betriebsräte bewegen, dieses Thema auf die Tagesordnung ihrer Arbeitsplanung zu nehmen.

Die Unternehmer spielen in der Praxis meist die Bremser:

- Eine Gefährdungsbeurteilung, wie das Gesetz sie vorschreibt und die wir jetzt auch für psychische Belastungen einfordern, sei zu teuer und zu bürokratisch.
- Das Mitbestimmungsrecht der Betriebsräte gefährde ihr Direktionsrecht. Über Arbeitsorganisation wollen sie allein bestimmen. »Wir sind der Herr im Hause« ist und bleibt die Ansage.

Nun haben die Gerichte, sogar der 1. Senat des Bundesarbeitsgerichts am 15.1.2002, über solche Fragen beraten und entschieden: Das Mitbestimmungsrecht der Betriebsräte über eine ganzheitliche Gefährdungsbeurteilung ist unstrittig. Dies wird sich herumsprechen, und dazu müssen wir beitragen (Aktenzeichen der BAG-Entscheidung: Az. 1 ABR 13/01).

Zum anderen gibt es noch weitere Hinweise dafür, auf welchem Holzweg sich die Unternehmer bewegen. (Siehe Abbildung 4)

Abb. 5: Zur Stimmung in den Unternehmen

- ***»Nur 16 Prozent der Arbeitnehmer in Deutschland sind engagiert im Job«***
- ***»Der gesamtwirtschaftliche Schaden dadurch lässt sich auf 211,4 bis 221,1 Milliarden Euro pro Jahr taxieren«***
- ***»Wichtigster Grund für das fehlende Engagement derart vieler Mitarbeiter ist schlechtes Management. Arbeitnehmer geben u.a. an, dass sie nicht wissen, was von ihnen erwartet wird, dass ihre Vorgesetzten sich nicht für sie als Menschen interessieren, dass sie eine Position ausfüllen, die ihnen nicht liegt, und dass ihre Meinungen und Ansichten kaum Gewicht haben.«***

Quelle: Gallup-Studie September 2002

Quelle: IG Metall, Ressort Arbeits- und Gesundheitsschutz, Funktionsbereich Sozialpolitik

Wenn in einer Studie der Unternehmensberatung Gallup festgestellt wird, dass 84% der Arbeitnehmer in Deutschland lediglich Dienst nach Vorschrift machen, 15% davon sogar »aktiv unengagiert« sind, dann gibt es ja wohl Probleme in der Personalpolitik und in der Unternehmensführung. Gallup selbst führt dies eindeutig auf schlechtes Management zurück. Der hierdurch bewirkte gesamtwirtschaftliche Schaden ließe sich auf über 200 Milliarden Euro beziffern – diese Größenordnung entspricht fast dem gesamten Bundeshaushalt 2001. (Siehe Abb. 5)

Da stellt sich doch die Frage: Wer verursacht hier unnütze Kosten? Ließe sich nicht durch eine beteiligungsorientierte Gestaltung der Arbeitsbedingungen – natürlich auf Basis der Mitbestimmung – zum Nutzen aller ein produktiverer Weg beschreiten?

Ein hohes Niveau des Gesundheitsschutzes im Betrieb hat unmittelbare positive Folgen für die Beschäftigten, weil Belastungen abgebaut und attraktive, gute Arbeitsplätze mitgestaltet werden. Es hat damit auch einen Nutzen für das Unternehmen, weil die Qualität und Effizienz der Abläufe verbessert werden und die Arbeitszufriedenheit der Beschäftigten steigt. (s. Abb. 6)

Gewerkschaft und Interessenvertreter sollten hier einfach praktisch beginnen. Wir sollten uns einschalten in die Umsetzung des Arbeitsschutzgesetzes und prüfen, wo die drängendsten Probleme liegen, die im Rahmen einer ganzheitlichen Gefährdungsbeurteilung aufgegriffen und mit Maßnahmen bearbeitet werden. (s. Abb. 7)

Abb. 6: Nutzen eines hohen Niveaus des Gesundheitsschutzes

Nutzen für die Mitarbeiter	Nutzen für das Unternehmen
➲ Psychische Belastungen abbauen	➲ Qualität von Abläufen und Produkten verbessern
➲ Wissen und Qualifikationen weiterentwickeln	➲ Wissen und Qualifikationen der Mitarbeiter besser nutzen
➲ Attraktive und gute Arbeit mitgestalten	➲ Effizienz der Abläufe steigern
➲ Arbeitszufriedenheit und Motivation verbessern	➲ Fehlzeiten reduzieren
➲ Länger gesund bleiben	➲ Qualifizierte Mitarbeiter halten und gewinnen

Quelle: IG Metall, Ressort Arbeits- und Gesundheitsschutz, Funktionsbereich Sozialpolitik

Dafür gibt es viele Ansatzpunkte: Es ist vernünftig, das Paket nicht zu groß zu schnüren, sondern zu prüfen, wo der Einstieg gewählt werden kann. Dafür ist die wichtigste Frage zu klären: Wo haben die Beschäftigten die meisten Beschwerden? Wo drückt der Schuh am stärksten?

Das können Probleme der Arbeitszeitgestaltung sein, das kann der Krankenstand sein, das können Änderungen der Arbeitsabläufe sein. Die Palette von Einstiegsproblemen ist so umfangreich, wie die betriebliche Realität sie schafft. In allen Fällen können solche akuten Probleme der Interessenvertretung auch mit den Instrumenten des Arbeitsschutzgesetzes bearbeitet werden. Das heißt: Überall dort, wo sich aus der Gestaltung der Arbeitszeit, aus einer mangelnden Qualifikation von Beschäftigten usw. mögliche Belastungen und Risiken für die Gesundheit ergeben könnten, muss dies im Rahmen der Gefährdungsermittlung erfasst werden, um entsprechende Maßnahmen einzuleiten.

Eine Gefährdungsbeurteilung, die solche Probleme erfassen soll, wird in mehreren Schritten erfolgen: Als erstes wird möglichst in einer Projektgruppe das Einsatzkonzept zu beraten sein, um dann die Belastungsschwerpunkte zu ermitteln. Die Information der Beschäftigten und ihre Einbeziehung ist eine wesentliche Voraussetzung. Verbindliche Maßnahmen und eine Wirkungskontrolle gehören weiterhin zu den Grundsätzen. (s. Abb. 8)

Und überall greift das volle Mitbestimmungsrecht des Betriebsrates. Denn der Betriebsrat hat nach § 87 Absatz 1 Ziffer 7 BetrVG dann ein

Abb. 7: Pragmatischer Ansatz – oder: den Fuß in die Tür bekommen

Einstiegspunkte:

- **Ausgangsfrage: Wo gibt es die meisten Beschwerden?**
- **Gestaltung von Arbeitszeit (§ 87 Abs. 1 Ziffer 2 und 3 BetrVG)**
- **Betriebsänderung (§§ 111 und 112 BetrVG)**
- **EDV (§ 87 Abs. 1 Ziffer 6 BetrVG)**
- **Projektarbeit (§ 87 Abs. 1 Ziffern 6 und 7 BetrVG)**
- **Änderung der Arbeitsabläufe (§ 90 BetrVG)**
- **Versetzungen (§ 99 BetrVG)**
- **Krankenstand (§ 87 Abs. 1 Ziffer 7 BetrVG)**
- **Qualifizierung (§ 98 BetrVG)**
- **Personalplanung (§ 92 BetrVG)**

Quelle: IG Metall, Ressort Arbeits- und Gesundheitsschutz, Funktionsbereich Sozialpolitik

Mitbestimmungsrecht, wenn erstens eine abschließende gesetzliche Regelung nicht besteht (also etwa: der Tisch muss einen Meter hoch sein!) und wenn zweitens eine gesetzliche Bestimmung wie z.B. das Arbeitsschutzgesetz vorliegt, die nach den betrieblichen Gegebenheiten ganz konkret umgesetzt werden muss. (s. Abb. 9)

Nehmen wir § 5 des Arbeitsschutzgesetzes, der die Gefährdungsbeurteilung regelt. (s. Abb. 10)

Die Formulierungen in diesem Paragrafen bleiben sehr unbestimmt: Es wird davon gesprochen, dass sich *»insbesondere«* Gefährdungen durch eine Reihe von Faktoren ergeben können. Das ist nicht abschließend und muss je nach Betrieb geprüft werden. Es wird ferner von *»Gestaltung«* von Arbeitsabläufen, der Arbeitszeit usw. gesprochen. Auch dies ist keine abschließende Formulierung. Es bleibt also viel Handlungsspielraum je nach den betrieblichen Umständen.

Und in all solchen Fällen hat das Bundesarbeitsgericht am 15. Januar 2002 ganz eindeutig gesagt: »Mitzubestimmen hat der Betriebsrat bei der Ausfüllung dieses Spielraums.« Um diesen Spielraum auszufüllen, kann und muss der Betriebsrat konkrete Vorschläge entwickeln.

All dies verlangt eine neue Art des Arbeitens für die Interessenvertretung. In der traditionellen Arbeitssicherheitspolitik wurde die Zuständigkeit vielfach an »Beauftragte« und »Fachkräfte« ausgelagert. Ein ganzheitlicher Arbeits- und Gesundheitsschutz ist aber eine Querschnittsaufgabe, die eine neue Arbeitsweise des Betriebsrats verlangt.

Abb. 8: Ablauf für die Ermittlung psychischer Belastungen

Quelle: IG Metall, Ressort Arbeits- und Gesundheitsschutz, Funktionsbereich Sozialpolitik

Die Zielsetzung, einen kontinuierlichen Verbesserungsprozess menschengerechter Arbeitsgestaltung einzuleiten, ist sicherlich sehr anspruchsvoll. Es kommt deshalb darauf an, an konkreten betrieblichen Problemen einen praktischen Einstieg zu finden und dann realisierbare Ziele zu bestimmen. Dabei müssen Schwerpunkte gesetzt werden (»weniger ist hier mehr«). (s. Abb. 11)

Man sollte also ein Handlungskonzept entwickeln, das realistisch ist und eine Überforderung vermeidet. Zu den Fragen, die dabei geprüft werden sollten, gehören zum Beispiel:

- Ist die Belegschaft schon ausreichend informiert und einbezogen? Gibt es schon ein Problembewusstsein bei den Beschäftigten?
- Können wir bestehende organisatorische Strukturen nutzen? Gibt es einen Arbeitsschutzausschuss? Ist schon einmal ein Qualitätsmanagement eingeführt worden?
- Wie muss sich der Betriebsrat selbst organisieren? Hat zu diesen Fragen schon eine Qualifizierung des Gesamtgremiums stattgefunden?
- Und nicht zuletzt sollten auch die Vertrauensleute einbezogen werden.

Man kann den Eindruck gewinnen, dass die Schwierigkeiten und die Komplexität der Aufgaben bei vielen den Wunsch hervorrufen, die Lösung dieser Probleme an externe Experten und Beratungseinrichtun-

Abb. 9: Mitbestimmung im Gesundheitsschutz nach § 87 Abs. 1 Ziffer 7 BetrVG

- **(1) »Der Betriebsrat hat, soweit eine gesetzliche ... Regelung nicht besteht, in folgenden Fällen mitzubestimmen:«**
- **Ziffer 7: »Regelungen über die Verhütung von Arbeitsunfällen und Berufskrankheiten sowie über den Gesundheitsschutz im Rahmen der gesetzlichen Vorschriften oder der Unfallverhütungsvorschriften.«**

Abb. 10: Arbeitsschutzgesetz – Beurteilung der Arbeitsbedingungen

§ 5 ...

(3) Eine Gefährdung kann sich insbesondere ergeben durch

...

4. die Gestaltung von ... Arbeitsabläufen und Arbeitszeit und deren Zusammenwirken, ...

(»Gestaltung«: unbestimmter Rechtsbegriff)

Quelle: IG Metall, Ressort Arbeits- und Gesundheitsschutz, Funktionsbereich Sozialpolitik

gen zu delegieren. Dabei ist klar: Ohne Qualifizierung und hohe fachliche Kompetenz werden die Aufgaben nicht zu lösen sein. (s. Abb. 12)

Voraussetzung für ein betriebspolitisches Konzept der menschengerechten Arbeitsgestaltung ist deshalb eine eindeutige Klärung der Rollenverteilung zwischen Betriebsrat, Gewerkschaft, notwendigen fachlichen Beratern und den Beschäftigten. Voraussetzung ist also die Klärung des »betriebspolitischen Vierecks«. Nur im Zusammenspiel wird es funktionieren. Dabei muss die Rolle von allen geklärt sein:

- Die politische Steuerung, das heißt die Initiativ- und Koordinierungsfunktion, ist und bleibt eine Aufgabe der Gewerkschaft bzw. ihrer Verantwortlichen vor Ort.
- Die (externen) Experten werden das notwendige Fachwissen bereitstellen. Ihnen fällt also eine sehr wichtige Beratungsrolle zu, mehr aber auch nicht. Sie können nicht die Gewerkschaft ersetzen und die politische Steuerung übernehmen.

Abb. 11: Handlungskonzept entwickeln

- **Weniger kann mehr sein: Einstieg in den Prozess, wo der größte Handlungsbedarf ist (Überforderung vermeiden!)**
- **Ist die Belegschaft ausreichend sensibilisiert?**
- **Welche organisatorischen Strukturen des Gesundheitsschutzes bestehen und können genutzt werden? (z.B. auch Qualitätsmanagement)**
- **Wie muss sich der Betriebsrat organisieren?**
- **Erarbeitung eines Handlungskonzeptes:**
  *** Festlegung von Zielsetzungen**
  *** welche Qualifizierung?**
  *** Sachverständige hinzuziehen?**
- **Einbeziehung der Vertrauensleute**

Quelle: IG Metall, Ressort Arbeits- und Gesundheitsschutz, Funktionsbereich Sozialpolitik

Abb. 12: Das »betriebspolitische Viereck«

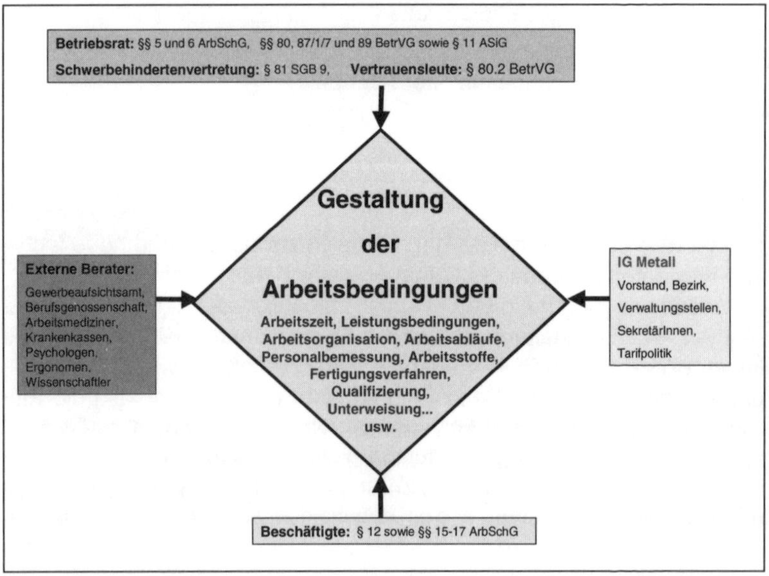

Quelle: IG Metall, Ressort Arbeits- und Gesundheitsschutz, Funktionsbereich Sozialpolitik

■ Der Betriebsrat kann die Impulse der Gewerkschaft und der Experten aufnehmen und umsetzen. Wie wir gesehen haben, besitzt der Betriebsrat, gestützt durch die Wahrnehmung seiner Mitbestimmungsrechte, eine zentrale Rolle im Gestaltungsprozess.
■ Die Beschäftigten sind die Experten in eigener Sache, die Experten ihrer eigenen Gesundheit, die Experten mit dem Alltagswissen am Arbeitsplatz. Sie haben die Erfahrungen der Belastungen, und sie verfügen über Wissen zu Lösungsmöglichkeiten. Deshalb müssen die Beschäftigten einbezogen werden. Bei dieser Sensibilisierung und Einbeziehung der Beschäftigten können Vertrauensleute eine wichtige Rolle einnehmen.

Die neu in das Betriebsverfassungsgesetz aufgenommene Regelung, »sachkundige Arbeitnehmer als Auskunftspersonen« (§ 80 Abs. 2 Satz 3 BetrVG) an der Aufgabenerledigung des Betriebsrates zu beteiligen, bietet hierfür eine gute Rechtsgrundlage.

Soweit einige Erfahrungen und Eckpunkte für die gewerkschaftliche Betriebspolitik, die sich auf die neue Rolle der Betriebsräte im Arbeitsschutz beziehen.

3. Einige gewerkschaftspolitische Schlussfolgerungen

Natürlich ergeben sich nicht nur neue Aufgaben für die Betriebsräte, sondern auch für uns als Gewerkschaft. Dies ist bei der Behandlung des Themas gewerkschaftliche Betriebspolitik schon angeklungen. Ein praktischer Beitrag sind zum Beispiel die Aktionen »Tatort Betrieb«, mit denen die IG Metall die Betriebsräte bei der neuen Aufgabenstellung unterstützt. Hier wird ein verbindlicher organisatorischer Rahmen geschaffen, auf den sich alle Betriebsräte verlassen können, wenn sie das Thema anpacken.[3]

Aber die IG Metall muss generell prüfen, wie der Auftrag einer menschengerechten Arbeitsgestaltung in ihrer gesamten Politik berücksichtigt werden kann. Dies gilt natürlich auch für die Tarifpolitik. In der Tarifpolitik wird seit langem über ein Leitbild von »guter Arbeit« diskutiert. Zu »guter Arbeit« gehören nicht nur Entgeltbedingungen und Zugang zu Bildung und Qualifikation, sondern auch Arbeitszeitgestaltung, Schutz vor Leistungsüberforderung und ein nachhaltiger Umgang mit der menschlichen Leistungsfähigkeit. Nachhaltig sind Bedingungen dann, wenn sie

---

[3] Vgl. hierzu Max Geray, Terror für die Seele – Tatort Betrieb. Aktion der IG Metall, in: Klaus Pickshaus/Horst Schmitthenner/Hans-Jürgen Urban (Hrsg.), Arbeiten ohne Ende. Neue Arbeitsverhältnisse und gewerkschaftliche Arbeitspolitik, Hamburg 2001, S. 195ff.

es erlauben, Leistungsfähigkeit und Gesundheit der Einzelnen sowie Teilnahme am sozialen Leben über das gesamte Arbeitsleben zu erhalten. »Gute Arbeit« schließt deshalb auch einen ganzheitlichen, präventiven und beteiligungsorientierten Arbeits- und Gesundheitsschutz ein.

Hierzu nur drei Aspekte:[4]

- »Gute Arbeit« und menschengerechte Arbeitsgestaltung können nicht als eingeschränkte Ressortaufgabe, sondern müssen als eine der strategischen Zukunftsaufgaben durch die gesamte IG Metall wahrgenommen werden. Dies erfordert eine neue Prioritätensetzung, umfassende Information und Qualifizierung sowie entsprechende Ressourcen zur Erfüllung dieser Aufgabe. Dazu zählt vor allem die Qualifizierung von gewerkschaftlichen Verantwortlichen vor Ort, um betriebspolitische Prozesse menschengerechter Arbeitsgestaltung politisch koordinieren zu können.
- Damit kommt auf die gewerkschaftliche Bildungsarbeit eine unverzichtbare Aufgabe zu: Das Thema »gute Arbeit« und menschengerechte Arbeitsgestaltung muss als Querschnittsthema in die Grundqualifizierung aller Betriebsräte, Vertrauensleute und hauptamtlichen Gewerkschaftssekretärinnen und -sekretäre verankert werden.
- In die anstehende arbeitszeitpolitische Initiative sowie bei der weiteren Aushandlung und Umsetzung der Entgeltrahmentarifverträge (ERA) sind die Gesundheitsschutzinhalte einzubringen. Dazu bedarf es Strukturen, die eine solche Integration in der tarif- und betriebspolitischen Praxis ermöglichen, sodass beispielsweise bei der Ausgestaltung von Zielvereinbarungen oder bei Belastungsbewertungen auch psychische Belastungen berücksichtigt und Grenzen gegenüber einem Arbeiten ohne Ende gesetzt werden können.

In der IG Metall steht die Debatte auf der Tagesordnung, wie Arbeitspolitik mit dem Schwerpunkt »gute Arbeit« und menschengerechte Arbeitsgestaltung (wieder) als Politik- und Handlungsfeld aufgewertet werden kann. Für die IG Metall bedeutet dies eine Chance, weil wichtige Probleme der betrieblichen Alltagsgestaltung ernst genommen und für die Interessenvertretung aufgegriffen werden – eine Chance sowohl für eine stärkere Mitgliederbindung als auch für neue Mitgliedergewinnung.

---

[4] Vgl. hierzu auch die Thesen zu »Guter Arbeit« in diesem Band.

Hilde Wagner/Armin Schild

»Gute Arbeit« – als tarifpolitische Aufgabe

1. Die Konjunktur der leistungspolitischen Diskussion

Nach einer längeren, eher abstinenten Phase wird die Leistungspolitik in jüngster Zeit wieder zu einem prominenten Thema. Das gilt in den Gewerkschaften als auch in der Sozialwissenschaft. Selbst die Medien haben die Brisanz der neuen Entwicklungen erkannt und beschäftigen sich mit dem Phänomen veränderter und steigender Leistungsanforderungen und Arbeitszeiten.

Das neu geweckte Interesse fällt nicht vom Himmel. Es ist Ausdruck des tiefgreifenden Umbruchs in der Arbeit, der die Prinzipien der Konkurrenz auf alle Unternehmensebenen verlagert und sie verabsolutiert. Die Marktrisiken der Unternehmen werden in neuer Weise auf die Beschäftigten übertragen, mit der Folge einer ausgeprägten Flexibilisierung und Ausweitung der Leistungsstandards und der tatsächlichen Arbeitszeiten. Das Phänomen der Entgrenzung von Arbeitszeit und Leistung ist in den letzten Jahren zu einem aktuellen und öffentlichen Thema geworden.

In den 1970er Jahren orientierten sich die gewerkschaftlichen Bemühungen am Gedanken einer humaneren Arbeitswelt, die durch eine regelungstechnisch vermittelte Kontrolle der tayloristischen Arbeit realisiert werden sollte. Mit kollektiven Schutzregelungen wurde versucht, die Leistungsanforderungen zu überwachen und Auswüchse zu begrenzen. Zu diesem Zweck wurde die Leistungsermittlung über detaillierte Arbeitsplanung und Zeitwirtschaft systematisch ausgebaut. Neben dem Ziel einigermaßen zumutbarer Arbeitsbedingungen spielte bei der traditionellen gewerkschaftlichen Leistungspolitik auch die Sicherung und Erhöhung der Verdienstchancen der Beschäftigten eine entscheidende Rolle.

In den 1980er Jahren dominierte in der IG Metall das Projekt Arbeitszeitverkürzung in Form der Durchsetzung und Umsetzung der 35-Stunden-Woche. Im Übergang in die 1990er Jahre war ferner die Deutsche

---

Überarbeitete und im Schlussteil ergänzte Fassung des Beitrags von Wagner, H.: »Leistungspolitik im flexiblen Kapitalismus – eine Zukunftsfrage für die Gewerkschaften« in: Sauer, D. (Hrsg.): »Dienst-Leitung(s)-Arbeit«, München 2002, S. 61-77.

Einheit zu bewältigen – eine Aufgabe, die auch viele Kräfte der gewerkschaftlichen Tarifpolitik über Jahre gebunden hat.

Als Antwort auf die sich bereits deutlich abzeichnenden grundlegenden Veränderungen der industriellen Arbeit legte die IG Metall Anfang der 1990er Jahre das programmatische Gestaltungskonzept »Tarifreform 2000« vor. Im Mittelpunkt stand eine neue Arbeitsbewertung, mit der die neuen Arbeitsanforderungen erfasst und die überholte Trennung in Arbeiter und Angestellte aufgehoben werden sollte. Die leistungspolitische Konzeption zielte auf eine Verstetigung der Entgelt- und Leistungsbedingungen, die insbesondere durch neue Vereinbarungen von Soll-Leistungsgrößen erreicht werden sollte, sowie auf eine Erweiterung der Mitbestimmungs- und Beteiligungsrechte für die Beschäftigten. Fragen der weitgehenden Flexibilisierung der Leistungsanforderungen, der Entgrenzung von Arbeitszeit und Leistung, die sich im Zuge der übergreifenden Ökonomisierung ab Mitte der 1990er Jahre immer stärker aufdrängten, spielten in diesem Reformkonzept noch keine bedeutende Rolle.

War die Auseinandersetzung um zumutbare Leistungsanforderungen in den 1970er Jahren noch ein erkennbares Konfliktfeld in den Betrieben, so verflüchtigte sich dies in den nachfolgenden Jahrzehnten. Die sich verschärfende Standortkonkurrenz führte in der Metall- und Elektroindustrie in zahlreichen Fällen, gerade auch in den großen Unternehmen der Automobilindustrie, zu so genannten Standortvereinbarungen. Der klassische Konflikt um die Leistung löste sich nicht auf, wurde aber unter den Vorzeichen dieser Entwicklung in vielen Fällen unter der Hand stillgelegt. Joachim Bergmann u.a. (1998: 39) sprechen von der »stillen Suspendierung des tarifvertraglichen Normenbestands zur Leistungsregulierung«.

In der innergewerkschaftlichen Debatte über Beschäftigungssicherung und »Verbetrieblichung«, die bis heute anhält, fand diese Entwicklung ihren Ausdruck. Als Gegenstände tarifpolitischer Verhandlungen und Regelungen standen in den 1990er Jahren dann auch die Themen »Altersteilzeit« und »Rente mit 60« bzw. »Beschäftigungsbrücke« auf der Agenda. Sie drängten die Bearbeitung der unter der Oberfläche schwelenden Problematik veränderter und steigender Leistungsanforderungen in den Hintergrund.

Erst seit die Folgen der über- und durchgreifenden Ökonomisierung und der Vermarktlichung von Arbeitsbeziehungen nicht mehr zu übersehen sind, treten Fragen der Leistung und des Leistungsdrucks sowie die Ambivalenzen der Selbst-Ökonomisierung aus dem Schatten anderer drängender Probleme heraus.

Mit den Forderungen und in Teilbereichen bereits erfolgreich abgeschlossenen Verhandlungen über neue Entgeltrahmentarifverträge hat die IG Metall wichtige Schritte hin zu einer Revitalisierung betrieblicher Lohn-Leistungspolitik im Interesse der Beschäftigten verwirklichen können. Neue Rahmenbedingungen für die Gestaltung von Arbeit und Leistung konnten tarifvertraglich verankert werden.

In der neuen Debatte über leistungspolitische Herausforderungen haben sich die Vorzeichen gegenüber früher allerdings gewissermaßen umgedreht. Früher ging es aus Arbeitnehmersicht darum, die Mechanismen der stärker mitbestimmten Leistungsbewertung im gewerblichen Bereich auch auf die Zeitlohn- und Angestelltenbereiche zu übertragen. Heute werden gerade die Angestelltenbereiche von den Arbeitgebern als Experimentierfeld ausgesucht, um in einem kollektiv kaum regulierten Bereich neue leistungspolitische Konzepte und Methoden zu testen und durchzusetzen und sie auf die anderen Bereiche zu übertragen.

Gewerkschaften sind also gegenwärtig nicht nur damit konfrontiert, dass im Zuge des Strukturwandels traditionelle Industrietätigkeiten quantitativ abnehmen und industrielle Dienstleistungstätigkeiten zunehmen. Unter den gegebenen Kräfteverhältnissen werden die Regulierungsmuster der Dienstleistungsbereiche zum Vorbild zukünftiger Regulierung – oder treffender: zukünftiger Deregulierung – erklärt. An dieser Strategie der Arbeitgeber werden auch neue, gemeinsame ERA-Tarifbestimmungen nichts ändern.

Eine Facette dieser neuen Entwicklung besteht darin, dass die Arbeitgeber die Entkopplung von Arbeitszeit und Leistung zu einem Kernbestandteil neuer industrieller Produktions- und Dienstleistungskonzepte erklären. Aus ihrer Sicht kann dies über auftragsgebundenes Arbeiten ohne feste Arbeitszeitregelungen oder über Vertrauensarbeitszeit realisiert werden. Damit würden allerdings die bisherigen, aber auch die zukünftigen Grundlagen gestaltender Leistungspolitik unterhöhlt.

2. Vielfalt und einheitliche Entwicklungstrends

Das alles findet nicht als überbetrieblich einheitlicher Entwicklungstrend statt. Im Gegenteil, auf den ersten Blick scheint die gegenwärtige betriebliche Landschaft durch vielfältige Entwicklungen geprägt:

- Es gibt Betriebe, in denen neue Formen von Arbeitsorganisation wie Gruppenarbeit, Teamarbeit oder Projektarbeit, eingeführt werden, und in denen tatsächlich Aufgaben- und Funktionsintegration stattfindet. Beispiele finden sich insbesondere im Maschinenbau, aber auch in der Informations- und Telekommunikationsindustrie. In diesen Fällen wird – zwar meist auch im Rahmen von zentralen Vorgaben – auf Betriebsebene tatsächlich ein höheres Maß an Selbstorganisation der Beschäftigten realisiert. Gleichzeitig bekommen die Beschäftigten die Verantwortung übertragen, sich im Wettbewerb durchzusetzen. Bei der Leistungsbewertung werden zunehmend marktkonforme Kennziffern zugrunde gelegt. Durch Kenngrößen wie Gutstück oder Störzeiten sowie durch neue Verfahren und Instrumente wie Zielvereinbarungen erfolgt eine Risikoübertragung auf die Beschäftigten.

■ Zugleich findet eine partielle Retaylorisierung der Arbeit statt. Dieser Trend ist in einigen Produktionsbereichen der Automobilindustrie erkennbar. In diesen Fällen werden Ansätze ganzheitlicher Arbeitsgestaltung wieder zurückgefahren. Allerdings nicht, indem auf traditionelle Leistungsbewertung und -vorgaben nach Menge und Zeit zurückgegriffen wird. Dort werden Systeme von Soll-Vorgaben implementiert, die auf die Optimierung des Gesamtprozesses abheben. Damit werden traditionelle Anreizmechanismen mit neuen Formen wie Produktivitätsprämien o.ä. kombiniert oder ebenfalls vermittels neuer Kennziffern durch eine Risikoübertragung ergänzt.

■ Es gibt auch Betriebe oder Arbeitsbereiche, in denen nach wie vor die klassischen Leistungslohnsysteme (Akkord und Prämie) gefahren werden, mit Leistungsvorgaben, die mit den bekannten Methoden der Zeitwirtschaft (Zeitstudien, MTM usw.) ermittelt wurden. In den Angestelltenbereichen wird die Leistung von den Vorgesetzten beurteilt. Daneben gibt es Betriebe oder Arbeitsbereiche, in denen neue Formen von Leistungsbewertung wie Zielvereinbarungen eingeführt werden.

Angesichts dieser Heterogenität lässt sich als durchgängiger Entwicklungstrend festhalten, dass es eine »innere Expansion« von Konkurrenzprinzipien in den Betrieben gibt. Die Ökonomisierung durchdringt in neuer Form alle betrieblichen Ebenen und Einheiten und prägt die leistungspolitischen Ansätze. Während die Kernelemente dieser neuen Steuerung, Konkurrenzorientierung und Risikoübertragung, bei Methoden des direkten Benchmarking (wie Target Costing etc.) offen zutage treten, wirken sie in Konstellationen mit traditionellem Leistungslohn eher unter der Oberfläche. In allen Fällen folgen die betrieblichen Rationalisierungskonzepte jedoch einem Grundmuster, das in der Industriesoziologie mit »Vermarktlichung« (vgl. Döhl u.a.. 2000) umschrieben wird.

Im Kern ändert sich dadurch der Bewertungsmaßstab für Leistung. Orientierte sich die klassische Leistungspolitik an der individuellen Verausgabung von Leistung, so wird dies unter den neuen Vorzeichen ersetzt oder ergänzt durch eine Orientierung an kosten- bzw. betriebswirtschaftlichen Steuerungsgrößen. Diese werden vom Management aus Wettbewerbsanforderungen abgeleitet und nach innen interpretiert.

Leistung wird dadurch vom Ende her definiert: vom wirtschaftlichen Erfolg des Unternehmens. Kam es früher auf das konkrete Mengen- oder

Qualitätsergebnis oder den Einsatz der Beschäftigten an, spielen jetzt die Unwägbarkeiten des Marktes und die vom Management festgelegten Erfolgsmargen die entscheidende Rolle. Diese Umorientierung gibt auch die Basis dafür ab, dass die Geschäftsleitungen die Grenzen zwischen leistungs- und ertragsabhängigen Entgelten lieber heute als morgen aufgehoben sehen wollen.

Im Kern wird durch diese neue Steuerungsstrategie das Risiko des Scheiterns am Markt auf die Beschäftigten übertragen (Glißmann/Peters 2001). Das Abschneiden im Wettbewerb wird entscheidend für die Perspektive des Arbeitsplatzes, die Projektnachfolge und die Verdienstchance.

Mit dieser Entwicklung hängt ein weiterer Trend zusammen: Entgegen den Prognosen vieler Industriesoziologen gibt es eine Renaissance des materiellen Entgeltanreizes und der Leistungsentlohnung. Neuere Untersuchungen belegen, dass die Leistungsentlohnung mehr denn je als unverzichtbares Mittel angesehen wird, Leistungsmotivation zu steigern und eine Übereinstimmung der Leistungsziele der Unternehmen mit dem Leistungsverhalten der Beschäftigten herzustellen. »Leistungsentlohnung hat Konjunktur... Branchen und Beschäftigtengruppen, denen leistungsvariable Entgeltelemente bisher fremd waren, werden kolonisiert und dort, wo sie bereits Tradition haben, sollen die revitalisiert werden...« (Bahnmüller 2000: 111).

Dabei soll die Leistungsentlohnung von den »Einschnürungen« befreit werden, die sie durch tarifliche und betriebliche Vereinbarungen im Laufe der Jahre erfahren hat. Wenn es gelingt, so das dahinterstehende Kalkül, leistungsbezogene Entgeltsysteme so zu gestalten, dass sie das Kostendenken in den Köpfen der Akteure mit verankern, könnte die neue Regulation von Entgelt und Leistung zu einer zentralen Stellschraube in marktorientierten Reorganisationskonzepten werden.

Dass dieser Prozess in vollem Gange ist, zeigt sich daran, dass in der Leistungsbewertung immer mehr marktorientierte Kennziffern – Kosten, Umsatz oder Wertschöpfung – Anwendung finden und dass durch neue Kennziffern – Termintreue oder Stör- und Wartezeiten – die Beschäftigten die Risiken übertragen bekommen. Insbesondere das Verfahren der Zielvereinbarung scheint am besten auf den Punkt zu bringen, worum es dem Management bei der Modernisierung der Leistungsentlohnung derzeit geht: »Optimierung des Gesamtsystems und nicht nur einzelner Einheiten, bessere Steuerung und Ausrichtung des Leistungsverhaltens der Beschäftigten auf die Ziele des Unternehmens, schnelle Anpassung an wechselnde marktliche Gegebenheiten, schwache Interventionsmöglichkeiten der Betriebs- und Personalräte bei der Festlegung der Leistungsziele und -anforderungen und nicht zuletzt Erhöhung der Legitimation des Leistungslohnes durch Selbstverpflichtung der Beschäftigten auf die Leistungsziele« (ebd.).

3. Probleme des neuen Steuerungsmechanismus

In welcher Form auch immer er auftritt, wirft dieser neue wettbewerbsorientierte Steuerungsmechanismus grundsätzliche Probleme auf:

- Ein wichtiger, marktunabhängiger Referenzpunkt bisheriger Leistungspolitik für Beschäftigte im Leistungslohn war die »Normalleistung«. Diesem leistungsbezogenen Referenzpunkt wird durch die marktgeprägte Steuerung die Basis entzogen.
- Die Flexibilisierung der Leistungsstandards entwickelt sich an den Regelungen der Tarifverträge vorbei. Die methodische Begründung für die Leistungsbewertung ergibt sich nicht mehr aus einem vereinbarten Leistungskompromiss.
- Die Kriterien »sozialer und biologischer Zumutbarkeit«, die in den Tarifverträgen verankert sind, spielen keine Rolle mehr.
- Nach den Bestimmungen der Tarifverträge dürfen Zeitfaktoren nur dann verändert werden, wenn es aufgrund von technischen oder arbeitsorganisatorischen Veränderungen sachliche Gründe dafür gibt. Dieser Weg erscheint den Geschäftsleitungen immer mehr als zu umständlich. Ohne dies methodisch zu begründen oder Vereinbarungen zu verändern, setzen sie auf Optimierungsansätze direkt mit den Beschäftigten nach dem Motto: »Wir müssen den Anschlussauftrag bekommen, probiert doch mal, ob ihr das hinkriegt.«
- Wenn Leistungskompromisse direkt mit den Beschäftigten ausgehandelt werden, hängt es von den Rahmenbedingungen ab, ob der Grad an Beteiligung wirklich steigt. Gegenwärtig gibt es kaum Tarifverträge und wenig Betriebsvereinbarungen, die diese Rahmenbedingungen regeln und vor schlechten individuellen Leistungskompromissen oder Leistungsüberforderung schützen.
- Durch die betriebliche Regulierung wird einerseits die betriebliche Handlungsarena aufgewertet, gleichzeitig steigt durch die dezentrale individuelle Verhandlungs- und Vereinbarungsebene die Gefahr, dass die Mitbestimmung der Betriebsräte ausgehöhlt wird.

Als Fazit lässt sich feststellen: Unabhängig davon, ob es den Unternehmen gut geht oder nicht, nutzen die Geschäftsleitungen die veränderte machtpolitische Lage, um auf dem leistungspolitischen Feld umzusteuern und die Leistungsintensität zu erhöhen. Der neue Steuerungsmechanismus birgt dabei nicht nur Risiken für die Beschäftigten, sondern auch Widersprüche für die Unternehmen. So basierte die Legitimationsfunktion der herkömmlichen Leistungsentlohnung darauf, dass das Leistungsergebnis durch eigenes Handeln beeinflussbar und die bewertete Leistung individuell zurechenbar war. Der angezielte Motivationseffekt ergab sich aus dieser Beeinflussbarkeit und Zurechenbarkeit. Wenn nun der neue Steuerungsmechanismus nicht mehr an der Verausgabung von Arbeit ansetzt, sondern an der Wettbewerbsfähigkeit und dem wirtschaftlichen Erfolg des Unternehmens, geht dieser Motivationseffekt verloren.

Weil sich marktbewertete Leistung nicht einfach in aufwandsbezogene Leistung übersetzen lässt, könnte für die Unternehmen das Problem entstehen, dass sie selbst die legitimationsstiftende Funktion des Leistungsprinzips und des Leistungsentgelts untergraben. Offensichtlich versuchen die Unternehmen dieses Problem dadurch zu lösen, dass sie das im Alltagsverständnis verankerte aufwandsbezogene Leistungsdenken zu relativieren suchen, und ihm offensiv ein wettbewerbsbezogenes Leistungsdenken entgegensetzen.

4. Arbeitszeit und Leistung – eine strategische Allianz

In den Betrieben werden seit einigen Jahren massive Vorstöße unternommen, die Arbeit gleichzeitig zu intensivieren und zu extensivieren. Unter den Bedingungen der indirekten Steuerung verhalten sich Arbeitszeit und Leistung wie kommunizierende Röhren. Von dieser allgemeinen Entwicklung sind die verschiedenen Beschäftigtengruppen derzeit unterschiedlich betroffen. In besonders ausgeprägter Form erleben wir gegenwärtig ein »Arbeiten und Leisten – ohne Ende« vor allem in den Arbeitsbereichen (hoch)qualifizierter Angestellter.

Die Entgrenzung der Arbeit macht vor dem Privatleben nicht halt, die Grenzen zwischen Arbeit und Privatleben werden fließender. Arbeit und Einsatz für das Unternehmen oder die Kunden rund um die Uhr wird zum positiven Leitbild hochstilisiert (Wagner 2000: 94).

Mit Instrumenten wie dem der so genannten Vertrauensarbeitszeit ist dem Ausufern der Arbeit Tür und Tor geöffnet. Wenn Arbeitszeit nicht mehr erfasst und dokumentiert wird, kann auch später kein Anspruch auf einen Ausgleich für überlange Arbeitszeiten angemeldet werden. Außerdem passiert etwas ganz Entscheidendes: Durch Vertrauensarbeitszeit oder auftragsgebundenes Arbeiten ohne verbindliche Regelung der Arbeitszeithöhe wird der Zusammenhang zwischen Arbeitszeit und Entgelt aufgelöst. Schon um dieses Problem der unentgeltlichen Arbeit zu minimieren, muss auch zukünftig die Relation zwischen Leistung, Arbeitszeit und Einkommen tarifvertraglich festgelegt werden.

Auch wenn unter den Bedingungen flexibler Arbeit das Ausufern der Arbeitszeit mit einfachen Schutzformeln, wie der Forderung nach täglicher oder wöchentlicher Arbeitszeitbegrenzung, nicht mehr eingedämmt werden kann, sind auch in Zukunft Orientierungspunkte zu berücksichtigen:

- Arbeitszeit muss für die Beschäftigten planbar und beeinflussbar bleiben;
- geleistete Arbeitszeit muss erfasst und dokumentiert werden;
- erfasste Arbeitszeit muss vergütet werden, in welcher Form auch immer.

In den Betrieben, in denen Arbeitszeitkonten eingeführt wurden und in denen sich Arbeitzeitvolumina – oft in einzelnen Abteilungen besonders ausgeprägt – anhäufen, ergibt sich ein neuer Ansatzpunkt für die Mitbestimmung bei der Leistungs- und Personalbemessung.

Erfahrungen zeigen, dass Betriebsräte angesammelte Arbeitszeiten in klar identifizierbaren Betriebsbereichen für Verhandlungen um eine höhere Personalbesetzung in diesen Bereichen nutzen können. Dafür allerdings gibt es heute keine hinreichenden tarifvertraglich verbindlichen Ansatzpunkte.

Arbeitszeitpolitik muss ferner die Wünsche der Beschäftigten nach mehr selbstbestimmter Zeiteinteilung aufgreifen und mit Regulierungsmechanismen verbinden, die einen höheren Grad an Selbstbestimmung überhaupt erst ermöglichen und absichern. Diese Zielsetzung muss prägend in die Konstruktion von Arbeitszeitkonten eingehen. So ist es zum Beispiel wichtig, dass die Beschäftigten über verbindliche Entnahmerechte verfügen. Arbeitszeitregulierung muss den Einzelnen »Haltegriffe« bieten (Lehndorff 2000), damit sie mit ihrer Arbeitszeit und damit auch ihrer Leistungsfähigkeit und Gesundheit (selbst)bewusst umgehen können.

Es geht nicht zuletzt darum, auch das Verhältnis von Arbeit und Leben in neuer Weise zum Bezugspunkt gewerkschaftlicher Politik zu machen. Dass dies mit Erfolg gelingen kann, zeigen positive Erfahrungen mit betrieblichen IG Metall-Aktionen in der IT-Industrie, z.B. mit der Initiative »Meine Zeit ist mein Leben«. Verständigungsprozesse zu organisieren, in denen sich die Beschäftigten über die Mechanismen austauschen, die ihnen die Umsetzung und Vertretung ihrer Interessen erschweren oder erleichtern, gehört gerade unter den Bedingungen indirekter Steuerung zu den Aufgabenfeldern der Gewerkschaften. Dies ist unter den neuen Bedingungen notwendige tarifpolitische Vorfeldarbeit.

Arbeitszeit und Leistung bilden sowohl aus Sicht des Managements als auch aus Sicht der Gewerkschaften eine strategische Allianz (IG Metall, Abteilung Tarifpolitik, August 2000). Arbeitszeit muss durch Leistungsregulation auf ein zumutbares Maß begrenzt werden und umgekehrt. Wenn »Arbeiten ohne Ende« eingedämmt werden soll, geht es also gleichzeitig um neue Arbeitszeitregulierungen und neue Regelungen der Leistungsbedingungen, die den Beschäftigten mehr Selbstbestimmung durch verbindliche Beteiligungs- und Anspruchsrechte erlauben.

5. Ausblick

Die geschilderten Entwicklungen im Bereich Arbeit – Leistung – Entgelt werfen die grundsätzliche Frage auf: Inwieweit sind wir bereit, der Marktorientierung in diesem Kernbereich der industriellen Beziehungen zu folgen? Lassen sich aus den neuen Entwicklungen Bewegungsenergien ziehen und wo sind die Grenzen? Wie kann es gelingen, Ansprüche der Beschäftigten auf mehr Selbstbestimmung über Arbeitszeit und Leistung gegenüber einer grenzenlosen Ökonomisierung abzusichern?

Bei diesen Fragen geht es nicht nur um die unmittelbaren Arbeits- und Leistungsbedingungen der Beschäftigen, sondern auch um die zukünftige Entwicklungsrichtung in den industriellen Beziehungen insgesamt.

Wie lässt sich eine konkurrenz- und marktvermittelte Leistungsbewertung, bei der Leistung und Markterfolg in eins gesetzt werden, mit den Gerechtigkeitsvorstellungen der Beschäftigten vermitteln? Aus industriesoziologischen Studien wissen wir, dass diese stark durch den Vergleich der jeweiligen Arbeitsverausgabung und durch gesellschaftliche Wertevorstellungen geprägt sind – welche Veränderungen und Konsequenzen ergeben sich hierbei?

Bereits heute zeichnet sich ab, dass Beschäftigte, die sich längere Zeit dem Prozess der »maßlosen Anforderungen« gestellt haben, an die Grenzen ihrer Leistungsfähigkeit und Gesundheit geraten können und erleben müssen, dass maßlose Arbeit ihre sozialen Bezüge infrage stellt.

Deshalb brauchen wir eine neue Offensive für eine humane Gestaltung der Arbeit. Auch wenn unter den Bedingungen einer Unternehmenspolitik der »Standortkonkurrenz« und der »kurzen Fristen« eine offensive arbeitspolitische Gestaltung des betrieblichen Alltags nicht einfacher geworden ist, bestehen angesichts der neuen Entwicklungen doch Chancen für eine selbstbewusste gewerkschaftliche Arbeitspolitik, die auch zu einem zentralen Ansatzpunkt zukünftiger qualitativer Tarifpolitik werden könnte.

Gefordert ist eine zukunftsfähige Vorstellung von »guter Arbeit«. Mit diesem Begriff kann eine Erwerbsarbeit umschrieben werden, die den umfassenden Ansprüchen der Beschäftigten an Arbeit und Leben versucht, gerecht zu werden. »Gute Arbeit« kann dabei gedacht werden als solche Arbeit, die den Menschen als das zentrale Subjekt betrieblicher Alltagsgestaltung betrachtet und seine Leistungsfähigkeit und seine Bedürfnisse an Arbeit und Leben in den Mittelpunkt stellt.

Die konkrete Utopie einer »guten Arbeit« kann auch heute eine starke Ausstrahlungskraft entwickeln. Sie muss mehr als bisher die einzelnen gewerkschaftlichen Handlungsfelder integrieren. Das heisst, sie muss unsere Vorstellungen über eine zukunftsfähige Arbeits- und Leistungsgestaltung, einen präventiven Arbeits- und Gesundheitsschutz, eine transparente Entgeltgestaltung, eine allen zugängliche Weiterbildungskultur und eine Arbeitszeitgestaltung, die den Wünschen der Beschäftigten entspricht, bündeln. Sie muss die gestiegenen Beteiligungswünsche aufgreifen und durch Beteiligungsrechte unterstützen.

Gegenwärtig besteht die Chance, durch die vollständige Erneuerung der Entgeltrahmentarifverträge einen Teil unserer Vorstellungen von »guter Arbeit« in diesen verschiedenen tarifpolitischen Handlungsfeldern umzusetzen – auch wenn die Arbeitgeber nach wie vor massiv mauern. Wichtige Etappen auf diesem Weg haben wir – eingeleitet durch den letzten Tarifabschluss – in Form von ERA-Vereinbarungen in einzelnen Tarifbezirken bereits erreicht. Im Ergebnis werden diese Aushandlungsprozesse eine weitreichende Veränderung der heute bestehenden Tarifnormen bewirken und eine neue Ausgangslage für betriebliche Gestaltungsprozesse schaffen.

Darüber hinaus wird der untrennbare Zusammenhang von Arbeitszeit und Leistung in unserer arbeitszeitpolitischen Initiative aufgegriffen, die wir im Herbst letzten Jahres gestartet haben.

Dem herrschenden konkurrenzorientierten Leitbild gilt es eine plausible Alternative entgegenzusetzen, die sich an der individuellen und sozialen Entfaltung der Arbeitnehmerinnen und Arbeitnehmer ausrichtet. Es erscheint fast paradox, dass gerade die Mechanismen der indirekten Steuerung einem solchen alternativen Leitbild Unterfütterung geben können (Sauer 2003). Denn obwohl die indirekte Steuerung Element einer neuen Form unternehmerischer Herrschaft ist, bestärken die mit ihr einhergehenden Mechanismen gerade Ansprüche an die Arbeit, welche die Gewerkschaften seit jeher thematisiert haben: mehr Selbstbestimmung und Autonomie in der Arbeit. Wenn die Versprechungen wirklicher Beteiligung und Selbstorganisation dann in der Realität sträflich vernachlässigt werden, können sich daraus auch neue Ansatzpunkte für Reflexion und Gegenwehr ergeben.

Wir stehen vor einer Renaissance qualitativer Tarifpolitik. So umfassend und ganzheitlich die geschilderten neuen Managementmethoden die Beschäftigten in das betriebswirtschaftliche Interessenkorsett einbinden, so umfassend und ganzheitlich müssen wir eine Tarifpolitik der »guten Arbeit« denken und angehen.

Literatur

Bahnmüller, R. (2000): Betriebliche Entgeltsysteme und Entgeltpolitik im Wandel. Forschungsbericht an die Hans-Böckler-Stiftung, Tübingen.

Bergmann, J./Bürckmann, E./Dabrowski, H. (1998): Reform des Flächentarifvertrages? Betriebliche Realitäten – Verhandlungssysteme – gewerkschaftliche Politik, Supplement der Zeitschrift Sozialismus, Heft 1.

Döhl, V./Kratzer, N./Sauer, D. (2000): Krise der NormalArbeit(s)Politik. Entgrenzung von Arbeit – neue Anforderungen an Arbeitspolitik, in: WSI-Mitteilungen, Heft 1, S. 39ff.

Ehlscheid, Ch.,/Mathes,H;/Scherbaum, M. (Hrsg.) (2001): »Das regelt schon der Markt«. Marksteuerung und Alternativkonzepte in der Leistungs- und Arbeitszeitpolitik, Hamburg.

Glißmann,W./Peters,K. (2001): Mehr Druck durch mehr Freiheit. Die neue Autonomie in der Arbeit und ihre paradoxen Folgen, Hamburg.

IG Metall, Abteilung Tarifpolitik (2000a): Grüne Reihe Nr. 5 – Zielvereinbarungen – Baustein betrieblicher Leistungspolitik? – Mitwirkung ohne Mitbestimmung? Frankfurt a.M.

IG Metall, Abteilung Tarifpolitik (2000b): Grüne Reihe Nr. 6 – Vertrauensarbeitszeit – Reich der Freiheit oder moderne Selbstausbeutung? Frankfurt a.M.

Lehndorff, St. (2000): Ist die Arbeitszeit in Zukunft noch regulierbar?, in: Supplement der Zeitschrift Sozialismus, Heft 4.

Sauer, D. (2003): Die neue Unmittelbarkeit des Marktes. Arbeitspolitik im Dilemma: In: Gewerkschaftliche Monatshefte, Heft 5, S. 257ff.

Wagner, H. (2000): Informations- und Dienstleistungsarbeit. Ein tarifpolitisches Gestaltungsfeld der IG Metall, in: Peters, J. (Hrsg.), Dienstleistungs@rbeit in der Industrie. Ein gewerkschaftliches Gestaltungsfeld, Hamburg, S. 94ff.

Siegfried Balduin

Arbeiten ohne Ende – oder gute Arbeit
Auf dem Weg zu einer neuen Zeitkultur

Seit Mitte der 1990er Jahre vollzieht sich ein fortschreitender Prozess der Entgrenzung der Arbeitszeit. Die tariflichen Arbeitszeiten sind kürzer geworden, doch die tatsächlichen Arbeitszeiten werden länger, sie werden zudem unregelmäßiger und schwerer planbar. Je höher die Qualifikation, desto mehr nimmt auch die für die Arbeit verbrauchte Zeit zu. Stärker noch als die registrierte steigt dabei die inoffizielle Arbeitszeit. In den Betrieben werden jährlich rund 2 Mrd. registrierte Überstunden geleistet und daneben ca. 1,5 Mrd. unbezahlte Überstunden, letztere fast ausschließlich von Beschäftigten mittlerer und höherer Qualifikation. Vieles an erbrachten Arbeitszeiten verfällt, weil es den in Betriebsvereinbarungen festgelegten Gleitzeitrahmen überschreitet. Oder es verschwindet in Zeitkonten, deren Ausgleich in unbestimmter Ferne liegt.

Fortschreitender Prozess der Entgrenzung der Arbeitszeit mit steigendem Leistungsdruck

Die Grenzen zwischen Arbeitszeit und Privatleben werden fließender. Gestresst, ausgebrannt, unzufrieden, überfordert, hin und her gerissen zwischen Arbeit, Familie, Partner und Freizeit: Viele würden die Situation und ihr Leben gerne ändern, wissen aber nicht wie. So ist es nicht überraschend, dass Arbeiten ohne Ende eine weit verbreitete Begleiterscheinung der modernen Arbeitswelt geworden ist.

Über diese Entwicklung, ihre Ursachen und über mögliche Auswege hat in der zweiten Hälfte der 1990er Jahre in der IG Metall ein intensiver Diskussionsprozess begonnen. Die bisherigen Muster der gewerkschaftlichen Gestaltungs- und Regelungspolitik, entstanden unter den Bedingungen einer streng arbeitsteilig strukturierten Organisation der Industriearbeit, stoßen offensichtlich an Grenzen. Relativ klare und übersichtliche Arbeitszeitstandards lösen sich langsam aber sicher auf. Diese Entwicklung spiegelt sich auch in den Tarifverträgen der IG Metall wider. Durch lange Ausgleichszeiträume verflüchtigen sich die Grenzen der regelmäßigen Tages- und Wochenarbeitszeit, und die Schwelle zur Mehrarbeit sinkt. Eine bestimmte Quote von Beschäftigten wurde von der Arbeitszeitverkürzung ausgenommen. Die Gleitzeit blieb weitgehend ungeregelt. Der Verfall von Arbeitzeit wird nicht ausgeschlossen. Das bestehende System der tariflichen Arbeitszeitregelungen stellt besonders im Angestelltenbereich praktisch fast nur noch Orientierungspunkte dar.

Parallel dazu haben Betriebsvereinbarungen den Rahmen für flexible Arbeitszeiten erheblich ausgedehnt. Die Betriebsräte tun sich schwer, eine konsequente Einhaltung der betrieblichen Arbeitszeitregelungen sicherzustellen. Am weitesten fortgeschritten ist die Auflösung der Arbeitszeitnormen unter der Einführung so genannter »Vertrauensarbeitszeit«, die heute zu den personalpolitischen Zielen in vielen Unternehmen zählt und in der die Betroffenen unter Verzicht auf jegliche Zeiterfassung selbstverantwortlich ihre Arbeitszeit regeln sollen.

Eine beharrende Strategie, die darauf setzt, das jetzige Regelungsniveau nur zu verteidigen oder gar zu starren Regelungen zurückzukehren, wäre zum Scheitern verurteilt. Die Entwicklung würde so nicht aufgehalten. Das Dilemma liegt darin, entgrenzte Arbeitszeit zu begrenzen.

Entgrenzte Arbeitszeit begrenzen

Unübersehbar kommen in den dargestellten Prozessen tiefer gehende Veränderungen in der Wirtschaft und in der Arbeitswelt zum Ausdruck (Sauer 2003, Peters 2001).

Die Unternehmen sehen sich zunehmend neuen Anforderungen des Marktes gegenüber. Früher war der Markt eher angebotsorientiert. Heute bestimmen der Kunde oder der Markt, was im Unternehmen passiert. Zugleich werden die Unternehmen verstärkt von den Anlagestrategien des Finanzkapitals bestimmt. Beides führt zu einer neuen Unmittelbarkeit des Marktes gegenüber der Arbeit, bei der die externen Markterfordernisse intern direkt weitergegeben werden, verknüpft mit einer stärkeren Dezentralisierung von Unternehmens- und Arbeitsformen.

Dabei setzen die Unternehmen vermehrt auf zwei Strategien. Die erste lässt sich als harte Tendenz der Standardisierung und Kontrolle der unternehmensinternen Prozesse und der Kosten mit Hilfe von Kennziffersystemen beschreiben. Die zweite läuft auf eine Neubewertung des subjektiven Faktors im Unternehmen hinaus. Deutlich größeres Gewicht wird auf Flexibilität, Eigenverantwortung und Selbstorganisation gelegt. Der Einzelne ist gefordert, sich selbstgesteuert flexibel, kunden-, ziel- und kostengerecht zu verhalten, um die Arbeit zu schaffen.

In der Zangenbewegung von Selbstorganisation und vorgegebenen Zielen und Kennziffern bleibt den Beschäftigten eine Art Selbstmanagement der Überlastung. Schutzgrenzen bei der Arbeitszeit werden bei dieser Art der Steuerung mehr oder weniger »freiwillig« überschritten. Die große Mehrheit, so ergeben Umfragen immer wieder, würde gerne Überstunden und Mehrarbeit verringern. Aber betriebliche und organisatorische Verhältnisse, gepaart mit Karrierewünschen, werden als Zwänge gesehen, die Arbeitszeit zu verlängern, um den Leistungsanforderungen zu entsprechen. Die Ambivalenz der modernen Arbeit stellt sich für die Betroffenen im Ergebnis als ein individuell schwer auszubalancierendes Spannungsfeld von größer gewordener Autonomie und faktischer Selbstausbeutung dar. Der Konkurrenzdruck verleitet zudem dazu, die eigenen Belastungsgrenzen immer mehr auszudehnen.

Aus dieser Diskussion entstand unter Einbeziehung von Erfahrungen aus der Initiative des Düsseldorfer IBM-Betriebsrats »Ich besinne mich« das Projekt einer Arbeitszeit-Initiative, die 1999 unter dem Motto »Arbeiten ohne Ende? – Meine Zeit ist mein Leben!« gestartet wurde. Ziel sollte sein, auf der betrieblichen Ebene die Entwicklung der konkreten Arbeitszeiten und -bedingungen zu thematisieren, dabei zu helfen, die Ursachen besser zu verstehen sowie sich über eigene Bedürfnisse und die Veränderung der Situation untereinander zu verständigen. Das Konzept und die Art des Herangehens fanden großen Zuspruch. In vielen Betrieben wurde der Zeitkonflikt aufgegriffen. Vielerorts wurden Befragungen durchgeführt, deren Ergebnisse auf Betriebsversammlungen diskutiert wurden. Viele Seminare, Workshops und Diskussionsveranstaltungen fanden statt. Offensichtlich hatte die Initiative einen Nerv getroffen. Das Bedürfnis, die Entwicklung der Arbeitszeiten kritisch zu hinterfragen, war überall deutlich spürbar, allerdings auch die Unsicherheit darüber, wie Verbesserungen verwirklicht werden könnten.

Bedürfnis nach kritischer Auseinandersetzung und Work-Life-Balance unterstützen

Zwei wichtige Erkenntnisse haben die Aktionen im Rahmen der Arbeitszeitinitiative erbracht: Zum einen ist es sinnvoll, die Initiative fortzuführen und weiterzuentwickeln, sie auszuweiten und zu verbreitern. Es ist eine wichtige Aufgabe, der Ahnungslosigkeit gegenüber der Macht der Veränderungsdynamik im Betrieb ein bewusstes Verstehen der Zusammenhänge und Auswirkungen entgegenzusetzen. Verständigungsprozesse über eigene Arbeits- und Zeitinteressen knüpfen daran an.

Zum Zweiten muss es in der nächsten Stufe verstärkt darum gehen, Gestaltungsalternativen gemeinsam mit den Beschäftigten zu entwickeln und Wege zur Lösung in betrieblichen und tariflichen Initiativen zu erschließen. Dabei ist es wichtig, Verbindungslinien zur Bestimmung der Leistungsabforderung, zur Gesundheits- und Arbeitsschutzpolitik und zur tariflichen Arbeitszeitpolitik herzustellen, um die verschiedenen Ansatzpunkte in einem Gesamtkonzept miteinander zu verknüpfen.

Im Folgenden sollen diese beiden Stränge näher erläutert werden. Der einzelne Angestellte hat heute formal wesentlich mehr Freiheit bei der Einteilung seiner Arbeitszeit. Ein Tatbestand, der den Wünschen der Beschäftigten entspricht. Auf der anderen Seite nehmen sie sehr wohl die nachteiligen Folgen einer Arbeitssituation wahr, in deren Folge sich die Arbeitszeiten immer mehr »aufschaukeln«. Der Versuch, dieser Entwicklung mit neuen arbeitszeit-begrenzenden Regelungen zu begegnen, ist mit der Gefahr verbunden, dass diese als Behinderung oder Bevormundung der eigenen Arbeit empfunden werden. In der Praxis werden sie – an den gut gemeinten Schutzregelungen vorbei – unterlaufen.

Die Menschen spüren selbst ein Unbehagen an der Widersprüchlichkeit der Situation, die zu der bangen Frage führt: Wie halte ich die Anforderungen auf Dauer durch? Was geschieht, wenn ich die erwartete hohe Leistungsfähigkeit nicht über Jahre unter Beweis stellen kann? Wie gehe ich mit Überforderung um, um meine Gesundheit zu erhalten?

Deshalb liegt eine notwendige Antwort darin, an den Widersprüchen der veränderten Arbeits- und Lebensanforderungen anzusetzen und den Menschen ein Angebot zu machen, sie bei der individuellen Bewältigung der Lebensanforderungen und der damit verbundenen Unsicherheiten und Risiken zu unterstützen. Die Beschäftigten wünschen sich geregelte Arbeitszeiten und geregelten Freizeitausgleich für Überstunden. Aber wie sie geregelt sein sollen, ist individuell verschieden.

Verstärkt sind Fähigkeiten gefordert, die eigene Zeitplanung auf die betrieblichen Anforderungen einzustellen, aber auch eigene Prioritäten zu bilden und zwischen Arbeit und Familie oder ehrenamtlichem Engagement zu balancieren, um für sich befriedigende Lösungen zu finden. Gefordert ist also eine neue Handlungskompetenz, die es zu fördern gilt. Dabei bleibt für die Lebensqualität entscheidend, wie groß der eigene Einfluss auf die Zeit ist. Durch einen entsprechend abgesicherten Rahmen in Tarifverträgen und Betriebsvereinbarungen muss die individuelle Rechtsposition, sich gegenüber grenzenlosen Flexibilisierungs- und Leistungserwartungen behaupten zu können, gestärkt werden.

Gewerkschaften können ihre anerkannte Kompetenz rund um Arbeit und Beruf ausbauen, indem sie die Bedürfnisse nach Lebenserfüllung, Sicherheit, Kommunikation und soziale Heimat in einer modernen Art und Weise ansprechen und aufnehmen. Indem sie Räume schaffen für Prozesse der Selbstfindung und der Selbstverständigung in der Kommunikation mit den anderen Beteiligten, also zur kollektiven Selbstverständigung über eigene Arbeits- und Zeitinteressen. Kommunikationsprozesse im Betrieb müssen dazu verändert werden. Mitgliederkommunikation und -orientierung muss erweitert werden. Mehr Beteiligung muss einbezogen werden. Insbesondere Angestellte neigen dazu, ein Übermaß an Anforderungen hauptsächlich als individuelles Bewältigungsproblem zu sehen. Viele verinnerlichen den Marktdruck, hinterfragen die Flexibilität nicht und lassen den Arbeitgeber aus der Verantwortung für die Rahmenbedingungen der Arbeit. Für Erkenntnis- und Kommunikationsprozesse ist deshalb eine wichtige Quelle der Konflikt, die Thematisierung der Widersprüche und Gegensätze, die strittige Auseinandersetzung über die richtigen Wege.

Bedarf an neuen Leitbildern und Gestaltungskonzepten

Um aus der arbeitszeitpolitischen Defensive heraus zu gelangen, bedarf es neuer Leitbilder. Wenn insbesondere die Angestellten erreicht werden sollen, dann darf deren berufliches Engagement und deren Leistungsbereitschaft nicht einseitig als fremdbestimmtes Arbeitsleid hingestellt werden.

Ausbildungswege, Arbeitsaufgaben und die Erfahrungen relativer Freiheit in der Lebensführung ermöglichen immer mehr Erwerbstätigen eine erweiterte Selbstkontrolle und Selbstorganisation.

Wo sich die Grenzen zwischen Arbeitszeit und Freizeit auflösen, lassen sich überkommene Arbeitszeitkulturen und privates Leben immer weniger voneinander trennen. Durch eine Gestaltung der Flexibilität im Arbeitnehmerinteresse sind neue arbeitszeitbezogene Strukturen mit einer neuen Zeitkultur zu schaffen, in der die Bedürfnisse nach Eigenbestimmung über die Zeit, die Vereinbarkeit von Familie und Arbeit für Männer und Frauen, der langfristige Schutz von Gesundheit und Leistungsfähigkeit, sowie lebensbegleitendes Lernen zur Geltung kommen. Hierin kommt ein ganzheitlicher Ansatz zum Ausdruck, bei der gute Arbeit und gutes Leben zusammengehören.

Auf dieser Grundlage kann eine Gewerkschaft erfahrbar gemacht werden als Organisator von Prozessen zur solidarischen Gestaltung individueller Chancen und der möglichen Vielfalt praktizierter Lösungen. Wichtig ist dazu die weitere Vernetzung der Aktivitäten, der Informationsaustausch untereinander sowie das Angebot zusätzlicher Arbeitshilfen und Werkzeuge für die betriebliche Arbeit und für die persönliche Auseinandersetzung mit dem Thema.

Hieraus entstand die Idee, im Rahmen der Arbeitszeit-Initiative eine spezielle CD-Rom zu entwickeln, die seit Ende 2002 erhältlich ist. Unter dem Titel: »Wem gehört die Zeit? – Anstiftung zum Umdenken« enthält sie Informationen, Denkanstöße und Lösungsansätze zu den Komplexen Arbeit, Gesundheit, Beziehung und Persönlichkeit. Die Zielgruppe sind nicht Betriebsräte, sondern Mitglieder oder Beschäftigte, die unzufrieden mit ihrer Situation sind oder die sich persönlich intensiver mit diesem Thema auseinander setzen wollen. (Siehe Abbildung Seite 228)

Der zweite wichtige Strang einer zukünftigen gewerkschaftlichen Arbeitszeitpolitik betrifft die Gestaltung kollektivvertraglicher Rechte und Normen in Tarifverträgen und Betriebsvereinbarungen. Um aus dem »Jammertal« über das schwer zu fassende Phänomen des Arbeitens ohne Ende herauszukommen, muss eine neue weitergehende Gestaltungs- und Regelungspolitik entwickelt werden. Die Länge der Arbeitszeit hat nicht mehr die gleiche Bedeutung wie früher als Indikator für Überlastung. Der Arbeitsdruck wird heute stärker durch Zielvereinbarungen, abzuschließende Projekte oder ungenügende Personalkapazitäten bestimmt. Daraus kann nicht folgen, auf Regelungen der Arbeitszeit zu verzichten, wie es die Vertrauensarbeitszeit will. Es mag Bereiche geben, in denen Beschäftigte ihre Arbeitszeiten selbständig nach ihren Vorstellungen regeln können. In vielen Bereichen aber ist dies nicht der Fall, auch nicht im AT-Bereich.

Wenn der Schritt erst einmal hin zur völligen Individualisierung von Arbeitszeit vollzogen ist, dann wird sich der Einzelne noch schwerer gegen steigende Leistungserwartungen behaupten können. Dies wäre möglicherweise im Einzelfall weniger problematisch, wenn nicht die anderen dadurch unter weiteren Druck gesetzt würden. Die »Überlastgespräche«, die im Konzept der Vertrauensarbeitszeit als Ausweg angeboten werden, sind keine Lösung. Sie delegieren die Beweislast – und damit das Risiko – einseitig auf die Arbeitnehmer.

Kollektive Arbeitszeitstandards für die Dauer und die Verteilung der Arbeitszeit werden als Bezugsmaßstab weiterhin benötigt, aber solche, die auch den veränderten Bedingungen und Ansprüchen gerecht werden. Im Übrigen darf nicht übersehen werden, dass auch weiterhin Formen hochgradig standardisierter und fremdbestimmter Arbeit existieren. Erforderlich ist deshalb eine stärker differenzierte Gestaltungs- und Regelungspolitik, die sowohl zu diesen, als auch zu den sich ausbreitenden neuen Formen selbstorganisierter Arbeit passen.

Die Beschäftigten haben in ihrer großen Mehrheit ein Interesse an einem Nichtverfall geleisteter Arbeitszeit, nach besseren Regelungen für Freizeitausgleich und an der Möglichkeit, ihre Arbeitszeit nach wechselnden individuellen Bedürfnissen gestalten zu können. Gewerkschaftliche Arbeitszeitpolitik bedarf, um dies zu gewährleisten, eines erweiterten Gestaltungsrahmens in einem integrierenden arbeitspolitischen Gesamtkonzept, bei dem die Gestaltung und Regelung der Arbeitszeiten mit der Gestaltung von entgeltrelevanten Zielvereinbarungen sowie mit der Gestaltung von Arbeitsorganisation und Leistungsbedingungen verzahnt wird. Wichtige arbeitspolitische Ansatzpunkte und Perspektiven liegen daher in einer Kombination zu regulierender Arbeitszeitflexibilität mit Leistungsreklamation und präventivem Gesundheitsschutz.

Ansatzpunkte für neue Arbeitszeitstandards und Praktiken im Betrieb

Dazu lassen sich aus den Erfahrungen mit betrieblichen Arbeitszeitkonflikten einige konkrete Ansatz- und Anhaltspunkte ableiten:

1. Tarifverträge müssen eindeutiger den zulässigen Rahmen der Arbeitszeit, die Abgrenzung zur Mehrarbeit und die Verpflichtung zum Ausgleich erbrachter Arbeitszeiten regeln. Die individuellen Chancen, erbrachte Arbeitszeiten abzubauen und durch Freizeitentnahmen auszugleichen, sollten dadurch gestärkt werden, dass die Zeiträume definiert werden, in denen Zeitguthaben nicht überschritten werden dürfen.

2. Erbrachte Arbeitszeiten sollten im Rahmen von Jahres- oder Lebensarbeitszeitkonten angesammelt werden können, um längere Unterbrechungen gemäß individueller Lebensentwürfe mit einer Gestaltung diskriminierungsfreier Übergänge zu ermöglichen. Für solche Zeitkonten bedarf es ausreichender Absicherung bis hin zur Insolvenzsicherung. Um die entstandenen Arbeitszeitguthaben eines Tages tatsächlich zu nutzen, ist festzulegen, wie die Beschäftigten ihr Recht auf Zeitabnahme geltend machen und im Konfliktfall durchsetzen können. Es muss eine neue Zeitkultur entstehen, die regelmäßige »Auszeiten« im Laufe mehrerer Jahre zur Erholung oder zur Regeneration als neue Zeitstandards etabliert. Nach Beendigung von hochbelastenden Projekten sind Zeiten zur physischen und psychischen Erholung vorzusehen.

3. Arbeitnehmer und Betriebsräte brauchen Einfluss auf die Zielvorgaben und Zielvereinbarungen, auf Personalbemessung und Arbeitsorganisation. Bei der Gestaltung tariflicher Bestimmungen für entgeltrelevante Zielvereinbarungen und Projektarbeit sollte darauf geachtet werden, Tendenzen der Überlastung entgegenzuwirken.

4. Weitergehende Öffnungen der Arbeitszeit dürfen nicht zum Verzicht auf Mitbestimmungsrechte des Betriebsrats führen. Der Arbeitgeber muss in der Verantwortung für die Einhaltung und die Durchführung der Betriebsvereinbarungen bleiben, ohne Abschieben auf die »Eigenverantwortung« der Arbeitnehmer. Stattdessen sind Verhandlungsmechanismen festzulegen, wann über welche Maßnahmen zu reden ist, um z.B. aufgelaufene Guthaben abzubauen. Wichtig wäre in diesem

Zusammenhang, die Ressourcen- oder Kapazitätsplanung im Hinblick auf Arbeitszeiten und Personalbesetzung zum Gegenstand von Verhandlungen zwischen Geschäftsleitung und Betriebsrat zu machen. Dies könnte dazu beitragen, dass der Aufbau von Langzeitkonten kein beliebig zu öffnendes Ventil der Arbeitszeitverlängerung ist, sondern dass die Planung seines Abbaus von vornherein mit einbezogen ist.

5. Es sind neue Leitbilder und Praktiken für den Alltag in den Unternehmen zu entwickeln, die auf einen anderen Umgang mit Arbeitszeiten und Gesundheitsrisiken zielen. Notwendig sind verbindliche Verhaltensregeln für die betrieblichen Akteure, die darauf ausgelegt sind, sich aktiv und vorbeugend mit ausufernden Arbeitszeiten und gesundheitsschädlichen Arbeitsbedingungen zu befassen. Dazu gehören regelmäßige Erfassung und Auswertung der Arbeitszeiten und der Arbeitsbedingungen, Verpflichtung zur Veröffentlichung und zur Diskussion der Ergebnisse mit den Betroffenen sowie die einvernehmliche Bestimmung von Maßnahmen zur Abhilfe.

6. Die Vereinbarkeit von Familie und Beruf, von Männern und Frauen muss einen deutlich größeren Stellenwert erhalten. Das Leitbild »pro Kind und Familie« muss in der Unternehmenskultur stärker verankert werden. Handlungsfelder für einen familiengerechten Umbau der Arbeitswelt sind: flexibel an die Betreuungsbedürfnisse von Kindern anpassbare Arbeitszeiten, Hilfe bei der Kinderbetreuung, Führungskompetenz und Führungsbeurteilung, Frauenförderung und Unterstützung aktiver Vaterschaft bei der Personalentwicklung, erleichterte und diskriminierungsfreie Übergänge zur Teilzeit und Vollzeit.

Einfluss- und Mitbestimmungsrechte ausbauen

Die Auseinandersetzung mit der Entgrenzung von Arbeitszeit und Arbeiten ohne Ende zeigt exemplarisch den Bedarf an neuen Leitbildern und neuen Gestaltungskonzepten für die Zukunft. Das alte Bild einer relativ einheitlichen Regelarbeitszeit hat ausgedient. Der Bedarf an kollektiven Standards hat nicht abgenommen, sondern wächst, auch unter den veränderten Bedingungen. Dabei geht es um Zeitstandards, die den erhöhten Flexibilitätsanforderungen sowie den Selbstorganisationsinteressen entsprechen und dafür eine individuelle und sozial akzeptable Balance finden. Damit soll das Ziel verfolgt werden, die progressiven Potenziale im gesellschaftlichen und sozialen Wandel zu stärken.

Das Leben darf nicht der Marktlogik untergeordnet werden. Arbeitspolitische Ansatzpunkte und Perspektiven liegen daher in einer Kombination von marktorientierter Flexibilität und sozialer Risikoabsicherung.

Dafür sind abgesicherte Einflussmöglichkeiten des Einzelnen und Mitbestimmungsrechte des Betriebsrates unverzichtbar.

Literatur

IG Metall (2001): Dokumentation der Fachtagung »Arbeiten ohne Ende?« der IG Metall im November 2001 in Göttingen.

IG Metall (2002): Dokumentation der Arbeitszeitpolitischen Konferenz der IG Metall im Oktober 2002 in Mannheim.

Gesterkamp, T. (2002): »gutesleben.de«, Stuttgart.

Gließmann, W, Peters, K. (2001): »Mehr Druck durch mehr Freiheit. Die neue Autonomie in der Arbeit und ihre paradoxen Folgen«, Hamburg 2001.

Sauer, D. (2003): »Die neue Unmittelbarkeit des Marktes – Arbeitspolitik im Dilemma«, ISF München.

Faltblatt zur CD-Rom der IG Metall

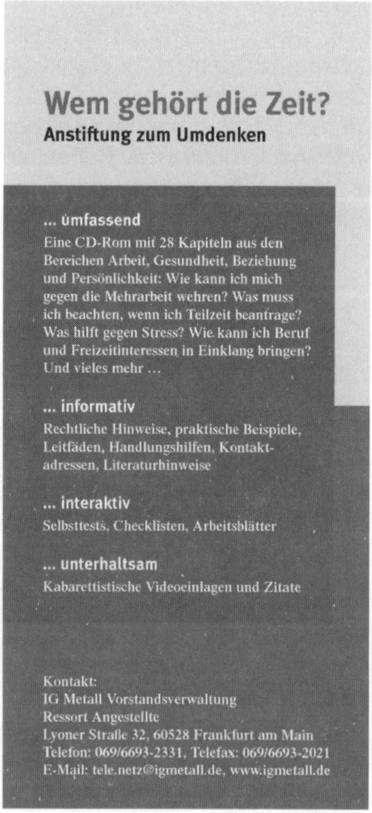

Brigitte Kurzer/Manfred Scherbaum/
Andreas Tiedemann

Gute Arbeit als Querschnittsaufgabe gewerkschaftlicher Bildungsarbeit

Was ist eigentlich »gute Arbeit« und welchen Beitrag kann die zentrale gewerkschaftliche Bildungsarbeit leisten? Zur ersten Annäherung an das Thema wählen wir einige Szenen aus dem Seminaralltag unserer Bildungsarbeit:

Arbeits- und Gesundheitsschützer debattieren über Belastungen und denken darüber nach, durch welche Maßnahmen gesundheitsschädigende Wirkungen von Erwerbsarbeit beseitigt oder zumindest reduziert werden können. Eine ihrer Überlegungen dabei: raus aus dem Leistungslohn! Denn – so ihre Vorstellung – »Akkord ist Mord!«

Drei Plenumsräume weiter diskutieren Mitglieder betrieblicher Lohn- und Gehaltsausschüsse darüber, was überhaupt unter dem Begriff der »Belastungen« zu verstehen sei, der an der einen oder anderen Stelle in Tarifverträgen auftaucht.

In einem Arbeitszeitseminar diskutieren die KollegInnen darüber, dass die Ausdehnung der Arbeitszeiten die notwendige Folge eines zu großen Arbeitspensums sei – wobei für die Debatte um Möglichkeiten der Begrenzung der Leistungsabforderung in diesem Seminar kein Raum ist.

Andererseits diskutieren die Teilnehmenden eines Lohn- und Gehaltsgestaltungsseminars darüber, welchen Handlungsdruck in Sachen Arbeitszeitregelung sie verspüren und wie sich betrieblich Leistungspolitik und Arbeitszeitregelungen miteinander verschränken – und können dabei in ihrem Seminarrahmen das Arbeitszeitthema nicht weiter vertiefen.

Zur weiteren Annäherung werfen wir einen Blick in Betriebe, in denen in Bezug auf die genannten inhaltlichen Themen ein ungeheurer Handlungsdruck herrscht.

So formulieren immer mehr Menschen, dass sie den Leistungs- und Termindruck nicht mehr aushalten. Sie leiden unter einer Verschlechterung des Betriebsklimas als Folge von Arbeitsplatzunsicherheit, Drohungen mit Produktions- bzw. Standortverlagerung, zunehmender Konkurrenz zwischen Abteilungen, Cost-Centern oder gar einzelnen Beschäftigten. Für viele Menschen geht die Flexibilisierung der Arbeitszeiten mit neuen Schwierigkeiten einher, ihr Familien- bzw. Privatleben zu organisieren.

Werfen wir als dritte Perspektive der Annäherung einen Blick in die Organisation IG Metall. Zuerst: Der Arbeits- und Gesundheitsschutz ist häufig ein eher vernachlässigtes Thema innerhalb der betrieblichen Interessenvertretungsarbeit. »Als Arbeits- und Gesundheitsschützer rangierst Du im Betrieb noch hinter der Gleichstellungsbeauftragten« (Schilderung eines leidgeprüften Betroffenen). Außerdem wird das Handlungsfeld Arbeits- und Gesundheitsschutz häufig als Tummelplatz von »ExpertInnen« missverstanden, deren Sach- und Faktenwissen sowie Regelungskompetenz es schon richten werden – um den Preis, dass eine integrative Bearbeitung bestehender Gestaltungsprobleme unterbleibt und die Perspektive der unmittelbar Betroffenen gar nicht zum Tragen kommt. Und schließlich: Arbeits- und Gesundheitsschutz und Gesundheitsförderung wird auch in manchen Verwaltungsstellen und Bezirken als Marginalie behandelt; Hauptamtliche sind oft nur formal zuständig, die Arbeit wird nicht selten überwiegend von ehrenamtlichen KollegInnen getragen.

Die drei Perspektiven der Annäherung stehen ohne Zweifel in einem Verhältnis gegenseitiger Abhängigkeit zueinander: So wirkt die Realität in der Organisation notwendigerweise in die betriebliche Interessenvertretung hinein; der Stellenwert des Arbeits- und Gesundheitsschutzes in der Organisation findet ein Spiegelbild in den Betrieben. Ähnliches gilt für die unzureichend entwickelte Zusammenarbeit zwischen Arbeits- und Gesundheitsschutz und Tarifpolitik.

Logischerweise wirkt auch umgekehrt die betriebliche Realität auf Strukturen und Handeln in der Organisation – dennoch muss gerade dann, wenn es um Orientierung und Weiterentwicklung geht, die Verantwortung der Organisation hervorgehoben werden!

Warum dies alles vorweg ausdrücklich betont werden muss: *Gute Arbeit als Querschnittsaufgabe der gewerkschaftlichen Bildungsarbeit* hat mehrere Dimensionen von Anforderungen gleichzeitig zu bewältigen:

Erstens müssen die inhaltlichen Dimensionen dessen erschlossen werden, was »Gute Arbeit« ausmacht, was ihrer Realisierung entgegensteht, welche Handlungsstrategien und -instrumente anzueignen und anzuwenden sind.

Zweitens muss eine Reflexion der Handlungsbedingungen erfolgen, die innerhalb der betrieblichen Interessenvertretungsstrukturen sowie innerhalb der Organisation IG Metall bestehen. Ziel muss die Entwicklung von tragfähigen Orientierungen und Gestaltungsansätzen für die Verbesserung dieser Bedingungen sein.

Drittens müssen die verschiedenen gewerkschafts- und betriebspolitischen Gestaltungsfelder als Teilaspekte des ganzheitlichen Gestaltungskonzeptes »Gute Arbeit« betrachtet werden. Dies bedeutet, gleichermaßen Realität und Programmatik von gewerkschaftlicher Betriebspolitik, Arbeits- und Gesundheitsschutz sowie Tarifpolitik zu berücksichtigen.[1]

Viertens müssen zumindest ansatzweise die gesellschaftspolitischen Rahmenbedingungen ausgeleuchtet werden, auf deren Grundlage »Gute Arbeit« als gesellschafts- und betriebspolitisches Gestaltungskonzept etabliert und durchgesetzt werden soll.

Fünftens müssen Überlegungen dahingehend angestellt werden, wie die Bildungsarbeit weiterentwickelt werden muss, damit sie den Anforderungen gerecht werden kann, die aus den vorgenannten Punkten resultieren.

Realitäten von Beschäftigten

Der vielbeschworene technische Wandel, »fortschrittliche« Varianten von Arbeitsorganisation, neue »Kulturen« des betrieblichen Umgangs miteinander und vielfältige »soziale Reformen« haben für viele Menschen weder zur Humanisierung ihrer Arbeit noch zur Verbesserung ihrer Lebensbedingungen geführt. Wachsender Wettbewerbsdruck, Massenarbeitslosigkeit, Zunahme von prekären Arbeitsverhältnissen, Arbeiten ohne Ende, ständige Leistungsverdichtung und vieles andere stellt für immer mehr Menschen ein akutes Problem dar.

Wichtige Triebkräfte hinter diesen Trends sind die viel beschworene »Globalisierung«[2] und das Shareholder-value-Prinzip, dem sich die Unternehmen und viele Betriebsräte in zunehmendem Maße meinen unterordnen zu müssen. Die Ökonomie der kurzen Fristen trägt eine neue Maßlosigkeit in die Unternehmen hinein, mit all den negativen Folgen für die Arbeitsbedingungen. Der Marktdruck wird direkt auf die Beschäftigten abgeladen.[3] Sie werden zunehmend nur noch als Kostenfaktoren

[1] Selbstverständlich kann dies keine abschließende Aufzählung von Gestaltungsfeldern sein: So gehört zu einem Begriff von »guter Arbeit« z.B. auch Diskriminierungsfreiheit (sei es im Zusammenhang der Geschlechterfrage, des Verhältnisses Deutsche-Nichtdeutsche oder des Verhältnisses jung-alt usw.). Nicht übersehen werden darf freilich, daß die verschiedenen Gestaltungsfelder unterschiedlich wirksame Handlungs- und Durchsetzungsinstrumente aufweisen.

[2] Dies ist nicht die Stelle für eine kritische Reflexion des »Globalisierungs-Diskurses. So viel freilich sei an dieser Stelle angemerkt: Sowohl *reale* als auch lediglich *behauptete* Bedrohungen infolge der »Globalisierung« hinterlassen in Wahrnehmung, Denken, Empfindungen und Handeln der Menschen z.T. nachhaltige Spuren!

[3] Vgl. Ehlscheid, Christoph/Mathes, Horst/Scherbaum, Manfred (Hrsg.): »Das regelt schon der Markt!«, Hamburg 2001

kalkuliert, deren körperliche, intellektuelle und emotionale Ressourcen weit über ein gesundes Maß hinaus beansprucht werden.

Die Kombination all dieser Einflussfaktoren und Triebkräfte stellt mitunter für den einzelnen Menschen eine Widersprüchlichkeit von Anforderungen und Notwendigkeiten dar, denen häufig nicht mehr in ausreichendem Maß Rechnung getragen werden kann: Einerseits haben sie die Anforderungen »des Marktes« zu realisieren – unabhängig davon, ob dessen »Signale« unmittelbar oder z.B. auf dem Weg über Vorgesetzte deutlich werden.

Andererseits werden an sie im beruflichen wie im privaten Umfeld emotionale und soziale Ansprüche gestellt – auf Hilfestellung, kollegialen oder freundschaftlichen Umgang, Anerkennung, Zuwendung usw. –, die auch Zeit, Kraft und nicht zuletzt ein Mindestmaß an eigener innerer Ruhe erfordern. Vielen zeigt die eigene Physis und Psyche mehr oder minder deutlich auf, dass die eigene Leistungsfähigkeit durchaus ihre Grenzen hat. Beispiele von Überforderung kennt praktisch jeder aus dem eigenen Umfeld. Nicht zuletzt aber leben und arbeiten die Menschen in einer Gesellschaft, für die Konkurrenz eines der wichtigsten Funktionsprinzipien ist – mit den Folgen, dass u.a. eigene Leistungsgrenzen am besten vertuscht werden, weil es in vielen gesellschaftlichen Zusammenhängen als »cool« gilt, gesund, belastungsfähig und immer »gut drauf« zu sein.

Diese Widersprüchlichkeit von Anforderungen führt bei vielen auch zu der Erkenntnis, dass kurzfristige und langfristige Erfordernisse und Bedürfnisse gegeneinander stehen und dass heutige »Sünden« langfristig gesundheitliche Folgeschäden nach sich ziehen!

Allerdings darf nicht übersehen werden, dass die Auswirkungen der betrieblichen und gesellschaftlichen Entwicklungsprozesse auf die Beschäftigten durchaus ambivalent sind und dass sich folglich Widersprüche und Ungleichzeitigkeiten jeweils spezifisch abbilden. So steigen Zeitsouveränität, Verantwortung, Selbständigkeit und Selbstorganisation bei der Arbeit und damit auch die Zufriedenheit der Beschäftigten – dies allerdings nur bei einem relativ geringen Teil der Beschäftigten (auch wenn in der veröffentlichten Meinung ein anderer Eindruck erzeugt werden soll). Für die Mehrheit der Beschäftigten nehmen auf der anderen Seite Leistungsdruck und Gesundheitsgefährdungen zu. Physische Belastungen verlieren nicht an Bedeutung, obwohl dies durch technologische Entwicklungen möglich wäre, und die psychischen Belastungen steigen rapide an.

Wie es dazu gekommen ist

Eine politische Initiative für eine »neue Qualität der Arbeit« hat nicht allein in den Blick zu nehmen, wie die Menschen ihre Erwerbstätigkeit mit allen ihren Anforderungen und Widersprüchen wahrnehmen und verarbeiten. Vielmehr braucht sie als weiteren Bezugspunkt ebenfalls einen Blick auf die wichtigsten einschlägig bedeutsamen Entwicklungslinien von Verteilungspolitik, Arbeits- und Arbeitszeitgestaltung, Entgelt- und Leistungspolitik sowie Gesundheitspolitik:

Die wirtschaftspolitischen Verteilungsspielräume der 1990er Jahre konnten nicht zugunsten der Beschäftigten genutzt werden; trotz »erfolgreicher« Tarifbewegungen stagniert die Massenkaufkraft. Eingriffe in tarifvertragliche Rechte sind an der Tagesordnung – nicht nur zur »Beschäftigungssicherung«.

Gleichzeitig wurden Arbeit und Leistung flexibilisiert. In der Sichtweise des Managements dominiert zunehmend eine Orientierung an kostenbezogenen oder betriebswirtschaftlichen Steuerungsgrößen. Kam es früher auf das konkrete Mengen- oder Qualitätsergebnis an, spielen jetzt die Unwägbarkeiten des Marktes und vom Management gesetzte Erfolgsmargen eine entscheidende Rolle. Deshalb wollen die Geschäftsleitungen die Grenzen zwischen leistungs- und erfolgsabhängigen Entgelten lieber heute als morgen aufgehoben sehen.

Umfang, Lage und Verteilung der Arbeitszeiten werden zunehmend flexibilisiert. Selbst wenn dies teilweise den Bedürfnissen von Beschäftigten entgegenzukommen schien, wurden manche Regelungen als tarif- oder betriebspolitische Zumutung empfunden. Die Belastbarkeit und der Lebensrhythmus des Einzelnen und der Familien werden tendenziell den Interessen der Betriebe und den Rhythmen ihrer Abläufe untergeordnet. Dies alles ist nicht nur arbeitsmarktpolitisch verheerend, auch gesundheitspolitisch ist es Sprengstoff, der nicht ohne Folgen bleiben kann.[4]

Die vielfältigen Ansatzpunkte des Arbeitsschutzgesetzes von 1996 zur Humanisierung der Arbeit wurden trotz einiger vielversprechender Ansätze in der Mehrheit der Betriebe auch sieben Jahre nach Verabschiedung des Gesetzes nicht oder nur unzureichend umgesetzt. Weder wurde eine ganzheitliche Erfassung und Bewertung aller Belastungen und Gesundheitsrisiken unter Einbeziehung psychischer Belastungsfaktoren vorgenommen, noch wurden angemessene Maßnahmen zum präventiven Belastungsabbau entwickelt.

---

[4] Vgl. hierzu den Beitrag von Andrea Fergen in diesem Band, S. 106ff.

Diese Auflistung signalisiert zugleich, dass der Umfang und die Komplexität der Schutz- und Gestaltungsanforderungen an die Betriebsräte immer schneller anwachsen. Ihre Aufgaben sind in vielen Fällen bereits so vielfältig, dass zusätzliche Gestaltungsanstrengungen für »gute Arbeit« nur dann eine gute Chance haben werden, wenn sie durch die Verbindung mit anderen betriebspolitischen Handlungsfeldern nicht als zusätzliche Belastung erscheinen, sondern »integrierte Lösungsansätze« für viele gleichzeitig bearbeitete Felder bieten können.

Aktuelle gewerkschaftspolitische Programmatik ...

Es wurde bereits darauf hingewiesen, wie unterschiedlich innerhalb der IG Metall die Perspektiven auf »gute Arbeit« ausgeprägt sind. Wenn hier nun »gute Arbeit« als Querschnittsaufgabe gewerkschaftlicher Bildungsarbeit thematisiert wird, so rücken damit notwendigerweise mehrere gewerkschaftliche Handlungsfelder und die Notwendigkeit ihrer Verschränkung miteinander ins Blickfeld:

Eine »klassische« Zuständigkeits-Zuschreibung wird dabei zunächst auf den Arbeits- und Gesundheitsschutz abheben. Aus dieser Perspektive wäre die Verbindung des neuen Konzeptes »Gute Arbeit« mit der Utopie des »alten« Gesundheitsbegriff der Weltgesundheitsorganisation anzustreben. Gesundheit in diesem Sinne verstanden als *vollständiges körperliches, geistiges und soziales Wohlbefinden* setzt die Einsicht in die Notwendigkeit einer menschengerechten Gestaltung von Arbeit und Technik geradezu voraus. Die Umsetzung des Arbeitsschutzgesetzes mit seinem präventiven, ganzheitlichen und beteiligungsorientierten Verständnis des Arbeits- und Gesundheitsschutzes bietet dafür die konkretesten und durchsetzbarsten betriebspolitischen Möglichkeiten.

Die zweite »klassisch« zuständige Disziplin ist die Tarifpolitik. Aus deren Blickwinkel wäre »gute Arbeit« zu denken und anzustreben »als solche Arbeit, die den Menschen als das zentrale Subjekt betrieblicher Alltagsgestaltung betrachtet, seine Bedürfnisse ernst nimmt und die Nachhaltigkeit seiner Leistungsfähigkeit in den Mittelpunkt dieser Alltagsgestaltung stellt. Zugleich muss eine solche Vorstellung zentrale Widersprüche der Shareholder value-Ökonomie, der Globalisierungsideologie und der zunehmenden Vermarktlichung des Einzelnen im Wirtschaftprozess aufgreifen.«[5]

---

[5] Schild, Armin: Von der Standortsicherung zur »guten Arbeit«. Fünf Anmerkungen zur Tarifpolitik der IG Metall, in: Ehlscheid, C./Mathes, H./Scherbaum, M. (Hrsg): »Das regelt schon der Markt!«, Hamburg 2001, S. 159

Praktische Ansatzpunkte wären dabei das Projekt gemeinsamer Entgeltrahmen-Tarifvertrag sowie die Arbeitszeitgestaltung.

Als »Dritter im Bunde« wäre die gewerkschaftliche Betriebspolitik zu nennen. Diese wird in den kommenden Jahren durch den ERA-Prozess nachhaltig geprägt werden und notwendigerweise eine starke arbeitspolitische Akzentuierung erfahren. In diesem Zusammenhang müssen die Fragen der beruflichen Aus- und Weiterbildung, Arbeitsorganisation und Technikgestaltung für die inhaltliche Gestalt »guter Arbeit« aufgegriffen werden. Darüber hinaus muss die Gestaltung prekärer Arbeitsverhältnisse organisations- und betriebspolitische Bedeutung gewinnen.

Der Bereich der gewerkschaftlichen Bildungspolitik kann im Hinblick auf die bildungspolitische Unterstützung für »gute Arbeit« vielfältige Anknüpfungspunkte in der Seminartätigkeit ausweisen. Dabei gilt der generelle Anspruch, »Alltagshandeln und sozialen Kontext in Beziehung [zu] setzen«[6] und intensiv an der Vermittlung der *objektiven* sowie der *subjektiven* Seite der Verhältnisse zu arbeiten, denn: »Gewerkschaftliche Bildungsarbeit nimmt die Teilnehmenden mit ihren subjektiven Wünschen, Interessen, Voraussetzungen, Ängsten und Zweifeln ernst.«[7]

... und was daraus folgt bzw. folgen kann

»Werktage müssen besser werden«, war ein Motto qualitativer Tarifpolitik in den 1970er und 1980er Jahren, bei der es um eine Humanisierung der Arbeit ging, allerdings mit großen Hoffnungen auf Technikgestaltung. Heute versuchen wir unter dem Leitbild »gute Arbeit« die ganzheitliche, beteiligungsorientierte Gestaltung menschengerechter Arbeit aufzuzeigen und die Definitionsmacht über gute Lebens- und Arbeitsbedingungen neu zu gewinnen.

Dazu wird es auch nötig sein, eine solidarische Gestaltung der Sozialsysteme einzufordern und sie mit betrieblichen Gestaltungsoptionen gegen die dauernde Überforderung durch die Arbeit zu verbinden. Gestaltungsmöglichkeiten des Arbeits- und Gesundheitsschutzes müssen mehr als in der Vergangenheit aktiv mit den tarif- und betriebspolitischen Ansätzen der Arbeitszeit-, Leistungs-, Qualifizierungs- und der Beschäftigungspolitik verknüpft werden. Nur durch eine so umfassende integra-

[6] Röder, Wolf-Jürgen: Zwischen Effizienz und Utopie – gewerkschaftliche Bildungsarbeit vor neuen Herausforderungen, in: ders./Dörre, Klaus: Lernchancen und Marktzwänge: Bildungsarbeit im flexiblen Kapitalismus, Münster 2002, S. 12

[7] a.a.O., S. 17

tive Verbindung von Handlungsfeldern kann das Leitbild »neue Qualität der Arbeit« kampagnen- und zukunftsfähig gestaltet werden.[8]

Anforderungen an die Bildungsarbeit

Bildungsarbeit, die einen Beitrag zur Klärung und Verbreitung des Themas »gute Arbeit« leisten soll, muss in sachlich-fachlicher Hinsicht »auf der Höhe der Zeit« sein. Sie muss auch in der Lage sein, die Handlungsbedingungen in Betrieb und Organisation zu reflektieren und daraus Handlungsorientierungen zu entwickeln.

An dieser Stelle soll daher vorrangig problematisiert werden, welche Anforderungen aus der Notwendigkeit resultieren, die *subjektive* Seite der Verhältnisse angemessen zu berücksichtigen und »die Teilnehmenden mit ihren subjektiven Wünschen, Interessen, Voraussetzungen, Ängsten und Zweifeln«[9] ernst zu nehmen.

Im Rahmen einer wissenschaftlichen Untersuchung im Auftrag der Otto-Brenner-Stiftung haben Bergmann/Bürckmann/Dabrowski im Frühjahr 2000 im IG Metall-Bildungszentrum Sprockhövel knapp 40 Vertrauensleute und Betriebsräte in zeitaufwendigen Interviews zum Themenkomplex *Krisenwahrnehmung*, *Krisenerfahrungen* und *Schlussfolgerungen* daraus befragt.[10] Die Befragung sollte ausdrücklich in die Tiefe gehen und *qualitative* Erkenntnisse liefern.

- Der Studie zufolge stellen Krise, Massenarbeitslosigkeit, Standortkonkurrenz und Erpressungsdruck, Globalisierung und Internationalisierung heute prägende Elemente des Alltagsbewusstseins dar. Sie kennzeichnen für die meisten der Befragten eine Normalität, zu der es keine Alternativen bzw. aus der es kein Entrinnen gibt.
- Im Kampf um die Köpfe sind Spuren festzustellen: Während Medien und Politik in dieser Hinsicht unbestreitbare »Erfolge« zu verzeichnen haben, ist es um die Deutungsmacht und orientierende Kraft der Gewerkschaften eher bescheiden bestellt.
- In diesem Zusammenhang muss ein Befund besonders nachdenklich machen: Die meisten der Befragten offenbaren einen Blick auf die Verhältnisse, der sehr stark dem eigenen Handlungsbereich und den dort

---

[8] Diese integrative Verbindung von Handlungsfeldern wird in diesem Band an mehreren Themen aufgezeigt.

[9] Röder, Wolf-Jürgen: Zwischen Effizienz und Utopie – gewerkschaftliche Bildungsarbeit vor neuen Herausforderungen, in: ders./Dörre, Klaus: Lernchancen und Marktzwänge: Bildungsarbeit im flexiblen Kapitalismus, Münster 2002, S. 17

[10] Bergmann, J./Bürckmann, E./Dabrowski, H.: Krisen und Krisenerfahrungen, Hrsg. Otto Brenner Stiftung, Arbeitsheft 25, Berlin, März 2002

gemachten Erfahrungen verhaftet bleibt. Der vielzitierte »Blick über den Tellerrand«, das oftmals zwingend notwendige Einnehmen auch anderer Perspektiven (gerade im Zusammenhang mit Standortkonkurrenz) oder ein Verständnis der Gesellschaft als Ganzes und ihrer Wirkungsmechanismen erscheint demgegenüber als deutlich unterentwickelt.

- Der Blick auf die eigenen KollegInnen und ihre Handlungsbereitschaft leidet häufig genauso unter mangelnder Differenzierung wie der Blick auf das eigene Handeln.
- Viele der Befragten vermitteln den Eindruck, sie seien in den Interviews mit einigen zentralen Fragen für gewerkschaftliche und betriebliche Strategiebildung überhaupt erstmalig konfrontiert worden.
- Die Wahrnehmung des betrieblichen und gewerkschaftlichen Handelns verdichtet sich in den meisten Fällen zu einer eher defensiven, reaktiven und pessimistischen Grundhaltung und Herangehensweise, bei der positiv besetzte Zielvorstellungen und die Entwicklung eigener vorwärts gerichteter Handlungsstrategien fehlen.
- In der Konsequenz steht dies alles auch für ein Einrichten in den Verhältnissen – Verhältnissen, die durch Standortkonkurrenz, zunehmende Segmentierung der Beschäftigten-Strukturen und zunehmende Unverträglichkeit von Arbeits- und Lebensweise in sozialer, biologischer oder ökologischer Hinsicht geprägt sind und die nicht zuletzt politische Risiken in Form von Apathie oder Rechtsentwicklung in sich tragen.[11]

Eine Bildungsarbeit, die Handlungs*fähigkeit* und Handlungs*bereitschaft* fördern will, wird folglich einen ganzen Berg von Blockaden überwinden müssen – und dabei eine Hürde von ganz zentraler Bedeutung nehmen müssen: die der *Glaubwürdigkeit*.

Was in der Bildungsarbeit bislang geschieht

In der heutigen Bildungsarbeit werden in vielfältiger Art und Weise Bezüge zur »Guten Arbeit« hergestellt und dessen Leitbild sowie dessen Implikationen zum Gegenstand der Auseinandersetzung gemacht. Die Schnittstellen zwischen Gesundheitsschutz, Tarif- und Betriebspolitik werden in den verschiedenen Seminaren thematisiert und bearbeitet. Ziel ist es immer, die Berührungspunkte zwischen verschiedenen Handlungsfeldern und deren gegenseitige Gestaltbarkeit zu sehen, eine ganzheitliche Betrachtungsweise an den Tag zu legen und zur Genauigkeit des Blicks beizutragen:

---

[11] Vgl. Brigitte Kurzer/Manfred Scherbaum/Andreas Tiedemann, Krise, Krisenerfahrungen und Bildungsarbeit in der IG Metall, Sozialismus, Juni 2002, S. 28ff.

■ In politisch grundlagenbildenden Seminaren wird darüber diskutiert, wie die Erfahrungen von Leistungsverdichtung, Arbeitsplatzverlustängsten und zunehmendem Termindruck zu bewerten sind und was man dagegen tun kann – ohne allerdings vertiefend am einschlägigen »Handwerkszeug« arbeiten zu können.

■ In Betriebsräte-Seminaren wird problematisiert, warum heute Betriebsräte mitunter in ihren Gremien in die Minderheit geraten, wenn sie in betrieblichen Reorganisationsprozessen die Mindestnormen der Arbeitsgesetzgebung und Tarifverträge einhalten wollen. Wenn wir in solchen Zusammenhängen die arbeitsrechtlichen Instrumente zur Sicherung, aber auch strategische beteiligungsorientierte Ansätze zur Durchsetzung betrachten, bemühen wir uns um ein Verständnis davon, dass qualitativ gute Arbeit mit individuellen Freiheiten nur auf der Grundlage von kollektiven Regelungen entwickelt werden kann.

■ Die Möglichkeiten und Grenzen der Mitbestimmung durch den Betriebsrat und der Reklamationsrechte der Beschäftigten im Leistungslohn werden in tarifpolitischen Seminaren dem Zeitlohn und Gehalt gegenübergestellt. Auch die Verdichtung der Arbeit bei Zeitlohn/Gehalt wird kritisch problematisiert – wobei diese Auseinandersetzung durchaus eine Vertiefung im Hinblick auf die gesundheitlichen Auswirkungen von Überlastung vertragen könnte.

■ Im Zusammenhang mit dem Thema Belastung (als Eingruppierungsmerkmal oder als Voraussetzung für die Gewährung einer Belastungszulage) geht es in Seminaren darum, dass Gesundheit keine Ware ist – und somit auch nicht marktgängig. Aber auch hier gilt: Eine weitergehende und vertiefende Integration des Blickwinkels der Arbeits- und GesundheitsschützerInnen könnte der Debatte der Tarif»klempnerInnen« nicht schaden!

■ In Arbeits- und Gesundheitsschutzseminaren wollen wir Grundlagen dafür schaffen, einen ganzheitlichen Blick auf den Menschen zu entwickeln. Hierfür bemühen wir uns um den sinnvollen und notwendigen Blick der Technikgestaltung, der Unfallverhütung, der Verhinderung von Berufskrankheiten, der Gesundheitsförderung und der Beachtung von psychischen Belastungen. Dabei hat das Thema *psychische Belastungen* derzeit zwar einerseits Konjunktur, benötigt aber andererseits einen besonders sensiblen Umgang.

■ Mit dem noch neuen Seminartyp »Arbeit(en) ohne Ende« nähern wir uns der Gestaltung von »Guter Arbeit« aus den Perspektiven des Gesundheitsschutzes und der Tarifpolitik. Der zeitliche Rahmen von einer Woche lässt dabei nur eine weitgehende Sensibilisierung für Zusammenhänge, eine kritische Reflexion des eigenen Handelns sowie einen Überblick darauf zu, wo geeignete Handlungsinstrumente zu finden wären – nicht aber eine intensivere Befassung mit den Instrumenten selbst.

■ Das neue Seminarangebot »Runter mit dem Dauerstress« stellt eine Annäherung an den Gegenstand »Gute Arbeit« aus der Perspektive arbeitsbedingter psychischer Fehlbelastungen dar. Dies Seminar nimmt den Strukturwandel des Belastungsprofils zum Anlass für die Entwicklung eines ganzheitlichen Gesundheitsbegriffes. Die starke Zunahme neuer Belastungen mit psychischen Beanspruchungen wie Zeit- und Termindruck, hohes Arbeitstempo, ungünstige Arbeitszeiten und soziale Konflikte, die das Betriebsklima prägen, wird problematisiert, Analyse- und erste Gestaltungsmöglichkeiten werden vorgestellt.

Weiterentwicklung der Bildungsarbeit

Derzeit wird in der IG Metall eine Debatte über die »Weiterentwicklung der gewerkschaftlichen Bildungsarbeit« geführt. In verschiedenen Teilprojekten wird an strukturellen und inhaltlichen Veränderungen (»Modularisierung«) des bestehenden Bildungsangebotes gearbeitet. Das Thema »Gute Arbeit« bietet sich dafür als eines der Schlüsselthemen an, um das herum eine thematische Neustrukturierung erfolgen müsste.

Im Rahmen eines dieser Teilprojekte wurde bereits eine Qualifikationsreihe für neugewählte Betriebsratsmitglieder konzipiert. In einem einwöchigen »Arbeitspolitik-Modul« soll ausgehend von betriebspolitischen Problemstellungen versucht werden, die Schnittstellen zu den verschiedenen Gestaltungsfeldern zu analysieren, die Arbeitsstrukturen der Interessenvertretung zu hinterfragen und die unterschiedlichen Professionen zu einem möglichst ganzheitlichen Handlungsansatz zu bündeln.

Dies ist ein sinnvoller Einstieg, der für die Entwicklung eines ganzheitlichen arbeitspolitischen Blicks für das Thema »Gute Arbeit« bedeutsam sein könnte. In weiterführenden Seminaren müsste dieser Ansatz vertieft werden. Wie diese Vertiefungsmöglichkeiten ausgestaltet werden könnten und sollten, ist derzeit Gegenstand von Diskussionen:

■ So sind einerseits Grundansätze der »Modularisierung« durchaus noch heftig umstritten – soll doch z.B. generell ohne inhaltliche Prüfung und Gewichtung die Seminardauer von zwei auf eine Woche reduziert werden und durch den weitgehenden Verzicht auf eine Stufung zwischen verschiedenen Bildungsangeboten den TeilnehmerInnen selbst überlassen werden, welche Angebote sie in welcher Reihenfolge besuchen.[12]

---

[12] Die Kritiker reden dabei nicht einer »Bevormundung« der Teilnehmenden das Wort. Vielmehr befürchten sie, dass häufig TeilnehmerInnen ohne die notwendigen Vorkenntnisse zu den Seminaren anreisen und ein unlösbarer Konflikt zwischen den

■ Andererseits erfordert jegliche Neustrukturierung eines Bildungsangebots Entscheidungen über Ziele, Inhalte, Tiefe und Priorisierung der verschiedenen Angebote sowie über die Kapazitäten, die dafür zur Verfügung gestellt werden.

■ Und nicht zuletzt geht es auch um ökonomische Fragen. Von großer Bedeutung ist, welchen Teilnehmerinnen vorrangig Zugang gewährt wird,[13] *wer* für die Durchführung der verschiedenen Bildungsangebote zuständig ist[14] und durch welche »Veranstaltungen« die IG Metall-eigenen Bildungskapazitäten auslastet werden.

Wir sind selber Beteiligte dieser Arbeits- und Auseinandersetzungsprozesse und formulieren daher an dieser Stelle einige Gedanken, von denen wir uns dabei leiten lassen:

■ Um Schnittstellen zu bearbeiten und um Zusammenhänge zu entwickeln, brauchen Menschen Zeit – Zeit, um Informationen zu verarbeiten, Erfahrungen auszutauschen, die Betriebs- und Organisationspolitik zu hinterfragen, Gemeinsamkeiten und Unterschiede zu diskutieren und Handlungsmöglichkeiten zu entwickeln.

■ Die Bildungsarbeit braucht folglich hinreichend Zeit und Raum, soll sie Nachdenklichkeit initiieren bzw. fördern und Aktionen, Kämpfe, Auseinandersetzungen und Kampagnen begleiten.

■ Bildungsarbeit muss Zusammenhänge stiften zwischen Gesundheitsschutz, Tarifpolitik und Betriebspolitik. Sie muss dies in ihren Veranstaltungen leisten und darf dies keinesfalls allein den individuellen Anstrengungen der einzelnen KollegInnen überlassen.

■ Bildungsarbeit muss »Gute Arbeit« als betriebspolitisches Thema in den Kontext des staatlichen Handelns und der gesellschaftlichen Rahmenbedingungen stellen. Denn die aktuellen Entwicklungen gehen auf den verschiedenen Handlungs- und Regelungsebenen zu Lasten der abhängig Beschäftigten und erfordern eigene Gestaltungsideen und aktives Gegensteuern. Eine Vernachlässigung einer dieser Handlungs- und Regelungsebenen bzw. unzureichende Handlungsorientierungen

---

Notwendigkeiten der Vermittlung von Grundlagenkenntnissen, weitergehenden vertiefenden Kenntnissen sowie gewerkschaftspolitischer Auseinandersetzung entsteht.

[13] Bisher sind drei Zugänge bedeutsam. Betriebsratsmitgliedern wird ein großer Teil der Kosten – Lohn-, Seminar- und Fahrkosten – auf der Grundlage von § 37(6) BetrVG durch die Arbeitgeber erstattet. Andere nutzen die Möglichkeiten des »Bildungsurlaubs«, die Seminar- und Fahrkosten werden durch die IG Metall übernommen. Der Zugang über »unbezahlte Freistellung« von Vertrauensleuten und interessierten Mitgliedern ist für die IG Metall die teuerste Form, da sie Lohn-, Seminar- und Fahrkosten bezahlt.

[14] Möglich wären regionale oder zentrale Angebote, aber auch die Verschiebung zu anderen, der IG Metall nahestehenden Trägern.

würden erfahrungsgemäß aus der Sicht vieler TeilnehmerInnen als inkonsequente Positionsbestimmung wahrgenommen und das Glaubwürdigkeitsproblem eher noch verschärfen.

■ Das Ringen um fachliche Qualifizierung in den verschiedenen Handlungsfeldern sowie die Entwicklung von Handlungskompetenz mit ihren vielfältigen Bezügen dürfen nicht dazu führen, dass die Auseinandersetzung um die *subjektive* Seite der Verhältnisse, die kritische Reflexion von eigenem betrieblichen Handeln oder Handeln der Organisation IG Metall in den Seminaren an den Rand gedrängt werden oder in einzelne dafür speziell ausgeschriebene Bildungsangebote »verlagert« werden. Mitunter ist für Handlungs*fähigkeit* und Handlungs*bereitschaft* die kritische Reflexion bisheriger Handlungspraxis und der dahinter liegenden Motive wichtiger als die Aneignung eines weiteren »Werkzeugs«. Dies gilt es bei der inhaltlich-konzeptionellen Ausgestaltung künftiger Bildungsangebote zu berücksichtigen.

Wir haben im Rahmen dieses Beitrages mehrfach darauf hingewiesen, dass verschiedene Handlungsfelder miteinander verschränkt werden müssen, soll »Gute Arbeit« als reale Handlungs- und Zielperspektive mit Aussicht auf Erfolge angegangen werden. Bildungsarbeit, die hierzu einen Beitrag leisten will, wird dabei der Praxis innerhalb der Organisation und des Organisationsbereichs der IG Metall durchaus ein Stück vorangehen können. Sie wird dies allerdings nicht beliebig weit tun können, will sie glaubwürdig sein und bleiben. Nur wenn der Arbeits- und Gesundheitsschutz in Verwaltungsstellen und Bezirken nicht mehr als Marginalie behandelt, und in den Betrieben mit anderen wichtigen Fragen wie Personal, Entlohnung, Arbeitszeit usw. verbunden wird, kann eine Kampagne für »Gute Arbeit« in der Mitgliedschaft Ausstrahlungs-, Mobilisierungs- und Bindungskraft entwickeln.

Nicht zuletzt aber wird es auch darauf ankommen, inwiefern es der IG Metall in der betrieblichen, in der internen und in der öffentlichen Debatte gelingt, die Ansprüche der Menschen auf »Gute Arbeit«, auf angemessene Arbeits- und Lebensbedingungen zu etablieren und sich gegen den Druck neoliberaler Denkmuster und »Shareholder value«-Orientierung zu behaupten.

Wolfgang Rhode/Bert Römer
Neue Qualität der Büroarbeit

18 Millionen Menschen verbringen den Arbeitsalltag im Büro. Verwaltungs- und Büroberufe weisen einen Zuwachs an Beschäftigten auf. Die Tätigkeiten sind zunehmend geprägt von Verarbeitung von Informationen und Wissen und forciertem Einsatz moderner IuK-Techniken.

Büroarbeit heute ist prototypisch für den Strukturwandel der Erwerbsarbeit. Informations-, Wissens- und Dienstleistungsarbeit ersetzen herkömmliche Formen der Industriearbeit und stellen auch für die Organisationspolitik der IG Metall eine Herausforderung dar.

Büroarbeit – kein belastungsfreier Raum

Im Vordergrund stehen Beschwerden wie etwa im Rücken-, Nacken- und Schulterbereich. Hinzu kommen Entzündungen im Handgelenk (RSI), Augenbeschwerden, Kopfschmerzen, psychische Beeinträchtigungen, Stress und Mobbing als Form gestörter sozialer Beziehungen bis hin zu Langfristfolgen wie das Symptom burn out. Belastungen abzubauen und Gesundheit und Wohlbefinden zu fördern, bleibt auch für die moderne Büroarbeit auf der Tagesordnung und ist längst keine Selbstverständlichkeit.

Jeder dritte Bildschirmarbeitsplatz entspricht nicht den gesetzlichen Mindestanforderungen. Zu diesem Ergebnis kommt eine Studie des »Deutschen Büromöbel Forums«. Rund sechs Millionen Bildschirmarbeitsplätze (von insgesamt 18 Mio.) entsprechen nicht den Anforderungen des Gesetzgebers. Erhebungen über die Umsetzung des seit 1996 geltenden Arbeitsschutzrechts, z.B. zu Gefährdungsbeurteilungen, bestätigen diese Defizite. Die Zahl der Betriebe, die vorbildliche, z.B. ergonomische oder arbeitsorganisatorische Veränderungen vorgenommen haben, ist auch nach sechs Jahren Umsetzungsfrist nicht befriedigend.

Zur Ermittlung des weiteren Handlungsbedarfs für die Gestaltung der Büroarbeit führte die IG Metall gemeinsam mit dem BSO-Fachverband der Büromöbelwirtschaft im September 2002 im Ökohaus Frankfurt a.M. einen Workshop durch. Die Teilnehmer waren im Wesentlichen Betriebspraktiker der Büromöbelindustrie. Im Rahmen dieses Workshops stellte die Bundesanstalt für Arbeitsschutz und Arbeitsmedizin (BAuA) ihre Erkenntnisse zu den Handlungserfordernissen für die Büroarbeitsgestal-

Abb. 1: Hauptprobleme: Stress und mangelnde Ergonomie

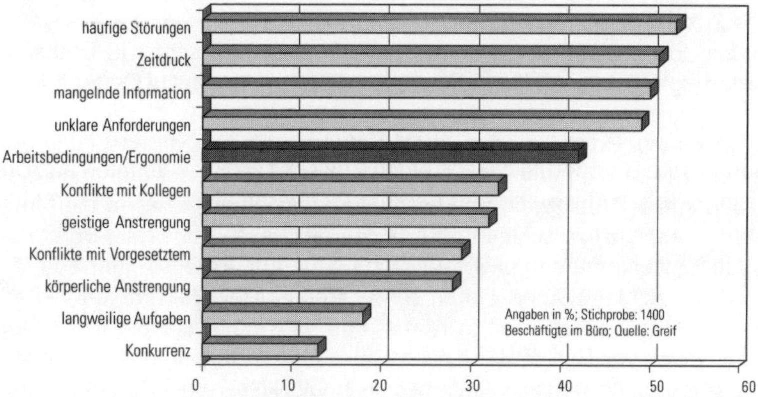

(Bundesanstalt für Arbeitsschutz und Arbeitsmedizin, Sicherheit und Gesundheit bei Produkten und Verfahren: Ergonomie (Gruppe 2.5)

tung vor. Die BAuA sieht erheblichen Handlungsbedarf aufgrund der ermittelten Schwerpunktbelastungen und Gefährdungen in den Bereichen Stress und mangelnde Ergonomie bei der Arbeitsplatzgestaltung. Neben häufigen Störungen, ständigem Zeitdruck, mangelnder Information und unklaren Arbeitsanforderungen werden besonders häufig mangelnde ergonomische Arbeitsplatzausstattungen bei Beschäftigtenbefragungen als Probleme genannt. (Siehe Abbildung 1)

Die IG Metall ergreift die Initiative

Vor diesem Hintergrund sieht die IG Metall dringenden Handlungsbedarf und sucht nach neuen Wegen und Bündnispartnern. Gemeinsam mit dem Deutschen Büromöbelforum, dem Fachverband der Büromöbelwirtschaft (BSO) und der Bundesarbeitsgemeinschaft für Sicherheit und Gesundheit bei der Arbeit (BASI) wurde 2002 im Rahmen der internationalen Büromöbelmesse ORGATEC der Startschuss zu einer Initiative »Neue Qualität der Büroarbeit« gegeben. Was sind die Beweggründe?

Erstens: Die IG Metall vertritt die Arbeitnehmer, die die so genannte »Hardware« für die Büros herstellen, vom Raumteiler über die Schränke, die Arbeitstische, die Stühle, die Beleuchtung, die Klimatechnik, die Akustik bis zum Computer. Die Beschäftigten dieser Betriebe sind an innovativen, funktionalen, qualitativ hochwertigen Produkten und Dienstleistungen interessiert, weil sie wissen, dass damit ihre Arbeitsplätze für die Zukunft gesichert werden.

Die Entwicklung der Branche der Büromöbelwirtschaft in Deutschland zeigt: Nicht mit Billigprodukten sind Unternehmen auf Dauer erfolgreich, sondern nur mit Qualität.

Zweitens: Produkte und Dienstleistungen für Büroarbeitsplätze auf einem hohen Niveau leisten einen wichtigen Beitrag zur humanen Gestaltung der Arbeitswelt. Schlechte Büroausstattung belastet die Menschen und führt zu schlechten Arbeitsergebnissen. Eine gute Büroausstattung ist eine wichtige Voraussetzung für gute Arbeitsergebnisse.

Drittens: Mehr als ein Drittel der IG Metall-Mitglieder arbeitet mittlerweile ganz oder teilweise in Büros, und es werden ständig mehr. Der Stellenwert von Bürotätigkeit nimmt auch für eine Industriegewerkschaft erheblich zu. Außerdem verschmelzen Inhalte klassischer Büroarbeit und Dienstleistungstätigkeiten mit der gewerblich-technischen Arbeit.

Gestaltungsziele für die Arbeitswelt im Büro

Humane Arbeitsbedingungen sind auch in modernen Büros längst nicht realisiert. Die Arbeitsbelastung im Bürobereich ist nach Einschätzung der BAuA in den vergangenen 15 Jahren um rund ein Drittel gestiegen. Als Ursachen werden zum einen die Entlassung von so genannten schwächeren Angestellten genannt, deren Pensum die »Stärkeren« übernehmen müssen, und zum anderen die Beschleunigung der Arbeitsprozesse durch E-Mail und das Internet.

Bekannt sind auch die Mängellisten, die bei Arbeitsplatzbeurteilungen dokumentiert werden: Flimmernde Bildschirme, mangelhafte Bürostühle, problematische Klima- und Lichtverhältnisse. Das Büro ist eben kein belastungsfreier Arbeitsraum. Dies zeigen die vorliegenden Gefährdungsbeurteilungen nach der Bildschirmarbeitsverordnung und dem Arbeitschutzgesetz eindeutig.

Die Hauptindikatoren für ein gesundheitsförderliches Arbeitsumfeld lassen sich in der nachfolgenden Darstellung verdeutlichen. Auf der Ebene der Arbeitsorganisation sind es der Ort der Arbeit (Telearbeit etc.), Zeitpunkt und Dauer der Arbeitszeit und Lage der Pausen sowie die Stellung in der Hierarchie oder der Führungsstil. Auf der Ebene der Arbeitsumgebung sind es Fragen der Beleuchtung, des Arbeitsplatzes und der Arbeitsmittel, von Lärm und Klima. Hierbei handelt es sich um mögliche Belastungsfaktoren, aber zugleich Stellschrauben für eine Gestaltung der Qualität der Arbeit. (Siehe Abbildung 2)

Abb. 2: Ansatzpunkte für eine neue Qualität

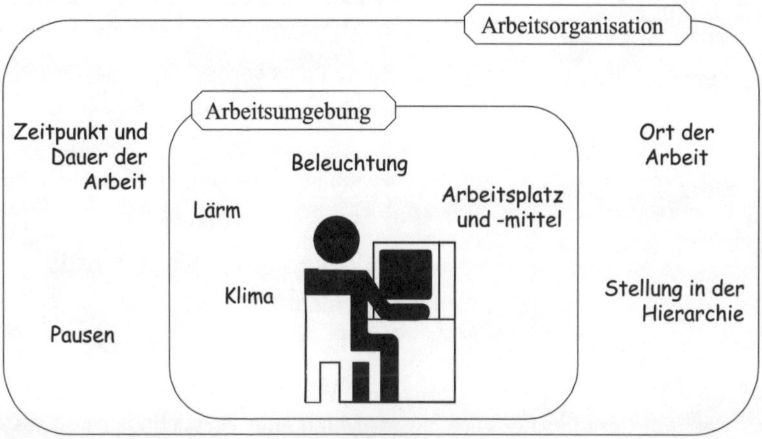

(Bundesanstalt für Arbeitsschutz und Arbeitsmedizin, Sicherheit und Gesundheit bei Produkten und Verfahren: Ergonomie (Gruppe 2.5)

Was nützt aber die »schönste« Büroausstattung, wenn Beschäftigte dort unisono einen immer größer werdenden Stress bemängeln? Oft sind die Leistungsanforderungen zu hoch gesteckt, oft gibt es permanenten Termindruck durch unrealistische Zeitvorgaben und Projekttermine, oft sind Aufgaben- oder Verantwortungsbereiche unklar oder die Führungsqualität der Vorgesetzten lässt sehr zu wünschen übrig. Die IG Metall, die Beschäftigten und ihre Betriebsräte haben diese Verhältnisse u.a. auf den Begriff »Arbeiten ohne Ende« gebracht. Überlastung und Überforderung müssen in den Büros abgebaut werden. In der Praxis muss etwas gegen Dauerstress getan werden.

Zu einem menschengerecht gestalteten Arbeitsumfeld gehören moderne ergonomische und funktionale Möbel, Licht- und Klimaverhältnisse und eine ordentliche EDV-Ausstattung. All dies ist ein grundlegender und wichtiger Schritt, aber eben nicht alles. Beim Thema Stress sind daher auch Fragen der Arbeitszeitgestaltung, der Arbeitsorganisation, der Mitarbeiterführung und der leistungsgerechten Bezahlung berührt.

In der arbeitswissenschaftlichen Diskussion gibt es eine Fülle von Konzepten und Erfahrungen insbesondere an arbeitsorganisatorischen Vorschlägen zur Verbesserung der Büroarbeit. Die Abbildung 3 listet einzige zentrale Vorschläge zur Arbeitsplatzgestaltung und zur Optimierung der Organisation auf.

Abb. 3: Neue Qualität durch arbeitsorganisatorische Konzepte

Am Arbeitsplatz:	■ Mischarbeit ■ Haltungswechsel und Kurzpausen ■ Eigenverantwortung fördern
In der Organisation:	■ Kommunikation und Kooperation stärken ■ Partizipation ermöglichen und fordern ■ Gesundheit der Mitarbeiter erhalten und fördern ■ Mitarbeiter als wichtigstes Potenzial

(Bundesanstalt für Arbeitsschutz und Arbeitsmedizin, Sicherheit und Gesundheit bei Produkten und Verfahren: Ergonomie (Gruppe 2.5)

Neue Qualität der Arbeit – neue Qualität der Kooperation

Der Schwerpunkt der gemeinsamen Initiative INQA.buero.de liegt vor allem auf der Förderung von Gesundheit und Sicherheit, ohne die anderen Themenfelder wie Arbeitszeit, Arbeitsorganisation usw. aus dem Blick zu verlieren. Die Vermeidung arbeitsbedingter Gesundheitsrisiken im Büro kann gleichzeitig mittel- und langfristig einen Beitrag zur Entlastung der Sozialversicherungssysteme leisten.

Die IG Metall hat bewusst die Initiative zusammen mit der Arbeitgeberseite angestoßen. Sie ist Teil eines sozialen Dialogs. Eine solche dialogorientierte Branchenzusammenarbeit schließt unterschiedliche Positionen nicht aus. Aber zunächst einmal wurde nach Gemeinsamkeiten und nicht nach Trennendem gefragt, um schneller zu Ergebnissen zu kommen.

Es bedarf der Beteiligung einer Vielzahl von Akteuren und weiteren Partnern, wenn hier etwas bewegt werden soll. Zielgruppen sind die Betriebsräte, die Fachkräfte für Arbeitssicherheit, die Berufsgenossenschaften, die Architekten, die Arbeitswissenschaftler, mit anderen Worten: eine Vielfalt von Betroffenen, Fachleuten, Organisationen und Gremien. Fast alle handeln unabhängig voneinander, oft in Unkenntnis von

Aufgabenstellung, Kompetenz und Interessen der jeweils anderen Akteure. Hier muss und kann eine bessere Kooperation hergestellt werden. Kräfte müssen gebündelt werden. Genau darin drückt sich eine neue Qualität aus. Wenn das gelingt, dann wird es einen Schub für eine neue Qualität der Büroarbeit geben.

Grundlegendes Ziel ist dabei: Das Thema Gesundheit und Sicherheit am Büroarbeitsplatz muss integrierter Bestandteil von Arbeitsplanung, Organisation und Ablauf werden. Es kommt darauf an, nicht alleine Fehlentwicklungen zu korrigieren oder zu verhindern und ein »Modell der Mängelbeseitigung« wie lange Zeit in der herkömmlichen Arbeitssicherheit zu betreiben, sondern den Faktor Gesundheit integral in die »Arbeitswelt Büro« einzubeziehen.

Die IG Metall will mit den Partnern auf der Basis einer gemeinsamen Plattform zu gemeinsamen Handlungsschwerpunkten kommen, um für die Menschen in den Büros etwas Positives zu bewegen. Hierzu bedarf es zusätzlicher aktiver Kooperation und auch neuer Instrumente der politischen Steuerung.

Initiativkreis »Neue Qualität der Büroarbeit«

Das Steuerelement der neuen Kooperation ist der Initiativkreis »Neue Qualität der Büroarbeit«. Er ist Teil der nationalen Initiative »Neue Qualität der Arbeit« (INQA). Der Initiativkreis stellt sich in den Rahmen dieser Initiative und will als »aktivierende Plattform« die Qualität der Büroarbeit fördern und verbessern. Durch die Zusammenarbeit von Spitzenorganisationen des Arbeits- und Gesundheitsschutzes in Deutschland, dem BMWA, der BAuA, der BASI, der Organisation der Hersteller BSO, der Verwaltungs-BG und der IG Metall soll eine Bündelung von Kräften und ein wirksames Vorgehen entwickelt werden. Als »aktivierende Plattform« steht der Initiativkreis auch weiteren wichtigen Akteuren offen. Gespräche z.B mit ver.di oder Bildungsträgern im Umfeld der Bürowirtschaft laufen.

Zu Zielsetzung und Selbstverständnis des Initiativkreises gehören

- die Qualität der Büroarbeit im Sinne der Leitvorstellungen von INQA zu fördern und zu verbessern;
- den Austausch über Erkenntnisse und Handlungskonzepte zu intensivieren, Kräfte zu bündeln, Aktionen und neue Kooperationen anzuregen und transparentes, abgestimmtes und wirksames operatives Vorgehen aller Beteiligten zu entwickeln;
- eine langfristige Anlage der »aktivierenden Plattform«, die offen für weitere Mitwirkende bleibt. Es soll eine Kooperation aller an der Gestal-

tung der Büroarbeit interessierten Kreise erreicht werden. Hierfür gilt das Motto der INQA-Leitlinie »Gemeinsam handeln – jeder in seiner Verantwortung!«

Der Initiativkreis konzentriert sich derzeit auf zwei Bereiche:

- Die öffentliche Aufmerksamkeit für das Thema soll erhöht werden. Der Initiativkreis will hier dazu beitragen, das Interesse von Politik und Öffentlichkeit für die Büroarbeit und ihre Qualität zu wecken.
- Eine praktische Verbesserung der Qualität der Arbeit im Büro unter Gesichtspunkten der ganzheitlichen Arbeitsgestaltung und Verbesserung der Arbeitsorganisation soll befördert werden.

Die Aktivitäten des Initiativkreises werden bis auf weiteres von der Geschäftsstelle der Bundesarbeitsgemeinschaft für Arbeitssicherheit (BASI) koordiniert.

Eine Gestaltung der Arbeitsbedingungen im Büro im Interesse der Beschäftigten ist heute nur als Querschnittsaufgabe lösbar. Fragen der Gesundheit sind mit Fragen der Arbeitszeit und der Entgeltgestaltung verknüpft und isoliert nicht erfolgreich zu gestalten. Deshalb wird das Thema auch innerhalb der IG Metall bereichsübergreifend bearbeitet. Für die IG Metall beinhaltet dies auch die Chance zur Profilierung der Organisation als kompetente Kraft und Interessenvertretung in Informations- und Dienstleistungsbereichen.

Abb. 4: Ansicht der Homepage von inqa-buero.de

Die Schwerpunkte gemeinsamer Aktivitäten

Die Konstituierung von INQA-Buero.de erfolgte auf der Büromöbelmesse ORGATEC 2002 mit der Veranstaltung: »Rahmenbedingungen und Umsetzungsmöglichkeiten für eine neue Qualität der Arbeit im Büro«. Unter INQA-buero.de ist ein Internetportal im Aufbau, das erstmals ein vernetztes Medien- und Internetangebot zu allen Aspekten der Arbeitsgestaltung im Büro anbietet. Hier werden aktuelle Themen, Veranstaltungen, Materialien, Angebote zur Beratung oder Hotlines der Partner zugänglich gemacht.

Der Initiativkreis erstellt ein Arbeitsprogramm, das Aktivitäten der Beteiligten zusammenfasst und gemeinsame Schwerpunkte festlegt. Grundlage hierfür sind die Themenvorschläge, die insbesondere durch Anregungen aus Wissenschaft und Praxis laufend ergänzt und aktualisiert werden.

Das Arbeitsprogramm enthält unterschiedliche Aufgabenstellungen. Dazu gehören:

- Die Förderung eines Dialogs mit Ausbildungsinstitutionen, Architekten, Fachhochschulen etc. im Umfeld der Büromöbelwirtschaft. Eine Aktualisierung der Ausbildungsgänge mit Bezug zur Büroarbeit ist das Ziel. Beabsichtigt ist ferner eine systematische Qualifizierung und Kooperation des Fachhandels unter dem Stichwort Systemergonomie.
- Der weitere Ausbau der gemeinsamen Internetplattform der Initiativkreispartner z.B. mit Einbindung von Ergo-online, einer bereits erfolgreichen Internetlösung mit Schwerpunkt Fach- und Grundwissen Ergonomie zur Büroarbeit. Die Weiterentwicklung von INQA-buero.de erfolgt auf der Basis der bei den Partnern vorhandenen Angebote und Ressourcen und deren stärkere Vernetzung.
- Eine weitere Erhebung und Fortschreibung bundesweiter Daten zum Zustand der Büroarbeit ist vorgesehen. Noch im Jahre 2003 ist hierzu eine neue Erhebung des Büromöbelforums geplant. Mit den Arbeitsschritten Bestandsaufnahme, Entwicklung von Handlungsfeldern und Strategien zur Umsetzung sollen Umsetzungsdefizite beseitigt und praktische Verbesserungen an Büroarbeitsplätzen erreicht werden.
- Die Leitveranstaltungen des Initiativkreises finden jährlich im Zusammenhang mit der ORGATEC statt: zuletzt – am 30. Oktober 2003 – der Kongress »Zukunft der Büroarbeit« im Rahmen des Arbeitsschutzkongresses A+A 2003 in Düsseldorf.
- Eine Kooperation mit der DASA Dortmund (Deutsche Arbeitsschutzausstellung) nutzt das Potenzial in Fragen von Ausstellungen und Präsentationen im Rahmen der Ausstellung Vision 21.

Christa Dahme

Gewerkschaftliche Anforderungen an staatliche Forschungs- und Technologiepolitik

Anforderungen an Forschungs- und Technologiepolitik

Forschungs- und Technologiepolitik ist ein zentrales Politikfeld zur Gestaltung des Strukturwandels – auch für den DGB im Rahmen seiner sozial-ökologischen Reformstrategie. Hierbei handelt es sich um ein Konzept, das das Postulat gleicher Lebens- und Entwicklungschancen für alle Menschen, die Ziele Umweltschutz und wirtschaftliche Leistungsfähigkeit gleichwertig miteinander verbindet, und das die Ansprüche der Menschen auf eine persönlichkeitsförderliche Arbeit, Gesundheitsschutz, Selbstbestimmung und soziale Sicherheit integriert. Ein an diesen Zielen orientierter Strukturwandel erfordert vielfältige soziale, organisatorische, kulturelle und technische Innovationen in Gesellschaft und Unternehmen.

Zentrales Element einer beschäftigungsorientierten Strukturpolitik ist die *Arbeitsgestaltung*, da hiermit die Voraussetzungen für *Innovationen* geschaffen werden. Angesichts der Innovationsschwäche großer Teile der deutschen Wirtschaft gehört die Stärkung der Innovationsfähigkeit in das Zentrum politischer Aktivität. Auch wenn die Beschäftigungswirkungen einzelner Produkt- bzw. Dienstleistungsinnovationen aufgrund von Rationalisierungs- oder Substitutionseffekten nur schwer zu ermitteln sind, gibt es zu diesem Ansatz keine Alternative. Unter den Bedingungen globaler Märkte profitieren die innovativen Vorreiter vom technologisch-organisatorischen Wandel, während bei Nachzüglern oft die negativen Rationalisierungsfolgen überwiegen.

Innovation ist kein technischer Vorgang, sondern ein komplexer sozialer Prozess, in dem ökonomische Interessen, gesellschaftliche und betriebliche Kräfteverhältnisse, kulturelle Normen und Werte und so genannte weiche Faktoren, eine entscheidende Rolle spielen. Die Quelle von Innovationen sind immer Menschen, die ihre Fähigkeiten entfalten können. Im Zentrum einer nachhaltigen Innovationspolitik sehen wir daher die Bereiche Bildung, Ausbildung und Forschung. Sie muss sich jedoch stärker am gesellschaftlichen Bedarf, an erkennbaren sozialen und ökologischen Engpässen, am Ziel einer nachhaltigen Entwicklung und an organisatorischen, sozialen und strukturellen Innovationen orientieren, die wesentliche Voraussetzungen für erfolgreiche technische Innovationen sind. Insbesondere muss die Förderung menschlicher Potenziale und Kreativität durch Förderung innovativer Arbeitsstrukturen, Führungsstile und Managementkonzepte in den Vordergrund treten, die auch die Mitgestaltungsfähigkeiten der ArbeitnehmerInnen ernst nehmen.

Ein großer Teil der Forschung ist wirtschaftsabhängige Forschung. Sie findet in Anbindung und im Dienste von Unternehmen statt, wird in mancherlei Hinsicht von wirtschafts- und technikfixierten Forschungskartellen geprägt. Forschung zur Arbeitswelt, Technikfolgenabschätzung und Innovation im Interesse der Nachhaltigkeit wird dagegen zu wenig gefördert. Erforderlich wäre eine grundlegende Neuorientierung der Forschungs- und Entwicklungs-Politik und eine entsprechende Umschichtung der Mittel. Gerade dies ist trotz einiger neuer Ansätze nach wie vor nicht erkennbar.

»Zukunft der Arbeit – Unternehmen der Zukunft«

Zur Gestaltung des Strukturwandels, des Umbruchs in der Arbeitswelt und als Impuls für ein Umsteuern der überkommenen, technikzentrierten Forschungspolitik hat der DGB 1999 seinen Entwurf für ein Innovations- und Aktionsprogramm der Bundesregierung vorgelegt. Damit war die Erwartung verbunden, dass die Rot-Grüne Bundesregierung in der Verbreitung von Arbeits- und Betriebskonzepten auf Basis wachsender Kompetenz, Kreativität und Motivation möglichst vieler Menschen auch gesellschaftlichen Fortschritt erkennen und fördern würde.

Soweit es in dieser Initiative um eine neue Arbeitsforschung geht, knüpft sie mit der Betonung der Humanressourcen bewusst an die Vorgänger-Programme »Humanisierung des Arbeitslebens« und »Arbeit und Technik« an und geht in mancherlei Hinsicht noch einen Schritt weiter. Arbeit, und erst recht qualitativ hochwertige Arbeit, hat nur Zukunft, wenn die Unternehmen eine Zukunft haben. Die Botschaft lautet: Humane Arbeit ist die Voraussetzung für Innovationsfähigkeit und nachhaltige Unternehmensentwicklung.

Dabei konnte auf die Ergebnisse der HdA-Programme zurückgegriffen werden, deren tatsächlicher Ertrag vielen erst später deutlich wurde. Weil es vorrangig um die Interessen der arbeitenden Menschen ging, hat man sie lange Zeit als unökonomisch und eher als »Sozialklimbim« betrachtet.

Heute wissen wir: Ohne die Modelle zur Gruppenarbeit, die als erprobte Gestaltungsalternativen vorlagen, wäre z.B. den deutschen Unternehmen die Abkehr vom Taylorismus noch schwerer gefallen, als es tatsächlich immer noch der Fall ist.

In dem DGB-Konzept wurden die Erfahrungen der Vorläufer-Programme berücksichtigt. Dies gilt im Hinblick auf die Einbeziehung von Innovationskooperationen und der regionalen Ebene, neuer Formen des Transfers, der Notwendigkeit einer Verknüpfung von Politikfeldern zu einer kohärenten Strategie durch den ressortübergreifenden Ansatz. Eckpunkte sind die Entwicklung zukunftsfähiger Unternehmensmodelle, Lernen in Unternehmen und Regionen, integrierte Arbeitsgestaltung, Gesundheits- und Umweltschutz und soziale Sicherung, Innovationsdialoge und Förderung von Existenzgründungen sowie Vorschläge zu Begleitstrukturen und zur Umsetzung des Programms. Berücksichtigt wird dabei auch, dass die Dienstleistungsentwicklung zunehmend als Gestaltungsfeld bedeutsamer wird, zumal dieser Bereich in den vorangegangenen Programmen eher vernachlässigt worden war.

»Innovative Arbeitsgestaltung und Dienstleistungen«

Die Bundesregierung hat diese Initiative des DGB aufgegriffen und in Teilen in dem Rahmenkonzept/Forschungsprogramm: »Innovative Arbeitsgestaltung – Zukunft der Arbeit« realisiert. Dieses Rahmenkonzept

- befasst sich mit den Entwicklungen und Entwicklungschancen von Unternehmen, diskutiert also deren Zukunftsfähigkeit,
- fragt auf diesem Hintergrund nach den Bedarfen an Arbeitsgestaltung als Voraussetzung für Kreativität und Wohlbefinden der Arbeitnehmer und die Innovationsfähigkeit der Unternehmen,
- um hieraus auch Möglichkeiten für mehr Beschäftigung und Beschäftigungsfähigkeit zu erkunden.

Mit vier Handlungsfeldern soll es die Balance von betrieblichen und gesellschaftlichen Anforderungen befördern:

- Handlungsfähigkeit und Beschäftigungsfähigkeit entfalten und erhalten,
- Unternehmensentwicklung nachhaltig gestalten,
- Chancengleichheit fördern und ungenutzte Potenziale erschließen,
- neue Wege der Umsetzung und des Transfers beschreiten.

Zur Feststellung des Forschungsbedarfs wurde als erster Schritt die Verbreitung innovativer Arbeitsformen ermittelt und typisiert. Innovativ heißt hier: nachhaltiger wirtschaftlicher Erfolg bei menschengerechter Arbeitsgestaltung. Das »Bilanzierungsprojekt« (www.bilanzierung-arbeitsgestaltung.de) brachte ernüchternde Ergebnisse über die Nutzung der »Ressource« Arbeit:

- Polarisierung von Arbeitsformen und die Vergeudung menschlicher Fähigkeiten herrschen vor.
- Die Dynamik der Gestaltung von Arbeit hat nachgelassen.
- Im Rahmen herkömmlicher Formen der Arbeits- und Unternehmensorganisation werden Arbeit, Qualifikationen und Kompetenzen als kurzfristig verfügbare Ressource behandelt.
- Die vorhandenen Potenziale an Qualifikation und Organisation werden nicht ausgeschöpft.
- Unterforderung und Überforderung nehmen zu, die Abhängigkeit der Unternehmen vom Funktionieren Einzelner wächst.
- Arbeitgestaltung wird zunehmend von Amateuren durchgeführt.
- Unter dem Druck des Shareholder value sind arbeitspolitische Rückschritte zu verzeichnen, sowohl in der Produktion wie auch im Dienstleistungsbereich.

Die Analyse von Vorreitern innovativer Arbeitsgestaltung unterstützt die Prämisse des Rahmenprogramms: Sie zeigt, dass gerade die erfolgreichen Unternehmen durch ganzheitliche Herangehensweisen an Innovationen gekennzeichnet sind. Sie zeichnen sich aus durch Denken in Marktchancen statt in Kostenrisiken, Vorausschau-Fähigkeit und proaktivem Handeln. Sie erheben für sich den Anspruch, sorgfältig und mit langfristiger Perspektive mit Mitarbeitern und ihren Fähigkeiten umzugehen.

Erste Bilanz

Mit relativ geringen finanziellen Mitteln ist das Programm nicht in der Lage, flächendeckend zu wirken. Umso wichtiger ist seine exemplarische Wirkung. Es muss sich daran messen lassen, ob es *Impulsgeber-Qualitäten* entwickelt, also Ergebnisse und Anregungen schafft, die sowohl von anderen Forschungsprogrammen als auch von Transfereinrichtungen aufgenommen werden.

»Innovative Arbeitsgestaltung und Dienstleistungen« steht und fällt mit seinem *Pioniercharakter.* Es ist daher auch richtig, es als »lernendes Programm« zu betreiben, das neue Themen aus anderen Fachprogrammen aufgreift und aus den gewonnenen Erkenntnissen weiterführende Fragen entwickelt.

Hieran gemessen sind vier Leistungen des Programms in der bisherigen Umsetzung erkennbar:

1. Mitgestaltung aktueller Trends in der Unternehmensentwicklung, wie u.a. in Call Centern, im e-business, bei neuen Medien und anderen Bereichen von Dienstleistungsarbeit. Bei diesen neuen Formen der Un-

ternehmensentwicklung hat sich ein durchgängig hoher Bedarf an Arbeitsgestaltung ergeben, vor allem auch für die informations- und wissensbasierte Arbeit. Aber auch in eher traditionellen Branchen wie etwa im Einzelhandel finden grundlegende Umwälzungen statt, die neue Initiativen für Gestaltungspolitik erfordern.

2. Erneuerung bekannter Aufgaben: Es gibt eine Reihe ständiger Aufgaben, wie z.B Arbeits- und Gesundheitsschutz, für die neue Sicht- und Arbeitsweisen erforderlich sind. Exemplarisch geschieht dies in den Arbeitsfeldern: neue Präventions-Konzepte (www.ergo-online.de) oder Verbindung von Lernorten/Lernen in der Arbeit. »Innovative Arbeitsgestaltung« stellt sich jedoch nicht nur praktischen Problemen, es wendet sich auch künftigen Herausforderungen zu.

3. Zukunftsfähigkeit entwickeln, neue Herausforderungen erkennen: Zur proaktiven, pilothaften Gestaltung erkannter Zukunftsaufgaben mit Vorhaben über Unternehmenskulturen, Wissensgesellschaft, neue Dienstleistungen (www.dl2000.de) oder den demografischen Wandel (www.demotrans.de) liegen bereits erste Umsetzungserfahrungen vor. Es handelt sich um erfolgreiche Vorhabensschwerpunkte, abzulesen auch an dem internationalen Interesse. Voraussetzungen und erste Ansätze für eine Art »Zukunftsradar« wurden abgeleitet aus der Bilanzierung der AuT Vorhaben der 1990er Jahre: »Neue Formen und Aufgaben der Arbeitsforschung«. In Arbeit sind u.a. Pilotprojekte zu Themen wie »KMU – Humanressourcen«, »empowerment«, Mikro-Unternehmen, etc.

4. Neue Umsetzungswege: Erkennbar ist, dass die Umsetzungsleistungen der einzelnen Forschungsprojekte recht unterschiedlich sind. Offenbar gibt es zwei Erfolgsfaktoren von besonderer Bedeutung: Zum einen müssen die Forschungsergebnisse einen gewissen Reifegrad haben, um wirklich umsetzbar zu sein. Zum anderen bedürfen Forschungsergebnisse, um zu diffundieren, mehrerer Anwälte, die sie in der Verbreitung unterstützen. Das Beispiel Umsetzung der Demografie-Initiative zeigt, welche Leistungen in Bezug auf die Zahl der aufnehmenden Unternehmen entstehen, wenn diese beiden Erfolgsbedingungen zusammen zutreffen. Gleichwohl ist das Thema »neue Umsetzungswege« zukünftig noch sehr viel stärker zu bearbeiten – erst recht dann, wenn Ergebnisse anfallen, die erst einmal verarbeitungs- oder gewöhnungsbedürftig sind.

Fazit: »Innovative Arbeitsgestaltung und Dienstleistungen« ist eines der wenigen Programme, das sich mit der Arbeitswelt beschäftigt, das die Sozialpartner beteiligt und zudem für innovative Forschungskooperationen und -vorgehen offen ist. Auch nach der relativ kurzen Laufzeit der Projekte kann bereits gesagt werden, dass neue Erkenntnisse und Ideen gewonnen wurden, die es auszubauen lohnt. Problematisch bleibt, dass es als Querschnittsaufgabe beschrieben, aber so nicht betrieben wird – weder im Gesamtkonzept des BMBF noch in der Ressortabstimmung. Trotz der Vertretung des BMWA im Beirat war beispielsweise eine Koordinierung mit INQA zunächst nicht erkennbar. Wir halten die Initiative »Innovative Arbeitsgestaltung und Dienstleistungen« nach wie vor für einen der wichtigsten Förderschwerpunkte und engagieren uns in seiner Umsetzung und weiteren Konkretisierung.

Erfolgsfaktoren der Unternehmensentwicklung

Die vorliegenden Ergebnisse zeigen auch, wie sinnlos eine pauschale Standortkritik ist. Die übliche Diskussion um die Zukunftsfähigkeit Deutschlands mit gesellschaftlichen oder branchenmäßigen Durchschnittszahlen (Exportanteil, Innovationshäufigkeit etc.) verstellt den Blick auf die außerordentlich unterschiedliche Situation der einzelnen Unternehmen innerhalb von Branchen und Regionen. Dementsprechend unterschiedlich ist auch die Lern- und Kreativitätsförderlichkeit der Arbeitsanforderungen und die Anreicherung der Lern- und Kreativitätshaltigkeit vieler Arbeitsplätze. Viele Arbeitnehmer können mehr als von ihnen verlangt wird. Andere sind tendenziell überfordert.

Es sind diese Diskrepanzen der Unternehmenskulturen und des Umgangs mit den Beschäftigten, die erfolgsentscheidend sind und noch viel stärker als bislang in Forschung, Umsetzung und Politik beachtet werden müssen.

Gesundheitliche Risiken (Krankenstand, Gesundheitsstörungen, drohende Überforderung) sind am höchsten in Betrieben mit schrumpfender Belegschaft. Beschäftigungsstabilität ist bei weitem die erfolgreichste Gesundheitspolitik. »Humanisierung der Arbeit« ist aktueller denn je.

Gewerkschaftlicher Handlungsbedarf

Die Arbeit verändert sich in wichtigen Bereichen tiefgreifend. Die Auflösung der raum-zeitlichen Bindung der Arbeitserbringung fördert Outsourcing und neue Formen der Unternehmenskooperation, auch über nationale Grenzen hinweg. Arbeitsplatzwechsel und diskontinuierliche Erwerbsbiografien nehmen zu. In Produktion und Dienstleistungsbereichen müssen Unternehmen verstärkt Problemlösungen anbieten, stärker in Kategorien des Kundennutzens denken. Bei immer kürzeren Innovationszyklen können Unternehmen nur bestehen, wenn sie in der Lage sind, die kreativen Potenziale der Menschen zur Entfaltung zu bringen.

Diese Schnittstelle von Unternehmensinteressen an der Nutzung menschlicher Fähigkeiten mit dem Beschäftigteninteresse an menschengerechten, persönlichkeitsförderlichen Arbeitsformen bietet eine Chance, in der Verbreitung attraktiver Arbeitsbedingungen auf breiterer Front voranzukommen. Die Interessen eines zukunftsorientierten Managements und die der Beschäftigten an qualifizierten, persönlichkeitsfördernden Tätigkeiten liegen dicht beieinander, aber die der Arbeitnehmer realisieren sich nicht im Selbstlauf. Der Gestaltungsbedarf ist immens.

Gesundheit und Leistungsfähigkeit bedingen Arbeitsmodelle, in denen *Flexibilität* über *intelligente Organisation und Personalplanung* und nicht durch Verschleiß und die grenzenlose Verfügbarkeit von Einzelnen hergestellt wird (Arbeiten ohne Ende). Aufgrund der wachsenden Bedeutung von Wissensproduktion im Arbeitsprozess bekommen Erfahrungswissen (implizites Wissen, tacit knowledge) sowie Qualifizierung und Qualifikationserhalt in lernförderlichen Formen der Arbeitsorganisation neue Relevanz für die Beschäftigungs- und Entwicklungschancen der Einzelnen.

In diesem Prozess gibt es Gewinner und Verlierer. Finanzdienstleister oder noch radikaler der Einzelhandel zeigen, wie sehr auch Kommunikation und Wissen durch geschäftspolitische Strategien rationalisiert werden können und sich höchst unterschiedlich auf einzelne Beschäftigtengruppen verteilen lassen.

Neue Managementkonzepte zur Bewältigung komplexer Anforderungen auf turbulenten Märkten produzieren neue Widersprüche. Die Internalisierung von Marktmechanismen in die Unternehmen und bis in das Verhalten der Beschäftigten zur Steuerung von Leistungsprozessen bieten zwar Handlungs- und Entscheidungsspielräume, provozieren aber auch Selbstausbeutung und Überforderung. Das bedeutet: Gewerkschaften müssen ihr *Leitbild* humaner, persönlichkeitsförderlicher Arbeit weiter *präzisieren,* die Forderungen nach Flexibilität oder Selbständigkeit offensiv aufgreifen und mit dem Anspruch auf Selbstbestimmung und Qualifizierung konfrontieren. Der arbeitspolitische Kompromiss muss immer wieder neu verhandelt und durchgesetzt werden.

Wichtig ist es, die Aktivitäten auf allen Ebenen zu koordinieren und die Kräfte zu bündeln. Dazu gehört es auch, im Dialog und in der Auseinandersetzung mit der Wissenschaft unsere Positionen und politischen Strategien zu überprüfen und weiter zu entwickeln. Um den Umbruch in der Arbeitswelt inhaltlich bearbeiten zu können, sind Interdisziplinarität, und Kooperationsbezüge zwischen Wissenschaft und Praxis unerlässlich. Das ist nicht nur im Interesse der Arbeitnehmer oder Gewerkschaften, denn Arbeits- und Innovationsforschung ist im Elfenbeinturm nicht möglich.

Wie qualifiziert das Wissen der ArbeitnehmerInnen und ihrer Interessenvertretung ist, zeigt die ehrenamtliche Gewerkschaftsarbeit, zeigen die systematischen Betriebsräte-Befragungen des WSI und zahlreiche Veranstaltungen der Gewerkschaften. Mit ihrem Wissen und ihrer Erfahrung erweisen sie sich als die hochkarätigen Experten der Arbeitsbedingungen.

Gerade Gewerkschaften fordern, die Umsetzung in die Forschung einzubeziehen. Um die Interessen der Beschäftigten bei den betrieblichen Veränderungen zu wahren und damit die Nachhaltigkeit der gefundenen Gestaltungslösungen zu sichern, ist die tatsächliche Beteiligung der Betriebsräte/Interessenvertretungen bei Konzeption und Durchführung der Projekte unverzichtbar.

Aber Forschung darf und kann nicht nur anwendungsorientiert sein. Sie ist als eigenständiger Wert zu schützen. Außer betrieblichen Gestaltungsprojekten muss auch Forschung ohne Unternehmensbeteiligung möglich sein, denn je ungewöhnlicher ein Thema, desto schwieriger ist es, dafür Unternehmen zu gewinnen. Gerade in diesen Umbruchzeiten von Betriebspolitik bei zunehmend globalen Unternehmensstrategien und angesichts neuer Beschäftigtengruppen kommt es nicht nur darauf an, eine best practice zu ermitteln. Forschung mit langem Atem ist erforderlich, insbesondere auch Empirie, um neue Grundlagen zu erarbeiten und Trends zu erkennen und Chancen zu bewerten. Beides, betriebliche Projekte wie empirische Untersuchungen müssen gefördert werden.

Ansätze der Arbeitsforschung, die mit der Auswahl entsprechender Inhalte, durch Interdisziplinarität, durch Praxisbezug und durch innovative Methoden den Entwicklungen der Arbeitsgesellschaft die erforderliche Aufmerksamkeit zukommen lassen, müssen stärker gefördert werden. Wir brauchen mehr und noch bessere Forschungen zur Arbeitswelt. Dazu müssen die Rahmenbedingungen stimmen. Wir hoffen, dass es auf diese Weise auch gelingt, wissenschaftlichen Nachwuchs wieder stärker an arbeitspolitische Fragestellungen heranzuführen. »Innovative Arbeitsgestaltung und Dienstleistungen« hat bereits einen Beitrag zum Wieder-Aufbau von Forschungsinfrastrukturen geleistet. Nötig ist Vertrauen in die Kontinuität der Förderung, wenn Arbeitsforschung wieder einen größeren Stellenwert in der Forschungslandschaft gewinnen soll.

Darüber hinaus ist die Politik in allen Feldern gefordert, die gesellschaftlichen Voraussetzungen und gesetzlichen Rahmenbedingungen für Innovationen, wettbewerbsfähige Arbeitsplätze und die Erschließung neuer Beschäftigungsfelder zu schaffen. Zu nennen sind neben Bildung und Ausbildung insbesondere eine stabile Balance von Flexibilität und sozialer Sicherheit, eine wachstumsorientierte Wirtschafts- und Finanzpolitik sowie die zeitgemäße Ausgestaltung der Mitbestimmungsrechte.

Zunächst geht es selbstverständlich darum, die Koordination der Akteure des Arbeitsschutzes zu verbessern und die neuen Möglichkeiten des Betriebsverfassungsgesetzes auszuschöpfen. Im Spannungsfeld von langfristiger Umstrukturierung und kurzfristiger Gewinnorientierung sind dauerhafte Verbesserungen der Arbeitsbedingungen und ein kultureller Wandel in den Unternehmen ohne wirkliche Demokratisierung des Arbeitslebens aber immer wieder gefährdet.

Die Komplexität des Innovationsgeschehens und die Relevanz organisatorischer Innovationen werden inzwischen auch von der EU anerkannt, die angesichts der europäischen Innovationsdefizite in einer ihrer letzten Mitteilungen »die innovationspolitische Anpassung des Ansatzes der Union im Rahmen der Lissabon-Strategie« behandelt.

Zu Recht wird gefordert, Innovationsorientierung in den Mittelpunkt aller Politikfelder zu stellen und außerdem darauf hinzuwirken, dass Arbeitsorganisation als ein Schlüsselfaktor für Innovationen anerkannt wird.

Die Gewerkschaften werden auch diesen Impuls offensiv aufgreifen, um bei der Verbesserung der Arbeits- und Lebensbedingungen ihrer Mitglieder – europaweit – voranzukommen.

Jürgen Klute
Good Work – Gute Arbeit
Ein internationales Projekt

»Es will auch etwas heißen, dass jene, die die Arbeit in den allermeisten Fällen knechtet, dazu gebracht werden, um Arbeit zu betteln, und zwar egal um welche und egal zu welchem Preis (das heißt immer: zum niedrigsten). Sie geben sich zwar nicht alle mit Leib und Seele dieser aussichtslosen Bettelei hin, aber die allgemeine Meinung fordert, sie sollten es tun.« Mit diesen Worten charakterisiert die französische Schriftstellerin Vivian Forrester in ihrem Buch »Terror der Ökonomie«[1] die gegenwärtige Lage am Arbeitsmarkt. Da überrascht es beim ersten Wahrnehmen, dass es ein Projekt »gute Arbeit« gibt.

Trotz der knapp gewordenen Erwerbsarbeit ist nach wie vor ein existenzsicherndes Einkommen wie auch soziales Ansehen in aller Regel an Erwerbsarbeit gekoppelt. Ein auskömmliches menschenwürdiges Leben benötigt noch für lange Zeit eine ausreichende Zahl Erwerbsarbeitsplätze. Geförderte Beschäftigung, Niedriglohnsektoren, Senkung der Produktions- und Lohnnebenkosten sind eine Auswahl der Maßnahmen, mit denen beschäftigungspolitisch die Zahl neu geschaffener Arbeitsplätze erhöht werden soll. Sowohl das Ziel, die weltweite Wettbewerbsfähigkeit der bundesdeutschen Wirtschaft sicherzustellen, als auch die Konkurrenz um die verbleibenden Arbeitsplätze führen dabei immer häufiger zur Arbeitsaufnahme unter dem Blickwinkel »Hauptsache Arbeit«. Für einen langen Zeitraum war daher die Frage nach der Qualität der Arbeit der Frage nach den Kosten der Arbeit gewichen: Die Senkung der Arbeitskosten galt (und gilt vielen noch) als die entscheidende Voraussetzung für die Schaffung der dringend benötigten neuen Arbeitsplätze. Trotz enormer Senkungen der Arbeitskosten in den letzten Jahren sind die erhofften Arbeitsplätze bis heute allerdings ausgeblieben. Aus unterschiedlichen Motiven heraus gewinnt der qualitative Aspekt der Arbeit bei Beschäftigten und auch bei einem Teil des Managements ebenso wie bei Gewerkschaften und in kirchlichen Einrichtungen, die sich mit der Arbeitswelt befassen, nun wieder zunehmend Interesse und Aufmerksamkeit. Die Qualität der Arbeit meint hier den Prozess der Arbeit, die Bedingungen der Arbeit, die Entlohnung der Arbeit, die gesellschaftliche Bedeutung der Arbeit, wie auch das Produkt der Arbeit.

---

[1] Vivian Forrester: Der Terror der Ökonomie, Wien 1997, S. 19.

Kirchlicherseits entstand 1999 zunächst im Kirchlichen Dienst in der Arbeitswelt der Evangelisch-Lutherischen Kirche in Finnland das Projekt *Good Work*. Die konkreten Anstöße dazu gaben der Hirtenbrief der Amerikanischen Römisch-Katholischen Bischofskonferenz vom November 1986 »Economic Justice for All« (»Wirtschaftliche Gerechtigkeit für alle«), die Studie der Anglikanischen Kirchenkonferenz – Council of Churches for Britain and Ireland – »An Enquiry on Unemployement and the Future of Work« (»Eine Untersuchung zur Arbeitslosigkeit und zur Zukunft der Arbeit«) aus dem Jahr 1997 sowie das ebenfalls 1997 erschienene Gemeinsame Wort der Kirchen zur wirtschaftlichen und sozialen Situation in Deutschland »Für eine Zukunft in Solidarität und Gerechtigkeit«.

Ziel des finnischen Projektes ist es, mit den unterschiedlichen Akteuren in der Arbeitswelt wie auch in der Kirche über die Werte in der Arbeitswelt einen kritischen Dialog zu führen. Es will zu einer gesellschaftlichen Konsensbildung darüber beitragen, was »gute Arbeit« ist und ganz praktisch zur Verbesserung der *Qualität* der Arbeit. Im Unterschied zu dem bundesrepublikanischen Projekt *Humanisierung der Arbeitswelt* aus den 1980er Jahren geht es im *Good Work-Projekt* nicht nur um eine Vermeidung von gesundheitlichen Risiken und Belastungen, sondern um eine positive Bestimmung dessen, was »gute Arbeit« ist, um eine Diskussion von Werten in der Arbeitswelt und um die ökologische Dimension der Arbeit. Folgende Kriterien für »gute Arbeit« nennt das finnische Projekt: Gute Arbeit stellt Produkte her, die wirklich wertvoll sind; respektiert die Würde jedes Menschen als Ebenbild Gottes; ist Dienst am Nächsten; gibt dir die Möglichkeit, deine Gaben zu verwirklichen; geht achtsam mit der Schöpfung um; gewährt angemessenes Einkommen; gibt die Möglichkeit, Arbeitsbedingungen und den Arbeitsrhythmus zu ändern; ermöglicht auch Ruhephasen und Erholung; stärkt jedes Mitglied der Gemeinschaft im Betrieb oder im Gemeinwesen; ermöglicht die Vereinbarkeit von Familie und Beruf. Hier wird schnell deutlich: Die kirchliche Annäherung an das Thema erfolgt sehr umfassend über die Themenaspekte Menschenwürde, armutssichere Einkommen, Arbeit als Selbstverwirklichung, Mitgestaltung der Arbeitsbedingungen, Ökologie, Zeit (Rhythmus von Arbeit und Ruhe; Zeitbegrenzungen der Ökonomie im Interesse einer menschenwürdigen [Arbeits-]Welt und aus ökologischen Gründen) und Familie.

Im September 2000 wurde das finnische Projekt von der ECG, der Europäischen Arbeitsgemeinschaft Kirche und Arbeitswelt, aufgenommen. In der Folge entstanden ähnliche kirchliche Projekte in England, in Polen und im Ruhrgebiet. Im September 2002 fand in Finnland ein europäischer Workshop zum Thema *Good Work* statt, an dem auch Vertreter der ILO und der EU teilgenommen haben (siehe: *Decent Work* und *Quality of Work*). Für 2004 ist ein Folgeworkshop in Schottland geplant. Das Betriebsseminar der Diözese Linz/A nahm im April 2003 das Thema *Good Work* mit einem Symposium unter dem Thema »Um Gottes Willen Arbeit« auf.

Darüber hinaus hat sich der Kirchliche Dienst in der Arbeitswelt (KDA) in den Niederlanden in den drei letzten Jahren intensiv öffentlich mit dem Thema »24-Stunden-Ökonomie«, also mit der Frage von Entgrenzung und Begrenzung von Arbeitszeiten in der entstehenden Dienstleistungs- und Wissensgesellschaft, auseinander gesetzt. Ein weiterer Aspekt, der zum Thema »gute Arbeit« gehört, ist Mobbing. Dazu hat der KDA in Flensburg seit einiger Zeit ein recht erfolgreiches Projekt laufen.[2]

MitarbeiterInnen der KDAs in Gelsenkirchen, Herne und Recklinghausen haben sich seit 2001 intensiv mit dem Thema »gute Arbeit« befasst, um es für den Kontext des nördlichen Ruhrgebiets aufzubereiten. Dazu wurden einige kleinere Projekte entwickelt. Zunächst wurden die aus Finnland kommenden, sehr in kirchlicher Sprache formulierten Kriterien für »gute Arbeit« übersetzt und in eine für den Kontext geeignete Form und Sprache übertragen. Daraus wurde dann ein Faltblatt gemacht, das die Thesen vorstellt und einen kleinen Fragebogen enthält, der Leser und Leserinnen zum Nachdenken über ihre Arbeitssituation und ihre Vorstellungen von guter Arbeit anregen soll. Im nächsten Schritt wurde eine Internetseite entwickelt (www.gute-arbeit.net). Diese Webseite stellt das gesamte Projekt vor, enthält Arbeitsmaterialien zum Download, informiert über AutorInnen und Aktivitäten zum Thema, dokumentiert die eigenen Aktivitäten und enthält Links zu ähnlichen Projekten.

Im Sommer 2001 wurde in den Fußgängerzonen der genannten Städte sowie in einem Berufskolleg in Gelsenkirchen jeweils eine Bodenzeitungsaktion zum Thema durchgeführt. Sie dienten dazu, mit Passanten und Passantinnen über »gute Arbeit« ins Gespräch zu kommen und deren Einschätzungen und Vorstellungen kennen zu lernen. Zum Teil wurde darüber in der örtlichen Presse berichtet (die Aktionen sind unter der genannten Web-Adresse dokumentiert). Die Reaktionen der Passanten wurden in anonymisierten Gedächtnisprotokollen festgehalten. Fotos, die gemacht wurden, wurden in DIN A 4-Größe ausgedruckt, auf der Rückseite mit Auszügen aus den »Protokollen« versehen und laminiert. Sowohl die Aktionen selbst als auch die Fotos mit den Protokollnotizen von den Aktionen erwiesen sich als ausgezeichnete Grundlage für Diskussionen über »gute Arbeit« in verschiedenen Gruppen.

---

2 Nähere Informationen dazu finden sich unter der Internetadresse www.no-mobbing.org

Angestoßen von diesem Projekt, wurde zusammen mit der Evangelischen Gesamtschule Gelsenkirchen-Bismarck eine Projektwoche für den achten Jahrgang entwickelt, der die Jugendlichen auf das Berufspraktikum im neunten Jahrgang und natürlich auf die anstehende Berufswahl vorbereitet. Mittlerweile ist dieses Projekt weiterentwickelt und in das Schulprogramm aufgenommen worden.

Und schließlich wird zur Zeit ein Arbeitsbuch[3] zum Thema fertig gestellt. Es dokumentiert kirchliche Texte, die sich mit Arbeit befassen, es dokumentiert Projekte aus anderen gesellschaftlichen Bereichen, die sich mit »guter Arbeit« auseinander setzen, es gibt praktische Anregungen zur Bearbeitung des Themas und eine Reihe von Einzelpersonen schildern ihre Sichtweisen von »guter Arbeit«. Überraschend war die positive Resonanz und die konkreten Reaktionen, die die PartnerInnen, mit denen das Buch erarbeitet wird, bisher gegeben haben. Sie zeigen, dass das Thema »dran« ist.

Mittlerweile gibt es in verschiedenen gesellschaftlichen Kontexten Projekte, die sich um das Thema »gute Arbeit« drehen. Von 1998 bis 2001 lief ein Gemeinschaftsprojekt der Kirchen und der Hans-Böckler-Stiftung: Arbeit – Leben – Zeit (www.arbeit-leben-zeit.de). Den Anstoß gab das Sozialwort der Kirchen von 1997. Kirchen und Gewerkschaften haben sich in diesem Projekt gemeinsam mit der Frage nach einer gerechteren Verteilung von Arbeit und Arbeitszeit auseinander gesetzt und über ein menschenverträglicheres Verhältnis von Arbeitszeit und Lebenszeit nachgedacht. Im Oktober 2000 hat die Internationale Arbeitsorganisation (ILO) in Genf ein Projekt unter dem Titel *Decent Work* (anständige, menschenwürdige Arbeit) auf den Weg gebracht.[4] *Decent Work* zielt auf menschenwürdige, rechtlich gesicherte Arbeitsbedingungen, auskömmliche Einkommen und auf Mitbestimmung. Wesentliche Aufgaben sind: Unterstützung nationaler Initiativen zum Abbau von menschenunwürdigen Arbeitsbedingungen, Stärkung nationaler Aktivitäten, *Decent Work* als Ziel in politische Programme zu integrieren, den Nutzen einer Integration von *Decent Work* in unterschiedliche sozialökonomische Kontexte aufzuzeigen und Methoden zur Gestaltung effektiver Programme und Politiken zu entwickeln, um *Decent Work* bekannt zu machen. Ausdrücklich zielt dieses Projekt auch auf die Industriegesellschaften und deren Bereiche prekärer Arbeit, die ebenfalls qualitativ verbessert werden sollen. Da die Bundesrepublik Mitglied der ILO ist, beinhaltet dieses Projekt eine gewisse Brisanz angesichts der Diskussionen über und

---

[3] Jürgen Klute, Herbert Schlender, Sabine Sinagowitz: »Gute Arbeit / Good Work ». Lit Verlag Münster. Das Buch erscheint im Sommer 2003.

[4] Vgl. unter www.ilo.org

Entwicklungen von Niedriglohnsektoren sowie im Blick auf die so genannten Hartz-Gesetze »Moderne Dienstleistungen am Arbeitsmarkt«. Qualitativ dürfen Reformen am Arbeitsmarkt hinter die Standards dieses Projektes nicht zurückfallen.

Die Europäische Union befasst sich mit der *Quality of Work* (Qualität der Arbeit). Seit dem Lissaboner EU-Gipfel ist die Qualität der Arbeit deutlich stärker in den Mittelpunkt der EU-Polititk gerückt, da offensichtlich erkannt wurde, dass – trotz hoher Arbeitslosigkeit – eine Reduzierung von Arbeit auf den quantitativen Aspekt zu kurz greift. In dieses EU-Projekt sind mehrjährige Forschungsarbeiten der *Europäischen Stiftung für die Verbesserung von Lebens- und Arbeits-Bedingungen* eingegangen. Insbesondere konnten erste Indikatoren für Qualität von Arbeit und Beschäftigung erarbeitet werden. Vier Schlüssel-Dimensionen der Qualität von Arbeit werden hier genannt: Gesundheit und Wohlergehen; Entwicklung von Fertigkeiten; Berufs- und Beschäftigungs-Sicherheit; Vereinbarkeit von Arbeit und Leben.

Auch Arbeitspsychologen, nationale Regierungsstellen und Personalmanager haben die Bedeutung des Themas erkannt. Sie nehmen das Thema unter der Überschrift *Work-Life-Balance* auf. Eine Vielzahl von Internetseiten lassen sich zu *Work-Life-Balance* finden (leider sind die meisten in englischer Sprache, was darauf hinweist, dass das Thema in den englischsprachigen Ländern weit intensiver behandelt wird als in Deutschland). Aber auch in Zeitschriften und Illustrierten wird das Thema (mit unterschiedlicher Qualität) diskutiert. Der Themenzugang erfolgt hier von der Kostenseite her. Zufriedene MitarbeiterInnen, so die Einsicht, arbeiten besser und mehr als unzufriedene und frustrierte. Für die Entwicklung gewerkschaftlicher Strategien ist dies sicher ein nicht unbedeutender Aspekt.

Dieser kurze Überblick sollte deutlich machen, dass »gute Arbeit« ein Thema ist, das an mehr als einer Stelle in Europa diskutiert wird. In Deutschland steht die Diskussion noch am Anfang. Der Grund dafür ist sicher die hohe Arbeitslosigkeit, die den Blick auf die Qualität der Arbeit nur zu schnell verstellt. Es kann aber nicht sein, dass technischer Fortschritt nur zu Arbeitslosigkeit und in Folge zu einer Verschlechterung der Arbeitsbedingungen führt, also nur noch diejenigen eine Chance auf einen Arbeitsplatz haben, die bereit sind, eine Verminderung der Qualität der Arbeit zu akzeptieren. Vielmehr muss der technische Fortschritt der letzten Jahrzehnte zügig in sozialen Fortschritt übersetzt werden – und das heißt eben auch: in eine Verbesserung der Qualität der Arbeit. Und zwar für alle! Die unterschiedlichen Projekte tragen dem Rechnung und lassen eine optimistische Entwicklung als möglich erscheinen. Förderlich dazu wäre eine stärkere Vernetzung der einzelnen Projekte.

Klaus Pickshaus/Hans-Jürgen Urban

Gute Arbeit – eine neue Perspektive gewerkschaftlicher Arbeitspolitik[1]

Die Ausgangslage: Der arbeitspolitische Reformstau

Kein Zweifel: Arbeit, genauer: Erwerbsarbeit, stellt den zentralen Bezugspunkt der Gewerkschaften dar. Dies gilt für ihre Identität und Programmatik wie für ihre macht- und organisationspolitische Verankerung. Arbeit zu erhalten, zu fördern und »human« zu gestalten, gehörte seit jeher zum Kern des gewerkschaftspolitischen Selbstverständnisses.

In einem eigentümlichen Missverhältnis zu dieser Zentralität der Arbeit steht der offensichtliche Bedeutungsverlust der Arbeitspolitik auf der gewerkschaftspolitischen Agenda. Nicht, dass die gewerkschaftliche Betriebspolitik in den letzten Jahren Fragen der Gestaltung der Arbeit ausgewichen wäre. Arbeitszeitgestaltung oder die Regulierung von Entgelt und Leistung haben die betrieblichen Interessensvertretungen ebenso beschäftigt wie Auseinandersetzungen um neue Modelle der Arbeits-, Betriebs- und Unternehmensorganisation. Doch obwohl gewerkschaftliche Gestaltungskonzepte und betriebliche Erfolge durchaus vorweisbar sind, fügen sich Leitbilder und Praxis nicht recht zu einem elaborierten, arbeitspolitischen Reformkonzept zusammen. Aktuell verfügen die Gewerkschaften nicht über ein schlüssiges Leitbild einer modernen, humanen, einer »guten Arbeit«. Und dies in einer historischen Phase, in der sich die Erwerbsarbeit in einem tiefgreifenden Wandel befindet, der arbeitspolitische Interventionen dringlicher denn je macht.

Für diese Situation gibt es Gründe. Mit dem Ende des »Goldenen Zeitalters« des Nachkriegskapitalismus kehrten Ende der 1970er Jahre wirtschaftliche Konjunkturkrisen und Wachstumsprobleme zurück. Mit ihnen gewannen die »harten Themen« gewerkschaftlicher Politik, vor allem der Kampf gegen Arbeitsplatz-, Tarif- und Sozialabbau wieder an Bedeutung.

Hinzu kam, dass die Gewerkschaften etwa seit Mitte der 1980er Jahre in der Industrie- und Arbeitssoziologie auf einen Humanisierungsoptimismus stießen, der große Hoffnungen auf die Gestaltungsambitionen der »neuen Produktionskonzepte« und »systemischer Rationalisierungs-

---

[1] Der Beitrag erweitert und aktualisiert einen im Jahre 2002 in den GMH veröffentlichten Artikel (Pickshaus/Urban 2002).

strategien« setzte. Zur Überwindung der Produktivitätsschranken der tayloristischen Organisation von Arbeit und Produktion, so die Annahme, bliebe den Unternehmen in einem wohlverstandenen betriebswirtschaftlichen Eigeninteresse gar nichts anderes übrig, als Belastungen und Enge der fordistischen Arbeit durch Modelle der Aufgabenintegration, kooperativere Arbeitsbeziehungen und neue Autonomiespielräume in der Arbeit zu überwinden und damit die Arbeit interessanter und gesünder zu machen. Humane Arbeit als quasi notwendige Nebenfolge betrieblicher Modernisierung – diese Hoffnung schwang in den Vorstellungen mancher Wissenschaftler und Gewerkschafter leise durchaus mit. In einer solchen Situation schienen weniger autonome gewerkschaftliche Gestaltungskonzepte als eine Politik der partnerschaftlichen Moderation betrieblicher Veränderungsprozesse gefragt.

Die Folge dieses teils erzwungenen, teils freiwilligen Gestaltungsverzichts war ein arbeitspolitischer Problem- und Modernisierungsstau, der heute nicht mehr zu übersehen ist. Zweifellos hat er zu der aktuellen betriebspolitischen Defensive der Gewerkschaften beigetragen. Zugespitzt formuliert: Durch die Wucht der Umbrüche in der Arbeitswelt scheinen die Gewerkschaften in entscheidenden betrieblichen Politikfeldern wie der Arbeitszeit, den Leistungsbedingungen, der Lohngestaltung, des Arbeits- und Gesundheitsschutzes sowie der Arbeitsorganisation ihre Hegemonie verloren zu haben und vielfach auf eine Politik der Schadensbegrenzung in einem Prozess zurückgeworfen zu sein, dessen Richtung sie kaum noch mitzubestimmen vermögen.

Dies kann auf Dauer nicht gut gehen. Doch was tun? Unsere These lautet: Ob sich die Gewerkschaften als durchsetzungsfähige Reformkraft im Betrieb (und damit letztlich auch in der Gesellschaft) werden zurückmelden können, wird nicht zuletzt von ihrer Fähigkeit und Bereitschaft abhängen, ein arbeitspolitisches, Einzelthemen integrierendes Reformkonzept für eine moderne, humane Arbeitswelt zu entwickeln. Wir sind der Überzeugung, dass die konkrete Utopie einer »guten Arbeit« auch heute, allem Wertewandel zum Trotz, weitreichende Ausstrahlungskraft erzeugen könnte. Doch mit einer arbeitspolitischen Utopie alleine wäre nicht viel gewonnen. Vielmehr müsste sie im Kontext eines neuen[2] arbeitspolitischen Humanisierungsprojektes wirken, das an die

[2] Wir beziehen uns an dieser Stelle natürlich auf die »alte« Initiative für eine »Humanisierung der Arbeitswelt« (HdA), die der damalige DGB-Vorsitzende Heinz O. Vetter im Jahre 1973 anstieß (Vetter 1973). Sie entwickelte sich zu einem umfassenden gesellschaftlichen Projekt, das eine Infrastruktur aus gewerkschaftlich organisierten und staatlich geförderten »HdA-Projekten«, einem Netz an regionalen Technologie-Beratungsstellen und einzelnen Kooperationsstellen zwischen Gewerkschaften und Hochschulen ausbildete.

Traditionslinie der »Humanisierung der Arbeit«-Projekte der 1970er und 1980er Jahre anknüpften könnte. Dabei ginge es keineswegs darum, den abgerissenen Faden der alten HdA-Tradition einfach weiterspinnen zu wollen; zu grundlegend haben sich seither die betrieblichen Problemlagen, die sozialökonomische Umwelt und die Wertorientierungen der Lohnabhängigen verändert. Doch der offensive Reformanspruch, der den Elan der damaligen Humanisierungspolitik prägte, taugt auch heute als Anregung für ein politisches Projekt, das selbstredend den Bedingungen des neuen, flexiblen Finanzkapitalismus Rechnung zu tragen hat.

Zur Notwendigkeit einer neuen Humanisierungsinitiative

Dass der arbeitspolitische Reformbedarf eklatant ist, lässt sich durch vielfältige Erfahrungen und empirische Studien valide belegen. Dabei wird das Gesamtbild durch sehr unterschiedliche Trends geprägt:[3]

■ Das Belastungs- und Gefährdungsspektrum in den Betrieben hat sich verschoben: Die klassischen körperlichen Belastungen etwa durch Vibrationen, Gefahrstoffe, Lärm usw. bleiben bestehen, wobei insbesondere Gefährdungen durch körperliche Zwangshaltungen im Produktions- und Dienstleistungsbereich zunehmen. Den stärksten Anstieg verzeichnen allerdings psychosoziale Belastungen insbesondere durch die starke Zunahme von Arbeitsintensität und Zeitdruck. Diese Entwicklung lässt sich über alle Tätigkeits- und Wirtschaftsbereiche hinweg beobachten. Arbeitsbedingter Stress wird zur zentralen Zumutung der neuen Arbeitsverhältnisse und zu einer neuen Herausforderung für Prävention. Nach einer repräsentativen Untersuchung des BIBB und des IAB klagen 50% der Beschäftigten über Termin- und Leistungsdruck; jeder Fünfte arbeitet bis an die Grenzen seiner Leistungsfähigkeit. Bestätigung finden solche Befunde durch eigene Befragungen der IG Metall in mehreren Regionen wie auch durch die europaweite Erhebung der »Europäischen Stiftung zur Verbesserung der Lebens- und Arbeitsbedingungen« in Dublin, die ähnliche Rationalisierungspfade und vergleichbare neue Belastungsprofile in allen westeuropäischen Metropolen konstatiert.

■ Der Anteil qualifizierter Tätigkeit mit gewachsener Autonomie und weniger Hierarchie ist nicht nur in der New Economy gestiegen; gleichzeitig nahm jedoch der Druck in der Arbeit erheblich zu. Mehr Autonomie führt keineswegs automatisch zu mehr Humanität in der Arbeit, sondern produziert vielfach neue Risiken und Gefährdungslagen. Dabei verweist

---

[3] Die Nachweise der im Folgenden genannten empirischen Studien finden sich in Pickshaus/Schmitthenner/Urban 2001; siehe ebenfalls IG Metall 2002.

das Phänomen des »Arbeitens ohne Ende« auf die zeitliche Entgrenzung der Arbeit, die nicht nur mit neuen, massiven Gesundheitsverschleißformen (wie etwa dem »Burn-out-Syndrom«) einhergeht. Insbesondere die Einbindung der »postfordistischen Arbeitsverhältnisse« in vermarktlichte Organisations- und Steuerungsformen in den Betrieben treibt die Beschäftigten zu einer Selbstökonomisierung nicht nur der Arbeit, sondern der gesamten Lebensführung an. Wenn auch die »langen Arme der Arbeit« die Lebensqualität der Menschen schon immer beeinflussten, so scheint mit der neuen Stufe der Entgrenzung von Arbeit und Leistung das Zeitdiktat der betrieblichen Ökonomie über die gesamte Lebensweise eine neue Qualität zu erreichen.

■ Zugleich lassen sich Tendenzen einer Retaylorisierung von Arbeitsverhältnissen und die Rückkehr kurzer Arbeitstakte und repetitiver Arbeitsvorgänge mit traditionellen Gesundheitsgefährdungen beobachten. »Mancher Humanisierungserfolg der Vergangenheit wird damit wieder zurückgenommen«, konstatiert der Ex-DaimlerChrysler-Manager Roland Springer, der dies mit gestiegenem Kosten- und Konkurrenzdruck begründet (Springer 1999: 314). Das DaimlerChrysler-Werk in Rastatt ist zum Symbol, längst aber nicht zum Endpunkt für dieses arbeitspolitische Rollback geworden.

■ Zusätzlicher Handlungsdruck entsteht durch die demografischen Veränderungen, auf die die Unternehmensleitungen bislang keinerlei Antworten gefunden haben. In manchen Großbetrieben steigt der Altersdurchschnitt stetig, während jedes zweite Unternehmen nach Angaben des IAB mittlerweile niemanden mehr über 50 Jahren beschäftigt. Alternsgerechte und lernförderliche Arbeitsgestaltung wird somit übergreifend zu einer ganz drängenden Humanisierungsaufgabe (Badura/Schnellschmidt/Vetter 2002; vgl. Morschhäuser in diesem Band).

■ Und schließlich ruft die Ausweitung prekärer Arbeitsverhältnisse, insbesondere in Form befristeter Arbeit und Leiharbeit, wachsende Problempotenziale hervor. Angesichts der zunehmenden Verbreitung des Leitbildes der »atmenden Fabrik«, aber auch der arbeitsmarktpolitischen Reformvorschläge etwa der »Hartz-Kommission« dürften Beschäftigungsverhältnisse dieser Art rasant zunehmen. Hier zeichnen sich erhebliche Handlungsbedarfe ab. Nach den Erhebungen der Dubliner Stiftung kumulieren sämtliche alten wie neuen Gesundheitsbelastungen bei diesen prekären Beschäftigungsformen, die eklatant menschengerechter Arbeitsgestaltung widersprechen (ausführlich T. Fuchs in diesem Band, S. 151ff.).

Als wichtige Triebkraft hinter diesen Trends steht eine immer stärkere Ausrichtung der Betriebe am Shareholder-Value-Paradigma. Mit der Orientierung an kurzfristigen Aktionärsinteressen halten Strategien der Vermarktlichung aller Unternehmensbeziehungen Einzug, die den Marktdruck direkt an die Arbeitsgruppen und Beschäftigten weiterleiten und eine Dynamik der Maßlosigkeit in die Unternehmen tragen. Investitionen in arbeitspolitische Innovationen und Humanisierung, die notwendigerweise am »langen Zeithorizont« ausgerichtet sein müssen, werden zugunsten einer kurzfristigen Aktienkurspflege zurückstellt oder ganz aufgegeben. Diese Dominanz der Kurzfristökonomie erweist sich zunehmend als Hauptbarriere für eine innovative Arbeits- und Gesundheitspolitik, die sich an den Zeitfristen sozialer Nachhaltigkeit zu orientieren hat.

Veränderte Ausgangs- und Rahmenbedingungen

Ist der arbeitspolitische Handlungsbedarf eindeutig, so fällt die Beurteilung der Ausgangs- und Rahmenbedingungen für eine neue Initiative erheblich widersprüchlicher aus. Neue und durchaus positive Ansatzpunkte lieferte die erzwungene Novellierung des deutschen Arbeitsschutzrechts in Folge der Umsetzung diverser EU-Richtlinien. Vor allem die Verabschiedung des 1996 in Kraft getretenen Arbeitsschutzgesetzes (ArbSchG) war mit mehrfachen Innovationen verbunden. Erstmals wurden die Arbeitgeber in einem Gesetz verpflichtet, nicht nur auf die Verhütung von Arbeitsunfällen, sondern zugleich auf die Beseitigung aller »arbeitsbedingter Gesundheitsgefahren« und auf »Maßnahmen der menschengerechten Gestaltung der Arbeit« (§ 2 Abs. 1 ArbSchG) hinzuwirken. Zweitens wurde festgelegt, dass bei diesen Maßnahmen nicht nur die Technik und sonstige Arbeitsbedingungen, sondern die gesamte Arbeitsorganisation, die sozialen Beziehungen sowie Umwelteinflüsse auf die Arbeit unter das Verdikt der menschengerechten Gestaltung zu stellen seien. Zugleich wurden Arbeitsabläufe und Arbeitszeiten als potenzielle Gefährdungsherde für die Gesundheit benannt. Und schließlich sieht das ArbSchG gestärkte Beteiligungs- und Vorschlagsrechte der Beschäftigten vor und erweitert faktisch über § 87, Abs. 1 Ziff. 7 BetrVG das Mitbestimmungsrecht der Betriebsräte auf alle Fragen der Arbeitsorganisation (Gäbert/Maschmann-Schulz 2003). Insgesamt stellt das deutsche Arbeitsschutzrecht einen rechtlichen und institutionellen Rahmen für einen ganzheitlichen Arbeitsschutz dar, der in der Praxis bisher bei weitem nicht ausgeschöpft wurde.

Das ist auch darauf zurückzuführen, dass die notwendige staatliche Flankierung einer entsprechenden Praxis ausblieb. Die Transformation des keynesianischen Wohlfahrts- zum angebotspolitischen Wettbewerbsstaat verschlechterte die Bedingungen zur Realisierung der neu vorhandenen Optionen. Neben den betrieblichen Strategien wird diese auch durch die staatlichen Deregulierungs- und Privatisierungsstrategien konterkariert. Aus der Perspektive nationaler und regionaler Standortpolitik gilt der Arbeits- und Gesundheitsschutz als bürokratisches Standortminus, das zu entbürokratisieren und deregulieren sei. So lässt sich in den letzten Jahren »eine schrittweise Rückbildung von arbeitspolitischen Zielsetzungen, bewährten institutionalisierten Beteiligungsformen und nationalen Programmaktivitäten« (Oehlke 2000: 157) beobachten. Insbesondere in den staatlichen Behörden der Bundesländer, die als Aufsichtsbehörden zentrale Funktionen im staatlichen Arbeitsschutz innehaben, sind unbeschadet der parteipolitischen Zusammensetzung der Länderregierungen materielle und personelle Ressourcen abgebaut worden, die mitunter die Arbeitsfähigkeit und die Erfüllung staatlicher Aufgaben infrage stellen.

Diese Spannungen zwischen neuen Optionen und Restriktionen prägen auch die Impulse, die in jüngerer Vergangenheit durch die neue europäische »Gemeinschaftsstrategie für Gesundheit und Sicherheit am Arbeitsplatz« (Kommission 2002) entstanden. Auch diese Strategie der Europäischen Kommission beinhaltet einige durchaus beachtliche Innovationen. Sie geht von einem weiten Konzept des Wohlbefindens bei der Arbeit aus, das das Auftreten psychosozialer Risiken besonders betont und durch ihre Beseitigung auf die Verbesserung »der Qualität der Arbeit« abzielt. Zugleich setzt sie auf die »Konsolidierung einer Kultur der Prävention« und sieht Ausgaben zur Verbesserung der Sicherheit am Arbeitsplatz als strategische Investitionen in die Wettbewerbsfähigkeit der Wirtschaft.

Doch gerade hier verbirgt sich ein zentrales Problem. Indem der Verzicht auf einen modernen Arbeitsschutz als kostenträchtige »Nichtpolitik« kritisiert und eine ehrgeizige Sozialpolitik als wichtiger Wettbewerbsfaktor qualifiziert wird, findet eine wettbewerbspolitische Vereinnahmung statt, die den Arbeitsschutz einem kurzfristigen, betriebswirtschaftlichen Kosten-Nutzen-Kalkül unterwirft. Diese Instrumentalisierung liegt ganz auf der Linie der »Lissabonner Strategie«, nach der sich die EU das neue strategische Ziel gesetzt hat, »die Union zum wettbewerbsfähigsten und dynamischsten wissensbasierten Wirtschaftsraum der Welt zu machen«. Doch diese angebots- und wettbewerbspolitische Begründung bedeutet eben auch, dass nur solche Optionen betrieblicher Gesundheitspolitik begünstigt werden, die »wettbewerbskompatibel« sind und andere ausscheiden; und insgesamt verlieren diese »Investitionen in das Humankapital« ihre Berechtigung, wenn sie ihren Beitrag zur Wettbewerbsstärkung in der geforderten (unter Shareholder-Value-Kriterien immer kürzeren) Frist nicht nachzuweisen vermögen.

Neue Orientierungen und Handlungsfelder

Das angebots- und wettbewerbspolitische Paradigma bietet also keinen verlässlichen Begründungsrahmen für einen ganzheitlichen Gesundheitsschutz. Will sich eine neue Humanisierungsinitiative dieser Restriktionen entledigen, muss sie sich entsprechender Vereinnahmungsversuche erwehren. Wenn die Tendenzen der betrieblichen und europäischen Wettbewerbspolitik die Qualität der Arbeit eher negativ denn positiv berühren, dann muss eine Initiative für eine bessere Arbeit als »gegentendenzielles Projekt« (Rosenbrock/Kühn/Köhler 1994) konzipiert und praktiziert werden. Als ein Projekt, das vor allem die gesundheitlichen, sozialen und arbeitsinhaltlichen Interessen der Beschäftigten zur Geltung bringt; und das aus den produktivitäts- und wettbewerbsfördernden Impulsen durchaus Bewegungsenergie bezieht, sie aber nicht zum zentralen Bewertungs- und Rechtfertigungskriterium erhebt.

Diese strategische Ausrichtung war der alten Humanisierungsinitiative keineswegs fremd. Sie entstand im Kontext der spätfordistischen Entwicklungsphase, in der das tayloristische Produktionsmodell ausgereift war und sich in der Ökonomie der Krisenzyklus und das Arbeitsplatzproblem allmählich zurückmeldeten. Betrachte man die reale Entwicklung in der Arbeitswelt, so der damalige DGB-Vorsitzende Hans O. Vetter 1973 in seinem programmatischen Artikel, ergebe sich eine »desillusionierende Bilanz« und seien »beträchtliche Defizite an menschengerechter Gestaltung« zu diagnostizieren.

Ein unzureichender Arbeitsschutz, um sich greifende Rationalisierungsmaßnahmen, überzogene Leistungsnormen und raffinierte Lohnanreizsysteme, unbegrenzte Arbeitsteilung und die Zerstückelung von Arbeit, alles das und noch mehr, so Vetter, erforderten »eine grundsätzliche Abkehr von der Anpassung des Menschen an die so genannten technisch-ökonomischen Sachzwänge«. Notwendig seien »gewerkschaftliche Leitlinien für eine humane Arbeitswelt« und die konkrete Veränderung von Technik und Arbeitsorganisation etwa durch die Reintegration von Arbeitsvorgängen, menschlichere Lohnsysteme, den Abbau der »Trennung von Entscheidung, Kontrolle und Ausführung« sowie die Förderung teilautonomer Gruppenarbeit.

Das alte Humanisierungsprojekt entstand also in der Phase des Erwachens aus dem »Traum immerwährender Prosperität« (B. Lutz), den auch die Gewerkschaften mit geträumt hatten. Mit ihm rebellierten sie gegen die Zumutungen fordistisch deformierter Arbeit. Und heute? Erwachen wir nicht auch gerade aus dem »Traum der schönen, neuen Arbeitswelt« der New Economy und der Wissensgesellschaft? Und bieten die offenkundigen Deformationen der postfordistischen Arbeit nicht genügend Anlässe für eine erneute Rebellion? Sollten die Gewerkschaften die neu entstandenen Reformbedarfe verschlafen, wäre der Preis ein Verharren im aktuellen Zustand zwischen drohendem Niedergang und kräftezehrendem Überlebenskampf, der den Trend der sinkenden Verankerung in den ökonomischen Leitsektoren zu verstetigen droht. Gründe genug also, über das Profil einer neuen arbeitspolitischen Offensive nachzudenken, die sich auf der Höhe der Zeit bewegt.

Ohne jeglichen Anspruch auf Vollständigkeit wird sich die neue Initiative zumindest in drei Aspekten von ihrer historischen Vorgängerin unterscheiden müssen.

Erstens: Die traditionelle Humanisierungspolitik war in hohem Maße technikorientiert. Verstand sie sich zu Beginn vor allem als Politik des betrieblichen Rationalisierungsschutzes (Stichwort: »menschenleere Fabrik«), so standen später strategische Bemühungen im Vordergrund, früher und stärker mit eigenen Gestaltungsansprüchen in die Entwicklung und Implementierung neuer Technologien einzugreifen. Heute wäre diese Technikorientierung durch eine Arbeits- und Organisationsprozessorientierung zu ersetzen. In einer Phase, in der weniger die Anwendung neuer Technologien als die Spezifika der Arbeits- und Betriebsorganisation die Arbeitssituationen prägen (Stichwort: »atmende Fabrik«), müssen die Akzente neu gesetzt werden. Dies schließt auch die inhaltliche Neukonzeptionierung von Gestaltungskriterien ein, die in der traditionellen Humanisierungspolitik unter anderem auf eine Erweiterung der Handlungsspielräume, ganzheitliche Arbeitszuschnitte und mehr Qualifikation orientierten. Solche Elemente werden heute in den neuen marktzentrierten Unternehmenssteuerungsformen angeboten, entwickeln aber als Formen der »Selbstökonomisierung« der Beschäftigten eine brisante Ambivalenz, bei der mehr Autonomie auch zu mehr Druck führt.

Zweitens: Der klassische humanisierungspolitische Ansatz war stark expertenorientiert. Die »entscheidende Rolle« sollten die »Mitbestimmungsträger in den Betrieben und Unternehmen«, also die Betriebsräte, Vertrauensleute und Arbeitnehmervertreter in den Aufsichtsräten, spielen. Ihnen kam die Aufgabe zu, »die Notwendigkeit einer Humanisierung der Arbeitswelt ... ins Bewusstsein der Arbeitnehmer zu heben«. Auch hier werden die Akzente neu gesetzt werden müssen. Denn dass ohne stärkere Beteiligungsorientierung, um die Betroffenen als Experten in eigener Sache von Beginn an als Veränderungssubjekte zu beteiligen, nichts mehr geht, sollte sich auch in Betrieben und Gewerkschaften herumgesprochen haben. Die Einbeziehung der individuellen Interessen kann mit klassischer Stellvertreterpolitik nicht erreicht werden.

Drittens: Die Humanisierungspolitik war in einer Form arbeitsweltzentriert, die sich mit der heutigen Thematisierung der immer intensiveren

Verschränkung von Arbeits- und Lebenswelt nicht mehr verträgt. Zwar gehörte etwa die gesellschaftliche Isolierung infolge permanenter Nacht- oder Wechselschichtarbeit stets zu den Problemen, denen sich gewerkschaftliche Arbeitspolitik widmete; aber der imperiale Zugriff der heutigen, individualisierten und vermarktlichten Arbeit auf die gesamte Lebensweise der Betroffenen, stellt Fragen der »Work-Life-Balance« in neuer Intensität und Dringlichkeit.

Aus dieser Analyse sind weitreichendere Konsequenzen zu ziehen, als hier dargelegt werden kann. Wenn die Schnittstellen zwischen Arbeits- und Lebenswelt objektiv wie subjektiv an Bedeutung gewonnen haben, so gilt dies auch für Themen und Handlungsfelder, die in diesen Zonen angesiedelt sind. Da durch die betriebliche und tarifliche Regulierung der Arbeitszeit zunehmend der gesamte Lebensrhythmus geprägt wird, gewinnt die gewerkschaftliche Zeitpolitik einen außerordentlichen Stellenwert. Gleiches gilt für die außerbetriebliche Sozialpolitik. Ohne die Einstellung der sozialen Sicherungssysteme auf die neuen Gefährdungslagen der vermarktlichten Arbeit, etwa durch Strategien der Universalisierung, Bedarfsorientierung und Optionalisierung dürfte das Ausmaß an individueller Autonomie, das eine wirklich humane Verbindung von Arbeiten und Leben ermöglicht, kaum zu erreichen sein (Urban 2001: 245ff.). Und schließlich gewinnt ein ganzheitlicher, präventiver und beteiligungsorientierter Arbeits- und Gesundheitsschutz erheblich an Bedeutung, der konträr zu einer Kurzfristökonomie gerade das Prinzip sozialer Nachhaltigkeit der Arbeit aufwerten muss (Moldaschl 2003).

Die »Initiative für eine neue Qualität der Arbeit« – ein Schritt in die richtige Richtung?

Was folgt nun aus den konzeptionellen Überlegungen mit Blick auf die »Initiative für eine neue Qualität der Arbeit« (INQA), die der ehemalige Bundesarbeitsminister Walter Riester auf dem Arbeitsschutzkongress 2001 startete?[4] Dieser Initiative liegen mehrere Ursachen zugrunde: Zum einen hatte sich die Bundesrepublik bisher im Vergleich zu anderen EU-Ländern in der Aufnahme der neuen europäischen Strategie auf dem Gebiet des Gesundheitsschutzes eher zögerlich gezeigt. Es bestand also Nachholbedarf. Zum anderen waren von den Bundesländern und den Gewerkschaften, insbesondere von der IG Metall, nachdrücklich eigenständige Initiativen und Aktionsprogramme zu einer Revitalisierung des

---

[4] Informationen und Dokumente zu INQA unter www.inqa.de. Aus gewerkschaftlicher Sicht vgl. die Berichte und Kommentare unter www.oekobriefe.de.

Arbeits- und Gesundheitsschutzes eingefordert worden. Basis dieser Forderungen war die Konstatierung von ernsthaften Defiziten im Arbeitsschutzsystem, die sich u.a. in einer mangelnden Koordinationsfähigkeit und zögerlichen Reaktionen auf die neuen psychosozialen Gefährdungslagen in der Arbeit ausdrücken.

Der aus Vertretern der Bundesländer, den Berufsgenossenschaften, den Gewerkschaften und den Unternehmerverbänden u.a.m. gebildete Initiatorenkreis einigte sich nach monatelangen Auseinandersetzungen und Blockadeversuchen der Arbeitgeber im Mai 2002 auf eine inhaltliche Plattform, die als Ziel angibt, »die Interessen der Menschen an positiven, gesundheits- und persönlichkeitsförderlichen Arbeitsbedingungen mit der Notwendigkeit wettbewerbsfähiger Arbeitsplätze« zu verbinden. Daraus wird dann ein umfassender Präventionsansatz im Arbeitsschutz abgeleitet, der mit anderen Politikfeldern wie Gesundheit, Bildung, Arbeitsmarkt und Forschung verbunden werden soll.

Die Initiative steht also von Beginn an in dem Spannungsbogen zwischen der Orientierung an Wettbewerbskompatibilität, wie sie die »Sozialpolitische Agenda« der EU vorgibt, und der Aufnahme der neuen Anforderungen an eine umfassende und verbesserte Präventionspolitik gegenüber den modernen arbeitsbedingten Gesundheitsrisiken. Insbesondere in den ersten praktischen Schritten zeigte sich, dass diesen neuen Herausforderungen Rechnung getragen wird:

- Es konnte im Rahmen von INQA eine Gemeinschaftsinitiative »Gemeinsam gegen Stress am Arbeitsplatz« schon im November 2001 gebildet werden, die neben Absprachen gemeinsamer Strategien der unterschiedlichen Arbeitsschutzakteure vor allem die – von den Arbeitgebern vor Ort oftmals bestrittene – Legitimität dieser arbeitsbedingten Stressbelastungen öffentlich sanktionierte. Stress und psychische Belastungen bleiben ein Schwerpunktthema von INQA. Dies ermöglicht den Gewerkschaften, so z.B. der IG Metall mit ihren Aktionen Tatort Betrieb »Terror für die Seele – psychische Belastungen«, dieses Thema wirksamer eigenständig zu bearbeiten.
- Der gesamte Komplex der Prävention arbeitsbedingter Erkrankungen, aktuell vor allem von Muskel-Skelett-Erkrankungen, gehört zu den vereinbarten Schwerpunkten, bei denen seit langem gemeinsame Strategien und Zielsetzungen erforderlich sind. Weitere Themenfelder sind in der Diskussion (»thematische Initiativkreise«). Ein Kernziel von INQA ist »eine neue Qualität der Kooperation aller Akteure«. Dazu zählen auch abgestimmte Branchenprojekte wie etwa in der Bauindustrie. Offen bleiben die Erarbeitung gemeinsamer und verbindlicher Gesundheitsziele als Maßstab für diese Aktivitäten und die Entwicklung von Aktionsplänen für alle Beteiligten mit einer anschließenden Evaluierung.

■ Für das Jahr 2002 gelang es dem Bundesarbeitsministerium, Fördermittel für Umsetzungsprojekte zu Prävention und Gesundheitsschutz zu akquirieren. Insgesamt wurden trotz sehr knapper Zeitspannen fast 100 Projekte angemeldet, davon ein großer Teil zum Bereich der Prävention arbeitsbedingten Stresses. Auch wenn das faktische Fördervolumen von etwa 2 bis 3 Mio. Euro sehr begrenzt bleibt und nur ein Teil der Projekte in die Realisierung kamen, konnten die Fördermittel für das Jahr 2003 zumindest verdoppelt werden.

Die Koalitionsvereinbarung vom Oktober 2002 kündigte eine »Erweiterung der Initiative Neue Qualität der Arbeit« an. Die entscheidende Frage, ob neben erweiterten Ressourcen für ein größeres Förderprogramm auch verbindlichere und transparente Zielstellungen für die neue Qualität der Kooperation erreicht werden können, ist nach wie vor offen. Erforderlich ist darüber hinaus aber auch eine bessere Abstimmung zwischen den unterschiedlichen Ministerien: Dies gilt für die gesamte Präventionsstrategie zwischen dem neuen Ministerium für Wirtschaft und Arbeit sowie dem Sozial- und Gesundheitsministerium; dies gilt auch im Hinblick auf die Forschungsförderung beim Bildungs- und Forschungsministerium, die unter dem Titel »Innovative Arbeitsgestaltung« läuft (vgl. Dahme in diesem Band).

Schon auf der INQA-Auftaktveranstaltung im Juni 2002 hatte Klaus Zwickel gefordert, »sehr viel umfangreichere und ehrgeizigere Förderprogramme für die nachfolgenden Jahre zu planen, mit denen Umsetzungs- und Gestaltungsvorhaben auf den Weg gebracht werden können«. Auf der arbeitspolitischen Konferenz der IG Metall im November 2002 hat Jürgen Peters die Forderung konkretisiert, INQA als zentralen Beitrag zur Prävention arbeitsbedingter Gesundheitsgefahren mit 40 Mio. Euro pro Jahr – 160 Mio. für die gesamte Legislaturperiode – auszustatten. Dies wäre gerade ein Prozent der derzeitigen jährlichen Kosten für die Behandlung arbeitsbedingter Erkrankungen, die auf mindestens 15 Mrd. Euro geschätzt werden – eine strategische Zukunftsinvestition, um die Kosten arbeitsbedingter Erkrankungen mittel- und langfristig zu senken. Soll aus INQA mehr werden als eine »Einsammelveranstaltung« beliebiger Einzelaktivitäten der verschiedenen Akteure, erfordert dies vor allem bedeutend größere politische Investitionen der Bundesregierung und des verantwortlichen Ministeriums, als sie bisher spürbar waren. Der Bedarf einer solchen neuen Humanisierungsinitiative ist offensichtlich, die praktischen Ansätze sind vorhanden und ausbaufähig. Die Gewerkschaften werden dies gegenüber der Bundesregierung einfordern und ihre eigenen, in der Vergangenheit erfolgreichen arbeitspolitischen Ressourcen reaktivieren.

Revitalisierung gewerkschaftlicher Arbeitspolitik

Erste Maßnahmen zur Reaktivierung der gewerkschaftlichen Arbeitspolitik sind in der IG Metall bereits durchgeführt worden. In einem ersten Schritt ist auf einer bundesweiten Konferenz im November 2002 das Thema »Gute Arbeit – Menschengerechte Arbeitsgestaltung als gewerkschaftliche Zukunftsaufgabe« aus tarifpolitischer Sicht und unter den Aspekten des modernen Arbeits- und Gesundheitsschutzes bearbeitet worden (IG Metall 2003). Als Schlussfolgerung aus dieser Tagung hat der Vorstand der IG Metall im April 2003 den Start eines Projektes »Gute Arbeit« beschlossen. Das Projekt verfolgt mehrere Ziele:

- gewerkschaftlich und politisch soll eine neue Initiative zur Humanisierung der Arbeit auf den Weg gebracht werden;
- innergewerkschaftlich wird es darum gehen, das Ziel und Aufgabenfeld »menschengerechte Arbeitsgestaltung« in der Betriebs- und Tarifpolitik erneut aufzuwerten;
- sozialpolitisch kann insbesondere in der Auseinandersetzung um eine Gesundheitsreform Prävention als Kernaufgabe deutlich gemacht werden;
- und nicht zuletzt werden aus diesen Handlungsfeldern auch konkrete Ansprüche und politische Forderungen an die Bundesregierung zu entwickeln sein, insbesondere um die »Initiative für eine neue Qualität der Arbeit« tatsächlich zu einer wirksamen politischen Humanisierungs- und Präventionsinitiative auszugestalten.

Ein solches gewerkschaftliches Projekt, das »menschengerechte Arbeitsgestaltung« als Kernfeld revitalisieren soll, kann nur als Kooperationsprojekt gelingen. Dies schließt insbesondere die zentralen Handlungsfelder der IG Metall in der Tarif-, der Betriebs- sowie der Sozialpolitik ein. Dies wird kein konfliktfreier Prozess sein, wenn etwa »Gesundheitsverträglichkeit« als Maßstab und Prüfkriterium auch für tarif- und betriebspolitische Gestaltung etabliert werden soll. Ein solches Projekt wird aber auch einen aktuellen Beitrag zur gesellschaftspolitischen Debatte um die Zukunft der Arbeitsgesellschaft zu leisten haben und Anforderungen an die Politik – insbesondere auch an die Erweiterung von INQA – formulieren. Kooperation ist aber nicht nur innergewerkschaftlich gefragt; sie wird auch mit anderen gesellschaftlichen Kräften für eine Perspektive »guter Arbeit« zu entwickeln sein (vgl. Klute in diesem Band).

»Gute Arbeit« dient für dieses Projekt als ein »Kommunikationsbegriff«, der bewusst an eine tarifpolitische Leitbilddiskussion in der IG Metall anknüpft (vgl. Wagner/Schild in diesem Band). Zu »guter Arbeit« gehören danach nicht nur Entgeltbedingungen und Zugang zu Bildung und Qualifikation, sondern auch Arbeitszeitgestaltung, Schutz vor Leistungsüberforderung und ein nachhaltiger Umgang mit der menschlichen Leistungsfähigkeit. Nachhaltig sind Bedingungen dann, wenn sie es erlauben, Leistungsfähigkeit und Gesundheit der Einzelnen sowie Teilnahme am sozialen Leben über das gesamte Arbeitsleben zu erhalten. »Gute Arbeit« schließt deshalb auch einen ganzheitlichen, präventiven und beteiligungsorientierten Arbeits- und Gesundheitsschutz ein. Ein solches erweitertes und integratives Verständnis von humaner Arbeitsgestaltung wird sich mit herkömmlichen, oft sehr in engem Ressortdenken verhafteten Vorstellungen auseinander setzen müssen (vgl. die Thesen des Ressorts Arbeits- und Gesundheitsschutz in diesem Band).

Das IG Metall-Projekt »Gute Arbeit« ist konzentriert auf drei Themen- und Handlungsschwerpunkte:

- Das Projekt wird erstens auf die »Entgrenzung von Arbeitszeit- und Leistungsbedingungen« betriebs- und tarifpolitische Antworten entwickeln müssen (vgl. Ehlscheid in diesem Band). In der Auseinandersetzung mit »vermarktlichten Leistungsregimen« werden eigene gewerkschaftliche Kriterien für eine künftige Lohn-Leistungs-Regulierung zu erarbeiten sein. Die betrieblichen Präventionsbeispiele bei arbeitsbedingtem Stress (Motto »Runter mit dem Dauerstress«) bedürfen einer systematischen Ausweitung und Verstetigung. Hierbei kann an erfolgreiche regionale Aktionen wie »Tatort Betrieb: Psychische Belastungen – Terror für die Seele« sowie der Arbeitszeitinitiative »Arbeiten ohne Ende? Meine Zeit ist mein Leben« im Angestelltenbereich und in der IT-Branche angeknüpft werden (vgl. Balduin in diesem Band).
- Zweitens wird das Feld »alternsgerechter Arbeitsgestaltung« zu bearbeiten sein, um das Thema des »demografischen Wandels«, das bisher weitgehend im Kontext der Reform der Sozialversicherungssysteme diskutiert wurde, als arbeitspolitische Zukunftsaufgabe zu etablieren. Dabei sind enge Berührungspunkte zur Qualifikationspolitik und zur Herstellung von lernförderlichen Arbeitsbedingungen offensichtlich. Erfolgreiche betriebliche Praxismodelle sind hier noch spärlich. Ein besonders großer Problemdruck zeigt sich derzeit beispielsweise in der Automobilindustrie.
- Als dritter Schwerpunkt ist das Thema »prekäre Beschäftigung als Gesundheitsrisiko« gewählt worden. Dies nicht zuletzt, weil die Ausweitung prekärer Beschäftigungsverhältnisse im Zuge der jüngeren »Arbeitsmarktreformen« bevorsteht. Als Stichworte mögen hier die »Ich- und Familien AGs« sowie die unterschiedlichen Varianten von »Mini- und Midi-Jobs« genügen. Der erste Schritt wird sich auf eine Sensibilisierung der betrieblichen Interessenvertretungen für dieses Problemfeld und die Erarbeitung konkreter Handlungsansätze konzentrieren. Präventionskonzepte sind auch für prekäre Arbeit weiterzuentwickeln.

Die Ziele des Projektes »Gute Arbeit« sind ambitioniert: Aus einer Situation gewerkschaftlicher Defensive heraus soll eine neue Perspektive für die gewerkschaftliche Arbeitspolitik erschlossen werden. Dabei weist die Dimension des Vorhabens weit über das Handlungsfeld des Betriebes hinaus. Mit der Frage nach den Konturen eines neuen Modells »Guter Arbeit« rückt das Problem der Perspektiven der gesamten Arbeitsgesellschaft auf die Tagesordnung. Zweifelsohne eine der zentralen Zukunftsfragen in allen industriekapitalistischen Gesellschaften. Die Gewerkschaften sind hier also nicht nur als betriebs- und arbeitspolitische, sondern zugleich als gesellschaftspolitische Reformkraft gefordert.

Literatur

Badura, B./Schellschmidt, H./Vetter, C. (Hrsg.) (2003): Fehlzeiten-Report 2002: Demographischer Wandel. Herausforderung für die betriebliche Personal- und Gesundheitspolitik, Berlin – Heidelberg – New York.

Gäbert, J./Maschmann-Schulz, B. (2003): Mitbestimmung im Gesundheitsschutz – Arbeit menschengerecht gestalten, Köln 2003.

IG Metall (Hrsg.) (2002): Gute Arbeit unter Druck!? Psychische Belastungen in der Arbeitswelt, Arbeitsmaterial Nr. 12, Frankfurt a.M.

IG Metall (Hrsg.) (2003): Gute Arbeit – Menschengerechte Arbeitsgestaltung als gewerkschaftliche Zukunftsaufgabe. Dokumentation der IG Metall-Konferenz 8.-9.11.2002 in Dortmund, Frankfurt a.M.

Kommission der Europäischen Gemeinschaft (2002): Anpassung an den Wandel von Arbeitswelt und Gesellschaft: eine neue Gemeinschaftsstrategie für Gesundheit und Sicherheit am Arbeitsplatz 2002-2006. Brüssel.

Moldaschl, M. (2003): Was ist Gute Arbeit? Neue Antworten auf alte Fragen, in: Senghaas, E. (Hrsg.): Gute Technik – gute Arbeit, Artec-Papers Nr. 99, Bremen.

Oehlke, P. (2000): Eine arbeitspolitische Positionsbestimmung in europäischer Perspektive, in: WSI-Mitteilungen 3.

Pickshaus, K./Schmitthenner, H./Urban, H.-J. (Hrsg.) (2001): Arbeiten ohne Ende. Neue Arbeitsverhältnisse und gewerkschaftliche Arbeitspolitik, Hamburg.

Pickshaus, K./Urban, H.-J. (2002): Perspektiven gewerkschaftlicher Arbeitspolitik – Plädoyer für eine neue Humanisierungsoffensive, in Gewerkschaftliche Monatshefte 10/11, S. 631ff.

Rosenbrock, R./Kühn, H./Köhler, B. (Hrsg.) (1994): Präventionspolitik. Gesellschaftliche Strategien der Gesundheitssicherung, Berlin.

Springer, R. (1999): Von der teilautonomen zur standardisierten Gruppenarbeit. Arbeitspolitische Perspektiven in der Automobilindustrie, in: WSI-Mitteilungen 5.

Urban, H.-J. (2001): Sozialpolitik für Arbeitskraftunternehmer?!, in: Pickshaus/Schmitthenner/Urban (Hrsg.), Arbeiten ohne Ende, Hamburg, S. 245ff.

Vetter, H.O. (1973): Humanisierung der Arbeit als gewerkschaftliche Aufgabe, in: Gewerkschaftliche Monatshefte 1, S. 1-10.